浙江省普通高校"十三五"新形态教材

车辆和驾驶人管理

卢　玫　编著

ZHEJIANG UNIVERSITY PRESS
浙江大学出版社
·杭州·

图书在版编目（CIP）数据

车辆和驾驶人管理/卢玫编著. —杭州：浙江大学出版社，2020.8（2025.1重印）
ISBN 978-7-308-20544-3

Ⅰ．①车… Ⅱ．①卢… Ⅲ．①机动车－交通运输管理－中国－教材 Ⅳ．①D631.5

中国版本图书馆 CIP 数据核字（2020）第 167875 号

车辆和驾驶人管理

卢　玫　编著

策划编辑	傅宏梁	
责任编辑	王元新	
责任校对	阮海潮	
封面设计	刘剑英	
出版发行	浙江大学出版社	
	（杭州市天目山路 148 号　邮政编码 310007）	
	（网址:http://www.zjupress.com）	
排　　版	杭州好友排版工作室	
印　　刷	广东虎彩云印刷有限公司绍兴分公司	
开　　本	787mm×1092mm　1/16	
印　　张	17	
字　　数	439 千	
版 印 次	2020 年 8 月第 1 版　2025 年 1 月第 3 次印刷	
书　　号	ISBN 978-7-308-20544-3	
定　　价	48.00 元	

前　　言

　　根据忠实践行对党忠诚、服务人民、执法公正、纪律严明的总要求，依据交通管理工程专业本科学生的人才培养目标和实施方案，以及警察本科院校突出实战化教学的要求，本书重点介绍车辆和驾驶人管理业务的理论知识与技能，行使国家赋予的公安车辆和驾驶人管理的主管部门的权利，履行车辆和驾驶人管理相关法律法规的程序等，严格依法依规，以及依据国家相关技术标准等，以便培养的交通警察更好地为社会服务、为公安工作服务。

　　本教材共七章，涵盖车辆和驾驶人管理较全面的内容，主要包括：车辆和驾驶人管理概述，机动车辆管理，机动车认证、查验与检验监管，机动车驾驶人管理，非机动车管理，档案管理、统计分析和查询，临时入境机动车和驾驶人管理。

　　在本教材编写过程中，得到了浙江省公安厅交通管理局领导的重视，广泛征求了实际部门的意见，吸收了浙江省高级查验员王黎徽、黄志坚、郑世强、周庆、刘兴宁、李益飞等的修改意见。同时，也得到了兄弟院校山西警察学院李永清老师和陕西警官职业学院杨飞老师的积极协助，在此，一并表示感谢！

　　本书可作为公安院校交通管理工程专业本科必修课"车辆和驾驶人管理"的选用教材，同时也可为警察院校其他各专业教学以及公共选修课教学提供帮助，为地方院校相关专业的教学以及公共选修课教学等提供帮助，还可作为公安车辆和驾驶人管理人员理论与业务技能提升的培训参考书。

编　者

2020 年 6 月

目　　录

附录全文
（1～9）

GB 7258—2017 全文

主要法规标准
目录检索（1～25 条）

第一章　车辆和驾驶人管理概述

教育事关国家发展,事关民族未来,大国竞争、区域竞争,归根结底是人才竞争,中国特色社会主义进入新时代,面对新形势、新任务和新挑战,我们始终面临着"培养什么人、怎样培养人、为谁培养人"这一根本问题,因此在进行各项教学与实践,尤其是在和人民群众面对面接触最多的车驾管业务时,更是要坚持以立德树人为根本任务,教育引导学生在平凡的工作中"树立共产主义远大理想和中国特色社会主义共同理想,增强学生的中国特色社会主义的道路自信、理论自信、制度自信、文化自信,立志肩负起民族复兴的时代重任",增强"四个意识",做到"两个维护",在工作实践中坚守底线,坚持群众路线、密切联系群众、服务群众,在与群众面对面的执法工作中,力争把风险化解在源头,防止各种风险传导、叠加、演变、升级,给群众提供更优质的服务,使人民群众有更多的获得感、幸福感和安全感。

平时,在车驾管课程教学实践中要着重体现"创新、协调、绿色、开放、共享"发展理念,在教学中要不断加强对学生的社会主义核心价值观的点滴教育和影响,即体现在管理的根本制度和基本制度中的"富强、民主、文明、和谐;自由、平等、公正、法治;爱国、敬业、诚信、友善"核心价值理念。

第一节　车辆和驾驶人管理的内涵

一、车辆和驾驶人管理的渊源

车辆伴随人类活动而产生,又促进社会的进步和发展,是历史文明的象征、科学进步的标志。中国是最早使用车辆的国家之一,早在四千多年前的黄帝时期就已经出现了车辆,到了春秋战国时期车辆已十分普遍,广泛应用于运输和战争,大街上也有了"车毂击,人肩摩"[1]的繁荣景象。在随后的几千年里,车辆几经革新,先后经历了单辕双轮车、双辕车、独轮车等阶段,但其动力始终局限在人力和畜力。对车辆和驾驶人的管理,也是自古有之,夏禹时代就设有"车正"一职专管车马,秦统一中国后,修筑驰道,实行车同轨。睡虎地秦简《除吏律》[2]记载:"驾驺除四岁,不能驾御,赀教者一盾;免,赏(偿)四岁繇(徭)戍。"[3]以后的各个

---

① 参见(西汉)刘向的《战国策·齐策一》:"临淄之途,车毂击,人肩摩,连衽成帷,举袂成幕,挥汗成雨。"

② 睡虎地秦简,又称云梦秦简,是指1975年12月在湖北省云梦县睡虎地秦墓中出土的大量竹简,分类整理为十部分内容,包括《秦律十八种》《秦律杂抄》等,其中《除吏律》为其比较典型的军事律文。

③ 说明秦代御者(驾车人)要经过长达四年的训练,过了四年如果仍不能驾车,要罚教习之人一昏,御者本人免职,且要补服四年的徭役。正是对御者的严格训练,才保证了古代战车的战斗力。

朝代，均设有专门机构和官职，制定相应的法规和准则，对道路交通（包括车辆和驾驶人）进行管理。但是，由于与车辆发展相匹配，我国古代的车辆和驾驶人管理业只是限于非机动车。

1885 年，德国工程师卡尔·本茨（Karl Benz）设计制造了一辆装汽油机的三轮汽车，这是世界上最早的汽车。1886 年，另一名德国工程师戈特里布·戴姆勒（Gottlib Daimler）成为世界上第一辆四轮汽车的创始者，被人们称作"世界汽车之父"，这一年因此被称为汽车的诞生年。

1901 年，匈牙利人李恩时（Leinz）将两辆美国制造的奥兹莫比尔（Oldsmobile）牌汽车自香港运到了上海，开了中国汽车风气之先，成为我国最早出现的汽车。1902 年 1 月，上海公共租界工部局决定向李恩时汽车颁发临时牌照，准许上街行驶，每月缴纳 2 银圆，并在 1902 年增设汽车执照专项，起草制定了车主应遵守的规则。这是我国第一次对机动车和驾驶人进行的规范管理。

1920 年前后，一些汽车较多的城市率先制定了地方性的车辆管理法规，随之也产生了管理车辆的机关。由于各地的情况不同，当时汽车主要行驶在城市内，各地车辆主管机关也不一致，上海、北京驾驶人考试和车辆检验工作由公用局主管，青岛由公安局主管，全国没有统一的车辆管理机关。1931 年 5 月 31 日，我国第一辆国产汽车——民生牌 75 型载货汽车在沈阳诞生，这是由张学良主持生产的国产汽车，民生则取意自三民主义中的"民生"，是我国汽车工业发展史的开端。

此后，随着机动车数量的不断增加，车辆和驾驶人管理制度也不断丰富和完善，民国时期已经逐渐形成了一系列的管理制度。1939 年，国民政府行政院核准公布了《汽车管理规则》和《汽车驾驶人管理规则》，统一了全国车辆管理法规；交通部设立了汽车监理机构，主管全国车辆管理的指导工作，统一制作汽车牌照。到 1949 年中华人民共和国成立时，全国约有 5 万辆汽车。此后，随着我国汽车、摩托车工业的发展，国家从机动车生产、销售、登记、使用等方面对机动车进行规范管理，从驾驶许可、驾驶行为等方面对机动车驾驶人进行规范管理，并逐步通过法律、法规、规章、文件、标准等形式对管理措施进行确定，形成了一整套完整的车辆和驾驶人管理制度。

二、车辆和驾驶人管理的概念

（一）广义的车辆和驾驶人管理

从广义上讲，车辆和驾驶人管理是政府相关部门依据国家法律、法规、规章、制度及相关政策和技术标准，对车辆的生产、销售、使用、报废等环节以及驾驶人的驾驶许可、驾驶行为等实施管理、监督的行政行为。车辆和驾驶人管理的对象是车辆和驾驶人。在道路交通管理中，车辆，是指在道路上行驶的车辆，包括机动车和非机动车；驾驶人，是指驾驶机动车或非机动车上道路行驶的人员，包括机动车驾驶人和非机动车驾驶人。

广义的车辆和驾驶人管理是一个综合管理系统，不仅涵盖道路交通管理的全部内容，而且囊括了相关政府管理部门，涉及车辆和驾驶人管理的全部内容，包括车辆的发展政策、生产管理、销售管理、登记管理、使用管理和报废管理，以及驾驶人的许可、培训、考试和日常管理等，涉及公安、发展改革、工业和信息化、交通运输、质量监督、环境保护、工商、商务、税务、海关、保险、农业（农业机械）、军队、武装警察部队等多个管理部门的工作。其中，公安部门负责指导、监督机动车登记、安全检验、驾驶人考试、驾驶证核发、审验，以及对机动车和驾驶人的日常管理及路面管理等工作；发展改革、工业和信息化部门负责制定车辆产业发展政策和管理生产行业；交通运输部门负责营运机动车及其驾驶人的管理，以及驾驶培训行业的监督管理；质量监督部门负责车辆产品质量的检验监管、缺陷机动车产品召回、机动车安检机构的资格许可和监督管理；环境保护部门负责机动车的污染防治管理；工商部门负责车辆销售、交易管理；商务部门负责制定汽车流通服务政策，指导汽车流通服务市场建设，指导报废汽车管理和老旧汽车更新工作；税务部门负责车辆购置税、车船使用税等税收工作；海关部门负责进口机动车和监管机动车管理，以及走私机动车的查处工作；保险监督管理部门负责机动车交通事故责任强制保险等保险行业的监督管理；农业（农业机械）主管部门负责上道路行驶拖拉机的牌证核发及其驾驶人培训、考试和核发驾驶证工作；军队、武装警察部队的有关部门负责部队在编机动车牌证核发、检验及驾驶人考核工作。

（二）狭义的车辆和驾驶人管理

从狭义上讲，车辆和驾驶人管理是公安交通管理部门依据国家法律、法规、规章和相关技术标准，对车辆进行登记、核发牌证，对驾驶人进行考试、审验、核发驾驶证、教育管理，以及对机动车检验、驾驶培训等活动进行监督管理的行政行为。本书所称的车辆和驾驶人管理是指狭义的概念。

与广义的车辆和驾驶人管理概念相比，狭义的车辆和驾驶人管理最主要的特点是管理的主体和范围不同，其管理的主体限于公安交通管理部门，管理的范围限于机动车登记、检验和驾驶人考试、发证、审验等工作。

三、车辆和驾驶人管理的要素

要素是构成事物的必要因素，即事物必须具有的实质或本质、组成部分。从不同侧面看管理过程，车辆和驾驶人管理可以分为管理的主体、管理的对象、管理的载体、管理的法律性质、管理的依据、管理的目的六大构成要素。

（一）车辆和驾驶人管理的主体

车辆和驾驶人管理的主体是公安交通管理部门。《中华人民共和国道路交通安全法》（以下简称《道路交通安全法》）第8条规定："机动车经公安机关交通管理部门登记后，方可上道路行驶。"第19条规定："申请机动车驾驶证，应当符合国务院公安部门规定的驾驶许可条件；经考试合格后，由公安机关交通管理部门发给相应类别的机动车驾驶证。"因此，从法律规定来讲，车辆和驾驶人管理的主体是公安交通管理部门。车辆管理所作为公安交通管理部门的内部机构，具体负责车辆和驾驶人的各项管理工作。车辆和驾驶人管理的具体行为是以公安交通管理部门的实际作出的，由公安交通管理部门承担相应的法律后果和法律责任。2004年6月，公安部下发了《关于变更机动车驾驶证、行驶证、登记证书证件印章名称的通知》，登记证书上加盖的印章的名称统一为"××省（自治区、直辖市）公安厅（局）交通警察总队（交通管理局）"和"××省（自治区、直辖市）××市（地、州、盟）公安局交通警察支队（交通管理局）"。参见第十一届全国人民代表大会第一次会议批准的国务院机构改革方案和《国务院关于机构设置的通知》（国发〔2008〕11号）、《道路交通安全法》及其实施条例。

需要说明的是，根据《道路交通安全法》的规定，有两类机动车和驾驶人的管理主体不是公安交通管理部门；一是中国人民解放军和中国人民警察部队在编机动车牌证、在编机动车检验以及机动车驾驶人考核工作,它们由中国人民解放军、中国人民武装警察部队有关部门负责。二是对上道路行驶的拖拉机的登记、检验和驾驶证申领、核发等,由农业(农业机械)主管部门行使公安交通管理部门的管理职权。

(二)车辆和驾驶人管理的对象

车辆和驾驶人管理的对象是车辆和驾驶人。在道路交通管理中,车辆包括机动车和非机动车。车辆的概念也有广义的和狭义的之分,广义的车辆是指物理意义上的机动车和非机动车,而车辆和驾驶人管理业务当中所指的机动车和非机动车也就是道路交通管理活动当中所指的机动车和非机动车,即按照法律规定那些需要申领机动车号牌,并且必须在机动车道上行驶的车辆是机动车,那些被允许在非机动车道上行驶的车辆是非机动车,其中有很多物理意义上的机动车是必须在非机动车道上行驶的,比如符合规定的机动残疾人车、电动自行车、电动三轮车等。

具体的,机动车是指由动力装置驱动或者牵引,上道路行驶的供人员乘用或者用于运送物品,以及进行工程专项作业的轮式车辆。机动车包括汽车、电车、摩托车、挂车、上道路行驶的拖拉机、轮式专用机械车等。非机动车,是指以人力或者畜力驱动,上道路行驶的交通工具,虽有动力装置驱动,但设计最高时速、空车质量、外形尺寸符合有关国家的残疾人机动轮椅车、电动自行车等交通工具。常见的非机动车主要有自行车、电动自行车、人力车、畜力车、残疾人机动轮椅车等。驾驶人,包括机动车驾驶人和非机动车驾驶人。其中,机动车驾驶人,是指能够独立驾驶机动车上道路行驶,并经主管部门考试合格,依法取得机动车驾驶证的人员。机动车驾驶人分为汽车驾驶人、摩托车驾驶人、拖拉机驾驶人等,其中,每个种类又区分为不同的准驾车型,如汽车驾驶人包括大型客车驾驶人、牵引车驾驶人、城市公交车驾驶人、大型货车驾驶人、小型汽车驾驶人等。截至2020年6月全国机动车保有量为3.59亿辆,其中,汽车2.71亿辆占总量74.58%;机动车驾驶人4.43亿,其中,汽车驾驶人3.8亿。2020年上半年登记注册1414万辆,和2019年同期相比减少98万辆。机动车驾驶人达4.43亿,26~35岁占34.12%,36~50岁占38.88%,超过60岁占2.9%。新领证728万人,与2019年同期相比,减少680万人。

(三)车辆和驾驶人管理的载体

车辆和驾驶人管理的载体是办理车辆和驾驶人牌证。机动车和驾驶人管理的主要内容包括机动车登记、检验和驾驶证申领、考试、审验两大类。其中,机动车登记包括注册登记、变更登记、转移登记、抵押登记和注销登记;机动车检验包括机动车定期安全技术检验和办理登记前的安全技术检验;驾驶人管理包括驾驶证核发、驾驶人考试、审验。这几项基本管理内容又衍生出补换领机动车牌证、撤销机动车登记、补换领机动车驾驶证、注销机动车驾驶证、受理驾驶人身体条件证明、延期办理换证等一系列具体业务。非机动车管理的主要内容是办理非机动车登记和核发非机动车牌证。以上这些管理内容主要是通过车辆和驾驶人牌证来实现的,如核发、换发、收回和注销机动车号牌、行驶证、登记证书、检验合格标志、驾驶证等。

(四)车辆和驾驶人管理的法律性质

车辆和驾驶人管理的法律性质是行政行为。从法律意义上讲,车辆和驾驶人管理工作属于行政行为,即行政机关行使行政职权,作出能够产生行政法律效果的行为。车辆和驾驶人管理涉及每一个相关的公民、法人或者其他组织的合法权益,因而是行政行为;具体到每一项车辆和驾驶人管理业务是具体行政行为,具有公定力、确定力、拘束力和执行力。其中,作为车辆和驾驶人管理核心内容的机动车登记和驾驶证核发,均属于行政许可。按照《中华人民共和国行政许可法》(以下简称《行政许可法》)的规定,行政许可,是指行政机关根据公民、法人或者其他组织的申请,经依法审查,准予其从事特定活动的行为。而《道路交通安全法》有关"机动车经公安机关交通管理部门登记后,方可上道路行驶"的规定,将机动车登记作为准予上道路行驶的许可条件;有关"驾驶机动车,应当依法取得机动车驾驶证"的规定,将核发机动车驾驶证作为准予驾驶机动车的许可条件。

从行政行为的性质来讲,机动车登记、驾驶证核发具有以下特点:①是一种具体行政行为,即是针对特定的公民、法人或者其他组织作出的,是具体行政行为而不是抽象行政行为,属于行政执法行为的范畴;②是一种依法申请的行政行为,即必须由行政相对人提出申请才能实施,相对人的申请是机动车登记、驾驶证核发的必经程序和条件,公安交通管理部门不能对尚未提出申请的对象主动办理登记或者发放驾驶证;③是一种要式行政行为,即应遵循一定的法定程序,应以正规的文书、格式、日期、牌证、印章等形式作出许可,颁发机动车牌证、驾驶证等许可证件;④是一种须经依法审查的行政行为,即公安交通管理部门应当根据事前公布的标准和条件对申请人的申请进行审查、考试或考核,作出是否准予登记,准予发证的决定,审查应当公开、公平和公正,依照法定的权限、条件和程序,以保证其合法性;⑤是一种授益行政行为,即是赋予行政相对人某种权利或资格,准予其从事某种特定活动的行为,这是车辆和驾驶人管理区别于其他交通管理工作的重要特点,如交通违法处理、交通事故处理等均属于负担行政行为,是规定相对人义务,剥夺或限制相对人权利的行政行为。

(五)车辆和驾驶人管理的依据

车辆和驾驶人管理的依据是法律、法规、规章、规范性文件和相关技术标准。车辆和驾驶人管理属于行政行为,因此要遵循依法行政的基本原则,按照国家的法律、法规等规定行使管理职权。常用的法律主要有《道路交通安全法》《行政许可法》等;常用的行政法规主要是《中华人民共和国道路交通安全法实施条例》(以下简称《道路交通安全法实施条例》);常用的公安部部门规章有《机动车登记规定》《机动车驾驶证申领和使用规定》《警车管理规定》《临时入境机动车和驾驶人管理规定》,规范性文件有《机动车登记工作规范》《机动车驾驶证业务工作规范》等;此外,还包括一些省、自治区、直辖市和部分城市的市人民代表大会及其常务委员会制定的地方性法规;技术标准包括《机动车运行安全技术条件》(GB 7258—2012)2012年9月1日起实施、《机动车运行安全技术条件》(GB 7258—2017)2018年1月1日起实施、《道路车辆外廓尺寸、轴荷及质量限值》(GB 1589—2004)2005年11月14日发布实施、《汽车、挂车及汽车列车外廓尺寸、轴荷及质量限值》(GB 1589—2016)2016年7月26日发布实施等国家标准,以及《机动车查验工作规程》(GA801—2019)2019年9月1日起实施、《道路交通管理 机动车类型》(GA 802—2014)2014年9月1日起实施、《道路交通管理 机动车类型》(GA 802—2019)2020年3月1日起实施、《机动车号牌》(GA 36—2014)、《机动车登记信息采集文本》(GAT 946—2)2012年7月18日发布实施、《机动车驾驶人场地驾驶技能考试系统》等行业标准。

在这里特别强调的车辆和驾驶人管理的法律法规以及相关国家标准等是存在着法律法规以及国家标准的时效性的,因此,在现实工作中对于新车与驾驶人采用最新的国家标准与法规进行登记管理等,对于老车就要按照当时的相关国家标准与法律法规等进行查验核对。

一般地,遵循"老车老标准、新车新标准",在进行车辆和驾驶人的定期检验和审验时,除了国家法律法规以及相关技术标准有特别规定的除外,车辆查验通常是依照其生产日期对应的国家标准等进行查验,但是,如危化品车辆加装紧急切断装置以及货车、货车底盘改装的专项作业车和挂车(组成拖拉机运输机组的挂车除外)的车身反光标识材料应符合 GB 23254 的规定,其中总质量大于 3500kg 的厢式货车(不含封闭式货车、侧帘式货车)、厢式挂车(不含侧帘式半挂车)和厢式专项作业车应装备"反射器型车身反光标识"等,因为国家标准有必须更新的特别规定,因此,在进行老车定期查验与检验时,类似有特殊规定的项目就要依照最新标准进行查验与检验。因此,新旧标准交替期和标准发布后的过渡期等,都是例外的情形,所以,在上面我们列出了几个主要相关标准最近的几个版本,即在适用新标准和法规的同时,旧的法规与标准等并不作废!

(六)车辆和驾驶人管理的目的

车辆和驾驶人管理的目的是保障道路交通安全、有序、畅通,防范交通事故。车辆和驾驶人是道路交通的构成主体,车辆和驾驶人管理是道路交通管理的重要组成部分,其主要目的是建立和完善车辆和驾驶人管理体系,预防和减少交通事故,维护道路交通秩序,提高通行效率。重点通过驾驶许可确认(认证、审验、考试等)、机动车登记(核发号牌、机动车检验合格标志、行驶证等)与常态监督管理等手段,采取强化驾驶人教育培训、规范驾驶人考试、科学制定机动车标准、严格机动车查验等措施,实现提高驾驶人安全驾驶技能、文明驾驶素质,确保上路机动车安全技术性能的社会管理效果,促进道路交通五要素(人、车、路、环境、管理)的和谐发展。

第二节　车辆和驾驶人管理的属性

车辆和驾驶人管理具有社会性、服务性和技术性三个基本属性。

一、社会性

车辆和驾驶人管理是公安交通管理的重要组成部分,是道路交通管理工作的前提和基础。从世界各国道路交通管理的普遍经验来看,都是首先建立了车辆和驾驶人管理制度,在此基础上形成道路交通管理制度。机动车只有办理了登记,领取了号牌、行驶证、登记证书、检验合格标志等法定证件,驾驶人只有依法通过考试,取得了驾驶证,道路交通管理才能有管理的依据和载体。

在由人、车、路、交通环境构成的道路交通系统基本要素中,人和车是参与道路交通的主体,是最主要的因素。从保障道路交通安全、有序、畅通的角度,驾驶人应当具有良好的职业道德、安全意识、身体素质、心理素质和熟练的驾驶技术,机动车应当具有良好的动力性、通过性、稳定性和安全性。车辆和驾驶人管理的核心和重点是机动车上路的行驶准入和驾驶人驾车的资格准入,车辆登记检验是否到位、驾驶人考试发证是否严格,关系到预防道路交通事故的成效,关系到人民群众的生命财产安全,这是车辆和驾驶人管理社会性的内在要求。

车辆和驾驶人管理直接管理着部分生产力要素,与经济社会的发展关系密切。车辆是否具备安全的上路运行条件、驾驶人是否具备合格的驾驶意识和技能,关系到能否为社会创造安全、有序的发展环境;车辆和驾驶人管理是否科学、高效,能否满足市场经济的发展需要和社会群众的消费需要,关系到国家汽车工业、摩托车工业等重要国民经济产业的发展;车辆和驾驶人管理制度是否严格、统一,能否督促机动车生产、使用走上规范管理的良性发展轨道,关系到汽车产业和交通运输市场的健康发展;车辆登记检验环节能否堵住走私车、盗抢车上牌的漏洞,关系到国家对外政策和关税政策的实施,关系到公安机关打击犯罪、保护人民、服务社会的重大历史使命;驾驶人考试制度是否严格、对驾驶人培训教育的监管是否有效,关系到文明交通、安全交通风尚的养成,关系到整个社会主义精神文明建设的成果。

车辆和驾驶人管理的社会性体现在它的政策性强,与国民经济发展结合紧密,与国家的大政方针联系紧密。2009年,为应对全球性的经济危机,国务院陆续出台了十大重要产业调整振兴规划,其中的汽车产业调整振兴规划推出了汽车摩托车下乡、汽车以旧换新、减免车辆购置税等一系列政策,这是实现惠农、强农目标的需要,也是拉动消费、带动生产的重要措施。车辆和驾驶人管理就要对国家的政策变化快速作出反应,主动调整,积极应对,以适应一个时期内车辆和驾驶人数量快速增长的新形势,适应群众对车驾管服务提出更高要求的新需求。车辆和驾驶人管理要主动适应社会的发展要求,坚持科学发展,更加注重全面协调和可持续发展,更加注重统筹兼顾,更加注重保障和改善民生,促进社会公平正义的实现。

二、服务性

从行政学意义上讲,车辆和驾驶人管理属于公共服务。当前,随着经济社会的发展,以"公共权力"为核心的传统行政已不适应当下社会发展需要,以"公共服务"为核心的现代行政已成为一种时代趋势。建设服务型政府成为新的历史条件下社会和群众提出的一项重要任务,政府不仅要履行好促进经济健康发展的职能,为构建和谐社会创造物质基础,而且要履行好社会管理职能,为群众提供更多、更好的公共服务,切实维护社会公正、社会秩序和社会稳定。公共服务是一种基本服务、大众化服务、非营利服务,具有均等化、透明化、法制化等特征。

在现代社会,汽车已经进入寻常百姓家,驾车出行已成为人们的一种重要出行方式,车辆和驾驶人管理工作与普通群众的生活联系越来越紧密。车辆驾驶人管理成为公安机关社会管理和公共服务的重要组成部分,车辆管所成为服务经济社会发展、服务人民群众的最直接的前沿窗口。服务性成为当前车辆和驾驶人管理的一个重要的基本属性。

车辆和驾驶人管理的服务性首先体现于它的法治性。从法律意义上讲,车辆和驾驶人管理属于行政行为,要从行政执法的高度来认识车辆和驾驶人管理的重要性。车辆和驾驶人管理不仅仅是简单的办牌、办证,办牌、办证只是外在的表现形式,从实质意义上讲,驾驶人考试、发证,机动车查验、登记,都是执法行为,都是在履行法律赋予的职责。因此,车辆和驾驶人管理必须要始终贯彻依法行政原则。依法行政原则又称行政合法性原则,是指行政机关的一切管理活动都必须符合法律规定,只有在法律明确授权的情况下,行政机关才能实施具体的执法行为。行政机关实施管理活动必须做到职权法定、职权职责统一和于法有据。车辆和驾驶人管理要做到严格依法行政,就应当实现管理意识的法治化、使职权的法治化、办理程序的法治化、行政责任的法定化。要牢固树立规范执法的意识,按照公安部党委关于执法规范化建设的要求,进一步完善规章制度,以标准化促进规范化;加强执法管理,以科学化推动规范化;推进信息化建设,以信息化支撑规范化;强化业务培训,以专业化保证规范化。

车辆和驾驶人管理要坚持正确处理管理与服务的关系,切实做到寓管理于服务之中,在服务中实现管理,大力推进服务型车辆管理所建设。服务型车辆管理所应是以人为本的车辆管理所,每一项政策的出台、每一个举措的实施、每一笔业务的办理都要在依法、依规的前提下,从程序上、环节上设身处地地从当事人的角度考虑,体现亲情化服务、人性化服务、市民化待遇;服务型车辆管理所应是透明公开的车辆管理所,尊重公民的知情权、参与权和监督权,做到权力在阳光下运行;服务型车辆管理所应是高效的车辆管理所,车驾管民警要在专业知识全面扎实、专业技能熟练稳定的基础上,养成统一规范的服务定式,养成严谨负责的职业精神,做到对工作高度负责、一丝不苟,对服务对象不卑不亢、一视同仁,让老百姓感受到交通管理的公正、便捷、高效。

三、技术性

车辆和驾驶人管理业务涉及机动车分类管理、安全性能检验、机动车牌证管理、机动车驾驶人分类管理、考试标准、信息系统管理等一系列技术问题,涉及许多国家法律、法规、政策、制度、标准的制定和执行。

车辆和驾驶人管理的技术性体现于它的规范性,通过一系列统一的法律、法规、政策、制度来实现。车辆和驾驶人管理的法律依据全国统一,都必须按照《道路交通安全法》及其实施条例、《机动车登记规定》、《机动车驾驶证申领和使用规定》等全国性的法律、法规、规章实施管理;管理的制度规范全国统一,均按规定实施机动车登记制度、机动车检验制度、机动车强制报废制度、驾驶人考试制度、驾驶证记分制度等管理制度,执行统一的标准、条件和程序;管理的外在形式全国统一,均执行统一规格和统一式样的机动车号牌、行驶证、登记证书、驾驶证等牌证;管理的信息系统全国统一,均适用全国统一的机动车登记系统和驾驶证管理系统办理业务,数据库标准和管理软件全国统一;等等。从这个意义上讲,车辆和驾驶人管理是国家事权,地方公安机关无权设定与全国性规定相抵触、相矛盾的管理事项,这是依法行政基本原则在执行中的具体体现,也是维护国家和人民利益的根本保障。需要注意的是,统一性不等于同一性,统一性是各个车辆管理所必须遵守的共性的、基本的规范制度,在统一的前提下,允许各车辆管理所创新管理、创新服务,在管理模式、方法和手段等方面创造新经验、积累新经验,更好地服务经济社会发展。

车辆和驾驶人管理的技术性体现在它的专业性,通过一系列的国家标准、行业标准来实施。"标准"是在科学技术指导下通过大量实践积累而形成的,具有科学性、先进性和规范性,是各有关行业必须遵守的技术规范。国家标准,是指由国家标准化主管机构批准、发布,对全国经济、技术发展有重大意义,且在全国范围内统一的标准。行业标准,是指对没有国家标准而又需要在全国某个行业范围内统一的技术要求所制定的标准,是对国家标准的补充。车辆和驾驶人管理常用的国家标准和行业标准有 20 多个,包括《机动车运行安全技术条件》(GB 7258—2012)、《道路车辆外廓尺寸、轴荷及质量限值》(GB 1589—2004)、《机动车安全技术检验项目和方法》(GB 21861—2008)、《道路车辆 车辆识别代号(VIN)》(GB 16735—2004)、《机动车驾驶证件》(GA 482—2008)、《机动车号牌》(GA 36—2019)、《机动车行驶证》(GA 37—2008)、《机动车登记证书》(GA 369—2005)、《机动车查验工作规程》

（GA 801—2019）、《机动车类型术语和定义》（GA 802—2019）《道路交通管理 机动车类型》（GA 802—2019）、《机动车登记信息采集和签注规范》（GA 805—2008）、《车辆和驾驶人管理印章》（GA 803—2008）等。车辆和驾驶人管理要监督国家标准和行业标准的贯彻执行，对需要重新制定、修改有关技术标准的，要及时提出制定、修订意见。

车辆和驾驶人管理的技术性还体现在运用先进的科学技术、方法、手段和设备，创新管理、规范管理。车辆和驾驶人管理的社会性、服务性等特性，决定了它要不断适应经济社会发展的新形势，适应人民群众提出的新要求，不断提出新思路、新举措，不断研发先进的新技术、新装备，不断提升管理和服务水平。

车辆和驾驶人管理的技术性要求从事这项工作的人员不仅要具备相应的法律法规、政策理论水平，还要掌握熟练的专业知识和技能，包括车辆构造、性能、检验知识，甄别嫌疑车辆、假牌假证技术，安全驾驶理论、驾驶心理学知识，驾驶技能训练和考试技术，计算机操作技能等。因此，对车辆和驾驶人管理队伍的人员培训尤为重要，自 2005 年开始，公安部对专业性较强的两个关键性的执法岗位——考试员和查验员建立了专业资格管理制度，即考试员资格管理制度和查验员资格管理制度。考试员和查验员由省级公安交通管理部门统一考试、统一发证，持证上岗，详见公共安全行业标准《机动车查验工作规程》（GA 801—2014），以及公安部交通管理局《机动车驾驶人考试员资格管理办法》（公交管〔2005〕179）号文件。

第三节　车辆和驾驶人管理的主要内容

一、车辆管理的内容

根据《道路交通安全法》的规定，车辆管理分为机动车管理与非机动车管理。机动车管理主要围绕机动车登记制度、机动车检验制度和机动车强制报废制度三项基本制度展开。

（一）机动车登记

公安交通管理部门根据机动车所有人的申请，经依法审查，对机动车的主要特征及其所有人的基本信息进行登记，核发登记证书、号牌、行驶证和检验合格标志。机动车登记是准予机动车上道路行驶的法定登记。机动车登记分为注册登记、变更登记、转移登记、抵押登记和注销登记。对尚未登记的机动车，需要临时上道路行驶的，公安交通管理部门应当按规定核发临时行驶车号牌。临时进入我国境内行驶的机动车，公安交通管理部门应当按规定核发临时入境机动车号牌和行驶证。

（二）机动车强制报废

达到国家强制报废标准的机动车，应当强制回收解体，并办理机动车注销登记：已注册登记的机动车达到国家规定的强制报废标准的，公安交通管理部门应当在报废期满的 2 个月前通知机动车所有人办理注销登记。机动车所有人应当在报废期满前将机动车交售给机动车回收企业，由机动车回收企业将报废的机动车登记证书、号牌、行驶证交公安交通管理部门注销。机动车所有人逾期不办理注销登记的，公安交通管理部门应当公告该机动车登记证书、号牌、行驶证作废。

（三）非机动车管理

根据《道路交通安全法》的规定，依法应当登记的非机动车，经公安交通管理部门登记后，方可上道路行驶。依法应当登记的非机动车的种类，由省、自治区、直辖市人民政府根据当地实际情况作出规定。非机动车的外形尺寸、质量、制动器、车铃和夜间反光装置，应当符合非机动车安全技术标准。

二、驾驶人管理的内容

根据《道路交通安全法》的规定，驾驶人管理主要是指机动车驾驶人的管理。机动车驾驶人管理主要围绕驾驶人考试制度、驾驶证核发制度、驾驶证审验制度和交通违法累积记分制度四项基本制度展开。

（一）驾驶人考试

对申请机动车驾驶证的人员，公安交通管理部门依法进行法律、法规和交通安全知识，以及道路驾驶技能的考试，考试合格后才能核发机动车驾驶证。驾驶人考试制度是驾驶人管理制度的核心和基础。

（二）驾驶证核发

对申请机动车驾驶证的，公安交通管理部门依法审查其驾驶许可条件，符合条件并考试合格的，依法核发相应准驾车型驾驶证。持有境外机动车驾驶证的人，符合我国的驾驶许可条件，经考核合格的，发给中国的机动车驾驶证。临时进入我国境内需要驾驶机动车的，公安交通管理部门应当按规定核发临时机动车驾驶许可。

（三）驾驶证审验

公安交通管理部门依法定期对驾驶人的身体条件、驾驶记录、遵守道路交通法律和法规情况等进行审验，它是道路交通安全管理的重要组成部分。《机动车驾驶证申领和使用规定》对驾驶证审验方式进行了改革，除在驾驶证有效期满换证时进行定期审验外，如果无满分记录，驾驶人无须到车辆管理所进行年审，但考虑到道路交通安全的需要，年龄在60周岁以上或者驾驶大型客车、货车的驾驶人，每年或者每两年应进行一次身体检查。

（四）交通违法累积记分

对违反道路交通安全法律、法规的驾驶人，根据情节严重程度，对驾驶证记以一定的分值，对违法行为记分累积达到满分的，依法进行道路交通安全法律、法规和相关知识的教育和考试。交通违法累积记分制度是预防和减少机动车驾驶人交通违法行为的一种有效的教育措施，也是国际上的一种通行做法。

三、监督管理的内容

（一）对安检机构的监督管理

通过办理机动车登记、核发机动车安全技术检验合格标志等手段，配合质量技术监督部门对机动车安全技术检验机构进行监督管理。

（二）对驾驶培训的监督管理

通过考试质量分析、通报等手段，配合交通主管部门对驾驶培训学校（机构）的驾驶培训情况进行监督管理。

（三）监督上道路行驶拖拉机的登记

对农业（农业机械）主管部门办理上道路行驶拖拉机登记、核发牌证的行为进行监督。

四、其他管理内容

（一）机动车牌证管理

机动车登记证书、号牌、行驶证、检验合格标志、临时入境机动车号牌和行驶证是机动车上道路行驶的法定证件，机动车驾驶证、临时机动车驾驶许可是驾驶人驾驶机动车上道路行驶的法定证件，公安交通管理部门对机动车牌证、机动车驾驶证实施统一管理，牌证的式样设计、生产制作、发放管理、安装规范等都有统一的管理制度。机动车登记证书、号牌、行驶证、检验合格标志、机动车驾驶证、临时入境机动车号牌和行驶证、临时机动车驾驶许可的式样由公安部规定并监制。

（二）机动车和驾驶人数量统计研判

定期对机动车保有量、分布、增长情况等进行统计分析，对机动车驾驶人数量、年龄情况、增长情况等进行统计分析，为道路交通管理提供准确、完整的基础信息，为研究制定管理政策提供依据。

（三）驾驶人交通安全教育

对驾驶人进行交通安全教育是道路交通管理永恒的主题。公安交通管理部门在驾驶人考试、驾驶证核发、驾驶证审验、机动车登记、机动车检验等各个工作环节中，都应当贯穿驾驶人交通安全教育这一主线。

第四节　车辆和驾驶人管理的基本原则

《道路交通安全法》作为我国第一部全面规范道路交通参与人权利义务关系的基本法律，从我国实际出发，提出了保障道路交通有序、安全、畅通的指导思想，明确了依法管理、方便群众的基本原则，在此基础上实现科学发展、和谐发展。为此，公安部提出车辆和驾驶人管理的基本原则在于依法管理、以人为本、创新发展。这些原则贯穿车辆和驾驶人管理整体工作之中，集中体现车辆和驾驶人管理的根本价值和目的，对车辆和驾驶人管理的制度设计与执行具有普遍的指导意义。

一、依法管理

坚持依法治国，建设社会主义法治国家，是我们党治国理政的基本方略。依法行政、依法管理是依法治国基本方略在行政管理领域的集中体现，是实现社会公平正义的根本保障。从世界范围法治建设的规律来看，一个国家的警察管理和执法水平往往反映出这个国家的法治水平，关系到一个国家的形象。车辆和驾驶人管理工作是公安机关社会管理和行政执法的重要组成部分。车辆管理所是公安机关中与人民群众打交道最多、联系最紧密的执法窗口之一，其执法能力和执法水平直接影响着公安机关的形象，直接关系到道路交通管理的整体工作成效。特别是随着我国社会主义民主政治建设的推进和互联网时代的到来，人民群众政治参与意识明显提高,法律意识、维护自身权益的意识明显增强,社会监督、舆论监督的力度与广度明显加大,对车辆和驾驶人依法行政提出了更紧迫的要求。

坚持依法管理,是由车辆和驾驶人管理的法治性决定的,是依法行政的基本原则在车辆和驾驶人管理工作中的体现。在行政法学上,依法行政原则最主要的表现是职权法定原则。在现代法治社会里,行政权力与公民权利的运行规则有着明显的区别。对于公民而言,只有当法律明文禁止时,公民才不得为之;凡是法律没有明文禁止的,公民都有权为之。但对行政机关而言,只有法律明文规定或授权的才可以为,"法无明文规定不得为","有法才有权行使"。因此,依法行政要求行政机关必须在法律规定的职权范围内活动,未经法律授权不得行使某项职权,尤其是在涉及剥夺公民权利、规定公民义务的时候,必须要有法律的明确授权。车辆和驾驶人管理要坚持依法管理,就应当遵循这一条基本原则,严格按照法律、法规的规定行使职权,否则就要受到法律追究,承担法律责任。

第一,坚持依法管理,就是要坚持严格执法,把维护法律的权威性作为最基本的职责定位。"天下之事,不难于立法,而难于法之必行。"公安交通管理部门作为重要的执法机关,机动车登记、驾驶人考试、驾驶证合法等作为重要的执法工作,必须遵循严格执法的基本原则,严格按照法律、法规、规章等规定的要求和程序办理。车辆和驾驶人管理贯彻严格执法的原则,最重要的是要牢固树立"法律至上"的理念和意识,把法律、法规赋予的职责落实到位。具体而言,就是严格执行法律赋予的车辆和驾驶人源头管理的职责,牢牢把住机动车行驶准入和驾驶人驾驶准入两个重要关口,落实好机动车检验和驾驶人考试两项重要职责,保证登记的每一辆机动车都符合安全上路的条件,发证的每一个驾驶人都具备安全驾驶的素质,把好预防道路交通事故第一道防线。

第二,坚持依法管理,就是要坚持规范执法,把保障执法工作的制度化作为最基本的工作要求。执法规范化是执法工作的生命线,规范执法行为,就是要把执法工作纳入法律化、制度化、程序化轨道,要用制度规范来制约权力,约束和规范执法行为。车辆和驾驶人管理要做到依法行政,就要使车驾管民警牢固树立严格依法履行职责的观念、法律面前人人平等的观念、尊重和保障人权的观念,进一步强化程序意识、权限意识和接受监督意识,自觉抵御权力、关系、人情、利益等各种因素的影响和干扰,切实发挥维护社会公平正义的重要作用;要加强执法监督,利用现代信息技术手段,健全全方位的工作监管体系,使每一名民警在监督下工作、每一笔业务在监督下办理;要严格落实责任追究,严肃查处违反制度的行为,对违反制度的人和事,发现一起、查处一起,决不姑息迁就,真正做到谁碰了"高压线",谁就要受到应有惩罚。

第三。坚持依法管理,就是要坚持执法为民,把维护社会公平正义作为最基本的价值追求。现代法律追求的价值是秩序、正义和人权等,其中,秩序是最低价值,人权是最高价值,而正义是基本价值。车辆和驾驶人管理要做到依法行政,除了要坚持严格执法、规范执法外,还必须坚持执法为民,做到实质正义和程序正义的统一,维护社会的公平正义,这就要求车辆和驾驶人管理不仅要在形式上符合法律、法规的规定,而且要在实质上符合法律、法规的基本精神,遵循行政均衡、信赖保护等原则,既要防止"用大炮打小鸟"等不合乎情理的做法,也要防止"朝令夕改"等不恪守信用的做法,最大限度地维护人民群众的合法权益;要坚持严格、公正、规范执法与理性、平和、文明执法的有机结合,坚持法、理、情的有机统一,切实把追求效率与实现公正、执法形式与执法目的更加紧密地结合起来,真正实现执法的法律效果、政治效果和社会效果的有机统一。

二、以人为本

道路交通具有广泛性、开放性和互动性,决定着人的因素始终处于第一位。道路交通管理的主体和客体均是由人参与的,管理目标是提高人们的生活水平和质量,创造和谐的交通出行环境。坚持以人为本,倡导人性化管理,有利于得到广大人民群众的支持,有利于道路交通管理措施的实施,有利于道路交通管理各项任务的完成,有利于形成良好的道路交通环境和管理环境。车辆和驾驶人管理工作是公安机关社会管理和公共服务的重要组成部分,是公安工作中与经济社会联系最为密切、直接为经济社会发展和人民群众生产生活服务的一项业务工作。因此,车辆和驾驶人管理必须坚持以人为本的理念。

坚持以人为本,是由车辆和驾驶人管理的服务性决定的,是科学发展观在车辆和驾驶人管理工作中的体现。科学发展观要求坚持以人为本,以实现人的全面发展为目标,从人民群众的根本利益出发谋发展、促发展,不断满足人民群众日益增长的物质文化需要,切实保障人民群众的经济、政治和文化权益,让发展的成果惠及全体人民。车辆和驾驶人管理落实科学发展观,落实以人为本的发展理念,就要始终以人为中心,把理解人、尊重人、调动人的积极性放在首位,体现在具体管理工作中就是要遵循公开、公正、便民三项基本原则。

第一,坚持公开原则是实现以人为本的前提。"'阳光'是最好的防腐剂",公开的本质是对公众知情权、参与权和监督权的保护,是强化民主政治、防止行政腐败、促进社会和谐的有效途径。车辆和驾驶人管理坚持公开原则,就要求管理的依据、条件、过程和结果要公开,要让社会公众周知,让行政相对人及时了解。公开原则的基本要求,一是管理的主体要公开,哪些公安交通管理部门有权办理哪些业务,应当让公众知晓;二是办理的条件要公开,需要提交哪些证明、凭证,缴纳哪些费用等要告知公众,条件应当是规范的、明确的,不得附加法律、法规、规章规定之外的其他条件;三是办理的程序要公开,包括申请、受理、审查、决定等程序应当是具体的、明确的和公开的;四是办理的期限要公开;五是作出的是否准予登记、准予发证的决定要公开,对不予登记的,要书面说明理由。公开的方式多种多样,可以在办公场所公示,也可以通过报纸、电视、广播、互联网等媒介向社会公告。公开原则还意味着车辆和驾驶人管理政策的设定是开放的,需要社会公众的广泛参与,制定政策要加强调查研究和比较论证,集思广益,建言献策,善于听取社会公众的意见,从而提高政策的科学性、公开性和透明度,推进决策的民主化。

第二,坚持公正原则是实现以人为本的核心。"事不公则心不平,心不平则气不顺,气不顺则难和谐",公平、公正关系到政府基本职能的实现,关系到社会的和谐稳定。车辆和驾驶人管理坚持公平、公正,就要求办理所有业务公平正直、没有偏私,要平等地对待所有的机动车所有人和驾驶人,平等和公正地适用法律,不能对不同地位、不同地区、不同经济条件的机动车所有人设定不同的条件,给予不同的待遇。车辆和驾驶人管理坚持公平、公正,对符合规定条件的机动车都应当办理登记,对不符合条件的一律不得办理登记。办理机动车登记、进行驾驶人考试、发证要运用一个标准、一把尺子来衡量,符合条件的都必须予以快捷办理,不符合条件的不得以任何形式办理,不得推诿、不得刁难,使每一名群众都能受到公平、公正的对待。选取机动车号牌号码,要严格按照规定采用计算机自动选取和由机动车所有人自行编排的方式,不得指定、预留号牌,使社会公众公平地享用公共资源。

第三,坚持便民原则是实现以人为本的关键。便民是我国法律制度的重要价值取向,也是行政机关履行行政职责、行使行政权力应当恪守的基本准则。《行政许可法》将便民原则设定为行政机关实施行政许可的基本原则。公安工作涉及人民群众生产、工作、生活的各个环节,与人民群众的切身利益息息相关。"立警为公、执法为民"是公安工作的根本宗旨。车辆管理所承担着车辆登记、驾驶人考试、驾驶证核发等工作,是公安机关服务经济社会发展、服务人民群众的重要窗口,其主要工作均属于行政许可的范畴。车辆和驾驶人管理要主动适应人民群众对公共服务的期待和要求,将方便群众、服务群众作为车辆管理工作的根本出发点,坚持管理与服务的有机统一,在服务中实施管理,在管理中体现服务。车辆和驾驶人管理坚持便民原则,就是要在办理车辆和驾驶人管理业务中为群众提供便利,使其快捷、方便、廉价地申请并获得许可,提高办事效率,提供优质服务。

三、创新发展

创新是以新思维、新发明和新描述为特征的一种过程。创新是人类特有的认识能力和实践能力,是人类主观能动性的高级表现形式,是推动民族进步与社会发展的不竭动力。创新是发展的前提和保证,发展是创新的结果和升华,社会管理创新是社会管理完善和发展的"主发动机"。经济社会是不断发展变化的,人民群众的物质文化需求也随之不断提高并趋于多样化,这些对车辆和驾驶人管理提出了更高的要求和期待。车辆和驾驶人管理必须坚持创新发展的理念,以创新求发展,以创新促和谐。

坚持创新发展,是由车辆和驾驶人管理的社会性决定的。车辆和驾驶人管理与经济社会的发展密不可分,与国家的各项方针政策联系紧密,必须主动适应经济社会的发展要求,积极创新发展。面对现阶段我国工业化、城镇化快速发展的形势和人民群众的新期待、新要求,车辆和驾驶人管理工作面临着机遇,又存在严峻挑战。在这个时期,我国国民经济快速发展,机动车和驾驶人数量激增,科技手段在社会管理中广泛应用,这都为车辆和驾驶人管理提供了发展的潜力和动力,但随之产生的车辆和驾驶人数量快速增长与警力资源严重不足、道路交通事故危害凸现、群众对办事效率和服务质量的要求越来越高等现状也给车辆和驾驶人管理提出了挑战。道路交通的复杂性、多变性和参与者的普遍性、多样性,决定了车辆和驾驶人管理的管理模式、管理机制和管理手段不可能是一成不变、放之四海而皆准的,是应当不断发展完善的。车辆和驾驶人管理创新发展应当以科学发展观为指导,依据社会发展的态势,紧紧围绕安全、有序、畅通的总目标,紧密结合工作实际,立足法定职责、立足形势任务、立足民意呼声,以解决车辆和驾驶人管理工作中群众反映的突出问题和破解发展难题为切入点,运用新的管理理念、知识、技术、方法,改进传统管理模式,构建新的管理机制,激发社会活力,促进社会和谐。车辆和驾驶人管理创新发展应当在管理理念、管理方法、管理制度三个方面求创新、求发展。

第一,坚持创新发展要以创新管理理念思路为先导。按照现代行政管理"服务行政、公平行政、透明行政、高效行政、责任行政"的要求,充分利用社会公共管理资源,注重运用社会的力量、法治的力量、道德的力量和科技的力量,发挥建立公众参与交通管理工作的新格局,实现管理模式由政府主导型向社会合作型转变,推动建立政府行政功能同社会自治功能互补、政府管理力量同社会调节力量互动的社会管理网络。

第二,坚持创新发展要以创新管理方式方法为突破口。按照社会管理为经济社会发展提供更和谐环境、为人民群众提供更便捷高效服务的新要求,车辆和驾驶人管理要大力推进信息化科技应用,改进管理手段和服务模式,健全网点式管理服务体系,建立信息化管理服务平台,实现管理方式由防范型向服务型转变,管理手段由传统式向智能化转变,让群众感受到更快捷、更便利、更文明、更和谐。

第三,坚持创新发展要以创新管理体制机制为保障。按照提高自身履职能力、服务公安工作大局的要求,车辆和驾驶人管理要抓住体制性、机制性、源头性、根本性问题,改革和完善管理制度机制,建立健全交通管理业务信息共享机制、驾驶人安全驾驶信用机制、驾驶人培训和考试机制、机动车安全性能监管机制,大力加强执法规范化建设、信息化建设、和谐警民关系建设,提高执法公信力和群众满意度,推动交通管理工作的长远发展,为经济社会发展与社会和谐稳定提供有力保障。

第五节　公安车驾管"放管服"改革

"放管服"就是简政放权、放管结合、优化服务的简称。"放"是指中央政府下放行政权,减少没有法律依据和法律授权的行政权;理清多个部门重复管理的行政权。"管"是指政府部门要创新和加强监管职能,利用新技术新体制加强监管体制创新。"服"是指转变政府职能,减少政府对市场进行干预,将市场的事推向市场,由市场来决定,减少对市场主体过多的行政审批等行为,降低市场主体运行的行政成本,促进市场主体的活力和创新能力。简政放权是民之所望、施政所向。

2018年6月,公安部推出简捷快办、网上通办、就近可办等20项交通管理"放管服"改革新举措。

根据2018年中央办公厅、国务院办公厅《关于深入推进审批服务便民化的指导意见》和《公安部关于进一步深化"放管服"改革 推进审批服务便民化的实施意见》,公安部制定了《公安交管部门进一步深化"放管服"改革 提升交管服务便利化的措施》。根据公安部的要求,各地公安机关及其交管部门应充分认识深化公安"放管服"改革的重大意义,深入践行以人民为中心的发展思想,要求全国公安交管部门认真学习、全面掌握"放管服"改革20项新举措,加强组织领导,扎实部署推进,务求取得实效。要细化工作部署,省级公安机关要制定专项工作方案,细化任务措施,明确时间节点,层层压实责任,提前做好资金、设备、人员等实施准备,确保改革顺利启动、有序推进。要坚持民意导向,广泛听取人民群众和相关行业意见,建立群众满意度评价机制,以人民的获得感检验改革成效。同时,要结合本地实际推出更多接地气、便民惠民的新举措。要加强督查落实,将改革举措落实纳入重点督查事项,不定期督查督办和明察暗访,确保改革精准落地、取得实效。对落实到位、积极作为的,及时通报表扬、总结推广;对动作迟缓、推进不力的,严肃督办问责。要强化宣传引导,组织媒体广泛宣传、解读改革措施,及时回应社会关切,凝聚改革共识,营造良好社会氛围,树立人民公安为人民的良好形象。

公安交管部门深化"放管服"改革,进一步提升交管服务便利化,提出了四个方面的工作措施:一是改革交管窗口服务,全面推行"一次办、马上办";二是深化"互联网＋交管服务",积极推行"网上办、掌上办";三是延伸下放交管业务,大力推行"就近办、便捷办";四是全面强化事中事后监管,提升管理服务规范化水平等。

一、改革交管窗口服务,全面推行"一次办、马上办"

(一)申请材料四个减免

全面清理办理交管业务的各种证明凭证,凡没有法律法规依据的一律取消,最大限度减免申请资料手续:

(1)免复印:原需提交的身份证明复印件,通过自动读取、高拍扫描或者免费复印等方式留存。

(2)免填表:原需申请人填写的纸质表格,由窗口工作人员采集信息、打印表格,申请人签字确认。

(3)免拓印:原需申请人自行拓印车辆识别代号的,由车辆管理所、机动车登记服务站等免费拓印。

(4)免提交:会同相关部门推进信息共享网络核验,逐步取消车辆购置税、车船税、交强险、报废回收证明、医院体检证明等凭证。

(二)简单业务一证即办

对补换领、审验驾驶证,补领机动车行驶证,驾驶人和机动车所有人联系方式变更等18类车驾管业务,凭本人居民身份证明一证即办。原需审核或收回的驾驶证、行驶证,通过内部信息核查,不再要求群众提交。

(三)普通业务一窗通办

整合优化业务办理流程,实现办理车驾管业务只进一扇门、只到一个窗口办结。业务办理一窗式,推行车驾管业务一窗受理、集成服务,推行缴费支付电子化,服务窗口推广使用网银、支付宝、微信等支付方式,做到受理、审核、缴费、发证"一次排队、一次办结"。车辆登记通道式,实行机动车"通道式"查验,推行PDA终端查验车辆,查验结果信息化传送,简化机动车登记程序。服务导办标准式,交管服务场所全部公示业务办理标准化流程图表,形式直观、易看易懂,提供清晰指引,并提供免费导办服务。

(四)个性服务自助快办

在车辆管理所设置自助服务区,推广使用自助服务终端,提供补换领驾驶证、机动车选号、信息变更、交通违法处理等服务,实现身份认证、受理审核、规费缴纳等全过程自助办理、窗口取件或邮寄送达。积极推行在政务服务大厅、交警大中队、机动车登记服务站、检验机构等地设立自助服务终端,方便群众就近办、自助办。在有关部门和单位设置自助缴税机、自助照相机等设备,方便"一站式"办理交管业务。

二、深化"互联网+交管服务",积极推行"网上办、掌上办"

(一)拓展网上服务覆盖面

通过互联网交通安全综合服务管理平台(www.122.gov.cn)、"交管12123"手机APP等提供网上服务,实现交管服务"零距离"。拓展网上服务项目,实行驾驶人考试预约、机动车选号、补换领驾驶证、申领免检标志等交管业务网上办理,实现申请网上受理、信息后台审核、牌证邮寄送达。有条件的地方要按照"应上尽上、全程在线"的要求,进一步拓展网上服务项目,积极探索网上预审核、网上购车登记等服务新模式。提高网上办理比例,简化互联网面签手续,推进与可信身份认证平台对接,实现多渠道身份认证,优化网上办事流程,加大宣传提示力度,提升网上服务体验感和便捷度,切实提高网上办理交管业务比例。

（二）推进网上政务互联互通

整合部门信息资源,打破信息孤岛,助推"互联网＋政务服务"整体水平提升。加强政务平台互联互通,在试点基础上,积极推进互联网交通安全综合服务管理平台信息共享服务,打通交管服务平台与其他政务平台功能整合共享,实现"单点登录、全网通办"。积极推进与相关部门信息互联互通,推进网上信息交换共享、精准核查。

（三）推行安全教育网上学习

试点推行互联网学习教育平台,方便驾驶人审验教育和满分教育网上申请、网上认证、网上学习。根据交通违法、交通事故特点,逐步推行驾驶人分类教育、分类管理,提供交通安全法律法规、安全文明驾驶常识、交通事故警示等差异化学习内容,提升学习效果。

（四）推进交通事故网上处理

轻微事故网上定损理赔,建立与人民法院、保险机构的数据信息共享机制,搭建信息互通共享平台,实现交通事故信息跨部门实时查询、实时反馈,推动车损事故在线受理、在线定责、在线协商、在线定损、在线理赔。交通事故纠纷网上数据一体化处理,在事故损害赔偿人民调解机制下,发挥保险等社会力量,依托"网上数据一体化处理"模式,积极引导当事人通过保险行业人民调解组织解决事故损害赔偿纠纷,推动公正高效化解矛盾问题。

三、延伸下放交管业务,大力推行"就近办、便捷办"

（一）健全社会服务网络

推广机动车登记服务站,依托公安交通管理综合应用平台专网服务系统,由汽车销售商、二手车市场、保险等单位代办新车注册登记、二手车转移登记、抵押登记、核发临时号牌等车驾管业务,提供一站式服务,方便群众就近能办、多点可办、少跑快办。

（二）推行邮政代办服务

发挥邮政网点覆盖城乡、贴近群众服务优势,建立警邮合作平台,推行邮政网点代办补换领驾驶证/行驶证、申领免检标志、自助处理交通违法等业务,创新"警邮合作"服务模式,织密覆盖城乡的交管服务网,为群众提供就近、便捷、高效服务。

（三）延伸农村交管服务

积极服务乡村振兴战略,适应农村汽车和驾驶人快速增长的新形势,构建农村交管服务新格局。向县级下放车驾管业务,加快小型汽车注册登记和驾驶人考试业务下放,有条件的县(市)经省级公安交管部门批准后可办理进口车登记,引导鼓励在县(市)布建机动车检验机构,方便县乡群众就近上牌、领证、检车。向农村延伸交管服务,充分利用乡镇政务服务网点等办事窗口,代办摩托车登记、补换领驾驶证等业务,通过"流动服务车"下乡、交通安全员和劝导员代办等方式开展上门服务,打通农村服务"最后一公里"。

（四）健全交通事故快处快赔机制

推行"警保联动"新模式,协调保险机构建立"警保联动"机制,推动保险公司理赔员共同上路巡查,第一时间发现、到达事故现场,借助"交管12123"交通事故快处快赔系统,快速处置财产损失交通事故,提升交通事故处理效率。推进农村交通事故快处快赔,建设农村事故快处协理员队伍,协助当事人快速处理农村地区发生的财产损失交通事故。

（五）推行跨省（区、市）异地检验

在推行省内异地检验基础上,除大型客车、校车、危险货物运输车外,其他汽车实行跨省（区、市）异地检验。申请人可以在机动车登记地以外的省（区、市）直接检验,申领检验合格标志,无须办理委托检验手续,实现全国范围"通检"。对6年内免检车辆,申请人可以跨省（区、市）异地申领检验标志。

（六）推进车检程序优化

推行网上车检服务,推动检验机构开通互联网、手机APP、语音电话等"点对点"车检预约服务,增设预约窗口通道,方便群众"随到随检"。实行网上申领免检标志,无须签注行驶证,实现网上申请、邮寄送达。简化车检服务流程,推行非营运小微型载客汽车经检验机构检验合格后,车辆管理所先远程发放检验合格标志、后抽查监督检验情况,提高检验效率,落实检验主体责任。

（七）便利车辆异地转籍登记

试点推行非营运小微型载客汽车档案电子化网上转递,对迁出登记地的,申请人不再需要提取纸质档案;对办理车辆转籍的,申请人可以直接到车辆迁入地车辆管理所申请,无须再回迁出地验车,减少群众两地间往返。

（八）便利驾驶证省内异地申领

对在省（区、市）内异地申领小型汽车驾驶证的,申请人可以凭居民身份证直接申请,无须再提交居住证或暂住登记凭证。对跨省（区、市）异地工作、生活的人员,在办理所在省任一地市居住证后,也可直接在全省（区、市）范围内申领小型汽车驾驶证。

四、全面强化事中事后监管,提升管理服务规范化水平

（一）健全监督制度机制

按照"放管服"改革要求,坚持放管并重、放管结合,推进严格规范公正文明执法。完善监管制度,以车驾管、事故处理、违法处理等业务为重点,建立网上巡查和明察暗访相结合、数据分析与重点调查相结合、社会监督与内部监督相结合的监管机制,实现常态化、智能化监管。畅通监督渠道,建立咨询投诉举报平台,提供电话、互联网等多种渠道,听取社会公众意见建议,将业务咨询、信息公开、政策解读与社会监督结合起来,形成良性互动。

（二）加强智慧监管建设

创新大数据、智能化科技监管手段应用,提升监管精准性、实效性。推广科技监管装备,执勤执法、交通事故处理、驾驶人考试、机动车查验等岗位民警辅警全部配备使用执法执勤记录仪。驾驶人考试、审验应用人像识别或指纹认证等技术,配备身份证读取设备,严格考生身份认证。机动车查验推广应用智能查验终端和查验监管系统,用好大数据监管手段,建设信息化监管中心,配置专门监管人员与设备,对业务办理进行全过程音视频监管,定期研判、分析重点异常业务,实现异常情况实时预警、及时核查处理。

（三）加强事中事后监管

完善交管社会服务网点监督管理制度,加强网上网下监督巡查,对存在管理不严格、违规违法等问题的,依法依规严格查处,严格责任追究,严格违规退出。建立失信联合惩戒机制,积极推进交通出行领域信用建设,强化守信联合激励、失信联合惩戒。对依法查处的检

验机构、社会考场等单位,要将有关责任人员通报相关部门实施失信惩戒措施。对管理不规范的失信检验机构,不予实施先发检验标志、后抽查监督的措施。

(四)加强信息系统安全保障

坚持信息系统建设与信息安全保障体系建设同步规划、同步推进,防范信息数据应用安全风险。建立系统安全评价体系,完善系统安全防护措施,健全系统安全管理制度,提升信息系统安全防护水平。加强系统信息安全监管,建设应用信息安全综合监管平台,实现对网络、数据、异常业务等安全风险分析预警,建立信息安全网上巡查制度,提升网络安全保障能力。

第六节　车辆和驾驶人管理的社会功能

车辆和驾驶人管理是道路交通管理工作的基础,是公安工作的重要组成部分,是服务群众、服务经济社会发展的重要窗口。车辆和驾驶人管理的社会功能主要体现在为道路交通管理服务、为公安工作大局服务、为经济社会发展服务、为人民群众服务四个方面。

一、道路交通管理的重要基础

社会平安是最重要的民生,也是最基本的发展环境。道路交通安全事关人民群众的生命财产安全,事关人民群众的安居乐业,是建设平安交通、构建和谐社会的重要标准。大力加强和改进道路交通安全工作,最大限度地预防道路交通事故的发生,最大限度地减少道路交通事故给人民群众生命财产造成的损失,是保障民生、改善民生的具体体现,是公安机关的重大责任。

车辆和驾驶人管理是道路交通安全管理的重要基础。车辆管理所是驾驶人驾驶准入和车辆行驶准入的关口,驾驶人考试关口把得严不严、车辆登记查验关口把得牢不牢,直接影响到道路交通的安全、畅通,直接关系到人民群众的生命财产安全。如果车辆管理所没有认真履行职责,没有严格把关,让不合格的驾驶人和车辆上路,就等于放出"马路杀手",严重危害道路交通安全,危害人民群众的生命财产安全。从这个意义上讲,车辆和驾驶人管理是预防道路交通事故的第一道防线。车辆管理所全体民警都要牢固树立第一道防线的责任意识,从落实科学发展观、构建和谐社会的高度,从维护最广大人民群众生命安全的高度,从肩负的社会责任和政治责任的高度,充分认识车辆和驾驶人管理工作在预防事故工作中作为第一道防线的重大作用,进一步增强责任感和使命感,切实提高对车辆和驾驶人管理工作重要性的认识。车辆和驾驶人管理的基本职能,就是要研究机动车在道路交通活动中的特点和规律,有针对性地制定管理措施,通过对车辆的登记、检验和日常监管,保证机动车技术状态的良好,保证行车安全;研究驾驶人在道路交通活动中的特点和规律,制定驾驶人管理对策,通过对驾驶证核发、驾驶人考试和教育管理,使驾驶人具备一定的安全驾驶素质,保证驾车安全。

二、公安机关执法的重要关口

公安机关是国家政权的重要组成部分,是我国人民民主专政政权中具有武装性质的治安行政和刑事司法的专门机关,其任务是维护国家安全,维护社会治安秩序,保护公民的人身安全、人身自由和合法财产,保护公共财产,预防、制止和惩治违法犯罪活动,保障改革开放和社会主义现代化建设的顺利进行。

车辆和驾驶人管理工作是公安工作的重要组成部分,是公安机关依法履行执法职能,打击违法犯罪的前沿阵地。近年来,走私、盗抢机动车犯罪,利用机动车从事违法犯罪,交通肇事逃逸等涉车犯罪活动不断发生,对社会治安和人民群众生命财产安全造成严重的威胁。能够在机动车登记、检验环节杜绝为走私、盗抢机动车办理牌证,防止其披上合法的外衣,是车辆管理工作的基本职责;能够在机动车登记、检验环节有效查处假牌、假证等违法行为,规范机动车牌证管理,是车辆管理工作的基本职责;能够在机动车、驾驶证业务办理中及时发现违法犯罪肇事逃逸人员,协助有关部门破获刑事犯罪案件,是车辆和驾驶人管理工作的重要任务;能够利用机动车登记和驾驶证管理系统和信息,查获违法犯罪嫌疑人的轨迹,是车辆和驾驶人管理工作的重要使命。因此,强化车驾管民警的执法能力,提高机动车查验和证件鉴别水平是打击涉车违法犯罪的关键。车管部门应与其他公安业务部门密切配合,实现机动车和驾驶证信息跨地域、跨警种、跨系统的交换和共享,为打击犯罪、保护人民、维护社会治安秩序做出贡献。

三、服务经济社会的重要手段

道路交通是经济发展的大动脉,是社会进步的基础。交通运输是国家经济建设的命脉,交通运输在工业化生产、产品流通、市场经营、社会综合功能等方面起着重要作用,是社会政治、经济、文化、军事等方面联系交往的手段。汽车工业是国家经济社会发展的支柱产业,纵观改革开放以来的经济建设成就,充分证明了汽车工业在拉动内需,促进增长、提高人民生活水平等方面所发挥的显著作用。

车辆和驾驶人管理工作与交通运输业、汽车工业、城市规划和建设、人民生活质量等密不可分,国家经济社会发展的基本方针、政策是车辆和驾驶人管理工作的依据和导向。反过来,车辆和驾驶人管理对经济社会发展发挥着重要的推动和保障作用,它是国家经济社会发展的"助推器",在机动车登记、检验、驾驶人考试、发证等方面提供高质量、高效率的服务,促进国家完善汽车消费政策,促进汽车产业科学、健康发展等政策的落实;它是国家经济社会发展的"晴雨表",做好机动车保有量、驾驶人数量的统计与分析,保障政府更好地研判经济社会发展的实情和发展趋势,为国家实施宏观调控和管理提供基础性依据;它是国家经济社会发展的"试金石",车辆和驾驶人管理全面反映车辆、驾驶人、道路等方面的指标,需要统筹考虑社会各方面的承受能力,实现促进经济增长、城市建设、环境保护、人民生活等协调发展,构建和谐交通环境的目标。

四、服务人民群众的重要窗口

近年来,随着经济的发展和人民群众生活水平的提高,我国公共需求呈现出增长迅速、主体多元、需求多样的特点。人民群众不仅要求实现基本公共服务均等化,而且还要求优质、高效、便捷、热情;不仅更加注重合法权益的保障,而且更加追求幸福指数的提高,对建设服务型政府、构建和谐社会的需求更加强烈。

车辆管理所承担着车辆登记、驾驶人考试、驾驶证核发等公共服务工作,与人民群众的切身利益息息相关,是公安机关服务人民群众的重要窗口,是公安机关与人民群众密切联系的纽带和桥梁。车辆管理所要主动适应人民群众的新期待,切实提高社会管理和服务水平。为满足人民群众对公共服务优质、高效、便捷、热情的新期待,车辆管理所要把方便人民群众工作生活、促进经济社会又好又快发展作为车管工作的主要方向,把观念创新、制度创新、管理创新作为车辆管理所社会管理改革的重点,从政策上促进、从制度上保证整个社会的创新活力;要坚持管理与服务的有机统一,在服务中实施管理,在管理中体现服务。

第七节 管理机构及职责

各级车辆管理所是车辆和驾驶人管理制度的组织实施部门,车辆管理所的行政管理制度是否健全和完善,直接关系到有关法律、法规和规章的执行,直接关系到车辆和驾驶人管理制度的成败。

一、行政主体及其办事机构

公安交通管理部门是车辆和驾驶人管理的行政主体。行政主体是依法承担行政权的单个行政机关和法律法规授权的组织。一般认为,作为行政主体必须具备一定的法律资格要件:第一,行政主体必须是依法享有行政职权的组织。第二,行政主体必须是能以自己的名义实施行政活动的组织。第二,行政主体必须是能够独立承担行政责任的组织。《道路交通安全法》第 8 条规定,"机动车经公安机关交通管理部门登记后,方可上道路行驶。"第 19 条第 2 款规定:"申请机动车驾驶证,应当符合国务院公安部门规定的驾驶许可条件;经考试合格后,由公安机关交通管理部门发给相应类别的机动车驾驶证。"第 18 条第 1 款规定:"依法应当登记的非机动车,经公安机关交通管理部门登记后,方可上道路行驶。"《道路交通安全法实施条例》第 113 条第 1 款规定:"境外机动车入境行驶,应当向入境地的公安机关交通管理部门申请临时通行号牌、行驶证。临时通行号牌、行驶证应当根据行驶需要,载明有效日期和允许行驶的区域。"这些法律规定表明,车辆和驾驶人管理是法律赋予公安交通管理部门的职权,公安交通管理部门以自己的名义实施行政管理活动,并依法承担行政责任,公安交通管理部门是车辆和驾驶人管理制度的行政主体。

车辆管理所作为公安交通管理部门的内部机构,是车辆和驾驶人管理业务的具体办事机构。《机动车登记规定》(公安部 123 号令)第 2 条规定,"省级公安机关交通管理部门负责本省(自治区、直辖市)机动车驾驶证业务工作的指导、检查和监督。直辖市公安机关交通管理部门车辆管理所、设区的市或者相当于同级的公安机关交通管理部门车辆管理所负责办理本行政辖区内机动车驾驶证业务。县级公安机关交通管理部门车辆管理所可以办理本行政辖区内低速载货汽车、三轮汽车、摩托车驾驶证业务,以及其他机动车驾驶证换发、补发、审验、提交身体条件证明等业务。条件具备的,可以办理小型汽车、小型自动挡汽车、残疾人专用小型自动挡载客汽车驾驶证业务,以及其他机动车驾驶证的道路交通安全法律、法规和相关知识考试业务。具体业务范围和办理条件由省级公安机关交通管理部门确定。"

《机动车驾驶证申领和使用规定》(公安部 139 号令)规定,"省级公安机关交通管理部门负责本省(自治区、直辖市)机动车登记工作的指导、检查和监督。直辖市公安机关交通管理部门车辆管理所、设区的市或者相当于同级的公安机关交通管理部门车辆管理所负责办理本行政辖区内机动车登记业务。县级公安机关交通管理部门车辆管理所可以办理本行政辖区内摩托车、三轮汽车、低速载货汽车登记业务。条件具备的,可以办理除进口机动车、危险化学品运输车、校车、中型以上载客汽车以外的其他机动车登记业务。具体业务范围和办理条件由省级公安机关交通管理部门确定。警用车辆登记业务按照有关规定办理。"

可见,车辆管理所作为机动车登记和驾驶证业务的具体办事机构是法定的,车辆管理所以公安交通管理部门的名义办理机动车登记或者驾驶证业务。因此,我们在机动车行驶证、登记证书、机动车驾驶证上看到的发证机关为"××市(直辖市)公安局交通警察总队(交通管理局)"或"××省(自治区)××市(地、州、盟)公安局交通警察支队(交通管理局)"。

我国公安交通管理部门的车辆管理机构设置分为四级,分别是公安部、省级、地市级和县级。公安部交通管理局设车辆和驾驶人管理处,各省、自治区、直辖市公安厅(局)交通警察总队(交通管理局)设车辆和驾驶人管理处,地市级(地、州、盟)公安局交通警察支队设车辆管理所,县(市)级公安局交通警察大队设车辆管理所。直辖市、地市级和县级车辆管理所是机动车登记和驾驶证业务的主要办理机构,直辖市、地市级车辆管理所具有独立的发牌机关代号,县级车辆管理所一般使用上级机关的发牌机关代号。

二、行政管辖权限

(一)规范管辖权限的作用

权限是法律赋予行政主体完成行政任务时在事务、地域和层级方面的范围界限。它具体包括下列内容:第一,事务管辖权。这是从行政事务种类角度为行政主体设定的管辖范围。第二,地域管辖权。这是从行政区域角度为行政主体设定的管辖范围。第三,层级管辖权。这是从层次、级别上为有隶属关系的上下级行政主体设定的管辖范围。规范设置各层级车辆管理所的职权有以下作用。

1. 合理分配行政机关的权力

车辆和驾驶人管理职权分为:①规章以及有关政策的制定权;②监督权;③实施权。这些权力既要在中央和地方纵向分配,也要在行政机关之间横向分配,以保障法规政策的正确执行。

2. 合理确定行政机关的结构

行政机关处于不同的地位、层级,具有不同的职责,其结构如何直接影响到行政管理的质量和效率,进而影响管理和服务水平,车辆和驾驶人管理的各层级管理机关应当根据职责合理安排组织结构。

3. 控制行政机关的行为

明确各层级行政机关的职责,防止不同层级的管理机关职责交叉,甚至争夺业务办理权限,造成管理上的混乱。

4. 保障行政机关的理性和公正

车辆和驾驶人管理的具体实施职权集中在市、县两级,明确上级管理机关对下级管理机关的监督职责,有利于保障管理职权的理性、公正实施。

（二）管辖权限

各级车辆管理所的职权在很大程度上是由法律、法规和规章决定的，职权具有法定性、规范性和强制性。

1. 公安部交通管理局车辆和驾驶人管理处

公安部车辆和驾驶人管理部门是行政管理的最高层级，负责组织和指导全国地方公安机关开展车辆登记和驾驶人管理工作，制定规章和一般规范性文件，监督车辆和驾驶人管理的法律、法规、规章以及有关政策的执行情况。

2. 省级车辆和驾驶人管理机构

省级车辆和驾驶人管理机构负责本省（自治区、直辖市）车辆和驾驶人管理工作的指导、检查和监督。省级车辆和驾驶人管理机构主要职责是研究业务、政策，结合本地实际情况贯彻车辆和驾驶人管理的法律、法规、规章以及有关政策，指导、监督市、县两级车辆管理所执行有关规定。

确定县级车辆管理所办理机动车登记和驾驶证业务的范围是省级车辆和驾驶人管理机构的重要职责。县级车辆管理所的组织规模、办事条件、管理水平等方面差别较大，部门规章没有明确规定县级车辆管理所的业务范围，而是授权省级车辆和驾驶人管理机构进行确定。省级车辆和驾驶人管理机构应当根据各地的实际情况确定县级车辆管理所办理机动车登记和驾驶证业务的范围，并根据实际情况的变化及时调整。

根据《警车管理规定》（公安部 89 号令）的规定，省级公安交通管理部门负责办理本省（自治区、直辖市）范围内的警车登记业务，核发警车号牌、行驶证和登记证书。此外，直辖市车辆管理所还要承担其他机动车登记和驾驶证管理业务。

3. 地市级车辆管理所

地市级车辆管理所是法定的机动车登记和驾驶证管理的办事机构，是办理车辆和驾驶人管理业务的主体。《机动车登记规定》（公安部 124 号令）第 2 条规定，"设区的市或者相当于同级的公安机关交通管理部门车辆管理所负责办理本行政辖区内机动车登记业务"。《机动车驾驶证申领和使用规定》（公安部 123 号令）第 2 条规定，"设区的市或者相当于同级的公安机关交通管理部门车辆管理所负责办理本行政辖区内机动车驾驶证业务"。地市级车辆管理所在法定职权范围内独立进行机动车和驾驶证管理权限，一方面对本级公安交通管理部门负责，受本级公安交通管理部门的领导；另一方面又要接受上级公安交通管理部门的指导和监督。

地市级公安交通管理部门承担对县级车辆管理所的监督职责。县级车辆管理所是地市级公安交通管理部门车辆管理所业务窗口的延伸，不具有独立核发机动车牌证和驾驶证的资格，县级车辆管理所核发牌证是以地市级公安交通管理部门的名义作出的。《行政许可法》第 24 条第 1 款、第 2 款规定："行政机关在其法定职权范围内，依照法律、法规、规章的规定，可以委托其他行政机关实施行政许可。委托机关应当将受委托行政机关和受委托实施行政许可的内容予以公告。委托行政机关对受委托行政机关实施行政许可的行为应当负责监督，并对该行为的后果承担法律责任。"可见，对县级车辆管理所进行监督是地市级公安交通管理部门的法定职责。

4. 县级车辆管理所

县级车辆管理所是地市级公安交通管理部门车辆管理所业务窗口的延伸。《行政许可法》第24条规定："行政机关在其法定职权范围内,依照法律、法规、规章的规定,可以委托其他行政机关实施行政许可。"地市县级公安交通管理部门根据本地实际,可以采取行政委托方式,委托县级公安交通管理部门以地市级公安交通管理部门名义办理机动车登记或者驾驶证业务。县级车辆管理所办理业务的范围要经省级公安交通管理部门核准后设立。各地县级车辆管理所因实际情况不同,办理业务的范围也有所区别。一般来说,县级车辆管理所办理业务的范围包括:办理本行政辖区内摩托车、三轮车、低速载货汽车的登记和相关业务;条件具备的县级车辆管理所,可以办理除进口机动车、危险品运输车、校车、中型以上载客汽车以外的其他机车登记业务;办理三轮汽车、低速载货汽车、摩托车驾驶人考试、驾驶证核发业务。

5. 交通管理服务站

交通管理服务站是车辆和驾驶人管理业务的社会服务窗口,是车辆管理所业务窗口的延伸。《机动车登记工作规范》第64条第2款规定:"机动车销售单位、交易市场、机动车安全技术检验机构、机动车报废回收企业等场所或者单位代办机动车登记业务的,对外使用'××机动车登记服务站'的名称。代办资质条件和业务范围由省级公安机关交通管理部门制定。"交通管理服务站接受车辆管理所的委托办理机动车登记和驾驶证业务的部分服务性工作。

三、行政监督

行政监督是法治社会的必然要求,也是民主政治的应有之意。车辆管理所作为国家行政机关的一个部分,受到多方位、多层次的广泛监督,既有国家权力机关、司法机关、专门履行监督职能的行政机关的监督,又有社会组织、单位和个人的监督;既有对行政机关的监督,又有对行政机关公务人员的监督;既有对行使职权行为的监督,又有对与职权相关的其他公务行为的监督。

车辆和驾驶人管理制度自身也形成了一定的监督机制。从车辆和驾驶人管理制度自身来说,主要有以下几个方面的监督。

(一)层级监督

层级监督,即行政机关的上下级监督,是指上级车辆管理所对下级车辆管理所的监督。《机动车登记规定》(公安部124号令)第2条规定,"省级公安机关交通管理部门负责本省(自治区、直辖市)机动车登记工作的指导、检查和监督。"这是部门规章对层级监督的明确规定。车辆管理所的层级监督主要是针对下级职能机关实施职能管理和业务执法的行为及活动实施监督和处理,而不对该下级职能机关的其他事务性行政工作及其工作人员行使处理权。车辆和驾驶人管理制度的层级监督主要有以下措施。

1. 行政执法监督检查制度

行政执法监督检查是车辆和驾驶人管理层级监督普遍采用的措施。《行政许可法》第60条规定:"上级行政机关应当加强对下级行政机关实施行政许可的监督检查,及时纠正行政许可实施中的违法行为。"

2. 备案验收制度

例如,市、县级车辆管理所的驾驶人考试场地要经省级公安交通管理部门验收合格后方可使用。县级车辆管理所办理业务的范围需要由省级公安交通管理部门确定。

3.行政执法情况统计制度

行政执法情况统计制度是指通过对车辆和驾驶人管理工作的情况和信息,从多角度、多层次进行统计和分析,能够使上级部门从宏观上掌握执法情况,了解行政执法中带有倾向性、普遍性的问题,以便对车辆和驾驶人管理工作进行有效的指导和规范。

4.信访制度

信访制度是指公民、法人或者其他组织采用书信、电子邮件、传真、电话、走访等形式,向上级车辆管理所反映情况,提出建议、意见或者投诉请求,依法由有关车辆管理所进行处理的活动。

(二)岗位监督

岗位监督,是指车辆和驾驶人管理业务岗位之间的监督。车辆管理所办理机动车登记业务设置查验岗、登记审核岗和档案管理岗;办理机动车驾驶证业务时,应当设置受理岗、考试岗和档案管理岗。机动车和驾驶人管理的主要业务都要经过两个以上的业务岗位办理,各业务岗位办理时,要对上一个业务岗位的办理情况进行监督。

(三)技术监督

技术监督,是指车辆管理所采用技术手段对车辆和驾驶人管理业务进行监督。技术监督具有全日性、客观性、高效性等特点,在车辆和驾驶人管理制度中是一项重要的监督手段。

车辆和驾驶人管理制度的技术监督主要有以下措施:

1.机动车登记和驾驶证管理系统

全国使用统一的机动车登记和驾驶证管理软件,保证了各地车辆管理所按照统一的程序办理业务,规范业务办理行为。

2.机动车和驾驶人业务统计监管系统

机动车和驾驶人业务统计监管系统对车辆管理所每个岗位、每位民警、每笔业务的办理情况进行记录和监控,对涉嫌违规的异常业务进行预警,能够做到早发现、早处理、早纠正,防止"小错"铸成"大错"。

3.进口机动车计算机核查系统

进口机动车计算机核查系统,就是海关部门将进口机动车的进口证明信息汇总到公安部交通管理局,各地公安交通管理部门办理每辆进口机动车注册登记时,通过计算机系统核对进口证明信息,完全相符的方可办理注册登记,防止走私机动车伪造进口证明办理注册登记。

4.驾驶人考试智能评判系统

驾驶人科目一考试使用计算机系统进行考试,科目二考试使用场地驾驶技能考试系统进行考试,考试结束后,考试成绩自动上传至计算机管理系统,减少人为因素干预,保证考试工作的公平、公正。同时,车辆管理所使用视频、录音等监控系统加强对驾驶人考试过程的监督检查。

四、行政责任

(一)职权和职责

职权和职责,是指行政主体以及作为监督主体的有关国家机关在行政法上的权利与义务。在行政法律关系中,行政主体的职权和职责是统一的,职权和职责是一件事情的两个方面,行使职权也就是承担义务,必须依法履行,否则就要承担不履行或违法履行法定职责的法律责任。公安交通管理部门行使车辆和驾驶人管理的职权是法律赋予的,法律、法规、规章等规范性文件规定了机动车登记和驾驶证业务的具体条件、办理程序和基本要求,车辆管理所应当按照法律规定的条件、程序办理相关业务,违反规定的,应当承担相应的责任。

（二）行政违法的表现

1. 行政超越职权

行政超越职权,是指行政主体超越其法定行政职权（权限和权能）的违法行政行为。例如,车辆管理所明知属于机动车不允许变更的项目而为其办理变更登记。又例如,车辆管理所超越管辖区域办理机动车登记。

2. 行政滥用职权

行政滥用职权,即滥用行政裁量权,是指行政主体及其工作人员在职务权限范围内严重违反行政合理性原则的裁量行为。其中包括:

（1）违反法定标准实施行政行为。有的车辆管理所在法定条件之外擅自增设条件,有的登记机关擅自降低法定标准、条件,或不全面执行法定标准、条件,甚至在其具体的执行性文件中取消某些法定的条件,造成该给予办理的不予办理、不该给予办理的却给予办理的错误。

（2）肆意裁量实施行政行为。这是指在认定当事人是否符合法定条件时肆意裁量,对符合法定条件的故意认定不符合法定条件,对不符合法定条件的却故意认定符合法定条件。例如,在驾驶人考试工作中准予考试不合格的考生通过考试。

（3）违反法定程序实施行政行为。这是指车辆管理所违反法律规定的程序（如违反法定时限、跳过或颠倒步骤、不符合法定形式要件等）办理业务。

3. 行政不作为

行政不作为,是指行政主体（通过其工作人员）有积极实施法定行政作为的义务,并且能够履行而未履行（包括没有正确履行）的状态。其中包括:

（1）不履行行政职责。例如,申请人提交的材料齐全、属实,车辆管理所怠于履行职责,故意不予登记。

（2）不查清事实而实施行政行为。这是指车辆管理所在明知与业务有关的事项存在事实不清的情况下,出于某种不正当的行政目的或极度不负责任,故意不查清事实而实施行政行为。

（三）错误行政行为的纠正以及行政违法行为的法律和纪律责任

车辆管理所的行政违法行为或者错误行政行为,无论是故意实施的,还是在客观因素作用下实施的,其行为造成了违法结果,产生了不利的法律性或事实性影响,必然要承担责任,这种责任包括错误行政行为的纠正以及行政违法行为的法律和纪律责任。

1. 错误行政行为的纠正

（1）宣布无效。如果车辆管理所为不符合法定条件的机动车办理了登记,或为不符合驾驶许可条件的人员发放了机动车驾驶证,车辆管理所应当宣布无效,收回或者注销发放的牌证。

（2）撤销。如果当事人是以欺骗、贿赂等不正当手段取得机动车登记或驾驶许可的,车辆管理所应当收缴机动车登记证书、号牌、行驶证或者机动车驾驶证,撤销机动车登记或者机动车驾驶许可;申请人在 3 年内不得申请机动车登记或者机动车驾驶许可。

（3）更正。对车辆管理所办理机动车或驾驶证业务出现错误的情形,应当及时予以更正。

2. 行政违法行为的法律和纪律责任

行政违法行为的法律和纪律责任,是指对行政违法行为负有责任的车辆管理所及其工作人员,根据法律、法规、规章和纪律的规定,应当承担的法律或纪律责任。行政违法行为的法律和纪律责任的形式主要有:

（1）赔偿。因不可归责于权利人的原因产生的错误行政行为并造成权利人损失的,公安交通管理部门应当承担行政赔偿责任。

（2）责令改正。责令改正是登记机关的上级机关对车辆管理所的错误行政行为或者不履行法定义务的行为,强制要求其改正。

（3）责令履行。责令履行是有权机关对车辆管理所不履行法定登记义务,但还有履行的可能和必要的,强制要求其停止行政不作为状态,在一定期限内履行该法定义务。

（4）行政处分。行政处分是一种行政责任。当车辆管理所及其工作人员在履行行政职责时违反有关规定,车辆管理所的主管机关可以根据有关法律或纪律的规定,给予有关责任人员行政处分。

（5）刑事责任。当行政违法行为是由车辆管理所及其工作人员的重大违法行为造成的,并产生了严重后果,构成犯罪的,则由司法机关追究其刑事责任。

思考题

1. 请简述车辆和驾驶人管理的概念、任务、特点、原则。
2. 车辆和驾驶人管理的根本制度和基本制度有哪些?
3. 请简述车辆和驾驶人管理的机构、职责、管辖等。
4. 公安部"放管服"的举措都有哪些?
5. 车辆和驾驶人管理的社会功能指的是什么?
6. 车辆和驾驶人管理的管理机构和职责分别是什么?
7. 车辆和驾驶人管理的错误行政行为的纠正以及行政违法行为的法律和纪律责任分别指的是什么?

第二章　机动车辆管理

一、机动车辆管理的意义

（1）保障交通安全。通过机动车管理,规定各种车辆的技术状况必须经车辆管理机关检验,完全符合要求才能核发牌照和行驶证,从而使交通事故率下降,为人民生命财产的安全提供保障。

（2）降低公害污染。机动车辆的废气排放和噪声污染,影响人们的身心健康。通过机动车管理,对废气排放和噪声加以限制,对于保护人们的生活和工作环境有着重大意义。

（3）提高汽车制造和维修质量。从保障交通安全、畅通、低公害的角度,对汽车的结构、附件(如双管路制动器、防炫目前照灯等)、外观及其技术性能提出具体要求,以此来推动我国汽车制造和保修企业提高产品质量和产品性能。

（4）及时掌握机动车辆的静态分布。这项工作也能为城市建设、道路建设、交通管理以及运输提供依据。

二、机动车辆管理的任务

（1）对车辆进行分类管理,核定载质量及乘坐人数,并进行注册登记、核发号牌、登记证书及行驶证。

（2）对车辆补发、换发牌证,并办理车辆转移登记、变更登记、抵押登记和注销登记。

（3）对车辆进行安全技术检验。

（4）对车辆制造、保修单位等相关行业实行安全监督。

（5）建立并管理车辆档案,掌握车辆的分布及技术状况。

第一节　机动车号牌与行驶证

一、机动车号牌

（1）机动车号牌(license plate of motor vehicle)。准予机动车在中华人民共和国境内道路上行驶的法定标志,其号码是机动车登记编号。

（2）号牌的作用。号牌除了反映车辆归属外,也是机动车取得合法行驶权的标志。只有号牌完全符合规定的车辆才准许在道路上运行。车辆管理机关通过号牌的核发,强化了车辆管理工作。

（一）号牌的种类及规格

目前在路面上大量看到的是"九二"式号牌，"九二"式号牌是根据公安部《关于全国启用、换发九二式机动车牌证的公告》，从 1994 年 7 月 1 日起，所有在中华人民共和国大陆境内的民用汽车、摩托车、农用运输车以及外国驻华机构、外商独资合资企业的车辆，华侨和居住在台湾、香港、澳门地区居民在大陆的车辆开始换领的"九二"式机动车牌证。这次全国统一启用、换发的第六代机动车牌证，对改变落后的管理办法、提高管理水平和管理质量，使之适应客观形势的发展有着深远的意义。"九二"式号牌的分类、规格、颜色及适用范围详见《关于全国启用、换发九二式机动车牌证的公告》。2002 年，在我国北京、天津、杭州、深圳四个城市，短时间试行了一部分的个性化号牌，之后停止试用。近年，在一些城市和地区试行了"九二"式个性化号牌，避开了敏感性的字母和数字，经实践证明，试行效果良好。2007 年 9 月 28 日公安部发布的公共安全行业标准《中华人民共和国机动车号牌》(GA 36—2007)自 2007 年 11 月 1 日实施，自此，有了"2007 式"机动车号牌。2014 年 1 月 24 日开始实施《中华人民共和国机动车号牌》(GA 36—2014)，即"2014 式"号牌；在 2018 年 5 月 1 日开始实施《中华人民共和国机动车号牌》(GA 36—2018)，将新能源汽车号牌写进了标准。

（二）机动车登记编号（registration number of motor vehicle）

机动车登记编号是按照不同类型的机动车号牌，包含省、自治区、直辖市的汉字简称，用英文字母表示发牌机关的代号，由阿拉伯数字和英文字母组成的序号，以及有特殊性质的机动车使用的号牌等。

1. 号牌的种类与含义

号牌分为 6 类 19 种，包括汽车、挂车、摩托车、低速车、临时行车号牌、拖拉机号牌等 6 类，19 种号牌的分类、规格、颜色及适用范围详见表 2-1。

号牌牌面布置有左右单排和上下双排两种结构。左右单排的号牌，左侧用一个汉字表示省、自治区、直辖市的简称（见表 2-2）。右侧是五个阿拉伯数字或一个英文字母和四个阿拉伯数字，表示机动车的注册登记编号。如果编码数值达到 10 万时，则第一个编码用一个英文字母代替（见表 2-3）。但是，字母"I"与"O"容易与阿拉伯数字"1""0"混淆，所以这两个字母被去掉不用，一种号牌在一个发牌机关代号下容量为 34 万。上下双排的号牌，上牌为汉字、英文字母或数字，下排为注册编号。

新标准根据使用性质不同，细分了临时行驶车号牌的类别、式样和有效期，调整了大型汽车号牌的适用范围，取消了"外籍车号牌"种类。启用了新的临时行驶车号牌（6 种），原来的金属质地的试车号牌改为临时纸质试车号牌；对新标准实施前已核发小型汽车号牌的中型载客汽车，只在办理转移登记和补、换领机动车号牌业务时按新标准换发；停止核发新的"外籍车号牌"，对原核发外籍车号牌的车辆，在办理转移登记和补、换领机动车号牌业务时换发，这又是一次人性化管理措施的体现。并且规定金属材料号牌需按照公共行业标准《机动车号牌用反光膜》(GA 36—2007)(2007 年 3 月 1 日)实施，使用 GB/T 3181—1995 标准中规定的红色漆膜。

表 2-1 号牌的分类、规格、颜色及适用范围

序号	分类	外廓尺寸/mm×mm	颜色	数量	适用范围
1	大型汽车号牌	前：440×140 后：440×220	黄底黑字黑框线	2	中型（含）以上载客、载货汽车和专项作业车；半挂牵引车；电车
2	挂车号牌	440×220		1	全挂车和不与牵引车固定使用的半挂车
3	小型汽车号牌	440×140	蓝底白字白框线	2	中型以下的载客、载货汽车和专项作业车
4	使馆汽车号牌		黑底白字，红"使"字白框线		驻华使馆的汽车
5	领馆汽车号牌		黑底白字、白框线		驻华领事馆的汽车
6	港澳入出境车		黑底白字，白"港"、"澳"字白框线		港澳地区入出内地的汽车
7	教练汽车号牌		黄底黑字，黑"学"字黑框线		教练用汽车
8	警用汽车号牌		白底黑字，红"警"字黑框线		汽车类警车
9	普通摩托车号牌	后：220×140	黄底黑字黑框线	1	普通二轮摩托车和普通三轮摩托车
10	轻便摩托车号牌		蓝底白字白框线		轻便摩托车
11	使馆摩托车号牌		黑底白字，红"使"字白框线		驻华使馆的摩托车
12	领馆摩托车号牌		黑底白字、白框线		驻华领事馆的摩托车
13	教练摩托车号牌		黄底黑字，黑"学"字黑框线		教练用摩托车
14	警用摩托车号牌	220×140	白底黑字，红"警"字黑框线		摩托车类警车
15	低速车号牌	300×165	黄底黑字黑框线	2	低速载货汽车、三轮汽车和轮式自行机械车
16	临时行驶车号牌	220×140	天（酞）蓝底纹黑字黑框线	2	行政辖区内临时行驶的载客汽车
				1	行政辖区内临时行驶的其他机动车
			棕黄底纹黑字黑框线	2	跨行政辖区临时移动的载客汽车
				1	跨行政辖区临时移动的其他机动车
			棕黄底纹黑字黑框线黑"试"字	2	试验用载客汽车
				1	试验用其他机动车
			棕黄底纹黑字黑框线黑"超"字	1	特型机动车，质量参数和/或尺寸参数超出 GB 1589 规定的汽车、挂车和汽车列车

续表

序号	分类	外廓尺寸/mm×mm	颜色	数量	适用范围
17	临时入境汽车号牌	220×140	白底棕蓝色专用底纹,黑字黑边框	1	临时入境汽车
18	临时入境摩托车号牌	88×60		1	临时入境摩托车
19	拖拉机号牌	按 NY 345.1－2005 执行			上道路行驶的拖拉机

表 2-2　省、自治区、直辖市简称

序号	地区名称	简称	序号	地区名称	简称
1	北京市	京	17	湖北省	鄂
2	天津市	津	18	湖南省	湘
3	河北省	冀	19	广东省	粤
4	山西省	晋	20	广西壮族自治区	桂
5	内蒙古自治区	蒙	21	海南省	琼
6	辽宁省	辽	22	重庆市	渝
7	吉林省	吉	23	四川省	川
8	黑龙江省	黑	24	贵州省	贵
9	上海市	沪	25	云南省	云
10	江苏省	苏	26	西藏自治区	藏
11	浙江省	浙	27	陕西省	陕
12	安徽省	皖	28	甘肃省	甘
13	福建省	闽	29	青海省	青
14	江西省	赣	30	宁夏回族自治区	宁
15	山东省	鲁	31	新疆维吾尔自治区	新
16	河南省	豫			

表 2-3　英文字母代替表

字母	A	B	C	D	E	F	G	H	J	K	L	M
注册编号为四位数的数值(万)	1.0	1.1	1.2	1.3	1.4	1.5	1.6	1.7	1.8	1.9	2.0	2.1
注册编号为五位数的数值(万)	10	11	12	13	14	15	16	17	18	19	20	21
字母	N	P	Q	R	S	T	U	V	W	X	Y	Z
注册编号为四位数的数值(万)	2.2	2.3	2.4	2.5	2.6	2.7	2.8	2.9	3.0	3.1	3.2	3.3
注册编号为五位数的数值(万)	22	23	24	25	26	27	28	29	30	31	32	33

GA 36—2007 与 GA 36—1992 相比,主要增加了机动车号牌、机动车登记编号的定义;修改了号牌的分类、规格、颜色及适用范围;修改了号牌式样的分类方式;增加了警用汽车号牌和警用摩托车号牌式样;修改了临时入境汽车号牌和临时入境摩托车号牌式样;修改了临时行驶车号牌式样;增加了重庆的简称"渝"(见表 2-2);修改了序号的编码规则和使用规则;增加了技术要求;修改了发牌机关代号;增加了"港"、"澳"、"使"、"警"、"超"等号牌分类用汉字;增加了发牌机关代号"I";修改了发牌机关代号和序号用"Q"的字样;删除了附录"色标";增加了附录"号牌效果图"等,详见 GA 36—2007。具体的机动车号牌效果图,GA 36—2018 又做了进一步修改和完善,具体如图 2-1 至图 2-22 所示。

前号牌 440mm×140mm　　　　　后号牌 440mm×220mm

图 2-1　大型汽车号牌

图 2-2　挂车号牌 440mm×220mm 　　　　图 2-3　小型汽车号牌 440mm×140mm

图 2-4　使馆汽车号牌 440mm×140mm

省、自治区、直辖市驻华外交机构编号 间隔符 序号
"领"字直辖市简称

图 2-5　领馆汽车号牌 440mm×140mm

港澳入出境车号牌

图 2-6　香港入出境车号牌 440mm×140mm 　　　　图 2-7　澳门入出境车号牌 440mm×140mm

图 2-8 教练汽车号牌 440mm×140mm

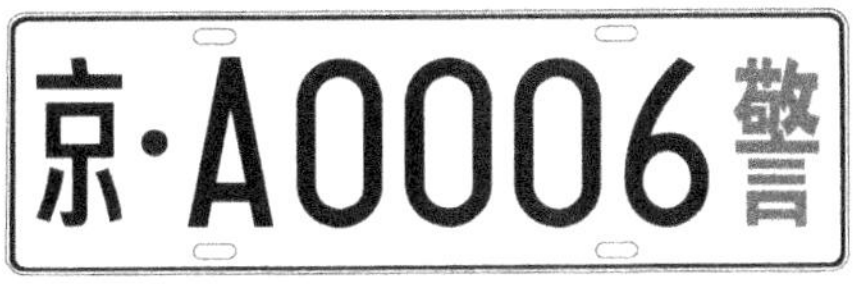
京·A0006警

前号牌　440mm×140mm

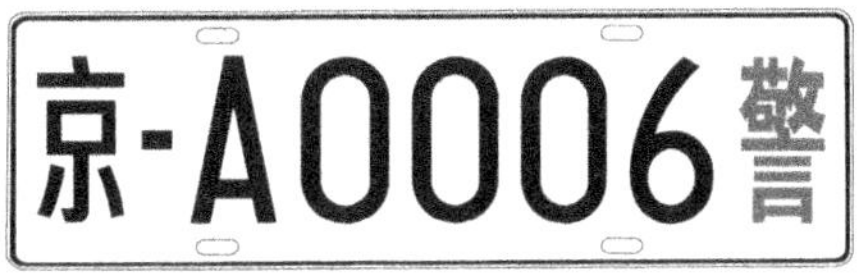
京-A0006警

后号牌　440mm×140mm

图 2-9　警用汽车号牌

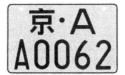

京·A
A0062

后号牌　220mm　×140mm

图 2-10　普通摩托车号牌

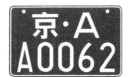

京·A
A0062

后号牌　220mm×140mm

图 2-11　轻便摩托车号牌

使
A0062

后号牌　220mm×140mm

图 2-12　使馆摩托车号牌

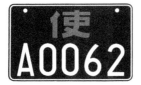

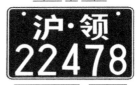

省、自治区、
直辖市简称
间隔符
"领"分字
沪·领
22478
驻华外交机构编号
序号

后号牌　220mm×140mm

图 2-13　领馆摩托车号牌

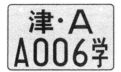

津·A
A006学

后号牌　220mm×140mm

图 2-14　教练摩托车号牌

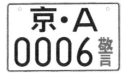

京·A
0006警

后号牌　220mm×140mm

图 2-15　警用摩托车号牌

京·M
00000

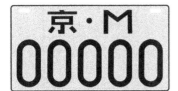

低速车号牌　300mm×165mm

图 2-16　低速车号牌

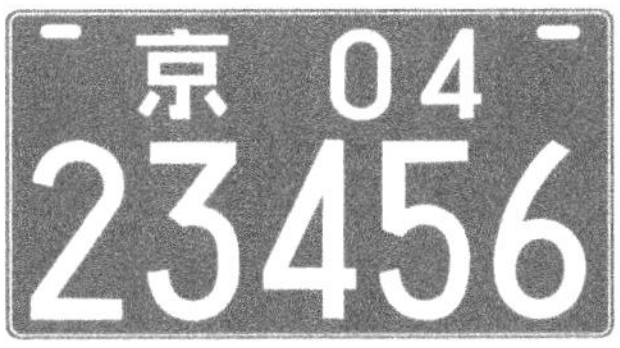
京 04
23456

正式拖拉机号牌

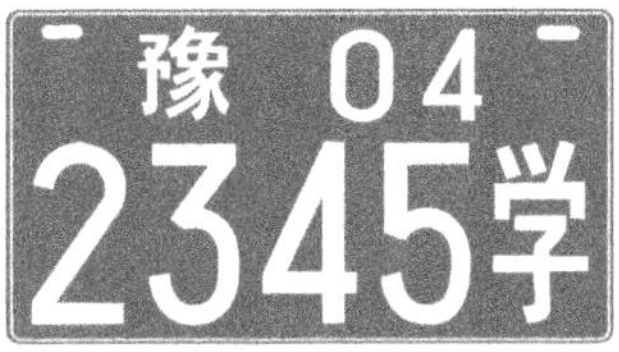
豫 04
2345学

教练拖拉机号牌

图 2-17　拖拉机号牌

图 2-18　行政辖区内临时行驶使用的临时行驶车号牌 220mm×140mm

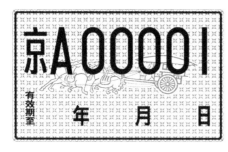

图 2-19　跨行政辖区临时移动使用的临时行驶车号牌 220mm×140mm

图 2-20　试验用机动车的临时行驶车号牌 220mm×140mm

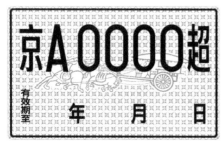

图 2-21　特型机动车的临时行驶车号牌 220mm×140mm

正面　　　　　　　　　　　　　反面

图 2-22　临时行驶拖拉机号牌

其中,领事馆号牌在 2018 年 3 月间 7 部委联合发文,外交部、公安部、环保部、交通运输部、海关总署、国家税务总局和保监会自 2018 年 3 月 20 日起参照《外交车辆管理办法》(外发 120172 号)管理领事车辆,同期开展了领事车辆换牌工作。

2. 新能源汽车号牌

在全国经过试点推广之后,自 2018 年 5 月 1 日 GA 36—2018 施行以来,新增加了 1 类新能源汽车号牌式样,现行的机动车号牌应该是 7 类 21 种,新能源汽车号牌分为小型新能源汽车号牌和大型新能源汽车号牌。新能源汽车号牌的外廓尺寸为 480mm×140mm,其中小型新能源汽车号牌为渐变绿色,大型新能源汽车号牌为黄绿双拼色,如图 2-23 和图 2-24所示。其主要特点:

图 2-23　小型新能源汽车号牌式样

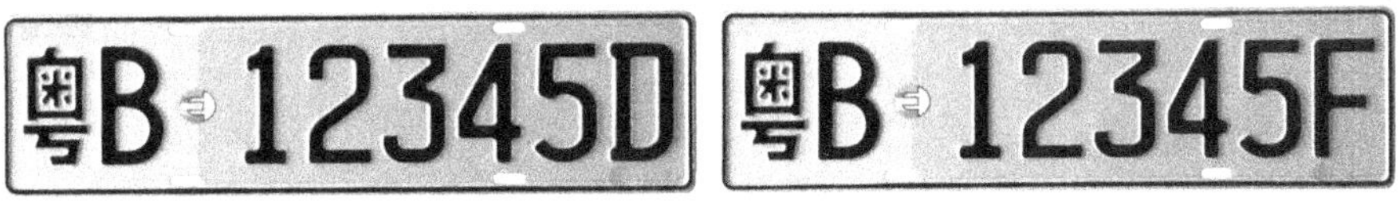

图 2-24　大型新能源汽车号牌式样

(1)增设专用标志。新能源汽车号牌增加专用标志,标志整体以绿色为底色,寓意电动、新能源,绿色圆圈中右侧为电插头图案,左侧彩色部分与英文字母"E"(Electric,电)相似。

(2)号牌号码"升位"。与普通汽车号牌相比,新能源汽车号牌号码增加了 1 位,如原"粤B·D1234"可升位至"粤 B·D12345"。升位后,号码编排更加科学合理,避免了与普通汽车号牌"重号",有利于在车辆高速行驶时更准确辨识。

(3)实行分段管理。为更好实施国家新能源汽车产业发展及差异化管理政策,新能源汽车号牌按照不同车辆类型实行分段管理,字母"D"代表纯电动汽车,字母"F"代表非纯电动汽车(包括插电式混合动力和燃料电池汽车等)。小型汽车号牌中"D"或"F"位于号牌序号的第一位,大型汽车号牌中"D"或"F"位于号牌序号的最后一位。

（4）改进制作工艺。新能源汽车号牌采用无污染的烫印制作方式,制作工艺绿色环保。同时,使用二维条码、防伪底纹暗记、激光图案等防伪技术,提高了防伪性能。

根据国务院《节能与新能源汽车产业发展规划(2012—2020年)》,新能源汽车主要包括纯电动汽车、插电式混合动力汽车和燃料电池汽车。对于国产新能源汽车,工业和信息化部将在《道路机动车辆生产企业及产品公告》和《机动车整车出厂合格证》上进行标注;对于进口新能源汽车,国家质检总局将在《进口机动车辆随车检验单》上进行标注。

新能源汽车的使领馆汽车号牌、港澳入出境车号牌、警用汽车号牌、教练汽车号牌及纸质材料号牌(临时行驶车号牌、临时入境汽车号牌)式样及编码规则不变。

2018年上半年,根据公安部统一部署,全国所有城市全面启用新号牌。按照公共安全行业标准《机动车号牌监制规范》(GA/T 1287)的要求,健全号牌制作、质量检验、系统应用、发放收回销毁等制度,规范号牌制作中心和号牌制作点场地、设备、信息系统建设应用。

规范新车注册登记管理。对办理注册登记的新能源汽车,要按照《机动车登记规定》及工作规范,严格查验车辆,严格审核证明凭证,按规定发放新能源汽车专用号牌、行驶证、登记证书和检验合格标志。对国产新能源汽车,要比对《道路机动车辆生产企业及产品公告》(以下简称《公告》)、《机动车整车出厂合格证》(以下简称《合格证》),《公告》和《合格证》未标注为新能源汽车的,不予核发新号牌;对进口新能源汽车,要审查《进口机动车辆随车检验单》,未标注为新能源汽车的,不予核发新号牌。对2016年12月1日前生产或进口的新能源汽车,要按照纯电动、插电式混合动力和燃料电池3类新能源汽车的结构特征进行查验确认,属于国产汽车的,还要比对《公告》,《公告》未标注为新能源汽车的,不予核发新号牌。

规范用车号牌换发工作。对办理转移登记、转入以及补换领机动车号牌业务的新能源汽车核发新号牌。对已登记的新能源汽车所有人自愿申请换发新号牌的,要按照机动车变更登记业务办理。在用车换发新号牌时,要按照纯电动汽车、插电式混合动力汽车和燃料电池汽车3类新能源汽车的结构特征进行查验确认,严格查验车辆识别代号、发动机(电动机)号码、车辆外观和轮胎等情况,确认车辆唯一性,拓印车辆识别代号,照相并制作机动车查验记录表,收回原号牌和行驶证并销毁,核发新号牌,换发行驶证和检验合格标志,签注登记证书。

规范号牌号码发放。对办理注册登记、转移登记和转入业务的新能源汽车,采用计算机自动选取和由机动车所有人自行编排的方式确定号牌号码,提供互联网预选号和公安网选号两种方式供群众选号。计算机自动选号提供"50选1"的选号模式。

对办理已登记的新能源汽车自愿变更号牌、补换领号牌业务的,要提示群众首先通过互联网预选号牌,采用计算机自动选号,并在网上预约办理业务时间。

规范临牌发放管理。要合理规划设置新能源汽车专用号牌现场制作点,最大限度方便群众当场领取新号牌,减少临时行驶车号牌发放数量。对需要以邮寄方式发放的,可以核发1次临时行驶车号牌。新能源汽车临时行驶车号牌必须通过互联网服务平台或综合应用平台核发,严禁使用外挂系统核发。省级公安交管部门要加强对临时行驶车号牌核发情况的监督管理。

规范号牌安装使用。要严格按照公共安全行业标准《中华人民共和国机动车号牌》(GA36)规定,规范新能源汽车专用号牌安装,号牌4个安装孔均应安装固封装置。公安车管部门提供现场免费安装号牌服务,不得指定购买号牌架。大型新能源汽车后号牌调整了下排 2 个安装孔位置,公安车管部门都配备了打孔工具,确保规范安装固封装置,打孔不收费。对邮寄号牌的,要书面提示车主,前后号牌所有安装孔都要安装固封装置,以及不按规定安装号牌的法律责任,并告知免费打孔安装号牌的地址。

落实配套优惠政策。严格按照《关于加快新能源汽车推广应用的指导意见》(国办发〔2014〕35 号),通过推广应用新能源汽车专用号牌,进一步落实新能源汽车差异化交通管理政策。密切与工信、财政、环保、住建、交通、商务、税务、质检、保监及银行等部门和单位协作配合,同时,公安车管部门也与车辆检验、保险购置、罚款缴纳、公路收费、停车收费、二手车交易等部门配合系统升级、制度调整,包括高速公路 ETC 收费系统升级等,为新能源汽车登记使用提供更便捷的服务。

(三)号牌安装、更换与喷涂放大号的要求

1. 安装

(1)前号牌安装在机动车前端的中间或者偏右,后号牌安装在机动车后端的中间或者偏左,应不影响机动车安全行驶和号牌的识别。

(2)前、后号牌安装要保证号牌无任何变形和遮盖,横向水平,纵向基本垂直于地面,纵向夹角≤15°。

(3)除临时入境车辆号牌和临时行驶车号牌外,其他机动车号牌安装时每面至少要用两个统一的压有发牌机关代号的号牌专用固封装置固定。

(4)使用号牌架辅助安装时,号牌架内侧边缘距离机动车登记编号字符边缘大于 5mm。

(5)临时入境汽车号牌和临时行驶号牌应放置在前挡风玻璃右侧,临时入境摩托车号牌应随车携带。

(6)二轮、侧三轮摩托号牌安在前后挡泥板上。

(7)拖拉机挂车悬挂主车号牌,即主车悬挂 2 个,挂车悬挂 1 个号牌,共计 3 个。

(8)大型货车挂车应悬挂号牌一面

(9)临时号牌贴在前挡风玻璃的明显位置。

2. 更换

以下情况导致号牌不清晰、不完整,影响识别或公安机关交通管理部门指定更换时,应更换号牌:

(1)号牌字符被涂改,不能复原。

(2)号牌字符的反光性能不一致或底色反光不均匀。

(3)号牌的安装孔损坏或有其他物理化学损坏。

(4)号牌的底色或字符颜色有明显褪色。

(5)机动车登记编号不完整。

(6)号牌外观不符合要求的。

3. 喷涂放大号

重型、中型载货汽车、拖拉机及其挂车的车身或者后厢后部喷涂的放大牌号的尺寸为机动车登记编号的 2.5 倍,应清晰、完整。

二、机动车行驶证

(1)行驶证的作用与规定 机动车行驶证与号牌一样,是机动车取得合法行驶权的凭证,全国有效。机动车辆行驶时,必须随车携带行驶证,交通管理部门通过对它的检查,可以了解车辆的归属和车辆的使用状况,这对于确认车辆的唯一性和合法性,加强车辆管理,保障交通安全具有重要作用。

行驶证的编号与车辆号牌编号相同。挂车号牌和拖拉机号牌为单独增发的号牌,故主车与挂车不是同一号牌,拖带挂车的机动车辆应携带主车和挂车两个行驶证。行驶证必须有发证机关签章才能生效。

(2)行驶证的内容。行驶证包括该车(包括挂车)的厂牌、车型、车辆类型、车辆牌号、核定载质量和载客数量、车属单位或个人、主管机关和发证机关、检验记录、异动登记、附记及注意事项等内容,2004年5月1日开始核发2004版机动车行驶证,如图2-25所示。

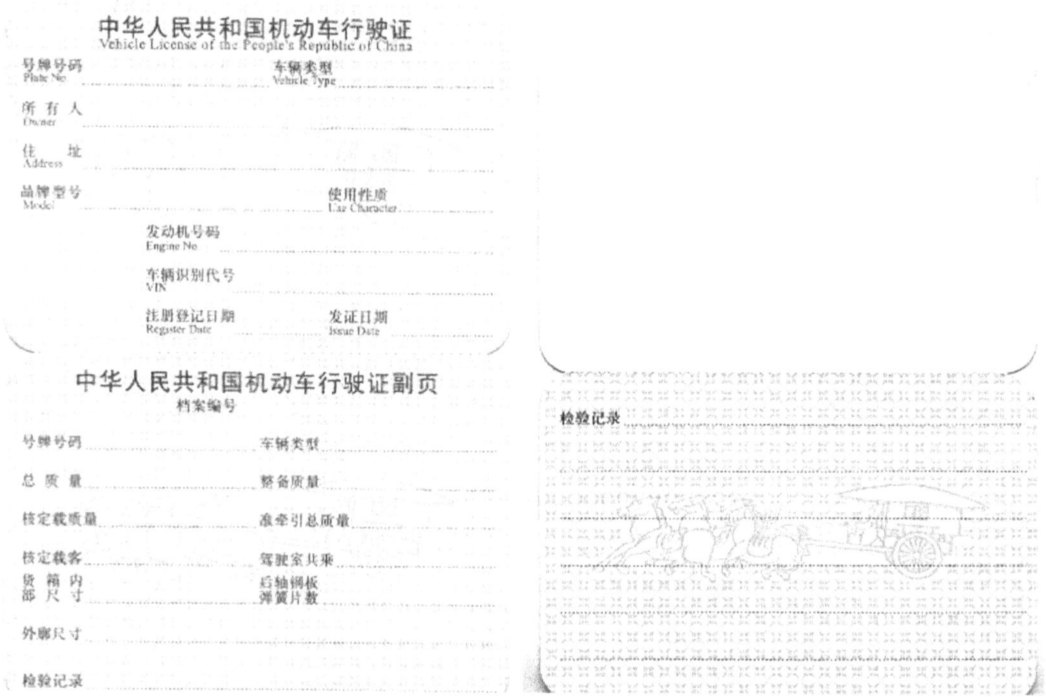

图 2-25　2004 年 5 月 1 日开始核发的 2004 版机动车行驶证

根据公安部通知规定,自2008年10月1日起,对注册登记的机动车一律核发新版行驶证,不得再使用旧版行驶证;对已核发的旧版行驶证,只在办理换证和补证业务时换发新版行驶证。2008版行驶证在保持原行驶证式样基本不变的基础上,按照《机动车登记规定》(公安部124号令)要求调整了签注内容,同时进一步规范了行驶证生产、检验、识别和管理,改进了行驶证证芯和塑封套的防伪技术等,如图2-26和图2-27所示。

(3)对中国人民解放军和中国人民武装警察部队在编机动车牌证管理规定。中国人民解放军和中国人民武装警察部队在编机动车牌证、在编机动车检验以及机动车驾驶人考核工作,由中国人民解放军、中国人民武装警察部队有关部门负责。

(4)对拖拉机牌证的管理规定。对上道路行驶的拖拉机,由农业(农业机械)主管部门行使《道路交通安全法》第8条、第9条、第13条、第19条、第23条规定的公安机关交通管理

中华人民共和国机动车行驶证
Vehicle License of the People's Republic of China
号牌号码 Plate No.　车辆类型 Vehicle Type
所有人 Owner
住址 Address
使用性质 Use Character　品牌型号 Model
车辆识别代号 VIN
发动机号码 Engine No.
注册日期 Register Date　发证日期 Issue Date
江苏省苏州市公安局交通巡逻警察支队

号牌号码　档案编号
核定载人数　总质量
整备质量　核定载质量
外廓尺寸　准牵引总质量
备注
检验记录
328000000001

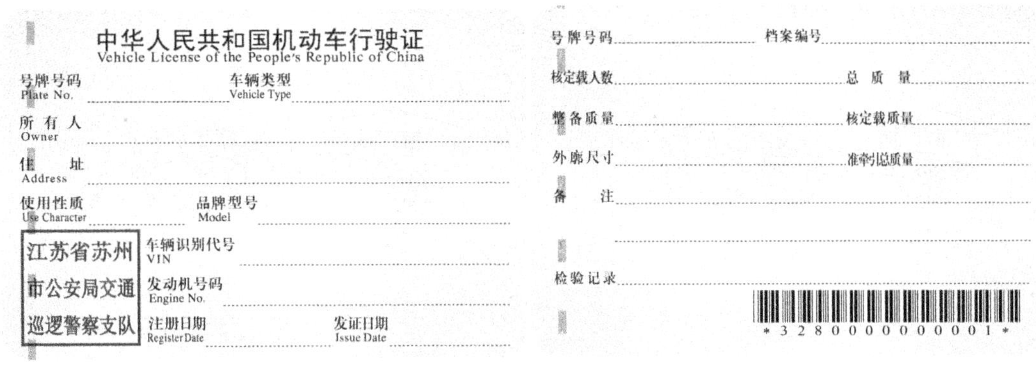

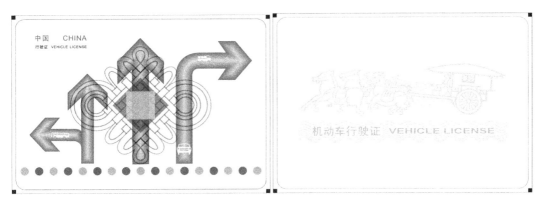

机动车行驶证主页正面　　机动车行驶证副页正面

图 2-26　2008 年 10 月 1 日开始核发的 2008 版机动车行驶证

机动车行驶证塑封套A页　　机动车行驶证塑封套B页

图 2-27　2008 版机动车行驶证塑封套式样

部门的管理职权。农业（农业机械）主管部门依照前款规定行使职权，应当遵守《道路交通安全法》的有关规定，并接受公安机关交通管理部门的监督；对违反规定的，依照本法有关规定追究法律责任。《道路交通安全法》施行前由农业（农业机械）主管部门发放的机动车牌证，在该法施行后继续有效。

（5）国家对入境的境外机动车的管理规定。国家对入境的境外机动车的道路交通安全实施统一管理，自 GB 36—2007 行业标准的规定开始，就取消了境外机动车号牌，改为申领临时入境汽车或临时入境摩托车号牌。

三、号牌与行驶证的核发

（一）核发号牌

根据机动车号牌的合法规定，依据《道路交通管理 机动车类型》（GA 802—2019）对符合国家发改委《车辆生产企业及产品公告》的机动车辆，按《中华人民共和国机动车号牌》（GA 36—2018）规定核发的机动车号牌。

主要几种汽车号牌的核发如下。

1. 大型汽车号牌的核发条件

对符合下列条件之一的汽车核发大型汽车号牌：①总质量≥4.5t；②乘坐人数≥10人；③车长≥6m；④以上的汽车、无轨电车及有轨电车等。

2. 小型汽车号牌的核发条件

除以上提到的核发大型汽车号牌的条件之外，其他汽车核发小型汽车号牌，因为实际的需要，公安部又出台了补充规定，对于乘坐人数不超过9人（包括驾驶人）的大型轿车型汽车，核发小型汽车号牌。

3. 挂车号牌的核发条件

根据规定，挂车单独核发挂车号牌，因此，挂车号牌还有配套的行驶证，所以，在道路上行驶的牵引着挂车的汽车，应该有牵引车汽车号牌与行驶证，还应该有挂车的号牌与行驶证，即应有两本行驶证。

4. 三轮汽车和低速货车号牌

根据《道路交通管理 机动车类型》（GA 802—2019），三轮汽车和低速货车这一类的汽车称为三轮汽车和低速货车，即原来的农用运输车，号牌都是一样的。只是行驶证上的车辆类型有三轮汽车和低速货车之分。根据规定：

三轮汽车：以柴油机为动力，最大设计车速≤50km/h，总质量≤2000kg，长≤4600mm，宽≤1600mm，高≤2000mm，具有三个车轮的货车。其中，采用方向盘转向、由传递轴传递动力、有驾驶室且驾驶人座椅后有物品放置空间的，总质量≤3000kg，车长≤5200mm，宽≤1800mm，高≤2200mm。三轮汽车不应具有专项作业的功能。

低速货车：以柴油机为动力，最大设计≤70km/h，总质量≤4500kg，长≤6000mm，宽≤2000mm，高≤2500mm，具有四个车轮的货车。低速货车不应具有专项作业的功能。

5. 普通摩托车号牌

普通摩托车号牌核发给那些最大设计车速大于50km/h或者发动机气缸总排量大于50mL的摩托车。其包括：两轮普通摩托车、边三轮摩托车、正载客三轮摩托车和正三轮载货摩托车；不包括：

（1）整车整备质量>400kg（无驾驶室）的三轮车辆；

（2）整车整备质量>600kg（有驾驶室）的三轮车辆；

（3）最大设计车速、整车整备质量、外廓尺寸等指标符合相关国家标准和规定的，专供残疾人驾驶的机动轮椅车；

（4）电驱动的，最大设计车速不大于20km/h，具有人力骑行功能，且整车整备质量、外廓尺寸、电动机额定功率等指标符合相关国家标准规定的两轮车辆。

6. 轻便摩托车号牌

轻便摩托车号牌核发给那些最大设计车速小于等于50km/h，且若使用发动机驱动，发动机气缸总排量小于等于50mL的摩托车。根据GB 7258的规定，其包括：两轮轻便摩托车和正三轮轻便摩托车。

7. 挂车号牌

挂车指设计和制造上需由汽车或拖拉机牵引，才能在道路上正常使用的无动力道路车辆，包括牵引杆挂车、中置轴挂车和半挂车，用于：①载运货物；②专项作业。

对符合上述条件的挂车核发挂车号牌,行驶证上的车辆类型签注时,分别按照规格术语和结构术语签注相应的车辆类型。

(二)行驶证签注与核发

如图 2-26 和图 2-27 所示,2008 年 10 月 1 日开始核发的 2008 版机动车行驶证,行驶证分为主页正背面和副页正背面,其中主页正面、副页正面需要在核发机动车号牌的同时逐项签注。

行驶证主页需要签注的内容:

(1)号牌号码。按照所核发的该机动车的号牌号码签注打印。

(2)车辆类型。车辆类型的签注意义在于查验岗提供的机动车查验单确定的该机动车属于什么车型,登记岗登记时还需再次核对车辆类型,其最终意义是持有什么级别驾驶证的驾驶人对应许可的驾驶资格,其次,不同车辆类型是有着不同的报废年限的;再次,车辆类型和车辆的使用性质要对应起来,比如,校车按照使用性质必须是分为幼儿校车、小学生校车等,那么,车辆类型即必须是大、中、小、微等载客汽车。

具体签注按照《道路交通管理 机动车类型》(GA 802—2019)中的表 1 规格术语和表 2 的结构术语进行正确签注与打印。

(3)所有人。如果是私人所有的车辆,则签注身份证上的姓名,如果是单位等组织拥有的车辆,则签注组织机构代码证(营业执照)上的单位名称(目前组织机构代码证的称法都已改为营业执照)。

(4)住址。如果是私人所有的车辆,则签注身份证上的住址,如果是单位等组织所有的车辆,则签注《组织机构代码证(营业执照)》上的单位地址。单位的住址为其主要办事机构所在地的地址;个人的住址为其身份证明记载的地址。在暂住地居住的内地居民的住所是公安机关核发的居住证明记载的地址。(公安部 124 号令规定)

(5)使用性质。即便是车辆结构外形一样,但是存在着不同使用性质,因此,用途就不同,比如营运客车与单位的自备客车使用性质就不同,用途也不同,所以,使用性质的签注非常重要。

具体签注根据《道路交通管理 机动车类型》(GA 802—2019)有关实用性质的分类,对所登记的机动车进行正确使用性质的签注。

根据公安部 2016 年 12 月的通知,要求各地车管所按照交通运输实际发展需要,可以给那些符合网络预约汽车的车辆合法使用性质为"预约出租车"的号牌,同时,公安车驾管的六合一系统使用性质也升级完成,即系统可以直接打印使用性质为"预约出租车"的汽车行驶证。

(6)品牌型号。一般根据车辆合格证签注车辆的厂牌型号。

(7)发动机号码、车辆识别代号。一般是根据查验岗民警对车辆进行整车查验之后,根据申请登记表上的拓印号码进行正确签注和打印。

(8)注册日期和发证日期。根据公安部 124 号令的规定,注册一般是要求在两个工作日内发放号牌与行驶证,但是,目前各车管所,为了便民利民,基本上都能在一个工作日将全部手续完成,核发号牌与行驶证。因此,这两个日期一般是同一天,但也有是相邻两天的情况。

(9)行驶证副页需要签注的内容:号牌号码、档案编号、核定载人数、总质量、整备质量、核定载质量、外廓尺寸、准牵引总质量按照机动车产品,《合格证》上的内容进行签注,这里需要注意的是,《合格证》上的内容必须与公安网系统里《公告》的内容一致,备注栏主要是用来签注该机动车报废期限的。

(10)检验记录。此项目主要是用来定期加盖机动车检验有效期的合格章。其是用来给民警提供查验的依据之一。

第二节　机动车登记

机动车登记,是指公安车辆管理机关对我国民用机动车辆的车主、住址、电话、单位代码、居民身份证号、车辆类型、厂牌型号及车辆技术参数和变更情况所实行的记录手续。车辆登记的目的是使车辆管理机关及时掌握车辆的技术状况和分布状况,以便查找车主和掌握车辆的动态。因此,车辆登记是一项非常细致而且需要认真处理的工作,必须严肃地履行规定的手续。

为便于开展车辆登记业务,自 2001 年 10 月 1 日开始实行《机动车登记证书》,该证书是机动车所有人拥有机动车辆财产的象征,不要求随车携带,在办理登记业务时使用,自 2005 年 5 月 1 日开始实行第二版《机动车登记证书》。第二版《机动车登记证书》的印刷技术非常复杂,有些防伪识别技术甚至超过人民币,式样如图 2-28 所示。

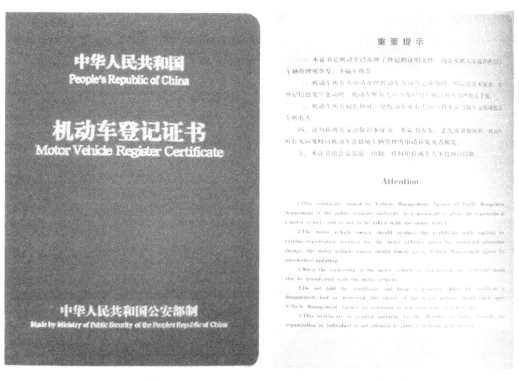

封面　　　　　　　　　　　　　　　　　　第10页

图 2-28　2005 版机动车登记证书式样

在 2006 年 10 月 1 日对第二版《机动车登记证书》实行了唯一性的条码确认,在《机动车登记证书》的第二页右上角统一印刷了 13 位的条码,从第 4 页右上角以及后面偶数页上依然保留了第二版全国统一的登记编号,第 10 页第一行增加了防伪识别标记等。式样如图 2-29 所示。

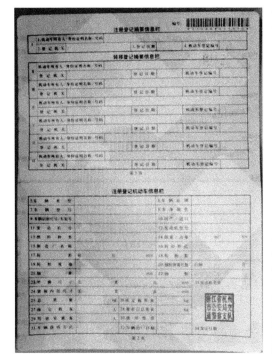 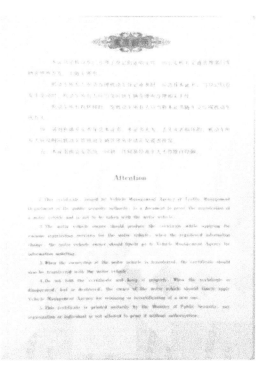

第1、2页　　　　　　　　　　　　　　　　　　　第10页

图 2-29　2006 版机动车登记证书式样

机动车辆登记分为注册登记、变更登记、转移登记、抵押登记、注销登记五大类的登记,以上所有登记业务需要填写的表格全国统一,可登录公安网各地交警部门网页或者登录互联网查询、填写并下载。

值得强调的是,在所有登记工作中,特别强调机动车所有人或者代理人的法律责任,在公安部 124 号令《机动车登记规定》第 55 条明确规定:"机动车所有人或者代理人申请机动车登记和业务,应当如实向车辆管理所提交规定的材料和反映真实情况,并对其申请材料实质内容的真实性负责。"以明确申请人的法定义务,保护受理民警的正当权益。

一、注册登记

新车固定车主后申领牌证,在车辆管理机关进行注册登记,建立该车档案,将必要项目输入微机储存,称为注册登记。其办理手续与正式牌证的核发手续相同,《道路交通安全法》第 9 条第 1 款、第 2 款、第 3 款和《中华人民共和国道路交通安全法实施条例》(以下简称《道路交通安全法实施条例》)第 6 条、第 7 条、第 8 条具体规定了办理机动车登记需提交的证明、凭证材料、办理机动车登记的程序和登记的内容以及不予办理注册登记的情形。它们构成了我国机动车注册登记制度的基本内容。机动车注册登记申请表如表 2-4 所示。

表 2-4　机动车注册、转移、注销登记/转入申请表

号牌种类			号牌号码		
申请事项	□注册登记 □车辆管理所辖区内的转移登记		□注销登记 □转出车辆管理所辖区的转移登记		□转入
注销登记原因	□报废	□灭失		□退车	□出境
机动车	品牌型号			车辆识别代号		
	获得方式	□购买　□境外自带　□继承　□赠予　□协议抵偿债务　□协议离婚 □中奖　□调拨　□资产重组　□资产整体买卖　□仲裁裁决 □法院调解　□法院裁定　□法院判决　□其他				
	使用性质	□非营运　□公路客运　□公交客运　□出租客运　□旅游客运　□租赁 □教练　□幼儿校车　□小学生校车　□其他校车　□货运　□危险化学品运输 □警用　□消防　□救护　□工程救险　□营转非　□出租营转非				
机动车所有人	姓名/名称			机动车所有人及代理人对申请材料的真实有效性负责。		
	邮寄地址					
	邮政编码		固定电话			
	电子信箱		移动电话		机动车所有人签字	
转移出车辆管理所辖区的转移登记	转入：　　　　省(自治区、直辖市) 　　　　　　车辆管理所				年　　月　　日	
代理人	姓名/名称			代理人签字：		
	邮寄地址					
	邮政编码	联系电话				
	电子信箱					
	经办人姓名	联系电话			年　　月　　日	

1. 填写时请使用黑色或者蓝色墨水笔，字体工整，不得涂改；

2. 标注有"□"符号的为选择项目，选择后在"□"中划"√"，各栏目只能选择一项；

3. "邮寄地址"栏，填写可通过邮寄送达的地址；

4. "电子信箱"栏，填写接收电子邮件的 E-mail 地址，尚未申请电子信箱的可以不填写；

5. "机动车"栏的"品牌型号"项目，按照车辆的技术说明书、合格证等资料标注的内容填写；

6. "机动车所有人签字"栏，机动车属于个人的，由机动车所有人签字，属于单位的，由单位的被委托人签字，由代理人代为办理的，机动车所有人不签字；

7. "代理人签字"栏，属于个人代理的，填写代理人的姓名、邮寄地址、邮政编码、联系电话和电子信箱，在代理人栏内签名，不必填写经办人姓名等项目；属于单位代理的，应填写代理人栏的所有内容，代理单位的经办人签字；属于单位的机动车，由本单位被委托人办理的不需填写本栏；

8. "号牌种类"栏，按照大型汽车号牌、小型汽车号牌、普通摩托车号牌、轻便摩托车号牌、低速车号牌、挂车号牌、使馆汽车号牌、使馆摩托车号牌、领馆汽车号牌、领馆摩托车号牌、教练汽车号牌、教练摩托车号牌、警用汽车号牌、警用摩托车号牌填写。

《道路交通安全法》第 9 条对机动车的登记作了较详细的规定，目的是方便群众，推动我国机动化的程度；确立了私家车放开的产业发展政策，并且在法律中已经得到确认。

应当提交以下证明、凭证：

(1)机动车所有人的身份证明，如果是有单位的，需要提供组织机构代码证(营业执照)，如果是个人的，需要提供本人身份证，组织机构代码证(营业执照)，式样如图 2-30 所示。组

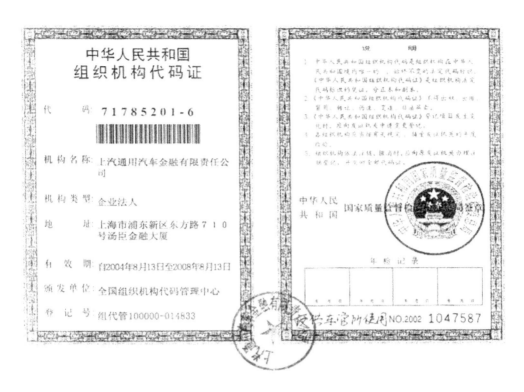

图 2-30　组织机构代码证

织机构代码证(营业执照)是在中华人民共和国境内依法成立的机关、企业、事业单位和社会团体等机构在全国范围内始终不变的法定代码。组织机构代码证(营业执照)由八位数字(或大写拉丁字母)和一位数字(或大写拉丁字母)校验码组成。代码证自颁发之日起四年内有效,每年审验一次。从某种角度上说有没有组织机构代码证(营业执照)是单位是否依法登记的证明,而有没有按时审验是这个单位是否还存在的依据。因而在车管业务中脱审的组织机构代码证(营业执照)不能作为单位的身份证明。

　　(2)机动车来历证明,需要提供机动车销售统一发票如图 2-31 和图 2-32 所示,如果是罚没车辆则应该保留罚没单,如图 2-33 所示。

　　(3)如果是进口车则必须有海关总署签发的关单,同样需要保存在档案里,如图 2-34 至图 2-37 所示;机动车整车出厂合格证明或者进口机动车进口凭证,应该保存整车或底盘出厂的合格证,如图 2-38 所示。

　　现在常见关单就是第三版和第四版,第三版关单在 2007 年 12 月公安部颁发了公交管办〔2007〕440 号文件"关于海关总署改进汽车《货物进口证明书》防伪技术的通知",根据文件规定,海关总署对汽车《货物进口证明书》的防伪技术进行了改进,底纹防伪由平板式手工雕画元素地纹改为渐变式防伪软件制作元素地纹,荧光油墨由普通无色荧光油墨改为增亮型无色荧光油墨。改进前印制的汽车《货物进口证明书》继续有效。

　　第四版《货物进口证明书》包括车辆用《货物进口证明书》和普通货物用《货物进口证明书》,其中车辆用《货物进口证明书》适用于海关签发"一车一证"的汽车整车、汽车底盘和摩托车,普通货物用《货物进口证明书》适用于海关签发"一批一证"的挂车、半挂车、轮式专用

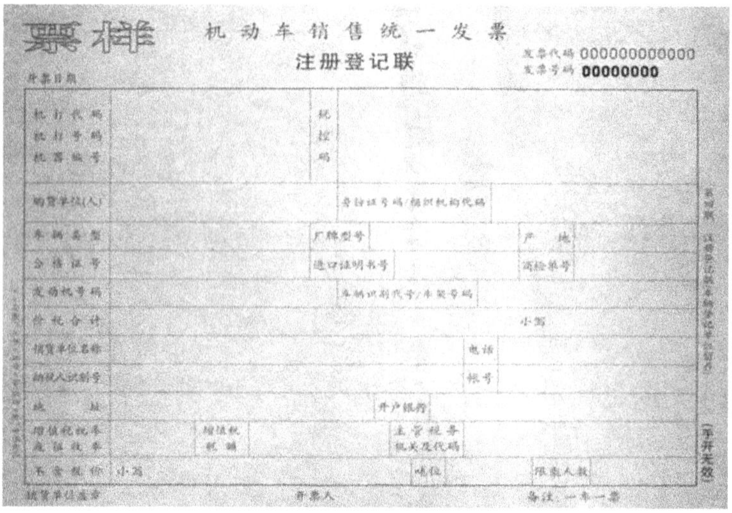

机动车销售统一发票
注册登记联
发票代码 000000000000
发票号码 00000000
开票日期
机打代码
机打号码
机器编号
税控码
购货单位(人)
身份证号码/组织机构代码
车辆类型
厂牌型号
产地
合格证号
进口证明书号
商检单号
发动机号码
车辆识别代号/车架号码
价税合计
小写
销货单位名称
电话
纳税人识别号
帐号
地址
开户银行
增值税税率或征收率
增值税税额
主管税务机关及代码
不含税价
小写
吨位
限乘人数
销货单位盖章
开票人
备注：一车一票
(手开无效)

图 2-31　2006 年 8 月 1 日起使用的《机动车销售统一发票》(购货单位付款凭证)

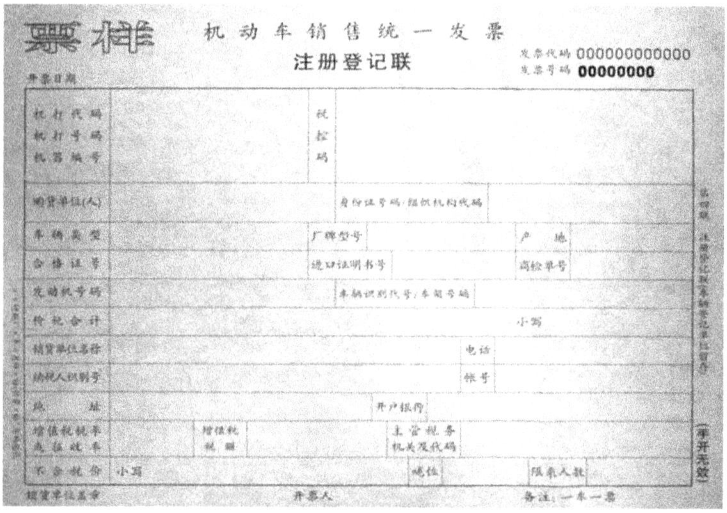

机动车销售统一发票
注册登记联
发票代码 000000000000
发票号码 00000000
开票日期
机打代码
机打号码
机器编号
税控码
购货单位(人)
身份证号码/组织机构代码
车辆类型
厂牌型号
产地
合格证号
进口证明书号
商检单号
发动机号码
车辆识别代号/车架号码
价税合计
小写
销货单位名称
电话
纳税人识别号
帐号
地址
开户银行
增值税税率或征收率
增值税税额
主管税务机关及代码
不含税价
小写
吨位
限乘人数
销货单位盖章
开票人
备注：一车一票
(手开无效)

图 2-32　2006 年 8 月 1 日起使用的《机动车销售统一发票》(第四联由公安车管部门留存)

机械车。

第四版《货物进口证明书》具有如下特征：

①取消原印刷在纸质货物进口证明书上的证明编号(以 XIX 开头的序列号)，在证明书上直接打印证明书编号。

②证明书调整为 A4 纸尺寸，底纹和防伪不变；取消部分英文翻译，取消海关关长人名印章；部分签注项目名称进行了调整。

③证明书编号位于《货物进口证明书》右上角，共 12 位字符，第 1 位为证明书类型(英文字母，H：汽车；M：摩托车)；第 2、3 位为签发地直属海关(数字，关区代码前两位)；第 4、5 位为签发年份(数字，年份的后两位)；第 6 至 12 位为序列号(数字，由系统按签发时间升序排

图 2-33 2005 年 1 月 1 日起使用的《没收走私汽车、摩托车证明书》

图 2-34 2005 年 10 月 1 日之前使用的《货物进口证明书》

图 2-35 2005 年 10 月 1 日起启用的 2005 版《货物进口证明书》

图 2-36 2007 年 12 月 7 日开始启用的 2007 版《货物进口证明书》

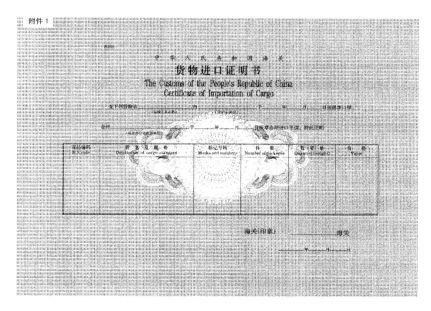

图 2-37 自 2015 年 8 月 1 日起启用第四版《货物进口证明书》

列生成)。

④车辆用《货物进口证明书》签注时增加车辆动力类型、电动机号信息。

根据规定,自 2015 年 8 月 1 日起,海关部门将进口摩托车纳入《货物进口证明书》联网核查系统进行管理,对进口摩托车签发第四版车辆用《货物进口证明书》。对已签发第四版车辆用《货物进口证明书》的进口摩托车,各地在办理注册登记业务时,要与全国进口机动车计算机核查系统比对,符合规定的,使用专用钳在《货物进口证明书》右下角打孔,打印《全国进口机动车核查系统核对无误证明书》,并存入机动车档案。

(4)车辆购置税的完税证明或者免税凭证。(根据公安部"放管服"要求,购置税已于 2018 年 9 月 1 日开始全国联网自动核查)

(5)进口车的登记。因机动车登记系统统一版的应用,可以有效实现监督制约作用,规

图 2-38　2005 年 7 月 1 日起实施的整车和底盘出厂合格证

定所有进口车由地市或直辖市车辆管理所直接办理,国家统一管理的临时入境登记等。根据浙江省交管局的要求,目前很多地方进口车的办理权限已经下放到县级车管所,避免群众在地市车辆管理所和省级公安交通管理部门间来回往返,这也是公安车管便民利民的措施。

(6)法律、行政法规规定应当在机动车登记时提交的其他证明、凭证。

公安机关交通管理部门应当自受理申请之日起 2 个工作日内完成机动车登记审查工作,对符合前款规定条件的,应当发放机动车登记证书、号牌和行驶证;对不符合前款规定条件的,应当向申请人说明不予登记的理由。公安机关交通管理部门以外的任何单位或者个人不得发放机动车号牌或者要求机动车悬挂其他号牌,本法另有规定的除外。机动车登记证书、号牌、行驶证的式样由国务院公安部门规定并监制。

二、变更登记

车辆变更登记,是指已领取正式号牌、行驶证的车辆,在转籍或对注册登记时的初次检验记录项目的内容作变更时,按照规定需要办理登记时应履行的手续。

已注册登记的机动车有下列情形之一的,机动车所有人应当向登记该机动车的公安机关交通管理部门申请变更登记:

(1)改变车身颜色的;

(2)更换发动机的;

(3)更换车身或者车架的;

(4)因质量问题更换整车的;

(5)营运机动车改为非营运机动车或者非营运机动车改为营运机动车等使用性质改变的;

(6)机动车所有人的住所迁出或者迁入车辆管理所管辖区域的。

机动车所有人为两人以上,需要将登记的所有人姓名变更为其他所有人姓名的,可以向登记地车辆管理所申请变更登记。

变更登记需填写《机动车变更/备案登记申请表》，如表 2-5 所示。新的《机动车登记规定》在办理程序上，减少事前审批，强化事后监督，规定申请变更机动车车身颜色、更换车身或者车架的，不需进行事前审批，群众变更完后直接到车管所交验机动车并办理变更登记，只来车辆管理所一趟即可办结。

表 2-5 机动车变更/备案登记申请表

号牌种类			号牌号码		
申请事项		变更后的信息			
□变更机动车所有人姓名/名称					
□共同所有的机动车变更所有人					
□住所在车辆管理所辖区内迁移					
□变更联系方式		邮寄地址： 邮政编码：　　　　　　　固定电话： 电子信箱：　　　　　　　移动电话：			
□住所迁出车辆管理所管辖区域		转入：　　　省（自治区、直辖市）　　　车辆管理所			
□变更后的使用性质		□公路客运　□公交客运　□出租客运　□旅游客运　□租赁 □货运　　　□教练　　　□幼儿校车　□小学生校车 □其他校车　□危险化学品运输　□警用　□消防 □救护　　　□工程救险　　　□营转非　□出租营转非			
□更换发动机		变更后的信息：		机动车所有人及代理人对申请材料的真实有效性负责。	
□更换车身/车架					
□变更车身颜色				机动车所有人签字：	
□更换整车					
□重新打刻发动机号码					
□重新打刻车辆识别代号					
□变更身份证明名称/号码				年　　月　　日	
代理人	姓名/名称			代理人签字：	
	邮寄地址				
	邮政编码		联系电话		
	电子信箱				
	经办人姓名	联系电话		年　　月　　日	

1. 填写时请使用黑色或者蓝色墨水笔，字体工整，不得涂改；

2. "申请事项"栏为选择项目，请在相应栏内"□"中划"√"，同时申请多项变更登记/备案的可多选；

3. "邮寄地址"栏，填写可通过邮寄送达的地址；

4. "电子信箱"栏，填写接收电子邮件的 E-mail 地址，尚未申请电子信箱的可以不填写；

5. "机动车所有人签字"栏，机动车属于个人的，由变更后的现机动车所有人签字，属于单位的，由单位的被委托人签字。由代理人代为办理的，机动车所有人不签字；

6. "代理人签字"栏，属于个人代理的，填写代理人的姓名、邮寄地址、邮政编码、联系电话和电子信箱，在代理人栏内签名，不必填写经办人姓名等项目；属于单位代理的，应填写代理人栏的所有内容，代理单位的经办人签字；属于单位的机动车，由本单位被委托人办理的不需填写本栏；

7. "号牌种类"栏，按照大型汽车号牌、小型汽车号牌、普通摩托车号牌、轻便摩托车号牌、低速车号牌、挂车号牌、使馆汽车号牌、使馆摩托车号牌、领馆汽车号牌、领馆摩托车号牌、教练汽车号牌、教练摩托车号牌、警用汽车号牌、警用摩托车号牌填写。

《道路交通安全法》第 12 条第 2 项,《道路交通安全法实施条例》第 6 条,《机动车登记规定》第 9 条、第 10 条、第 11 条、第 12 条、第 13 条、第 14 条、第 15 条、第 16 条、第 17 条规定了机动车变更登记的情形,应提交的证明、凭证,办理机动车变更登记的程序,变更登记的内容,机动车所有人可以自行变更的情形等内容。

车辆管理所应当自受理之日起 1 日内,确认机动车,审查提交的证明、凭证,在机动车登记证书上签注变更事项,收回行驶证,重新核发行驶证。车辆管理所办理机动车变更登记时,需要改变机动车号牌号码的,收回号牌、行驶证,确定新的机动车号牌号码,重新核发号牌、行驶证和检验合格标志。

三、转移登记

已注册登记的机动车所有权发生转移的,应当及时办理转移登记,现规定机动车所有人应当自机动车交付之日起 30 日内向登记地车辆管理所申请转移登记。转移登记需填写《机动车注册、转移、注销登记/转入申请表》,如表 2-4 所示,公安车管部门办理转移登记的时限为 1 日。

转移登记,即所有权转移登记,是指因机动车的所有权发生转移所作的登记,包括过户登记和所有权转移的转入登记。转移登记按法理分析,其性质不属于行政许可的范畴,应属于民事登记的范畴,应符合民事登记的基本原则。其目的是通过认定机动车的所有权,实现机动车交易。

转移登记是机动车登记内容最大的变化之一。所有权是指所有人占有、使用、收益和处分财产的权利,是最重要的民事权利,合法的所有权受法律保护。《道路交通安全法》第 12 条第 1 项和《道路交通安全法实施条例》第 7 条以及《机动车登记规定》第 18 条、第 19 条、第 20 条、第 21 条规定了机动车转移登记当事人应提交的证明、凭证材料,机动车转移登记的登记内容和登记程序,不予办理机动车转移登记的情形,被司法机关和行政执法部门依法没收并拍卖或者被仲裁机构依法仲裁裁决或者被人民法院调解、裁定、判决机动车转移时,原机动车所有人未向现机动车所有人提供机动车登记证书和行驶证明,现机动车所有人如何办理转移登记等基本内容。

2003 年,公安部推出三十项便民利民措施,规定申请办理车辆转籍,部分登记事项不够规范的,由转入地车管所负责更正。这基本上解决了因车辆档案材料登记不规范及车辆技术参数不全等原因退档的问题,但在实际生活中,仍有因为登记证书丢失、车辆颜色变化、环保标准不一致等原因,车辆管理所不予受理,导致群众多次往返转出地和转入地车辆管理所却无法办理牌证的情况。

规定不得退档的五种情形。为方便群众办理车辆转出转入业务,新的《机动车登记规定》进一步规范车辆转籍工作,禁止随意退档。明确了转入地车管所不得退档的五种情形,避免群众多次往返:①机动车转出后登记证书丢失、灭失的(办理转入时同时补发登记证书);②机动车转出后因交通事故等原因更换发动机、车身或者车架、改变车身颜色的(办理转入时一并办理变更登记);③档案资料齐全但存在登记事项有误、档案资料填写、打印有误或者不规范、技术参数不全等情况的(办理转入时一并更正、补齐);④2004 年 4 月 30 日以前注册的机动车档案资料不齐全,经核实不属于被盗抢、走私、非法拼(组)装等嫌疑车辆的;⑤签注的转入地车辆管理所名称不准确,但属同一省、自治区、直辖市管辖范围内的。

建立转出地和转入地车管所的协调机制。转入地车管所认为需要核实档案资料的,应当与转出地车管所协调。转出地应当自接到协查申请一日内以传真方式出具书面材料,转入地凭书面材料办理转入。转出地和转入地有不同意见的,报请省级公安机关交通管理部门协调。这些协调必须在车管所内部进行,不得要求当事人来回往返。

规定因环保问题无法转入时的处理。机动车因不符合转入地依据法律制定的地方性排放标准被退回的,转出地车辆管理所应当凭转入地车辆管理所的证明予以接收,恢复机动车登记内容,将转入地车辆管理所的证明原件存入机动车档案。

四、抵押登记

抵押登记是指车辆管理所依据有关法律、法规,以当事人的机动车作为抵押物时所办理的机动车登记。已注册登记的机动车,抵押人将机动车作为抵押物的,抵押人和抵押权人应当填写机动车抵押登记申请表,持有关资料共同向机动车管辖地车辆管理机构申请抵押登记。《道路交通安全法》第 12 条第 3 项,《道路交通安全法实施条例》第 8 条,《机动车登记规定》第 22 条、第 23 条、第 24 条、第 25 条规定了机动车抵押登记的办理程序、应当登记的内容、机动车注销抵押登记的办理程序等内容。另外,《中华人民共和国担保法》也有涉及机动车抵押登记的相关内容。

机动车所有人将机动车作为抵押物抵押的,机动车所有人应当向登记该机动车的公安机关交通管理部门申请抵押登记。申请抵押登记时需填写《机动车抵押登记/质押备案申请表》,如表 2-6 所示,并在电脑档案和文字档案中作相应的记录。

表 2-6 《机动车抵押登记/质押备案申请表》

号牌种类		号牌号码			
申请事项		□抵押登记 □解除抵押登记 □质押 □解除质押			机动车所有人及代理人对申请资料的真实有效性负责。
机动车所有人姓名/名称					
机动车所有人的代理人	姓名/名称				机动车所有人签字:
	邮寄地址				
	邮政编码	联系电话			代理人签字:
	电子信箱				
	经办人姓名	联系电话			年 月 日
抵押权人/典当行	姓名/名称				抵押权人/典当行及代理人对申请资料的真实有效性负责。
	邮寄地址				
	邮政编码	联系电话			抵押权人/典当行签字:
	电子信箱				年 月 日

抵押权人/典当行的代理人	姓名/名称				代理人签字：
	邮寄地址				
	邮政编码	联系电话			
	电子信箱				
	经办人姓名	联系电话			年　　月　　日

1. 填写时请使用黑色或者蓝色墨水笔,字体工整,不得涂改;

2. "申请事项"栏为选择项目,请在相应栏内"□"中划"√";

3. "邮寄地址"栏,填写可通过邮寄送达的地址;

4. "电子信箱"栏,填写接收电子邮件的 E-mail 地址,尚未申请电子信箱的可以不填写;

5. "机动车所有人签字"栏,机动车属于个人的,由变更后的现机动车所有人签字,属于单位的,由单位的被委托人签字。由代理人代为办理的,机动车所有人不签字;

6. "抵押权人/典当行签字"栏,由抵押权人或者典当行的被委托人签字,抵押权人属于个人的,由抵押权人签字。由代理人代为办理,抵押权人或者典当行不签字;

7. "代理人签字"栏,属于个人代理的,填写代理人姓名、邮寄地址、邮政编码、联系电话和电子信箱,在代理人栏内签名,不必填写经办人姓名等项目;属于单位代理的,应填写代理人栏内的所有内容,代理单位的经办人签字;属于单位的机动车,由本单位被委托人办理的不需填写本栏;

8. "号牌种类"栏,按照大型汽车号牌、小型汽车号牌、普通摩托车号牌、轻便摩托车号牌、低速车号牌、挂车号牌、使馆汽车号牌、使馆摩托车号牌、领馆汽车号牌、领馆摩托车号牌、教练汽车号牌、教练摩托车号牌、警用汽车号牌、警用摩托车号牌填写。

车辆管理所应当自受理之日起 1 日内,审查提交的证明、凭证,在机动车登记证书上签注抵押登记的内容和日期。目前,机动车抵押登记日期、解除抵押登记日期可以供公众查询。

五、注销登记

已达到国家强制报废标准的机动车,机动车所有人向机动车回收企业交售机动车时,仍应填写《机动车注册、转移、注销登记/转入申请表》(见表 2-4),并提交以下证明、凭证:

(1)机动车登记证书;

(2)机动车行驶证;

(3)属于机动车灭失的,还应当提交机动车所有人的身份证明和机动车灭失证明;

(4)属于机动车因故不在我国境内使用的,还应当提交机动车所有人的身份证明和出境证明,其中属于海关监管的机动车,还应当提交海关出具的《中华人民共和国海关监管车辆进(出)境领(销)牌照通知书》;

(5)属于因质量问题退车的,还应当提交机动车所有人的身份证明和机动车制造厂或者经销商出具的退车证明。

由机动车回收企业确认机动车并解体,向机动车所有人出具《报废机动车回收证明》,并且,机动车回收企业应当在机动车解体后七日内将申请表、机动车登记证书、号牌、行驶证和《报废机动车回收证明》副本提交车辆管理所,申请注销登记。报废的校车、大型客、货车及其他营运车辆应当在公安车辆管理所的监督下解体。

车辆管理所应当自受理之日起1日内,审查提交的证明、凭证,收回机动车登记证书、号牌、行驶证,出具注销证明。

六、查验程序

根据《机动车查验工作规程》(GA 801—2019)的规定,在进行机动车注册登记、转移登记、变更登记、申领登记证书、补领登记证书、核发检验合格标志、对报废大型客、货车及其他营运车辆监督解体时等,由车管部门查验岗查验员进行逐车查验,以便确认机动车是否符合相关规定,该查验记录表由车管部门检验岗查验员负责填写。

在进行注册登记时,按照规定程序,扫描合格证,机动车拍照,核对机动车合格证及外观相关参数等,在相应位置打印车辆彩色照片(在照片上游离打印该车的VIN码),粘贴车辆识别代号(车架号)拓印膜,按照查验单的基本项目逐项查验是否符合要求,然后,检验员在查验单上签署是否合格的意见,若查验合格则将该表收入车辆档案。只有查验合格的车辆,才能对其受理各种车辆登记、备案等管理工作。机动车查验记录表如表2-7所示。

表2-7 机动车查验记录表

业务类型:□注册登记 □转入 □转移登记 □变更迁出 □变更车身颜色 □更换车身或者车架
　　　　　□更换整车 □更换发动机 □变更使用性质 □重新打刻VIN □重新打刻发动机号
　　　　　□加装/拆除操纵辅助装置 □申领登记证书 □补领登记证书 □监督解体 □换发新能源车号牌 □其他
特殊属性:□新能源汽车 　　□进口车 　　□违规机动车产品

类别	序号	查验项目	判定	类别	序号	查验项目	判定
通用项目	1	车辆识别代号		安全附件、安全装置、外部喷涂等	15	灭火器/摩托车乘员头盔	
	2	发动机(驱动电机)号码			16	行驶记录装置、车内外录像监控装置	
	3	车辆品牌/型号			17	应急出口/应急锤/乘客门	
	4	车身颜色			18	外部标识/文字、喷涂	
	5	核定载人数			19	安全装置、标志灯具、警报器	
	6	车辆类型		其他	20	检验合格证明	
	7	号牌/车辆低频观形状			21	进口车、新能源汽车特殊项目	
	8	轮胎完好情况		查验结论:			
	9	安全带、三角警告牌、反光背心					
货车挂车	10	外廓尺寸、车数、轴距		查验论:			
	11	整备质量					
	12	轮胎规格				年　月　日	
	13	侧后部防护		复检合格	查验员:		
	14	车身反光标识和车辆尾部标志板、喷涂				年　月　日	
机动车照片 (注册登记、转移登记、需要制作照片的变更登记、转入、监督解体)				备注:			
						年　月　日	

车辆识别代号(车架号)拓印膜,或打刻的车辆识别代号(车架号)1:1还原照片

(注册登记、转移登记、转出、转入、更换车身或者车架、更换整车、

申领登记证书、重新打刻VIN)

使用机动车查验智能终端拍摄的打刻的车辆识别代号照片

说明:1.填表时在对应的业务类型名称上划"√"。2.对按照规定不须查验的项目,在对应的判定栏内划"—"。3.本表所列查验项目判定合格时在对应栏划"×",本表以外的查验项目不合格时,在备注栏内注明情况,查验结论签注为"不合格";所有查验项目合格,查验结论签注为"合格"。4.复检合格时,查验员签字并签注日期;复检仍不合格的,不签注。5.注册登记查验时,"车身颜色"、"核定载人数"、"车辆类型"判定栏内签注查验确定的相应内容;变更车身颜色查验时签注车身颜色。

七、补领、换领牌证

(一)补领、换领机动车登记证书

机动车登记证书灭失、丢失或者损毁的,机动车所有人应当向车辆管理所申请补领、换领机动车登记证书。申请时应当填写《机动车牌证申请表》(见表2-8),并提交机动车所有人的身份证明。

对申请换领机动车登记证书的,车辆管理所应当自受理之日起1日内换发,收回原机动车登记证书。对申请补领机动车登记证书的,车辆管理所应当确认机动车,并于1日内重新核发机动车登记证书。

《机动车登记规定》第21条被人民法院、人民检察院和行政执法部门依法没收并拍卖,或者被仲裁机构依法仲裁裁决,或者被人民法院调解、裁定、判决机动车所有权转移时,原机动车所有人未向现机动车所有人提供机动车登记证书、号牌或者行驶证的,现机动车所有人在办理转移登记时,应当提交人民法院出具的未得到机动车登记证书、号牌或者行驶证的《协助执行通知书》,或者人民检察院、行政执法部门出具的未得到机动车登记证书、号牌或者行驶证的证明。车辆管理所应当公告原机动车登记证书、号牌或者行驶证作废,并在办理转移登记的同时,补发机动车登记证书。

(二)补领、换领号牌、行驶证

号牌、行驶证灭失、丢失或者损毁,机动车所有人向车辆管理所申请补领、换领号牌、行驶证的,应当填写《补领、换领机动车牌证申请表》,并提交机动车所有人的身份证明。车辆管理所应当在1日内补发、换发行驶证;自受理之日起15日内补发、换发号牌,原机动车登记编号不变,收回未灭失、丢失或者损毁的号牌、行驶证,补发号牌期间应当给机动车所有人核发15天有效的临时行驶车号牌。

根据公安部《机动车登记工作规范》第62条的规定,办理补、换领号牌、行驶证的业务流程和具体事项为:

(1)登记审核岗审查《机动车牌证申请表》、机动车所有人身份证明。符合规定的,录入相关信息,收回未灭失、丢失或者损坏的部分并销毁。属于补、换领行驶证的,向机动车所有人出具受理凭证;制作行驶证交机动车所有人。属于补、换领号牌的,向机动车所有人出具受理凭证,并在受理凭证上签注领取时间;核发有效期不超过十五日的临时行驶车号牌;号

表 2-8　机动车牌证申请表

申请人信息栏				
机动车所有人	姓名/名称		邮政编码	
	邮寄地址			
	手机号码		固定电话	
代理人	姓名/名称		手机号码	
申请业务事项				
号牌种类			号牌号码	
申请事项	申请原因及明细			
号牌	□补领	□丢失　　　　□灭失	□前号牌	□后号牌
	□换领	□前号牌	□后号牌	
	□互换 号牌号码	互换后的号牌号码		
行驶证	□补领	□丢失	□灭失	
	□换领			
登记证书	□申领			
	□补领	□丢失　　　□灭失	□未获得	
	□换领			
检验合格标志	□申请	□在登记地车辆管理所申请	□在登记地以外车辆管理所申请	
	□补领	□丢失	□灭失	
	□换领			
机动车所有人及代理人对申请材料的真实有效性负责。 自新机动车牌证领取之日起,原机动车牌证作废,不得继续使用。	机动车所有人(代理人)签字: 　　　　　　　　年　　　月　　　日			

填表说明

1. 填写时请使用黑色或者蓝色墨水笔,字体工整,不得涂改;

2. "申请事项"栏为选择项目,请在相应栏内"□"中划"√","号牌"栏可多选;

3. "邮寄地址"栏,填写可通过邮寄送达的地址;

4. "机动车所有人(代理人)签字"栏,机动车属于个人的,由机动车所有人签字,属于单位的,由单位的被委托人签字。由代理人代为办理的,机动车所有人不签字,由代理人或者代理单位的经办人签字,填写姓名/名称、手机号码;

5. "号牌种类"栏,按照大型汽车号牌、小型汽车号牌、普通摩托车号牌、轻便摩托车号牌、低速车号牌、挂车号牌、使馆汽车号牌、使馆摩托车号牌、领馆汽车号牌、领馆摩托车号牌、教练汽车号牌、教练摩托车号牌、警用汽车号牌、警用摩托车号牌填写;

6. "登记证书"栏,"未获得"是指被人民法院、人民检察院和行政执法部门依法没收并拍卖,或者被仲裁机构依法仲裁裁决,或者被人民法院调解、裁定、判决机动车所有权转移时,原机动车所有人未向现机动车所有人提供机动车登记证书的情形。

牌制作完成后交机动车所有人。

(2)档案管理岗核对计算机登记系统的信息,整理资料,装订、归档。

(三)办理登记事项更正的业务

根据公安部《机动车登记工作规范》第 64 条的规定,办理登记事项更正的业务流程和具体事项为:

(1)登记审核岗核实登记事项,确属登记错误的,在计算机登记系统中更正;签注登记证书。需要重新核发行驶证的,收回原行驶证并销毁,制作行驶证交机动车所有人;需要改变机动车号牌号码的,收回原号牌、行驶证并销毁,确定新的机动车号牌号码,制作号牌、行驶证和检验合格标志交机动车所有人。

(2)档案管理岗核对计算机登记系统的信息,整理资料,装订、归档。

八、核发临时行驶车号牌

未注册登记的机动车需要临时上道路行驶的,驶出本行政辖区的,机动车所有人应当到车辆管理所申领临时行驶车号牌,并提交以下证明、凭证:机动车所有人的身份证明,机动车来历凭证,机动车整车出厂合格证明或者进口机动车进口凭证,机动车第三者责任强制保险凭证。车辆管理所应当自受理之日起 1 日内,核发机动车临时行驶车号牌。

根据《机动车登记规定》(公安部 124 号令)可知,临时行驶车号牌的最长有效期"十五日"、"三十日"、"九十日",包括工作日和节假日。

第 44 条　机动车号牌、行驶证灭失、丢失或者损毁的,机动车所有人应当向登记地车辆管理所申请补领、换领。申请时,机动车所有人应当填写申请表并提交身份证明。

车辆管理所应当审查提交的证明、凭证,收回未灭失、丢失或者损毁的号牌、行驶证,自受理之日起 1 日内补发、换发行驶证,自受理之日起 15 日内补发、换发号牌,原机动车号牌号码不变。

补发、换发号牌期间应当核发有效期不超过 15 日的临时行驶车号牌。

第 45 条　机动车具有下列情形之一,需要临时上道路行驶的,机动车所有人应当向车辆管理所申领临时行驶车号牌:

(1)未销售的;

(2)购买、调拨、赠予等方式获得机动车后尚未注册登记的;

(3)进行科研、定型试验的;

(4)因轴荷、总质量、外廓尺寸超出国家标准不予办理注册登记的特型机动车。

第 46 条　机动车所有人申领临时行驶车号牌应当提交以下证明、凭证:

(1)机动车所有人的身份证明;

(2)机动车交通事故责任强制保险凭证;

(3)属于本规定第 45 条第(1)项、第(4)项规定情形的,还应当提交机动车整车出厂合格证明或者进口机动车进口凭证;

(4)属于本规定第 45 条第(2)项规定情形的,还应当提交机动车来历证明,以及机动车整车出厂合格证明或者进口机动车进口凭证;

(5)属于本规定第 45 条第(3)项规定情形的,还应当提交书面申请和机动车安全技术检验合格证明。

车辆管理所应当自受理之日起 1 日内,审查提交的证明、凭证,属于本规定第 45 条第(1)项、第(2)项规定情形,需要在本行政辖区内临时行驶的,核发有效期不超过 15 日的临时行驶车号牌;需要跨行政辖区临时行驶的,核发有效期不超过 30 日的临时行驶车号牌。属于本规定第 45 条第(3)项、第(4)项规定情形的,核发有效期不超过 90 日的临时行驶车号牌。

因号牌制作的原因,无法在规定时限内核发号牌的,车辆管理所应当核发有效期不超过15日的临时行驶车号牌。

对具有本规定第45条第(1)项、第(2)项规定情形之一,机动车所有人需要多次申领临时行驶车号牌的,车辆管理所核发临时行驶车号牌不得超过3次。

公安部124号令第13条规定机动车所有人的住所迁出车辆管理所管辖区域的,车辆管理所应当自受理之日起3日内,在机动车登记证书上签注变更事项,收回号牌、行驶证,核发有效期为30日的临时行驶车号牌,将机动车档案交机动车所有人。机动车所有人应当在临时行驶车号牌的有效期限内到住所地车辆管理所申请机动车转入。

公安部《机动车登记工作规范》第54条规定,办理机动车临时行驶车号牌的业务流程和具体事项为:登记审核岗审查机动车所有人身份证明、机动车交通事故责任强制保险凭证。属于未销售的机动车或者因轴荷、总质量、外廓尺寸超出国家标准的特型机动车的,还应当审查合格证或者进口凭证;属于购买、调拨、赠予等方式获得后尚未注册登记的机动车的,还应当审查机动车来历证明、合格证或者进口凭证;属于科研、定型试验的机动车的,还应当审查科研、定型试验单位的书面申请和机动车安全技术检验合格证明。符合规定的,录入相关信息,向机动车所有人出具受理凭证,按规定核发临时行驶车号牌。

九、群众自编自选机动车号牌号码

为切实保障机动车号牌号码选取工作的公开、公平、公正,最大限度地方便群众,2007年以来,公安部通过修改相关规定、编制选号软件、规范号牌制作、推广地方经验等方式,在全国范围内逐步推行由群众按照号牌标准自编自选机动车号牌号码工作。截至2008年9月,天津、河北、山西、安徽、江西、山东、河南、广西、重庆、云南、宁夏等11个省(自治区、直辖市)以及吉林、湖北、四川、贵州、陕西、新疆等6个省(自治区)部分地市已实行了由群众自编自选机动车号牌号码。

(一)号牌号码的选取

2007年9月,公安部修订了《中华人民共和国机动车号牌》标准,优化机动车号牌号码的编码规则,增大了号牌的编码容量,使每种号牌(大型汽车、挂车、小型汽车、摩托车等)的容量达到480万,比原来增加了14倍,为群众自编自选号牌号码提供了更多的选择空间。2008年5月,公安部在新修订的《机动车登记规定》(公安部124号令)中规定,机动车号牌号码采用计算机自动选取和由机动车所有人按照机动车号牌标准规定自行编排的方式,为群众自编自选机动车号牌号码提供法律依据。

机动车号牌号码一直是社会各界关注的焦点。从公安部102号令开始就对号牌号码的发放方式进行了明确的规定和限制,并在公安部十六项便民利民措施的基础上,进一步拓展便民服务措施。在公安部124号令中又明确规定:一是号牌号码的确定方式只能有两种:计算机自动选取和由机动车所有人自行编排,在法律责任上对采用其他方式确定号牌号码的行为增加了处分的规定,限制了在号牌号码发放工作中的违规行为;二是原机动车所有人申请办理新购机动车注册登记时,满足一定条件的可以向车辆管理所申请使用原已办转移登记或者注销登记的机动车号牌号码,进一步便民利民;三是机动车在办理转移登记后必须更换新号牌,有效地防止不法分子利用号牌继承进行非法炒作,谋取暴利,侵害群众利益。

公安部124号令规定：

第52条　办理机动车转移登记或者注销登记后，原机动车所有人申请办理新购机动车注册登记时，可以向车辆管理所申请使用原机动车号牌号码。

申请使用原机动车号牌号码应当符合下列条件：

(1)在办理转移登记或者注销登记后6个月内提出申请；

(2)机动车所有人拥有原机动车3年以上；

(3)涉及原机动车的道路交通安全违法行为和交通事故处理完毕。

第53条　确定机动车号牌号码采用计算机自动选取和由机动车所有人按照机动车号牌标准规定自行编排的方式。

为使自编自选机动车号牌号码工作在全国范围内平稳实施，公安部组织开发了统一的自编自选机动车号牌号码选号软件，在全国推广使用；同时，规范机动车号牌式样，自《中华人民共和国机动车号牌》

(GA 36—2014)和《机动车号牌用反光膜》(GA 36—2007)由中华人民共和国公安部发布，2008年7月1日起在全国范围内统一规范了号牌的标准字模、标准色板、反光膜，提高机动车号牌的防伪性能。

自2017年9月以来，由公安部统一开发的机动车号牌选号系统，全国统一对车主实行随机滚动跳出50个人号牌号码，然后50选一，并且严格规定全国公安系统内的各大小车管所一律不允许再进行所谓吉祥号的拍卖活动。如果地方政府或者其他系统有拍卖行为的，由各地方政府行使职责。

按照公安部"放管服"改革10项便民利民服务措施，2019年6月1日起，原车注销、迁出或转移后，保留原号的时限由1年调整为2年。对同一机动车所有人名下、同一登记地、同一号牌种类的两辆非营运机动车，可以申请互换机动车号牌号码。对已办理互换业务的号牌号码，如机动车所有人申请再次互换或者申请保留原车号牌号码的，自办理互换业务1年后，方可提出申请。

(二)自编自选号牌的实行

截至2008年9月，自编自选机动车号牌号码工作进展顺利，群众能够按照号牌标准规定，自行编排自己喜好的号牌号码。其中，山东省共核发由群众自编自选的小型汽车号牌77.3万副，江西省核发8.9万副，分别占同期已核发小型汽车号牌总数的95.2%和83.1%。

一些地方还通过改进选号方式，简化选号流程，为群众提供更多的便利。成都市实行通过互联网自编自选机动车号牌号码，群众足不出户即可选到自己喜欢的号牌号码。长春市在自编自选的基础上，增加"抽号选号"的新方式，"三连号"(如666)、"个位号"(001～009)全部由群众抽号选取，解除了群众对交管部门"预留好号"的疑虑。自编自选机动车号牌号码举措实施后，受到社会各界的普遍欢迎。为进一步方便群众，《机动车登记工作规范》规定积极推行通过互联网预约、受理、办理机动车登记和业务，在全国范围内逐步推行通过互联网办理机动车牌证，使群众越来越多地感受到车辆管理工作科技手段的应用给他们生活带来的便利。

(三)群众自行编排号牌号码应当遵循的规则

首先，要符合《中华人民共和国机动车号牌》(GA 36—2014)标准规定的编排要求，即号牌的汉字和第一位字母是发牌机关代号,不能选择;后5位可以选择,每一位可以是数字,也可以是字母,但最多可使用2个英文字母。在具体操作中,各省(区、市)根据本地号牌资源情况和实际管理需要,制定具体的编排规则,群众要在规则范围内编排。从17个省份实行情况看,有的允许5位都自编,有的是4位,有的是3位;在号段分配上,主要采取分段放开、逐步放开的原则,以保证公平选取,使群众能选取到比较称心的号牌号码。

群众选取时,一是事先要了解当地具体的编排规则,在规则范围内编选;二是多准备几个自己中意的"待选号",选取时有多个选择机会,而且能节省选取时间;三是供选择的号牌号码资源很充足,建议不要在实施头几天集中到车管所办理;四是建议选择对自己有纪念意义的号码,如自己、家人的生日或其他纪念日,不要过于集中地一味追捧所谓的"连号""吉祥号"。

第三节　机动车保险制度

一、机动车第三者责任强制保险制度

机动车第三者责任强制保险,是指机动车在使用过程中发生道路交通事故致使第三者遭受人身伤亡或财产损失时,被保险人依法应承担对受害人的赔偿责任,由保险公司在规定的保险责任限额内承担的一种强制保险。

依照2004年5月1日开始实施的《道路交通安全法》的规定,机动车第三者责任强制保险制度在全国同时执行。如图2-39所示,2008年度便携型交强险标志,要求随车携带;如图2-40所示,2008年度内置型交强险标志,要求张贴在前风挡玻璃右上角,便于执勤民警查验。

正面　　　　　背面

图2-39　2008年度便携型交强险标志式样

二、交强险制度

《机动车交通事故责任强制保险条例》自2006年7月1日开始实施,机动车交通事故责任强制保险(以下简称"交强险")是我国首个由国家法律规定实行的强制保险制度。《机动

正面　　　　　　　　　　　　　　　　背面

图 2-40　2008 年度内置型交强险标志式样

车交通事故责任强制保险条例》(以下简称《条例》)规定:交强险是由保险公司对被保险机动车发生道路交通事故造成受害人(不包括本车人员和被保险人)的人身伤亡、财产损失,在责任限额内予以赔偿的强制性责任保险。

交强险责任限额。交强险的目的是为交通事故受害人提供基本的保障。交通事故受害人获得赔偿的渠道是多样的,交强险只是最基本的渠道之一。交强险实行 6 万元的总责任限额,并不是说交通事故受害人从所有渠道最多只能得到 6 万元赔偿。除交强险外,受害人还可通过其他方式得到赔偿,如从商业三责险、人身意外保险、健康保险等均可获得赔偿。除此之外,交通事故受害人还可根据受害程度,通过法律手段要求致害人给予更高的赔偿。目前实行 6 万元总责任限额比较符合当前国民经济发展水平和消费者的支付能力,以及保险公司的经营能力。交强险责任限额水平将随着国民经济的发展逐步提高。这也是国际通行做法。交强险制度实施一段时间后,保监会将根据《条例》规定、国民经济发展水平以及制度实施的具体情况,会同相关部门适时调整责任限额。

三、投保与理赔

(一)投保

《条例》规定,中资保险公司经保监会批准,可以从事交强险业务。未经保监会批准,任何单位或者个人不得从事交强险业务。目前保监会已经批准 22 家中资保险公司经营交强险业务并向社会公示。

交强险主要是承担广泛的基本保障。对于更多样、更高额、更广泛的保障需求,消费者可以在购买交强险的同时自愿购买商业三责险和车损险等。例如,不少投保人目前购买了 20 万元责任限额的商业三责险、车损险,以及附加盗抢险、不计免赔险和玻璃单独破碎险等。在实行交强险制度后,消费者在原保险合同到期后,首先必须购买交强险,同时还可根据自身需要,在交强险基础之上选择购买不同档次责任限额的商业三责险(如 5 万元、10 万元、15 万元或更高),以及车损险和各种附加保险等,使自己具有更高水平的保险保障。每辆机动车只需投保一份交强险。投保人需要获得更高的责任保障,可以选择购买不同责任限额的商业三责险。

（二）理赔

交强险的保险期限为 1 年。仅有四种情形下，投保人可以投保 1 年以内的短期交强险：一是境外机动车临时入境的；二是机动车临时上道路行驶的；三是机动车距规定的报废期限不足 1 年的；四是保监会规定的其他情形。

道路交通事故具有突发性。为了确保交通事故受害人能得到及时有效的救治，《条例》规定，对于驾驶人未取得驾驶资格或者醉酒的、被保险机动车被盗抢期间肇事的、被保险人故意制造道路交通事故的情况下，保险公司将在交强险医疗费用赔偿限额内垫付抢救费用。同时对于垫付的抢救费用，保险公司有权向致害人追偿。根据《条例》规定，交强险制度于2006 年 7 月 1 日起实行。机动车所有人、管理人自施行之日起 3 个月内要投保交强险，并在被保险机动车上放置保险标志。在交强险制度实施前已购买商业三责险并且保单尚未到期的，原商业三责险保单继续有效，驾驶人应随车携带保单备查。原商业三责险期满后，应及时投保交强险。

（三）交强险的投保人或被保险人的权利

投保人或被保险人除了按照交强险条款约定在保险事故发生时获得赔偿以外，还享有以下权利：

（1）投保人在投保时选择具备从事交强险业务资格的保险公司，保险公司不得拒绝或者拖延承保。

（2）签订交强险合同时，保险公司不得强制投保人订立商业保险合同以及提出附加其他条件的要求。

（3）保险公司不得解除交强险合同（除投保人对重要事项未履行如实告知义务）。

（4）被保险机动车发生道路交通事故，被保险人或者受害人通知保险公司的，保险公司应当立即给予答复，告知被保险人或者受害人具体的赔偿程序等有关事项。

（5）被保险机动车发生道路交通事故的，由被保险人向保险公司申请赔偿保险金。保险公司应当自收到赔偿申请之日起 1 日内，书面告知被保险人需要向保险公司提供的与赔偿有关的证明和资料。

（6）保险公司应当自收到被保险人提供的证明和资料之日起 5 日内，对是否属于保险责任做出核定，并将结果通知被保险人；对不属于保险责任的，应当书面说明理由；对属于保险责任的，在与被保险人达成赔偿保险金的协议后 10 日内，赔偿保险金。

投保人购买交强险还要注意以下事项：

（1）投保时，投保人应当如实填写投保单，向保险公司如实告知重要事项，并提供被保险机动车的行驶证和驾驶证复印件；

（2）签订交强险合同时，投保人应当一次支付全部保险费。不得在保险条款和保险费率之外，向保险公司提出附加其他条件的要求；

（3）应当在被保险机动车上放置保险标志。

（4）在保险合同有效期内，被保险机动车因改装、加装、使用性质改变等导致危险程度增加的，被保险人应当及时通知保险公司，并办理批改手续。

（5）交强险合同期满，投保人应当及时续保，并提供上一年度的保险单。

（6）被保险机动车发生交通事故，被保险人应当及时采取合理、必要的施救和保护措施，并在事故发生后及时通知保险公司。同时,被保险人应当积极协助保险公司进行现场查勘和事故调查。发生与保险赔偿有关的仲裁或者诉讼时,被保险人应当及时书面通知保险公司

(四)交强险的几种例外情形

根据《条例》规定,在抢救费用超过交强险责任限额、肇事机动车未参加交强险和机动车肇事后逃逸的三种情形下,将由救助基金先行垫付交通事故受害人人身伤亡的丧葬费用、部分或者全部抢救费用。同时,救助基金管理机构有权向道路交通事故责任人追偿。救助基金的来源包括:一是按照交强险的保险费的一定比例提取的资金;二是对未按照规定投保交强险的机动车的所有人、管理人的罚款;三是救助基金管理机构依法向道路交通事故责任人追偿的资金;四是救助基金孳息;五是其他资金。有关救助基金的具体管理办法相关部门正在进一步制定完善中。

第四节　校车标牌的核发管理

一、校车的概念

校车,是指依照《校车安全管理条例》(国务院 617 号令)取得使用许可,用于接送接受义务教育的学生上下学的 7 座以上的载客汽车。接送小学生的校车应当是按照专用校车国家标准设计和制造的小学生专用校车。

二、校车标牌的核发

为贯彻实施 2012 年发布的《校车安全管理条例》(国务院 617 号令),进一步加强校车登记管理,保障校车安全,公安部在《机动车登记规定》里专门作出了明确规定,对校车进行核发校车标牌。

在核发校车标牌时,应当按照中华人民共和国公安部 124 号令《机动车登记规定》,注意以下办理流程细节。

(1)学校或者校车服务提供者申请校车使用许可,应当按照《校车安全管理条例》向县级或者设区的市级人民政府教育行政部门提出申请。公安机关交通管理部门收到教育行政部门送来的征求意见材料后,应当在 1 日内通知申请人交验机动车。

(2)县级或者设区的市级公安机关交通管理部门应当自申请人交验机动车之日起 2 日内确认机动车,查验校车标志灯、停车指示标志、卫星定位装置以及逃生锤、干粉灭火器、急救箱等安全设备,审核行驶线路、开行时间和停靠站点。属于专用校车的,还应当查验校车外观标识。审查以下证明、凭证:

①机动车所有人的身份证明;

②机动车行驶证;

③校车安全技术检验合格证明;

④包括行驶线路、开行时间和停靠站点的校车运行方案;

⑤校车驾驶人的机动车驾驶证。

公安机关交通管理部门应当自收到教育行政部门征求意见材料之日起3日内向教育行政部门回复意见,但申请人未按规定交验机动车的除外。

根据公安部《机动车登记工作规范》的规定:

第38条 公安机关交通管理部门应当自收到教育行政部门转来校车使用许可申请材料二日内,会同有关部门实地查看校车运行方案记载的行驶线路和停靠站点,审查开行时间和选用车型是否合理。

查看行驶线路时,应当确认是否避开急弯、陡坡、临崖、临水的危险路段;对存在无法避开危险路段的,确认是否在危险路段按照标准设置安全防护设施、限速标志、警告标牌。

查看停靠站点时,应当确认停靠站点设置位置是否安全、合理,并对应当设置的相关安全设施以及停靠站点预告标识、停靠站点标牌、标线等提出意见。

第39条 公安机关交通管理部门应当自收到教育行政部门征求意见材料之日起三日内作出审查意见,并向教育行政部门书面回复;对当事人未按规定交验机动车的,应当书面告知教育行政部门。

公安机关交通管理部门应当建立校车标牌档案,确定档案编号。

公安机关交通管理部门应当将教育行政部门征求意见材料、审查资料以及回复意见等材料复印件存入校车标牌档案。

第40条 取得校车使用许可的学校或者校车服务提供者申请更换校车的,或者申请变更机动车所有人、驾驶人、校车行驶线路、开行时间、停靠站点的,公安机关交通管理部门收到同级教育行政部门转来征求意见的申请材料后,应当按照本规范第35条至第39条的规定办理。

第41条 公安机关交通管理部门办理核发校车标牌业务流程和具体事项为:

(1)审查《校车标牌领取表》,机动车所有人身份证明、校车驾驶人的机动车驾驶证、行驶证,县级或者设区的市级人民政府批准的校车使用许可、校车运行方案,并与校车标牌档案有关资料进行核对。

(2)录入校车使用许可有效期、机动车、驾驶人、行驶线路、开行时间、停靠站点以及非专用校车核定的学生和成人乘坐人数等信息。属于专用校车的,应当核对行驶证上记载的校车类型和核载人数;属于非专用校车的,使用按照本规范第三十六条采集的机动车标准照片制作行驶证,调整校车安全技术检验有效期,并在行驶证副页上签注校车类型、学生和成人乘坐人数,原行驶证收回并销毁。对校车安全技术检验有效期发生变化的,应当重新核发检验合格标志。

(3)对符合规定的,应当在收到《校车标牌领取表》之日起三日内核发校车标牌。按照县级或者设区的市级人民政府批准的校车使用许可在校车标牌上签注车辆号牌号码、机动车所有人、驾驶人、行驶线路、开行时间、停靠站点等信息,签注校车标牌发牌单位、有效期,核发校车标牌。校车标牌有效期的截止日期应当与校车安全技术检验有效期的截止日期一致;校车安全技术检验有效期的截止日期超出校车使用许可有效期的,校车标牌有效期的截止日期按照校车使用许可有效期的截止日期签注。

(4)对提交的材料不齐全或者无效的,不予核发校车标牌并书面告知理由。

第43条 办理期满换领、损毁换领、丢失、灭失补领校车标牌的,公安机关交通管理部门应当审查《校车标牌领取表》、机动车所有人身份证明、行驶证,核对校车使用许可有效期、机动车检验有效期及校车驾驶人的机动车驾驶证。

符合规定的,录入相关信息,换发、补发校车标牌;期满换领的,应当重新签注校车标牌有效期,收回原校车标牌并销毁;损毁换领的,应当收回原校车标牌并销毁。

(3)学校或者校车服务提供者按照《校车安全管理条例》取得校车使用许可后,应当向县级或者设区的市级公安机关交通管理部门领取校车标牌。领取时应当填写表格,并提交以下证明、凭证:

①机动车所有人的身份证明;

②校车驾驶人的机动车驾驶证;

③机动车行驶证;

④县级或者设区的市级人民政府批准的校车使用许可;

⑤县级或者设区的市级人民政府批准的包括行驶线路、开行时间和停靠站点的校车运行方案。

公安机关交通管理部门应当在收到领取表之日起3日内核发校车标牌。对属于专用校车的,应当核对行驶证上记载的校车类型和核载人数;对不属于专用校车的,应当在行驶证副页上签注校车类型和核载人数。

(4)校车标牌应当记载本车的号牌号码、机动车所有人、驾驶人、行驶线路、开行时间、停靠站点、发牌单位、有效期限等信息。校车标牌分前后两块,分别放置于前风窗玻璃右下角和后风窗玻璃适当位置。

校车标牌有效期的截止日期与校车安全技术检验有效期的截止日期一致,但不得超过校车使用许可有效期。

专用校车应当自注册登记之日起每半年进行一次安全技术检验,非专用校车应当自取得校车标牌后每半年进行一次安全技术检验。学校或者校车服务提供者应当在校车检验有效期满前一个月内向公安机关交通管理部门申请检验合格标志。公安机关交通管理部门应当自受理之日起1日内,确认机动车,审查提交的证明、凭证,核发检验合格标志,换发校车标牌。

(5)已取得校车标牌的机动车达到报废标准或者不再作为校车使用的,学校或者校车服务提供者应当拆除校车标志灯、停车指示标志,消除校车外观标识,并将校车标牌交回核发的公安机关交通管理部门。

专用校车不得改变使用性质。

校车使用许可被吊销、注销或者撤销的,学校或者校车服务提供者应当拆除校车标志灯、停车指示标志,消除校车外观标识,并将校车标牌交回核发的公安机关交通管理部门。

根据公安部《机动车登记工作规范》的规定。

第45条　取得校车标牌的校车,不再作为校车使用的,公安机关交通管理部门应当核对《校车标牌领取表》、机动车所有人身份证明,收回校车标牌并销毁;校车标牌丢失的,在《校车标牌领取表》上注明。

属于非专用校车的,应当确认机动车所有人已拆除校车标志灯、停车指示标志;对喷涂粘贴校车外观标识的,应当确认已消除外观标识,通知机动车所有人办理机动车变更登记;

对未喷涂粘贴校车外观标识的,制作机动车标准照片,并粘贴到机动车查验记录表上,核发行驶证,收回原行驶证并销毁。

第47条　接到县级或者设区的市级人民政府吊销、注销或者撤销校车使用许可的决定后,公安机关交通管理部门应当责令学校或者校车服务提供者交回校车标牌并销毁;属于非专用校车的,还应当按照本规范第45条第2款有关规定办理。对校车标牌未交回的,依照决定公告校车标牌作废。

第49条　因校车行驶线路、开行时间、停靠站点或者车辆、所有人、驾驶人发生变化,学校或者校车服务提供者经县级或者设区的市级人民政府批准后,公安机关交通管理部门应当录入有关信息,并按照本规范第41条的规定重新核发校车标牌。

第50条　公安机关交通管理部门在办理校车标牌丢失、灭失补领、校车报废、转移、迁出业务时,校车标牌在有效期内未收回的,应当公告校车标牌作废。

第51条　公安机关交通管理部门应当通过计算机登记系统每月汇总下载本辖区核发、变更、收回校车标牌的信息,报本级人民政府备案,并通报教育行政部门。

公安机关交通管理部门应当每月通过计算机系统下载校车交通违法、事故情况以及临近或者逾期未换领校车标牌、临近检验或者逾期未检验等情况,通报教育行政部门、学校和校车服务提供者。

（6）校车行驶线路、开行时间、停靠站点或者车辆、所有人、驾驶人发生变化的,经县级或者设区的市级人民政府批准后,应当按照本规定重新领取校车标牌。

（7）公安机关交通管理部门应当每月将校车标牌的发放、变更、收回等信息报本级人民政府备案,并通报教育行政部门。

学校或者校车服务提供者应当自取得校车标牌之日起,每月查询校车道路交通安全违法行为记录,及时到公安机关交通管理部门接受处理。核发校车标牌的公安机关交通管理部门应当每月汇总辖区内校车道路交通安全违法和交通事故等情况,通知学校或者校车服务提供者,并通报教育行政部门。

（8）校车标牌灭失、丢失或者损毁的,学校或者校车服务提供者应当向核发标牌的公安机关交通管理部门申请补领或者换领。申请时,应当提交机动车所有人的身份证明及机动车行驶证。公安机关交通管理部门应当自受理之日起3日内审核,补发或者换发校车标牌。

三、相关法律责任

为加强校车的安全管理,国务院专门出台了法规——《校车安全管理条例》（国务院617号令）,其已于2012年3月28日国务院第197次常务会议通过,并于2012年4月5日起施行。

《校车安全管理条例》第七章,详细阐述了关于校车管理的法律责任。

第43条　生产、销售不符合校车安全国家标准的校车的,依照道路交通安全、产品质量管理的法律、行政法规的规定处罚。

第44条　使用拼装或者达到报废标准的机动车接送学生的,由公安机关交通管理部门收缴并强制报废机动车;对驾驶人处2000元以上5000元以下的罚款,吊销其机动车驾驶证;对车辆所有人处8万元以上10万元以下的罚款,有违法所得的予以没收。

第45条　使用未取得校车标牌的车辆提供校车服务,或者使用未取得校车驾驶资格的人员驾驶校车的,由公安机关交通管理部门扣留该机动车,处1万元以上2万元以下的罚款,有违法所得的予以没收。

取得道路运输经营许可的企业或者个体经营者有前款规定的违法行为,除依照前款规定处罚外,情节严重的,由交通运输主管部门吊销其经营许可证件。

伪造、变造或者使用伪造、变造的校车标牌的,由公安机关交通管理部门收缴伪造、变造的校车标牌,扣留该机动车,处2000元以上5000元以下的罚款。

第46条　不按照规定为校车配备安全设备,或者不按照规定对校车进行安全维护的,由公安机关交通管理部门责令改正,处1000元以上3000元以下的罚款。

第47条　机动车驾驶人未取得校车驾驶资格驾驶校车的,由公安机关交通管理部门处1000元以上3000元以下的罚款,情节严重的,可以并处吊销机动车驾驶证。

第48条　校车驾驶人有下列情形之一的,由公安机关交通管理部门责令改正,可以处200元罚款:

(1)驾驶校车运载学生,不按照规定放置校车标牌、开启校车标志灯,或者不按照经审核确定的线路行驶;

(2)校车上下学生,不按照规定在校车停靠站点停靠;

(3)校车未运载学生上道路行驶,使用校车标牌、校车标志灯和停车指示标志;

(4)驾驶校车上道路行驶前,未对校车车况是否符合安全技术要求进行检查,或者驾驶存在安全隐患的校车上道路行驶;

(5)在校车载有学生时给车辆加油,或者在校车发动机引擎熄灭前离开驾驶座位。

校车驾驶人违反道路交通安全法律法规关于道路通行规定的,由公安机关交通管理部门依法从重处罚。

第49条　校车驾驶人违反道路交通安全法律法规被依法处罚或者发生道路交通事故,不再符合本条例规定的校车驾驶人条件的,由公安机关交通管理部门取消校车驾驶资格,并在机动车驾驶证上签注。

第50条　校车载人超过核定人数的,由公安机关交通管理部门扣留车辆至违法状态消除,并依照道路交通安全法律法规的规定从重处罚。

第51条　公安机关交通管理部门查处校车道路交通安全违法行为,依法扣留车辆的,应当通知相关学校或者校车服务提供者转运学生,并在违法状态消除后立即发还被扣留车辆。

第52条　机动车驾驶人违反本条例规定,不避让校车的,由公安机关交通管理部门处200元罚款。

第53条　未依照本条例规定指派照管人员随校车全程照管乘车学生的,由公安机关责令改正,可以处500元罚款。

随车照管人员未履行本条例规定的职责的,由学校或者校车服务提供者责令改正;拒不改正的,给予处分或者予以解聘。

第54条　取得校车使用许可的学校、校车服务提供者违反本条例规定,情节严重的,原作出许可决定的地方人民政府可以吊销其校车使用许可,由公安机关交通管理部门收回校车标牌。

第55条 学校违反本条例规定的,除依照本条例有关规定予以处罚外,由教育行政部门给予通报批评;导致发生学生伤亡事故的,对政府举办的学校的负有责任的领导人员和直接责任人员依法给予处分;对民办学校由审批机关责令暂停招生,情节严重的,吊销其办学许可证,并由教育行政部门责令负有责任的领导人员和直接责任人员5年内不得从事学校管理事务。

第56条 县级以上地方人民政府不依法履行校车安全管理职责,致使本行政区域发生校车安全重大事故的,对负有责任的领导人员和直接责任人员依法给予处分。

第57条 教育、公安、交通运输、工业和信息化、质量监督检验检疫、安全生产监督管理等有关部门及其工作人员不依法履行校车安全管理职责的,对负有责任的领导人员和直接责任人员依法给予处分。

第58条 违反本条例的规定,构成违反治安管理行为的,由公安机关依法给予治安管理处罚;构成犯罪的,依法追究刑事责任。

第59条 发生校车安全事故,造成人身伤亡或者财产损失的,依法承担赔偿责任。

为加强校车运输管理,公安部也在123号令里明确规定了有关校车驾驶人管理法律责任。

第五节 剧毒化学品运输车辆管理

一、剧毒化学品运输证管理

根据公安部发布的77号令《剧毒化学品购买和公路运输许可证件管理办法》(自2005年8月1日起施行),为加强对剧毒化学品购买和公路运输的监督管理,保障国家财产和公民生命财产安全,根据《中华人民共和国道路交通安全法》、《危险化学品安全管理条例》等法律、法规的规定,除个人购买农药、灭鼠药、灭虫药以外,在中华人民共和国境内购买和通过公路运输剧毒化学品的,国家对购买和通过公路运输剧毒化学品行为实行许可管理制度。

凡是购买和通过公路运输剧毒化学品,应当依法向当地县级以上公安交通管理部门申请取得《剧毒化学品购买凭证》、《剧毒化学品准购证》和《剧毒化学品公路运输通行证》。

省级公安机关交通管理部门对核发的剧毒化学品购买凭证、准购证和公路运输通行证建立了计算机数据库,包括证件编号、购买企业、运输企业、运输车辆、驾驶人、押运人员、剧毒化学品品名和数量、目的地、始发地、行驶路线等内容。数据库的项目和数据的格式全国统一,见77号令附件2的要求(略)。目前,该系统已经在全国公安交通管理范围内推广,各省公安网终端通过用户名和密码均可进入该省各自局域网查看相关信息。

(一)申请

公安部77号令特别规定,需要通过公路运输剧毒化学品的,应当向运输目的地县级人民政府公安机关交通管理部门申领《剧毒化学品公路运输通行证》。申领时,托运人应当如实填写《剧毒化学品公路运输通行证申请表》,同时提交下列证明文件和资料,并接受公安机关交通管理部门对运输车辆和驾驶人、押运人员的查验与审核:

(1)《剧毒化学品购买凭证》或者《剧毒化学品准购证》。

运输进口或者出口剧毒化学品的,应当提交危险化学品进口或者出口登记证。

(2)承运单位从事危险货物道路运输的经营(运输)许可证(复印件)、机动车行驶证、运输车辆从事危险货物道路运输的道路运输证。

运输剧毒化学品的车辆必须设置安装剧毒化学品道路运输专用标识和安全标示牌。安全标示牌应当标明剧毒化学品品名、种类、罐体容积、载质量、施救方法、运输企业联系电话。

(3)驾驶人的机动车驾驶证,驾驶人、押运人员的身份证件以及从事危险货物道路运输的上岗资格证。

(4)随《剧毒化学品公路运输通行证申请表》附运输企业对每辆运输车辆制作的运输路线图和运行时间表,每辆车拟运输的载质量。

如果承运单位不在目的地,可以向运输目的地县级人民政府公安机关交通管理部门提出申请,委托运输始发地县级人民政府公安机关交通管理部门受理核发《剧毒化学品公路运输通行证》,但不得跨省(自治区、直辖市)委托。具体委托办法由省级人民政府公安机关制定。

(二)审核和查验

一般,为了便于检验运输车辆的安全技术性能,办理《剧毒化学品公路运输通行证》的地点放在公安交通机动车安全性能检测站,公安机关交通管理部门受理申请后,应当及时审核和查验以下事项:

(1)审核证明文件的真实性,并与省级人民政府公安机关建立的剧毒化学品公路运输安全管理数据库进行比对,审核证明文件与运输单位、运输车辆、驾驶人和押运人员的同一性。

(2)审核驾驶人在一个记分周期内是否有交通违法记分满十二分,或者有两次以上驾驶剧毒化学品运输车辆超载、超速记录。

(3)审核申请的通行路线和时间是否可能对公共安全构成威胁。

(4)查验运输车辆是否设置安装了剧毒化学品道路运输专用标识和安全标示牌,是否配备了主管部门规定的应急处理器材和防护用品,是否有非法改装行为,轮胎花纹深度是否符合国家标准,车辆定期检验周期的时间是否在有效期内。

反光带及"爆""毒"文字位置示例如图2-41所示,车身或槽罐上粘贴橙色反光带,宽度为150mm左右,反光亮度不低于国家标准规定的一级红色反光材料的要求,车辆尾部粘贴有告示牌(见图2-42),以便在出现意外时,按照品名、种类、施救方法、联系电话、载质量等进行紧急处理。

(5)审核单车运输的数量是否超过行驶证核定载质量。

公安交通管理人员在对人、车、物进行核查时,需要填写《剧毒化学品公路运输车辆查验表》(见表2-9),在查验表中有需要特别查验的项目,需要特别注意检查。在办理运输证过程中,需要逐项填写《剧毒化学品公路运输通行证业务流程记录单》,见公安部77号令附件1的要求,做到谁签字谁负责,以便备案查询。

(三)发证、通报

公安机关交通管理部门经过审核和查验后,应当按照下列情况分别处理:

(1)对证明文件真实有效,运输单位、运输车辆、驾驶人和押运人员符合规定,通行路线和时间对公共安全不构成威胁的,报本级公安机关负责人批准签发《剧毒化学品公路运输通行证》,每次运输一车一证,有效期不超过15天,具体填写要求见公安部77号令附件3的要求。

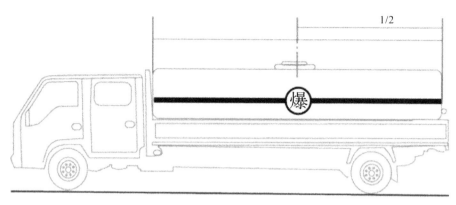

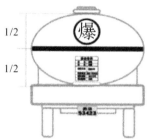

图 2-41　反光带及"爆""毒"文字位置示例

安全告示	
品　　名	液氯
种　　类	剧毒
联系电话	0510-6543217
罐体容积	30 立方米
核载质量	30 吨

图 2-42　车辆尾部粘贴告示牌示例

表 2-9　剧毒化学品公路运输车辆检查内容

检查项目	检验标准	是否符合要求	备注
车辆审验期	是否在有效期内		
车　辆	是否有改装行为		
安全标识牌	是否安装		
剧毒品(六类)专用标识	是否安装		
应急处理器材	是否随车携带		
人员防护用品	是否随车携带		
轮胎花纹深度	是否符合国标 (GB 7528—2017)要求		
检验人签字：		检验日期：	年　月　日

（2）对其他申请条件符合要求，但通行路线和时间有可能对公共安全构成威胁的，由公安机关交通管理部门变更通行路线和时间后，再予批准签发《剧毒化学品公路运输通行证》。

（3）对车辆定期检验合格标志已超过有效期或者在运输过程中将超过有效期的，没有设置专用标识、安全标示牌的，或者没有配备应急处理器材和防护用品，应当经过检验合格，补充有关设置，配齐有关器材和用品后，重新受理申请。

（4）对证明文件过期或者失效的，证明文件与计算机数据库记录比对结果不一致或者没有记录的，承运单位不具备运输危险化学品资质的，驾驶人、押运人员不具备上岗资格的，驾驶人交通违法记录不符合本办法要求的，或者车辆有非法改装行为或安全状况不符合国家安全技术标准的，不予批准。

行驶路线跨越本县（市、区、旗）的，应当由县级人民政府公安机关交通管理部门报送上一级公安机关交通管理部门核准；行驶路线跨越本地（市、州、盟）或者跨省（自治区、直辖市）的，应当逐级上报到省级人民政府公安机关交通管理部门核准。由县级人民政府公安机关交通管理部门按照核准后的路线指定。对跨省（自治区、直辖市）行驶路线的指定，应当由所在地省级人民政府公安机关交通管理部门征得途经地省级人民政府公安机关交通管理部门同意。

签发通行证后，发证的公安机关交通管理部门应当及时将发证信息发送到省级人民政府公安机关建立的剧毒化学品公路运输安全管理数据库，并通过书面或者信息系统通报沿线公安机关交通管理部门。跨县（市、区、旗）运输的，由设区的市级人民政府公安机关交通管理部门通报，跨地（市、州、盟）和跨省（自治区、直辖市）运输的，由省级人民政府公安机关交通管理部门通报。

对气态、液态剧毒化学品单车运输超过五吨的，签发通行证的公安机关交通管理部门应当报上一级公安机关交通管理部门备案。

销售单位销售剧毒化学品时，应当收验《剧毒化学品购买凭证》或者《剧毒化学品准购证》，按照购买凭证或者准购证许可的品名、数量销售，并如实填写《剧毒化学品购买凭证》或者《剧毒化学品准购证》回执第一联和第二联，由购买经办人签字确认。

二、道路行驶管理

（一）回执管理制度

回执第一联由购买单位带回，并在保管人员签注接收情况后的七日内交原发证公安机关核查存档；回执第二联由销售单位在销售后的七日内交所在地县级人民政府公安机关治安管理部门核查存档。

通过公路运输剧毒化学品的，应当遵守《中华人民共和国道路交通安全法》、《危险化学品安全管理条例》等法律、法规对剧毒化学品运输安全的管理规定，悬挂警示标志，采取必要的安全措施，并按照《剧毒化学品公路运输通行证》载明的运输车辆、驾驶人、押运人员、装载数量、有效期限、指定的路线、时间和速度运输，禁止超载、超速行驶；押运人员应当随车携带《剧毒化学品公路运输通行证》，以备查验。

剧毒化学品公路运输通行证的签注规定

县级公安机关交通管理部门按照下列规定签注《剧毒化学品公路运输通行证》：

(1)存根正面的单位、运输品名、运输路线、车辆、驾驶人、押运人、申请经办人及身份证件名称号码、购买凭证或准购证号、有效期止栏,分别按照计算机数据库记录的相应内容签注。其中,车辆信息栏签注格式为"牌照号码"、承运车辆牌照号码,"道路运输证号"、道路运输证号,"核定载质量"、承运车辆核定载质量;驾驶人信息栏签注格式为"姓名"、驾驶人姓名,"上岗资格证号"、驾驶人上岗资格证号,"手机号码"、驾驶人手机号码,"身份证明号码"、驾驶人身份证明号码;押运人信息栏签注格式为"姓名"、押运人姓名,"上岗资格证号"、押运人上岗资格证号,"手机号码"、押运人手机号码;填发人签注制作《剧毒化学品公路运输通行证》操作人员,签发人签注公安机关负责人;发证日期签注制作日期。

(2)通行证正面的总质量、始发地、目的地、途经线路、指定进入目的地禁行区域的路线和时间、车辆、驾驶人、押运人、有效期止栏,分别按照计算机数据路库记录的相应内容签注;明细栏签注格式"品名"、运输的剧毒化学品名称,"质量"、实际运输剧毒化学品的数量;发证机关联系电话,按实际电话签注;发证日期签注制作日期。

(二)道路行驶速度规定

运输车辆行驶速度在不超过限速标志的前提下,在高速公路上的行驶速度不低于每小时 70 公里不高于每小时 90 公里,在其他道路上不超过每小时 60 公里。

剧毒化学品运达目的地后,收货单位应当在《剧毒化学品公路运输通行证》上签注接收情况,并在收到货物后的 7 日内将《剧毒化学品公路运输通行证》送目的地县级人民政府公安机关治安管理部门备案存查。

目前各地交通管理部门已经建立了危化品运输车辆和驾驶人管理的网页,并且为了沿途的运输安全,各地专门制定了实施方案,明确规定了专用的运输路线和沿途道路交通管理实施方案,沿途各交警大队可以随时在公安网上获得运输剧毒化学品车辆的有关信息,以便作好相应的道路运输保障任务。

三、相关法律责任

(一)公安部 77 号令的法律责任

根据公安部 77 号令《剧毒化学品购买和公路运输许可证件管理办法》(自 2005 年 8 月 1 日起施行)的规定,违反有关管理规定的处罚条款有六条,分别是：

第 20 条 未申领《剧毒化学品购买凭证》、《剧毒化学品准购证》、《剧毒化学品公路运输通行证》,擅自购买、通过公路运输剧毒化学品的,由公安机关依法采取措施予以制止,处以一万元以上三万元以下罚款;对已经购买了剧毒化学品的,责令退回原销售单位;对已经实施运输的,扣留运输车辆,责令购买、使用和承运单位共同派员接受处理;对发生重大事故,造成严重后果的,依法追究刑事责任。

第21条　提供虚假证明文件、采取其他欺骗手段或者贿赂等不正当手段,取得《剧毒化学品购买凭证》《剧毒化学品准购证》《剧毒化学品公路运输通行证》的,由发证的公安机关依法撤销许可证件,处以1000元以上10000元以下罚款。

对利用骗取的许可证件购买了剧毒化学品的,责令退回原销售单位。

利用骗取的许可证件通过公路运输剧毒化学品的,由公安机关依照《危险化学品安全管理条例》第67条第(1)项的规定予以处罚。

第22条　伪造、变造、买卖、出借或者以其他方式转让《剧毒化学品购买凭证》《剧毒化学品准购证》和《剧毒化学品公路运输通行证》,或者使用作废的上述许可证件的,由公安机关依照《危险化学品安全管理条例》第64条的规定予以处罚。

第23条　《剧毒化学品购买凭证》或者《剧毒化学品准购证》回执第一联、第二联填写错误时,未按规定在涂改处加盖销售单位印章予以确认的,由公安机关责令改正,处以500元以上1000元以下罚款。

未按规定填写《剧毒化学品购买凭证》和《剧毒化学品准购证》回执记录剧毒化学品销售、购买信息的,由公安机关依照《危险化学品安全管理条例》第61条的规定予以处罚。

第24条　通过公路运输剧毒化学品未随车携带《剧毒化学品公路运输通行证》的,由公安机关责令提供已依法领取《剧毒化学品公路运输通行证》的证明,处以500元以上1000元以下罚款。

除不可抗力外,未按《剧毒化学品公路运输通行证》核准载明的运输车辆、驾驶人、押运人员、装载数量、有效期限、指定的路线、时间和速度运输剧毒化学品的,尚未造成严重后果的,由公安机关对单位处以1000元以上10000元以下罚款,对直接责任人员依法给予治安处罚;构成犯罪的,依法追究刑事责任。

第25条　违反本办法的规定,有下列行为之一的,由原发证公安机关责令改正,处以500元以上1000元以下罚款:

(1)除不可抗力外,未在规定时限内将《剧毒化学品购买凭证》《剧毒化学品准购证》的回执交原发证公安机关或者销售单位所在地县级人民政府公安机关核查存档的;

(2)除不可抗力外,未在规定时限内将《剧毒化学品公路运输通行证》交目的地县级人民政府公安机关备案存查的;

(3)未按规定将已经使用的《剧毒化学品购买凭证》的存根或者因故不再需要使用的《剧毒化学品购买凭证》交回原发证公安机关核查存档的;

(4)未按规定将填写错误的《剧毒化学品购买凭证》注明作废并保留交回原发证公安机关核查存档的。

(二)《危险化学品安全管理条例》的法律责任

《危险化学品安全管理条例》于2002年1月26日中华人民共和国国务院344号令公布,2011年2月16日国务院第144次常务会议修订通过,自2011年12月1日起施行。2013年12月4日国务院第32次常务会议修订通过,自2013年12月7日起施行。其法律责任包括:

第81条　有下列情形之一的,由公安机关责令改正,可以处1万元以下的罚款;拒不改正的,处1万元以上5万元以下的罚款:

（1）生产、储存、使用剧毒化学品、易制爆危险化学品的单位不如实记录生产、储存、使用的剧毒化学品、易制爆危险化学品的数量、流向的；

（2）生产、储存、使用剧毒化学品、易制爆危险化学品的单位发现剧毒化学品、易制爆危险化学品丢失或者被盗，不立即向公安机关报告的；

（3）储存剧毒化学品的单位未将剧毒化学品的储存数量、储存地点以及管理人员的情况报所在地县级人民政府公安机关备案的；

（4）危险化学品生产企业、经营企业不如实记录剧毒化学品、易制爆危险化学品购买单位的名称、地址、经办人的姓名、身份证号码以及所购买的剧毒化学品、易制爆危险化学品的品种、数量、用途，或者保存销售记录和相关材料的时间少于1年的；

（5）剧毒化学品、易制爆危险化学品的销售企业、购买单位未在规定的时限内将所销售、购买的剧毒化学品、易制爆危险化学品的品种、数量以及流向信息报所在地县级人民政府公安机关备案的；

（6）使用剧毒化学品、易制爆危险化学品的单位依照本条例规定转让其购买的剧毒化学品、易制爆危险化学品，未将有关情况向所在地县级人民政府公安机关报告的。

生产、储存危险化学品的企业或者使用危险化学品从事生产的企业未按照本条例规定将安全评价报告以及整改方案的落实情况报安全生产监督管理部门或者港口行政管理部门备案，或者储存危险化学品的单位未将其剧毒化学品以及储存数量构成重大危险源的其他危险化学品的储存数量、储存地点以及管理人员的情况报安全生产监督管理部门或者港口行政管理部门备案的，分别由安全生产监督管理部门或者港口行政管理部门依照前款规定予以处罚。

生产实施重点环境管理的危险化学品的企业或者使用实施重点环境管理的危险化学品从事生产的企业未按照规定将相关信息向环境保护主管部门报告的，由环境保护主管部门依照本条第一款的规定予以处罚。

第88条　有下列情形之一的，由公安机关责令改正，处5万元以上10万元以下的罚款；构成违反治安管理行为的，依法给予治安管理处罚；构成犯罪的，依法追究刑事责任：

（1）超过运输车辆的核定载质量装载危险化学品的；

（2）使用安全技术条件不符合国家标准要求的车辆运输危险化学品的；

（3）运输危险化学品的车辆未经公安机关批准进入危险化学品运输车辆限制通行的区域的；

（4）未取得剧毒化学品道路运输通行证，通过道路运输剧毒化学品的。

第89条　有下列情形之一的，由公安机关责令改正，处1万元以上5万元以下的罚款；构成违反治安管理行为的，依法给予治安管理处罚：

（1）危险化学品运输车辆未悬挂或者喷涂警示标志，或者悬挂或者喷涂的警示标志不符合国家标准要求的；

（2）通过道路运输危险化学品，不配备押运人员的；

（3）运输剧毒化学品或者易制爆危险化学品途中需要较长时间停车，驾驶人员、押运人员不向当地公安机关报告的；

（4）剧毒化学品、易制爆危险化学品在道路运输途中丢失、被盗、被抢或者发生流散、泄露等情况，驾驶人员、押运人员不采取必要的警示措施和安全措施，或者不向当地公安机关报告的。

第93条　伪造、变造或者出租、出借、转让危险化学品安全生产许可证、工业产品生产许可证，或者使用伪造、变造的危险化学品安全生产许可证、工业产品生产许可证的，分别依照《安全生产许可证条例》《中华人民共和国工业产品生产许可证管理条例》的规定处罚。

伪造、变造或者出租、出借、转让本条例规定的其他许可证，或者使用伪造、变造的本条例规定的其他许可证的，分别由相关许可证的颁发管理机关处10万元以上20万元以下的罚款，有违法所得的，没收违法所得；构成违反治安管理行为的，依法给予治安管理处罚；构成犯罪的，依法追究刑事责任。

第94条　危险化学品单位发生危险化学品事故，其主要负责人不立即组织救援或者不立即向有关部门报告的，依照《生产安全事故报告和调查处理条例》的规定处罚。

危险化学品单位发生危险化学品事故，造成他人人身伤害或者财产损失的，依法承担赔偿责任。

第95条　发生危险化学品事故，有关地方人民政府及其有关部门不立即组织实施救援，或者不采取必要的应急处置措施减少事故损失，防止事故蔓延、扩大的，对直接负责的主管人员和其他直接责任人员依法给予处分；构成犯罪的，依法追究刑事责任。

第96条　负有危险化学品安全监督管理职责的部门的工作人员，在危险化学品安全监督管理工作中滥用职权、玩忽职守、徇私舞弊，构成犯罪的，依法追究刑事责任；尚不构成犯罪的，依法给予处分。

（三）《民用爆炸物品安全管理条例》的法律责任

《民用爆炸物品安全管理条例》是为了加强对民用爆炸物品的安全管理，预防爆炸事故发生，保障公民生命、财产安全和公共安全制定的条例法规；自2006年9月1日起施行。2014年7月29日经国务院第54次常务会议《关于修改部分行政法规的决定》修正，其法律责任包括：

第47条　违反本条例规定，经由道路运输民用爆炸物品，有下列情形之一的，由公安机关责令改正，处5万元以上20万元以下的罚款：

（1）违反运输许可事项的；

（2）未携带《民用爆炸物品运输许可证》的；

（3）违反有关标准和规范混装民用爆炸物品的；

（4）运输车辆未按照规定悬挂或者安装符合国家标准的易燃易爆危险物品警示标志的；

（5）未按照规定的路线行驶，途中经停没有专人看守或者在许可以外的地点经停的；

（6）装载民用爆炸物品的车厢载人的；

（7）出现危险情况未立即采取必要的应急处置措施、报告当地公安机关的。

第51条　违反本条例规定，携带民用爆炸物品搭乘公共交通工具或者进入公共场所，邮寄或者在托运的货物、行李、包裹、邮件中夹带民用爆炸物品，构成犯罪的，依法追究刑事责任；尚不构成犯罪的，由公安机关依法给予治安管理处罚，没收非法的民用爆炸物品，处1000元以上1万元以下的罚款。

第六节 特殊车辆的管理

为了加强对特殊车辆使用的管理,保障国家有关部门在依法执行紧急职务、紧急抢险救护、消防灭火等突发事件时能及时、畅通使用机动车辆,依据《道路交通安全法》对其作出相关规定。

一、特殊车辆的概念

特殊车辆是指警车、消防车、救护车、工程救险车,因用于执行特殊的任务,统称为特殊车辆。其中,警车是指公安机关、国家安全机关、监狱、劳动教养管理机关的人民警察和人民法院、人民检察院用于维护社会秩序,处理治安、刑事案件的指挥车、执行警卫任务的前后护卫车,以及其他执行特殊紧急任务的车辆;消防车是指公安及其他消防部门用于灭火的专用车辆和现场指挥车辆;救护车是指医疗部门用于抢救需要紧急接受治疗的病人的专用车辆;工程救险车是指水、电、煤炭、矿山、建筑、铁路等工程部门用于抢救公用设施和人民生命财产的专用车辆及现场指挥车辆。

二、特殊车辆管理的内容

(一)特殊车辆的牌证管理

在特殊车辆牌证管理中,因为涉及军车、警用、民用车辆牌证,所以根据情况分类办理,统一管理。具体来说,消防车辆牌证管理由中国人民武装警察部队有关部门办理;警车牌证管理实行单独定编管理,统一由公安车辆管理机关核发警车号牌和行驶证,并建立车辆档案。在领取警车号牌和行驶证前,已有民用机动车牌证的,需先将民用机动车牌证交回原发证机关,再办理警用牌证;工程救险车、救护车按民用车辆牌证管理办法,由所在地公安车辆管理所依据相关规定办理。

(二)特殊车辆使用警报器、标志灯具的管理

根据《道路交通安全法》的规定,只有警车、消防车、救护车、工程救险车有权按照规定安装警报器、标志灯具。未经公安机关交通管理部门批准,其他任何机动车不得安装、使用警报器和标志灯具,即警车安装"双音转换调"、"紧急调频调"警报器和红色回转式警灯;消防车安装"连续调频调"警报器和红色回转式警灯;工程救险车安装"单音断鸣调"警报器和黄色回转式标志灯具;救护车安装"慢速双音转换调"警报器和蓝色回转式标志灯具。

三、特殊车辆管理的规定

(一)使用警报器、标志灯具的规定

根据《道路交通安全法》的规定,警车、消防车、救护车、工程救治车等特殊车辆经公安机关交通管理部门批准,才能安装警报器、标志灯具,喷涂标志图案,严格按规定的用途和条件使用警报器和标志灯具。也就是说,特殊车辆在执行紧急公务时,才可以使用警报器、标志灯具;否则不得使用。

（二）不受道路通行条件限制的规定

特殊车辆根据执行紧急公务的需要,在确保安全的前提下,不受交通法有关条文及相关行政法规和规章中有关道路通行条件的限制。具体来说是指不受行驶路线、行驶方向、行驶速度和信号灯限制,其他车辆和行人应当让行。在非执行紧急公务时,上述规定将受到限制,都要严格遵守交通规则,按照道路通行规定执行。

（三）优先通行权的规定

特殊车辆在执行紧急公务时,较其他车辆和行人享有优先通行权。其他车辆和行人遇特殊车辆有紧急公务时,有主动避让义务。在非执行紧急任务时,特殊车辆不享有优先通行权的规定。

警车执行紧急任务使用警用标志灯具、警报器时,享有优先通行权;交通警察在保证交通安全的前提下,应当提供优先通行的便利。

（四）严格使用特种车辆的规定

根据公安部89号令规定,除护卫国宾车队、追捕现行犯罪嫌疑人、赶赴突发事件现场外,驾驶警车的人民警察在使用警用标志灯具、警报器时,应当遵守下列规定:

（1）一般情况下,只使用警用标志灯具;通过车辆、人员繁杂的路段、路口或者警告其他车辆让行时,可以断续使用警报器。

（2）两辆以上警车列队行驶时,前车如使用警报器,后车不得再使用警报器。

（3）在公安机关明令禁止鸣警报器的道路或者区域内不得使用警报器。

严格要求按照规定的用途和条件使用特种车辆,严禁非紧急公务时闯红灯、单行线、禁行线和强行超车、逆行;严禁使用特种车辆从事非职务活动;严禁随意动用警车为非警务对象开通、迎送;严禁把特种车辆转借他人使用;严禁非特种车辆喷涂标志图案,安装和使用警报器和标志灯具;严禁特种车辆所属单位的非正式驾驶人驾驶车辆。违反上述规定者,依据相关法律、规章,视情节轻重、造成社会后果情况给予处罚。

法律赋予这些特殊车辆特殊的权利,其原因在于这些车辆所从事的工作是紧急公务,不在规定时间内迅速完成将造成更大的损失,但这种权利的行使是以牺牲正常的交通秩序和其他车辆通行权为代价的,是对公民权利的一种限制。而在没有紧急公务时,同样赋予这样的权利既没有现实的必要,也同法理不符,并且会造成一些人的特殊心理,产生腐败。在执行紧急任务时,享有较大的特权,但是必须慎重行使,尤其是关于警报器、标志灯具的使用,不得滥用,也不能成为扰民的工具,同时,在行驶过程中,也要接受交通警察的指挥,要有必要的监督。

（五）相关法律责任

违反规定必须承担相应法律责任。根据公安部89号令《警车管理规定》相应条款进行处理:

第22条　对非法涂装警车外观制式,非法安装警用标志灯具、警报器,非法生产、买卖、使用以及伪造、涂改、冒领警车牌证的,依据《中华人民共和国人民警察法》、《中华人民共和国道路交通安全法》和《中华人民共和国治安管理处罚法》的有关规定处罚,强制拆除、收缴警用标志灯具、警报器和警车牌证,并予以治安处罚;构成犯罪的,依法追究当事人的刑事责任。

第23条　违反本规定,有下列情形之一的,依据《中华人民共和国人民警察法》和《中华

人民共和国道路交通安全法》及相关规定,对有关人员给予处分:

(1)不按规定审批和核发警车牌证的;

(2)不按规定涂装全国统一的警车外观制式的;

(3)驾驶警车时不按规定着装、携带机动车驾驶证、人民警察证的;

(4)滥用警用标志灯具、警报器的;

(5)不按规定使用警车或者转借警车的;

(6)不按规定办理警车变更、转移登记手续的;

(7)挪用、转借警车牌证的;

(8)其他违反本规定的行为。

四、特殊车辆喷涂标志图案、安装警报器、标志灯具的要求

为了维护交通秩序,保证特种车辆执行紧急公务时顺利通行,特种车辆喷涂标志图案、安装使用的警报器和标志灯具,其音响和颜色标识应有明显区别,以便行人和其他车识别避让。具体要求如下:

(一)喷涂标志图案的要求

特种车辆喷涂标志图案,严格按照相关规章要求喷涂外观标志图案,要醒目,便于行人辨认。各特种车辆的外观标志图案要有特定的形式和颜色,例如,救护车外面标志图案为白色车身、空心红色"十"字图案。

(二)安装警报器和标志灯具的要求

特种车辆安装警报器和标志灯具的要求,前面已阐述,不同车辆有不同的警报器和标志灯具。要求安装牢固,警报器音调声压级为 110～115 分贝。安装警报器和标志灯具要求履行相关备案审批手续,也就是说由所在单位向辖区市、县公安局申请领取《特种车辆警报器和标志灯具使用证》,经审核同意方可安装使用,并随车携带以备检查审验。

(三)警报器、标志灯具的使用要求

一般情况下,特种车辆只使用警灯,只有通过人员、车辆复杂的路段、路线、路口或警告其他行人车辆让行时,可以继续使用警报器。

在执行非紧急任务时,不准使用警报器和标志灯具;执行紧急任务时,可视交通情况断续使用警报器和标志灯具;两辆车以上列队行驶时,前车使用警报器,后车无特殊情况不得再使用警报器;夜间 12 点以后,除特殊情况又特别紧急的情况之外,不准使用警报器。

五、机动车专用号牌的管理

(一)警用机动车专用号牌的管理

1. 警车号牌式样

(1)警车号牌尺寸为 440×140mm,颜色为白底(反光)黑字。号牌字码编排为单排七位字符结构,第一位为省、自治区、直辖市简称,第二位为字母表示核发机动车号牌地区的代号,第三位为 A、B、C、D 分别表示法院、检察院、国家安全机关、监狱劳动教养机关,第四位至第六位注册编号,第七位为红色反光"警"。第一位至第二位之间为间隔符,前号牌间隔符为圆点(警车号牌专用准产标记),后号牌间隔符为横杠,数码与间隔符横杠为黑色。大型汽

车与小型汽车号牌尺寸相同,一副两块。

(2)警用摩托车号牌为双排排列,尺寸为220mm×140mm。第一位至第二位在上排,第三位至第七位在下排。号牌与字符颜色,排列顺序及含义与警车相同,只有一块,装在后挡泥板。

(3)最高人民法院、最高人民检察院、国家安全部和司法部的警车号牌与北京市相应系统共用第三位专用代码,公安部警车号牌为:"京.A0×××警"。如图2-43和图2-44所示。

前号牌　440mm×140mm　　　　　　后号牌　440mm×140mm

图 2-43　警用汽车号牌

图 2-44　警用摩托车号牌 220mm×140mm

2．警车号牌材料

警车号牌分为汽车、摩托车两种,均为铝质材,底色为白底反光。号牌应当符合《警车号牌式样》和机动车号牌的行业标准。

3．警车外观等

警车车型由公安部统一确定。汽车为大、中、小、微型客车和执行紧急救援、现场处置等专门用途的车辆;摩托车为二轮摩托车和侧三轮摩托车。

警车应当采用全国统一的外观制式。警车外观制式采用白底,由专用的图形、车徽、编号、汉字"警察"和部门的汉字简称以及英文"POLICE"等要素构成。各要素的形状、颜色、规格、位置、字体、字号、材质等应当符合警车外观制式涂装规范和涂装用定色漆等行业标准。

公安机关、国家安全机关、监狱、劳动教养管理机关和人民法院、人民检察院的部门汉字简称分别为"公安"、"国安"、"司法"、"法院"和"检察"。

警车应当安装固定式警用标志灯具。汽车的标志灯具安装在驾驶室顶部;摩托车的标志灯具安装在后轮右侧。警用标志灯具及安装应当符合特种车辆标志灯具的国家标准。警车应当安装警用警报器。警车警报器应当符合车用电子警报器的国家标准。

4．警车号牌的核发范围

新修订的公安部89号令《警车管理规定》自2006年11月29日发布之日起施行,按照规定,警车号牌的核发范围为警车,是指公安机关、国家安全机关、监狱、劳动教养管理机关和人民法院、人民检察院用于执行紧急职务的机动车辆。警车包括：

(1)公安机关用于执行侦查、警卫、治安、交通管理的巡逻车、勘察车、护卫车、囚车以及其他执行职务的车辆；

(2)国家安全机关用于执行侦查任务和其他特殊职务的车辆；

(3)监狱、劳动教养管理机关用于押解罪犯、运送劳教人员的囚车和追缉逃犯的车辆；

(4)人民法院用于押解犯罪嫌疑人和罪犯的囚车、刑场指挥车、法医勘察车和死刑执行车；

(5)人民检察院用于侦查刑事犯罪案件的现场勘察车和押解犯罪嫌疑人的囚车。

5．审核手续

车籍在省公安厅车辆管理所的公安机关车辆，审核《警车申请审批表》(见表 2-10)、《安装特种车辆警报器和标志灯其审批表》，以及原车辆行驶证等相关表格。对车辆已经变更(国产同类型新车顶旧车)的，还应审核新车的车辆证明(合格证)及合法来历证明(发货票或调拨单)。新购车辆申请办理警车号牌需要审核下列手续：车辆证明(国产车系指列入全国汽车产品目录或通过省级鉴定的车辆合格证，进口车为海关签发的"货物进口证明书")、车辆合法来历证明(发货票或调拨单)、车辆购置附加凭证。

6．核发程序

公安机关、国家安全机关、监狱、劳动教养管理机关和人民法院、人民检察院申请办理警车注册登记，应当填写《警车号牌审批表》，提交法定证明、凭证，由本部门所在的设区的市或者相当于同级的主管机关汇总后送当地同级公安机关审查后，报省、自治区、直辖市公安厅、局审批。

核发警用车辆号牌分别由市、州公安局及检、法、司和安全机关省级主管部门审定。申领警车号牌的程序：凡属编制内的车辆单位，均需到所在地公安机关车辆管理部门领取并填写《警车申请审批表》、《安装特种车辆警报器和标志灯具审批表》等相关表格。车籍在省厅车管所的公安机关车辆单位，携带相关证件到市、州公安局初审，由市、州车管所统一报省厅车管所审批。检、法、司和安全机关的警车经省级主管部门审核后到市、州公安局车管所进行车辆初审，并办理转籍手续，再由省级各主管部门上报省厅车管所审批。申领警车号牌的车辆，一律到省厅车管所进行检验，统一喷涂国家公安部统一规定式样的车身颜色及各部门的简称汉字，对已经安装警灯警报器的车辆，要按标准进行校准。不符合要求及未安装的，由省公安厅车管所统一安装。合格的车辆，按标准拍照车辆彩色照片三张后，核发车辆牌证。

(二)公安机关专段用号牌的管理

根据公安部 27 号令《警车管理规定》和公通字〔1995〕43 号"关于取消公安专用车辆号牌换发民用号牌的通知"，公安机关行政单位在编的机动车辆，公安机关事业单位中与公安业务有关的部分机动车辆及列入公安编制序列的铁道、民航、林业、公安机构中的业务车辆全部核发民用号牌。

表 2-10 警车号牌审批表

申请单位		联系人		电话	
品牌型号			车辆类型		
车辆识别代号/车架号			发动机号		

申请理由：

申请单位负责人（签名）

（单位盖章）

年　　月　　日

地、市、州、盟公安处、局主管部门审查意见：

审查单位负责人（签名）

（单位盖章）

年　　月　　日

省、自治区、直辖市公安厅、局主管部门审批意见：

审批单位负责人（签名）

（单位盖章）

年　　月　　日

备注：

警车号牌号码：

第七节　法律责任

根据公安部《机动车登记规定》(公安部124号令)(2013年1月1日起施行)的规定,法律责任包括:

第56条　有下列情形之一的,由公安机关交通管理部门处警告或者200元以下罚款:

(1)重型、中型载货汽车及其挂车的车身或者车厢后部未按照规定喷涂放大的牌号或者放大的牌号不清晰的;

(2)机动车喷涂、粘贴标识或者车身广告,影响安全驾驶的;

(3)载货汽车、挂车未按照规定安装侧面及后下部防护装置、粘贴车身反光标识的;

(4)机动车未按照规定期限进行安全技术检验的;

(5)改变车身颜色、更换发动机、车身或者车架,未按照本规定第10条规定的时限办理变更登记的;

(6)机动车所有权转移后,现机动车所有人未按照本规定第18条规定的时限办理转移登记的;

(7)机动车所有人办理变更登记、转移登记,机动车档案转出登记地车辆管理所后,未按照本规定第13条规定的时限到住所地车辆管理所申请机动车转入的。

第57条　除本规定第10条和第16条规定的情形外,擅自改变机动车外形和已登记的有关技术数据的,由公安机关交通管理部门责令恢复原状,并处警告或者500元以下罚款。

第58条　以欺骗、贿赂等不正当手段取得机动车登记的,由公安机关交通管理部门收缴机动车登记证书、号牌、行驶证,撤销机动车登记;申请人在3年内不得申请机动车登记。对涉嫌走私、盗抢的机动车,移交有关部门处理。

以欺骗、贿赂等不正当手段办理补、换领机动车登记证书、号牌、行驶证和检验合格标志等业务的,由公安机关交通管理部门处警告或者200元以下罚款。

第59条　省、自治区、直辖市公安厅、局可以根据本地区的实际情况,在本规定的处罚幅度范围内,制定具体的执行标准。

对本规定的道路交通安全违法行为的处理程序按照《道路交通安全违法行为处理程序规定》执行。

第60条　交通警察违反规定为被盗抢、走私、非法拼(组)装、达到国家强制报废标准的机动车办理登记的,按照国家有关规定给予处分,经教育不改又不宜给予开除处分的,按照《公安机关组织管理条例》规定予以辞退;对聘用人员予以解聘。构成犯罪的,依法追究刑事责任。

第61条　交通警察有下列情形之一的,按照国家有关规定给予处分;对聘用人员予以解聘。构成犯罪的,依法追究刑事责任:

(1)不按照规定确认机动车和审查证明、凭证的;

(2)故意刁难,拖延或者拒绝办理机动车登记的;

(3)违反本规定增加机动车登记条件或者提交的证明、凭证的;

(4)违反本规定第53条的规定,采用其他方式确定机动车号牌号码的;

（5）违反规定跨行政辖区办理机动车登记和业务的；

（6）超越职权进入计算机登记系统办理机动车登记和业务，或者不按规定使用机动车登记系统办理登记和业务的；

（7）向他人泄漏、传播计算机登记系统密码，造成系统数据被篡改、丢失或者破坏的；

（8）利用职务上的便利索取、收受他人财物或者谋取其他利益的；

（9）强令车辆管理所违反本规定办理机动车登记的。

第62条　公安机关交通管理部门有本规定第60条、第61条所列行为之一的，按照国家有关规定对直接负责的主管人员和其他直接责任人员给予相应的处分。

公安机关交通管理部门及其工作人员有本规定第60条、第61条所列行为之一，给当事人造成损失的，应当依法承担赔偿责任。

思考题

1. 简述机动车管理的概念。

2. 简述机动车登记的概念、种类、内容。

3. 机动车号牌、行驶证、登记证书的作用有哪些？

4. 特殊车辆管理的概念、规定包括哪些？

5. 校车管理的主要内容包括哪些？

6. 剧毒危化品车辆管理的主要内容包括哪些？

7. 办理各种机动车登记的业务流程和具体事项是什么？

8.《剧毒化学品公路运输通行证》是从哪一年开始施行的？实行该许可制度有什么意义？

9.《剧毒化学品购买和公路运输许可证件管理办法》（公安部77号令）的法律责任有哪些？

10.《危险化学品安全管理条例》的法律责任有哪些？

11. 警车号牌有哪些特点？

12.《机动车登记规定》（公安部124号令）的法律责任有哪些？

13. 特殊车辆包括哪些？特殊车辆外观有哪些特点？特殊车辆行驶有什么特殊规定？

第三章　机动车认证、查验与检验监管

第一节　机动车认证制度

机动车认证,是为保证机动车技术性能优良,以达到减少交通事故和环境污染、避免能源浪费之目的。机动车认证是着重于在源头上管理,这项工作做好了,车辆的行驶安全就有了基本保证。

一、国际汽车型式认证制度

(一)汽车型式认证制度的定义

汽车型式认证制度是指根据汽车技术法规和质量保证体系标准,经认证机构确认并通过颁发认证证书以批准同一型式汽车产品的生产、销售和进口的活动。

汽车型式认证制度是一种有条件的产品市场准入制度。它的依据是国家制定的汽车技术法律、法规,具有强制性。根据法律、法规的要求,任何一种需要申请认证的汽车车型都必须满足汽车技术标准的要求,经过一定程序的试验和检验,得出试验报告,经国家汽车认证机构审核,符合汽车技术标准要求的,审核通过认证后,颁发认证证书。国家认证机构对通过认证的产品进行监督和经常性的产品质量抽查,若发现问题,责令限期整改,并将故障车辆产品召回。如果厂家对质量问题置若罔闻,或者故障车辆发生事故,厂家将面临严重处罚。

(二)汽车型式认证制度的作用

通过型式认证,可以督促汽车产品生产厂家生产高质量、高性能、高安全的汽车产品,有利于规范和引导汽车产品质量的发展,有利于环境保护、节约能源和维护汽车使用者的利益。通过汽车型式认证,可以限制不符合本国国情的车辆进口,保护本国国民的利益。实行汽车型式认证,可以推动汽车产业结构的优化调整,调整产品生产方式和经营方式等,提高产品的国际竞争力,有利于发展国际汽车贸易。因此,世界上许多国家政府对实行汽车型式认证制度都给予高度重视。

(三)国际汽车型式认证的方法

由于各国具体政治体制、国情不同,经济发展水平不同,汽车工业规模不同,国际上发达国家的汽车型式认证的方式也不尽相同,大体形成了美国、欧洲、日本三种类型。这三种认证,经过几十年的发展和不断改革,体系已相当完善,所遵循的各项原则也成为国际惯例,为世界各国所接受,成为其他国家建立汽车型式认证制度的样板。我国在经过十多年的努力,坚持在以 ECE/EEC 技术法规体系为参照的技术路线基础上,逐步建立了自己的汽车产品认证体系。

1. 美国的认证方法

1953 年,美国在世界上首先颁布《联邦车辆法》,政府由此开始对车辆进行有法可依的管理。与美国的政体一样,美国关于汽车的法律、法规有联邦的法律、法规,也有州的法律、法规。按照美国联邦统一的汽车型式认证,它主要分为两个部分,即安全认证和环境保护认证。

美国汽车业实行的是自我认证,即汽车制造商按照联邦关于汽车的法律、法规的要求,自己进行检查和验证。如果企业认为产品符合法律、法规的要求,即可投入生产和销售。因此,自我认证体现了美国式的自由——汽车企业对自己的产品具有直接发言权。美国政府主管部门的任务就是对产品进行抽查,以保证车辆的性能符合法律、法规的要求。在美国,汽车安全的最高主管机关是隶属于运输部的国家公路交通安全署(NHTSA)。为确保车辆符合联邦机动车安全法律、法规的要求,NHTSA 可随时在制造商不知情的情况下对市场中销售的车辆进行抽查,也有权调验厂家的鉴定实验室数据和其他证据资料。如果抽查发现车辆不符合安全法律、法规的要求,主管机关将向制造商通报,责令其在限期内修正,并要求制造商召回故障车辆,这就是所谓的“强制召回”。同时,如果不符合法律、法规要求的车辆造成了交通事故,厂家将面临高额惩罚性罚款。在这种严厉的处罚背景下,汽车企业对产品设计和生产过程中的质量控制不敢有丝毫懈怠,而且对召回非常“热心”,一旦发生车辆质量瑕疵,就主动召回,否则,被公路交通安全署查出,后果不堪设想。因此,美国的自我认证方式,尽管表面看来较宽松,实际上汽车制造企业要真正为自己的产品负责,所以制造商不敢弄虚作假。

2. 日本的认证方法

日本汽车型式认证制度产生于 20 世纪 50 年代。日本的汽车认证制度从总体上来讲与欧洲各国一样,是型式认证制度,但也很有特色。之所以有特色,是因为它的认证体系由“汽车型式指定制度”、“新型汽车申报制度”、“进口汽车特别管理制度”三个认证制度组成。根据这些制度,汽车制造商在新型汽车的生产和销售之前要预先向运输省提出申请,以接受检查。

“型式指定制度”要求对具有同一构造装置、性能,并且大量生产的汽车进行检查。“新型汽车申报制度”针对的是形式多样而生产数量不是特别多的车型,如大型卡车、公共汽车等。“进口汽车特别管理制度”针对的则是数量较少的进口汽车。

代表日本型式认证制度特点的应该是“型式指定制度”,该制度审查的项目主要有以下三个:

(1)汽车是否符合安全基准(车辆的尺寸、重量、车体的强度、各装置的机能、发动机排量、噪声强度等);

(2)汽车的均一共同性(生产阶段的质量管理体制);

(3)汽车成车后的检查体制等。

以上的检验合格后,制造商才能拿到该车型的出厂检验合格证。但获得型式认证后,还要由运输省进行初始检查,目的是保证每一辆在道路上行驶的车都要达标。达标后的车辆依法注册后就可以投入使用了。但如果投放市场的车辆与检验时的配备不同,顾客可以投诉。

日本实行的召回制是由厂家将顾客投诉上报运输省,如果厂家隐瞒真相,将顾客的投诉束之高阁,造成安全问题后,政府主管部门会实行高额惩罚。

日本采取的是政府认证,即政府部门组织对车辆的认证。最初,由新车的生产厂家向运输省送交一辆样车,申请检验,同时还要提供两辆做过3万公里运行试验后的检验数据。车辆由运输省管辖的交通安全公害研究所试验与检验,若符合日本政府颁布的《道路运输车辆安全基准》,作出合格的决定,然后通知生产厂家,检验合格,予以认证,准予生产销售。

3. 欧洲各国的国际统一汽车型式认证

1970年2月,欧洲经济共同体(简称欧共体)理事会发布的《各成员国关于汽车及其挂车型式认证的协议》(70/156 EEC)规定了型式认证制度,即在一个欧共体的国家中取得认证的汽车,在其他国家可以售出,无须再取得该国的型式认证。这就是所谓的"国际统一汽车型式认证"。

欧洲各国实行的虽然也是型式认证制度,但与美国有较大区别,美国是由企业自己进行认证,而欧洲各国则是由政府委托独立的第三方认证机构进行认证。比如,法国的认证机构是法国汽车、摩托车、自行车协会(UTAC),德国的认证机构是政府认可的独立、不营利的私人组织——监督协会。欧洲各国对流通过程中车辆质量的管理没有美国那样严格,它们是通过检查企业的生产一致性来确保产品质量的。因此可以说,美国对汽车的管理是推动式的,是政府推着企业走;而欧洲各国则是拉动式的,是政府拉着企业走。

欧洲各国的汽车型式认证都是由本国的独立认证机构进行的,但标准则是全欧洲统一的,依据的是ECE法规、EC指令,主要有E标志认证和e标志认证两类。

E标志源于ECE法规。这个法规是推荐性的,不是强制标准。也就是说,欧洲各国可以根据本国的具体法律、法规操作。E标志证书只涉及产品零部件及系统部件,不包括整车认证。获得E标志认证的产品,是为市场所接受的。

e标志是欧盟委员会依据EC指令强制成员国使用整车、安全零部件及系统的认证标志。测试机构必须是欧盟成员国内的技术服务机构,比如德国的TUV、荷兰的TNO、法国的UTAC、意大利的CPA等。发证机构是欧盟成员国政府的交通部门,如德国的交通管理委员会(KBA)。像欧元在欧盟成员国自由流通一样,获得e标志认证的产品各欧盟成员国都认可。

要获得E标志认证或e标志认证,首先产品要通过测试,生产企业的质量保证体系至少要达到ISO9000标准的要求。据德国的认证机构TUV介绍,德国对汽车质量保证体系审核及认证标准很严,依据的是ISO9000、QS9000、ISO14000、VDA6.1等标准。在该机构出示的汽车认证流程表中,检验项目达47项,除了噪声、排放、防盗、刹车等基本项目外,仅车灯就有6项。

召回,在欧洲各国也是"家常便饭"。与美国不同的是,欧洲各国实行企业自愿召回,企业发现车辆有问题,就可自行召回,但要向国家主管机关上报备案。如果企业隐瞒重大质量隐患或藏匿用户投诉,一经核实将面临处罚。

尽管美国、欧洲、日本三种型式认证各具特色,但随着汽车市场全球化进一步发展,世界汽车认证管理方法已呈现出相融的趋势。

二、我国的汽车认证制度

（一）以往我国的汽车"目录"管理制度

从严格意义上说，我国目前不存在汽车产品型式认证制度，而是采用产品"公告"管理制度。所谓"公告"管理制度，是指国家发改委发布的《车辆生产企业及产品公告》，这是我国对车辆生产、销售质量管理的一种制度。我国"公告"管理的前身是产品"目录"管理，它产生于1985年，当时是为了把汽车生产像管计划生育那样管理起来。什么是"目录"管理呢？"目录"管理就是国产汽车在正式投产前，由政府主管部门请专家参加产品鉴定会，对其性能、质量及试验、生产准备情况进行审查评定，以确定其能否正式投入生产。当时，我国汽车生产由中国汽车工业联合会（简称中汽联）负责，汽车产品鉴定时，公安机关主管部门参加，通过鉴定后，由中汽联和公安部共同下达《汽车生产企业及产品目录》（简称《目录》）。公安机关车辆管理部门依此《目录》作为办理车辆牌证的依据。

这种鉴定制度和"目录"管理的方式是计划经济的产物，过去我国对汽车产品的管理，一直沿用20世纪60年代初根据苏联管理模式确定的管理办法（即行业管理的办法），由汽车行业主管部门对新车型的设计、定型、鉴定及生产进行管理，因此，国家对其他有关部门缺少有效的监督机制。而行业主管部门因考虑到工厂实际设计水平、制造工艺水平、工厂效益、人员就业等种种因素，难以实现作为实行监督的第三方应有的公正性。所以，在实际效果上形成了新车生产局部失控，不能有效地对汽车产品进行质量控制。"目录"管理作为计划经济体制下的一种行政管理手段，在一定时期内对抑制汽车行业盲目扩张和低水平重复建设发挥了一定作用，但随着国家经济体制改革的深入和市场机制的不断强化，"目录"管理方式对企业的束缚和制约越来越突出，已不适应市场经济条件下汽车行业发展的需要。

（二）目前我国实行"公告"管理为主、其他认证形式并存的方法

从2001年起，我国由"目录"管理制度逐渐过渡到了"公告"管理制度，这是对"目录"管理的重大改革。"公告"管理是汽车生产企业推出新产品后，可选择经国家认可的检验机构进行新产品强制性项目检测，同时也包括对"大吨小标"车辆的重新认证等。经检测合格后，由企业填写《车辆新产品申报汇总表》、《车辆新产品申报表》上报国家经贸委产业政策司，国家经贸委对企业上报的材料进行审核。对审核合格的产品，国家经贸委发布《车辆生产企业及产品公告》（简称《公告》），并将《公告》印送至各地经贸委（经委）、国务院有关部门及各地公安交通管理部门，作为国家准许车辆生产企业组织生产、销售的依据以及消费者向公安机关车辆管理所申请注册登记的依据。

已列入《公告》的车辆生产企业，就可以按照《公告》中批准的车型组织生产和销售，但必须严禁盗用、套用、转让《公告》中产品及合格证，违者将取消生产企业及产品《公告》的资格。未列入《公告》的企业不得生产汽车、摩托车等机动车产品，违者按有关规定处理。

现在，"公告"管理在产品检测、监督等方面十分接近于型式认证，只是管理的内容还比较少，如节能和防盗几乎没有列入进去。

长期以来，我国在汽车技术要求方面只有标准，没有法规。在世贸组织文件中，标准与法规是两个完全不同的范畴，标准具有自愿性，法规具有强制性，即使是国内的强制性标准，也不能等同于技术法规。而实施型式认证就必须依靠法规，这也是"公告"管理没有过渡到型式认证的重要原因之一。

目前,我国汽车产品进入国内市场,需进行以下认证即获得销售资格:国家发改委《公告》认证机构、中国质量认证中心《CCC认证证书》(中国强制性认证)认证机构、国家环保总局《国家环保目录》认证机构、北京环保局《北京环保目录》认证机构。而上述政府各部门对汽车行业的管理并不存在多少横向联系,而是根据本部门职能对汽车行业进行纵向垂直管理。例如,国家发改委发布的《公告》,目前仍是汽车上牌最重要的依据;中国质量认证中心受国家认监委委托受理汽车产品CCC认证,CCC认证是汽车产品生产、出厂销售、使用的依据;《国家环保目录》认证,是国家环保总局依据环保法规对汽车排放、噪声等提出的要求;《北京环保目录》认证,是北京市为防止大气污染对汽车排放提出更高阶段的要求。

国内汽车企业进行产品认证通常的做法如下(以新产品为例):

(1)用3台样车进行30000公里可靠性试验,完成整车主要技术参数、基本性能、安全环保等项目检测。可靠性试验路程分配见表3-1。

表 3-1　汽车可靠性试验路程分配

道路种类	行驶里程/km	所占比例/%
高速公路	18000	60
山区公路	4000	13
一般公路	5000	17
凹凸不平路	3000	10
合计	30000	100

(2)在可靠性试验样车走合30000公里后,完成《公告》规定的申报51项强制性检测项目、CCC认证规定的47项强制性检测项目、《国家环保目录》要求的申报6项检测项目,相同检测项目可在同一辆样车完成试验,而分别出具检测报告。

(3)检测机构网上传递检测报告至中国汽车工业信息网(《公告》申报受理服务器)、机动车环保网(《国家环保目录》申报受理服务器),企业网上操作完成申报程序。

(4)《公告》认证一般自受理之日起3个月内审批公布,《国家环保目录》认证一般自受理之日起1个月内审批公布。

(5)CCC认证需向中国质量认证中心(CQC)提供纸制申报资料,对工厂审查通过后,3个月内能获得《CCC认证证书》。

(6)需要3台零公里样车(如手动挡、自动挡都存在,则各需3台样车)完成《北京环保目录》认证排放试验,向北京环保局提供纸制申报资料,一般自受理之日起1个月内公布审批结果。

至此,一个新的汽车产品获得全部认证资格。对于进口汽车产品来说,只需获得CCC认证、《国家环保目录》认证、《北京环保目录》认证即可在中国市场销售车辆。

第二节　机动车安全技术检验概述

一、机动车安全技术检验的目的、意义及分类

（一）机动车安全技术检验的概念

机动车安全技术检验是机动车安全技术检验机构，根据车辆管理法律法规的要求，判定机动车是否符合国家机动车安全技术检验标准和法律法规规定的要求，是对机动车的唯一性、安全性和使用情况所进行的全面检验。经检验合格的，由公安机关交通管理部门发给检验合格标志。未取得检验合格标志的车辆，不准上道路行驶。

（二）机动车安全技术检验的目的

通过对申请登记的机动车进行安全技术检验，可以判定机动车是否符合机动车国家安全技术标准，以便确定是否给予机动车登记、核发牌证，从管理的源头上确保机动车安全技术性能的良好。

通过对在用机动车的安全技术检验，可以督促机动车所有人及时保养维护车辆，确保机动车经常处于良好的安全技术状况，减少因车辆性能原因造成的交通事故。同时，通过检验还可以判定机动车是否达到强制报废条件，以便及时实施报废。

通过对肇事机动车进行安全技术检验，可以帮助交通事故处理人员查找事故原因，为确定事故赔偿责任提供证据。

通过对机动车的定期检测，可以掌握车辆使用情况，预防和打击利用车辆进行危害社会的犯罪活动。

公安交通管理部门将机动车检验中发现的普遍问题向机动车生产厂家和维修部门提供情况反馈，为厂家改进机动车产品质量以及提高机动车维修行业的维修质量，提供技术参考。

机动车安全检验主要是通过对注册车辆安全技术检验、核发牌证，从源头上确保性能良好；通过对在用车辆的安全技术检验，督促所有人及时保养和维护车辆；对肇事车辆的安全技术检验，查找事故原因，为赔偿责任提供证据；通过定期检验掌握车辆使用情况，预防打击车辆犯罪；通过技术监督，公安交管部门可以反馈检验中的普遍问题，以便提高制造、维修质量。

（三）机动车安全检验的依据

1. 机动车安全技术检验的法律依据

《中华人民共和国道路交通安全法》（以下简称《交通安全法》）规定："国家对机动车实行登记制度。机动车经公安机关交通管理部门登记后，方可上道路行驶。准予登记的机动车应当符合机动车国家安全技术标准。申请机动车登记时，应当接受对该机动车的安全技术检验。"实行机动车登记制度，实际上是国家对社会机动车上路行驶实行条件许可制度，许可的条件就是机动车必须符合安全技术标准。机动车安全技术检验是一种考核手段，因此，它是机动车登记中一项必不可少的工作。

2. 机动车安全技术检验项目和标准的依据

根据《中华人民共和国道路交通安全法》第 16 条第(1)项"任何单位或者个人不得有下列行为:(一)拼装机动车或者擅自改变机动车已登记的结构、构造或者特征;……"的规定,我国不允许任何单位和个人擅自改装机动车;因此,对在用机动车进行查验时,涉及安全装置或结构的要求实行"老车老标准,新车新要求",机动车查验员也需要了解和掌握 GB 7258、GB 1589 等机动车国家安全技术标准的历史版本。

根据两个标准的发布实施时间,需了解和掌握的历史版本主要有:

GB 1589—2004《道路车辆外廓尺寸、轴荷及质量限值》及其第 1 号、第 2 号修改单;

GB 7258—2012《机动车运行安全技术条件》;

GB 7258—2004《机动车运行安全技术条件》及其第 1 号、第 2 号、第 3 号修改单;

GB 7258—1997《机动车运行安全技术条件》及其第 1 号、第 2 号修改单。

《机动车安全技术检验项目和方法》(GB 21861—2014)(以下简称《检验项目和方法》)是国家质量监督检验检疫总局和国家标准化管理委员会于 2014 年 12 月 22 日发布,2015 年 3 月 1 日正式实施,代替《机动车安全技术检验项目和方法》(GB 21861—2008);本标准由中华人民共和国公安部提出,公安部道路交通管理标准化技术委员会归口。

《机动车查验工作规程》(GA 801—2019),《道路交通管理 机动车类型》(GA 802—2019)等,对机动车安全技术检验的内容、方法、流程、检验结果的审核及其他相关标准都做了详细的规定。机动车安全技术检验机构必须按照标准的要求对机动车进行安全技术检测。

国家标准《机动车运行安全技术条件》(GB 7258—2017)(以下简称《技术条件》)是我国机动车安全技术管理的最基本的技术性标准,是公安机关交通管理部门新车注册登记检验和在用车定期安全技术检验、事故车辆检验等机动车安全性能检验的主要技术依据,同时也是我国机动车新车定型强制性检验、车辆产品公告审核、新车出厂检验及进口机动车检验的重要技术依据之一。机动车制造厂要按照该标准的要求生产机动车产品;机动车所有人和使用者必须按照该标准的要求正确使用车辆,自觉对车辆进行保养维护作业,确保机动车安全技术状态的良好。

(四)机动车安全技术检验的种类

根据机动车的不同状况和公安交通管理工作的实际需要,机动车安全技术检验分为以下不同的种类。

1. 初次检验

机动车申请注册登记时的检验称为初次检验。其目的是检验机动车生产厂家和产品型号的合法性;机动车是否符合国家安全技术标准;法律规定要提交的机动车各种凭证、证明是否完备以及确认机动车的唯一性和合法性等情况,以确定是否给予机动车办理注册登记。检验合格的,公安机关交通管理部门应当发给检验合格标志。

但是,机动车安全技术检验是一种手段,而不是目的。若有其他条件证明机动车已经达到安全技术标准的,可以免检。因此,《中华人民共和国道路交通安全法》(简称《交通安全法》)规定:"经国家机动车产品主管部门依据机动车国家安全技术标准认定的企业生产的机动车型,该车型的新车在出厂时经检验符合机动车国家安全技术标准,获得检验合格证的,免予安全技术检验。"此项规定的目的是减轻机动车所有人的负担,方便群众。但同时规定,机动车生产企业出具产品合格证后,要对该机动车产品的安全技术性能负法律责任。

2. 定期检验

已注册登记领取号牌的机动车,在规定的时间内必须进行的检验称为定期检验。其目的是检验机动车唯一性和合法性、机动车的安全技术性能、机动车参加第三者责任强制保险以及涉及机动车交通安全违法行为和交通事故处理等情况。

3. 特殊检验

为了查明交通事故原因对肇事车辆进行的检验称为特殊检验,其目的是寻找造成交通事故车辆的技术原因,客观真实地制作交通事故认定书。对肇事机动车的检验,一般根据实际需要确定检验部位和检验内容,必要时可以进行机动车解体检验。

4. 临时检验

在道路交通管理活动中需要对机动车辆进行相应项目临时安全检验的活动。例如,在高速公路的一些收费站通道口上装有地磅,目的是对载货车辆的载重状况进行监督检测;对在用车辆尾气排放检验的各种道路整治活动中,在道路上临时进行的尾气排放检验;以及道路执勤民警在进行执勤执法活动中,对那些影响道路行驶安全项目的简要检查,例如雨天对雨刮器、夜晚对灯光信号进行的临时检查等。

二、机动车安全技术检验社会化制度

《道路交通安全法》第 13 条对机动车安全技术检验实行社会化作了规定,并且在《道路交通安全法实施条例》第 15 条中,作了更进一步的确定。《道路交通安全法》第 13 条规定:"对登记后上道路行驶的机动车,应当依照法律、行政法规的规定,根据车辆用途、载客载货数量、使用年限等不同情况,定期进行安全技术检验。对提供机动车行驶证和机动车第三者责任强制保险单的,机动车安全技术检验机构应当予以检验,任何单位不得附加其他条件。对符合机动车国家安全技术标准的,公安机关交通管理部门应当发给检验合格标志。对机动车的安全技术检验实行社会化。具体办法由国务院规定。机动车安全技术检验实行社会化的地方,任何单位不得要求机动车到指定的场所进行检验。公安机关交通管理部门、机动车安全技术检验机构不得要求机动车到指定的场所进行维修、保养。机动车安全技术检验机构对机动车检验收取费用,应当严格执行国务院价格主管部门核定的收费标准。"

《道路交通安全法实施条例》第 15 条规定:"机动车安全技术检验由机动车安全技术检验机构实施。机动车安全技术检验机构应当按照国家机动车安全技术检验标准对机动车进行检验,对检验结果承担法律责任。质量技术监督部门负责对机动车安全技术检验机构实行资格管理和计量认证管理,对机动车安全技术检验设备进行检定,对执行国家机动车安全技术检验标准的情况进行监督。机动车安全技术检验项目由国务院公安部门会同国务院质量技术监督部门规定。"

三、免检制度

(一)新车注册免检制度

为了推动我国汽车工业的发展,在《道路交通安全法》第 10 条明确规定了机动车的免检制度:"准予登记的机动车应当符合机动车国家安全技术标准。申请机动车登记时,应当接受对该机动车的安全技术检验。但是,经国家机动车产品主管部门依据机动车国家安全技术标准认定的企业生产的机动车型,该车型的新车在出厂时经检验符合机动车国家安全技术标准,获得检验合格证的,免予安全技术检验。"

2008 年和 2013 年以及 2014 年的版本,以及《机动车查验工作规程》(GA 801—2019)中都对免检机动车作了明确规定:在申请注册登记时,免予安全技术检验的机动车有下列情形之一的,应当进行安全技术检验:

(1)国产机动车出厂后 2 年内未申请注册登记的;

(2)经海关进口的机动车进口后 2 年内未申请注册登记的;

(3)申请注册登记前发生交通事故的。

同时,浙江省实施《中华人民共和国道路交通安全法》办法中的第二章车辆和驾驶人,第一节车辆,第 6 条也做了同样的规定,自此,既有国家标准的规定,也有国家和地方的立法规定,各地都在遵此严格执行。从某种意义上说,浙江省的地方法是在 2005 年安全法出台之后的 2006 年 3 月出台,2006 年 6 月 1 日开始执行,早于 GA 801—2008 的标准。当然,在此之前,公安部分别在 2003 年和 2005 年对新车注册免于上线检测进行了明确的名单规定,在 2005 年进一步扩大了免检车的范围,并且,关于此免检车辆有 3 条的内容。

(二)新车 6 年内免检制度

根据公安部、质检总局印发了《关于加强和改进机动车检验工作的意见》(公交管〔2014〕138 号,以下简称《意见》),明确了 6 年内免检车辆的范围和实施时间,即试行非营运轿车等车辆 6 年内免检政策自 2014 年 9 月 1 日(含)起实施。注册登记日期在 2012 年 9 月 1 日(含)之后的车辆,可以适用免检 2 次的政策;注册登记日期在 2010 年 9 月 1 日(含)至 2012 年 8 月 31 日(含)之间的,由于已检验过 1 次,可以适用免检 1 次的政策;注册登记日期在 2010 年 8 月 31 日之前的,仍执行原检验规定。自车辆出厂之日起,超过 4 年未办理注册登记手续的,6 年内仍按原规定上线检验。

明确了适用车型。6 年内免检政策适用车型包括非营运轿车(含大型轿车)、非营运小型和微型载客汽车,但其中面包车、7 座及 7 座以上车辆不属于免检车型。面包车定义在《道路交通管理 机动车类型》(GA 802)标准中明确,并在公安交通管理综合应用平台中予以标注。属于免检范围的车辆发生过造成人员伤亡的交通事故的,6 年内仍按原规定每 2 年检验 1 次。

按照公安交管"放管服"改革 10 项便民利民服务措施,2019 年 6 月 1 日起实行摩托车全国通检和 6 年免检。

一是摩托车全国通检。摩托车跨省异地检验于 2019 年 6 月 1 日全国统一实施。对申请人在摩托车登记地以外的省(区、市)办理检验的,不再出具、审核异地检验委托书;对 6 年内免检摩托车,允许跨省(区、市)异地申领检验标志。

二是摩托车 6 年内免检。对摩托车注册登记日期有 2017 年 6 月 1 日之后的车辆,可以适用免检 3 次的政策;登记日期在 2015 年 6 月 1 日至 2017 年 5 月 31 日之间的,由于检验过 1 次,可以适用免检 2 次的政策;登记日期在 2014 年 6 月 1 日至 2015 年 5 月 31 日之间的,由于检验过 2 次,可以适用免检 1 次的政策;登记日期在 2014 年 5 月 31 日之前的,仍按原规定,到检验机构每年检验 1 次。

对 6 年内免检摩托车申领检验标志时,审核交强险(车船税)后,核发检验标志,无须到检验机构检验,行驶证副页不再签注检验有效期。

1. 免检合格标志发放地点

根据杭州市交通警察支队 2014 年 7 月下发的《核发机动车检验标志工作规范(试行)》规定:

第 2 条 各处级单位,各公安分局、县(市)公安局交警大队车辆管理所、车辆管理分所、机动车登记服务站、交通违法处理窗口、二手车交易市场等场所设立的免检机动车检验标志核发窗口,应当按照本规范规定的程序办理核发免检机动车检验标志。

办理 6 年内免检机动车核发检验标志业务,应当设置检验标志核发岗、档案归档岗。

第 3 条 各免检机动车检验标志核发窗口应当按照机动车登记信息采集和签注标准,将登记信息和经办人信息录入计算机登记系统,核发检验标志。

2. 免检机动车车型

第 4 条 6 年内免检机动车包括非营运轿车(含大型轿车)、非营运小型和微型载客汽车,但其中面包车、7 座及 7 座以上车辆不属于免检车型。面包车定义在《道路交通管理 机动车类型》标准中明确,并在公安交通管理综合应用平台中予以标注。属于免检范围的机动车发生过造成人员伤亡的交通事故的,6 年内仍按原规定每 2 年检验 1 次。

第 6 条 上述免检范围的机动车注册登记超过 6 年(含 6 年)的,仍按原规定每年检验 1 次;超过 15 年(含 15 年)的,仍按原规定每年检验 2 次。

自 2018 年 7 月 30 日起,对 6 年内免检车辆办理注册、变更、转移登记,核发检验标志、补换领行驶证业务时,行驶证副页上不再签注检验有效期。

3. 核发检验标志程序

第 7 条 各窗口办理核发检验标志的业务流程和具体事项:核发岗审查机动车检验标志申请表、机动车行驶证(或身份证明)、机动车交通事故责任强制保险凭证、车船税纳税或者免税证明,扫描、上传至远程监管中心;核查机动车。对涉及机动车的盗抢信息、交通安全违法行为和交通事故处理情况进行核查;录入相关信息;打印检验标志;在行驶证副页上签注;将行驶证、检验标志交机动车所有人;对行驶证副页签注信息已满或者破损程度严重的,告知机动车所有人到车辆管理所换证窗口办理换证手续。

第 8 条 各受理窗口收存下列资料,由档案归档岗将窗口当日纸质资料整理后,于每周五移交市车管所,档案保存两年:

(1)《机动车检验标志申请表》原件(详见表 3-1);

(2)机动车交通事故责任强制保险凭证第三联原件。原件丢失的,收存其他任一联复印件加盖保险公司印章。原件因上次核发检验标志时已收存的,提交其他任一联复印件。

(3)车船税纳税或者免税证明复印件。其中,在机动车交通事故责任强制保险凭证上签注已纳税信息的,收存机动车交通事故责任强制保险凭证原件;属于按照《车船税法》规定予以免征车船税的,不收存车船税纳税或者免税证明。

(4)属于行驶证副页签注满后换发的,收存原行驶证原件(在车辆管理所核发检验标志窗口办理的)。

第 9 条 委托核发检验标志的业务流程和具体事项为:

(1)登记地车辆管理所审查行驶证或者登记证书,对涉及机动车的盗抢信息、交通安全违法行为和交通事故处理情况进行核查。符合规定的,录入委托事项,签注《委托核发检验合格标志通知书》。

(2)受委托核发地车辆管理所按照本规范第7条规定办理。但审查机动车所有人提交的资料时,还应当审查《委托核发检验合格标志通知书》,并与下载的委托信息进行比对。

第10条 登记地车辆管理所收存下列资料并保存2年:

(1)《委托核发检验合格标志通知书》存根原件;

(2)行驶证或者登记证书复印件;

受委托地车辆管理所收存下列资料并保存2年:

(1)《委托核发检验合格标志通知书》原件;

(2)本规范第8条规定收存的资料。

按照公安交管"放管服"改革20项措施,推进跨省异地检验。(目前,有关委托的业务,已经实施全国通检)

(3)一是明确实施时间。跨省异地检验措施于2018年9月1日全国统一实施,对符合跨省异地检验适用车型的,不再出具、审核异地检验委托书。

二是明确适用车型。跨省异地检验措施适用车型包括小微型和中型载客汽车、大型轿车、载货汽车、挂车、专项作业车,但不包括大型客车、校车和危险货物运输车。对危险货物运输车按规定办理委托手续后,可以车辆登记地以外的省(区、市)检验。

第11条 机动车所有人可以委托代理人代理申请机动车检验标志。代理人申请机动车检验标志时,应当收存代理人的身份证明和机动车所有人与代理人共同签字的机动车检验标志申请表及本规范第八条规定收存的资料。

第12条 办理补领、换领检验标志的,各窗口审查《机动车检验标志申请表》和行驶证。核对登记信息,在交通事故责任强制保险有效期内的,补发检验标志。

第13条 试行非营运轿车等机动车6年内免检政策自2014年9月1日(含)起实施。同时免予环保检验,具体规定以环保部文件为准。

适用于6年内的免检车申请机动车检验标志的申请表,详见表3-2。

四、机动车报废制度

国家实行机动车强制报废制度,根据机动车的安全技术状况和不同用途,规定不同的报废标准。应当报废的机动车必须及时办理注销登记。

达到报废标准的机动车不得上道路行驶。报废的大型客、货车及其他营运车辆应当在公安机关交通管理部门的监督下解体。(《道路交通安全法》第14条)

2019年4月22日,国务院总理李克强签发了《报废机动车回收管理办法》(国务院715号令)。国务院令第715号是报废机动车回收管理的行政法规,自2019年6月1日起施行,2001年6月16日国务院公布的《报废汽车回收管理办法》(国务院令第307号)同时废止。机动车报废标准见表3-3。

在实际交通管理活动中,一般都是按照机动车的使用年限进行报废,而理论上的行驶里程看似是比较合理的指标,但是,在实践中这一指标很难把握,因为里程表经常会出现被人为拨动的情形,因此很难分辨车辆的实际行驶里程数。里程数是直观判断一辆车新旧程度

表 3-2　机动车检验(适用于 6 年内免检车)合格标志申请

机动车检验标志申请表

申请人信息栏

机动车所有人	姓名/名称		邮政编码	
	邮寄地址			
	手机号码		固定电话	
代理人	姓名/名称		手机号码	
机动车号牌号码				
机动车所有人 (代理人)承诺	1. 驾驶机动车上道路行驶前,对机动车安全技术性能进行认真检查,不驾驶安全设施不全等具有安全隐患的机动车,定期到专业机构对机动车制动、轮胎、灯光等安全项目进行检查保养,保证机动车安全性能			
	2. 不违法改装机动车,不擅自改变机动车已登记的结构、构造或者特征			
	3. 对申请材料的真实有效性负责			
公安交管部门提示	《中华人民共和国道路交通安全法》第 16 条规定,任何单位或者个人不得拼装机动车或者擅自改变机动车已登记的结构、构造或者特征。《机动车登记规定》(公安部 124 号令)第 57 条规定,擅自改变机动车外形和已登记的有关技术数据的,由公安机关交通管理部门责令恢复原状,并处警告或者五百元以下罚款。擅自改装机动车属于违法行为,应承担法律责任,因非法改装造成交通事故的,还应承担相应交通事故责任			

机动车所有人(代理人)签字:

年　　月　　日

的最直接的指标,人为拨动行驶里程数变小的现象主要出现在二手车交易之时,当二手车里程数被恶意修改之后,通常能卖个好价钱,这几乎成了公开的行业秘密,其实,这也是利益驱使的。因此,行驶里程的报废标准只作为指导性的报废标准,在实际交通管理中还是以使用年限作为报废的标准来把握。

在新规定里,规定允许回售企业将机动车五大件出售给汽车制造行业。其中第 12 条有明确规定:"拆解的报废机动车'五大总成'具备再制造条件的,可以按照国家有关规定出售给具有再制造能力的企业经过再制造予以循环利用;不具备再制造条件的,应当作为废金属,交售给钢铁企业作为冶炼原料。"拆解的报废机动车"五大总成"以外的零部件符合保障人身和财产安全等强制性国家标准,能够继续使用的,可以出售,但应当标明"报废机动车回用件"。其中,机动车使用年限起始日期按照注册登记日期计算,但自出厂之日起超过 2 年未办理注册登记的,按照出厂日期计算。如果本地车辆在外地因交通事故等其他原因报废,无法运回本地,可以向当地任何一个车管所下属的回售企业进行报废,然后由报废回收企业在当地车管所提交报废手续,由车管所作异地报废手续即可,这也是公安车管推出的"只需跑一次"的便民利民措施。

表 3-3 机动车使用年限及行驶里程参考值汇总

车辆类型与用途				使用年限/年	行驶里程参考值/万千米
汽车	载客	营运	出租客运 小、微型	8	60
			出租客运 中型	10	50
			出租客运 大型	12	60
			租赁	15	60
			教练 小型	10	50
			教练 中型	12	50
			教练 大型	15	60
			公交客运	13	40
			其他(公路客运、旅游客运) 小、微型	10	60
			其他(公路客运、旅游客运) 中型	15	50
			其他(公路客运、旅游客运) 大型	15	80
			专用校车	15	40
		非营运	小、微型客车、大型轿车 *	无	60
			中型客车	20	50
			大型客车	20	60
	载货		微型	12	50
			中、轻型	15	60
			重型	15	70
			危险品运输	10	40
			三轮汽车、装用单缸发动机的低速货车	9	无
			装用多缸发动机的低速货车	12	30
	专项作业		有载货功能	15	50
			无载货功能	30	50
	挂车	半挂车	集装箱	20	无
			危险品运输	10	无
			其他	15	无
		全挂车		10	无
摩托车			正三轮	12	10
			其他	13	12
轮式专用机械车				无	50

五、机动车安全技术检验周期

机动车应当从注册登记之日起,按照下列期限进行安全技术检验:

(1)营运载客汽车 5 年以内每年检验 1 次;超过 5 年的,每 6 个月检验 1 次。

(2)载货汽车和大型、中型非营运载客汽车 10 年以内每年检验 1 次;超过 10 年的,每 6 个月检验 1 次。

(3)小型、微型非营运载客汽车第 6 年检验 1 次;超过 6 年的,每年检验 1 次;超过 15 年的,每 6 个月检验 1 次。

(4)摩托车 4 年以内每 2 年检验 1 次;超过 4 年的,每年检验 1 次。

(5)拖拉机和其他机动车每年检验 1 次。

营运机动车在规定检验期限内,经安全技术检验合格的,不再重复进行安全技术检验。(《道路交通安全法实施条例》第 16 条)

六、公路营运的载客汽车、重型载货汽车、半挂牵引车安装行驶记录仪的规定

《道路交通安全法实施条例》第 14 条规定:用于公路营运的载客汽车、重型载货汽车、半挂牵引车应当安装、使用符合国家标准的行驶记录仪。交通警察可以对机动车行驶速度、连续驾驶时间以及其他行驶状态信息进行检查。安装行驶记录仪可以分步实施,实施步骤由国务院机动车产品主管部门会同有关部门规定。

七、核发机动车检验合格标志

（一）核发标志

机动车所有人申请检验合格标志,应当提交行驶证(或身份证明)、机动车第三者责任强制保险凭证、机动车安全技术检验机构出具的安全技术检验合格证明,机动车安全技术检验合格证明见表 3-4。车辆管理所应当自受理之日起 1 日内,确认机动车,对涉及机动车的道路交通安全违法行为和交通事故处理情况进行核查后,核发机动车检验合格标志。

机动车涉及道路交通安全违法行为和交通事故未处理完毕的,不予核发检验合格标志。

根据公安部《机动车登记工作规范》第 65 条的规定,已注册登记的机动车参加定期安全技术检验合格的,办理核发检验合格标志的业务流程和具体事项为:查验岗审查《机动车牌证申请表》、行驶证、机动车安全技术检验合格证明、机动车交通事故责任强制保险凭证、本年度的车船税纳税或者免税证明,查验机动车。符合规定的,在机动车查验记录表上签字。对涉及机动车的交通安全违法行为和交通事故处理情况进行核查;录入相关信息;制作检验合格标志;在行驶证副页上签注检验记录,对行驶证副页签注信息已满的,收回原行驶证,重新制作行驶证;将行驶证、检验合格标志交机动车所有人。

（二）委托核发标志

机动车因故不能在登记地检验的,机动车所有人应当向登记地车辆管理所申请委托核发检验合格标志。

申请时,机动车所有人应当提交行驶证、机动车第三者责任强制保险凭证。

车辆管理所应当自受理之日起 1 日内,对涉及机动车的道路交通安全违法行为和交通事故处理情况核查后,出具核发检验合格标志的委托书。

机动车在检验地检验合格后,机动车所有人应当按照《机动车登记规定》第 34 条第 1 款的规定向被委托地车辆管理所申请检验合格标志,并提交核发检验合格标志的委托书。被委托地车辆管理所应当自受理之日起 1 日内,按照《机动车登记规定》第 34 条第 2 款、第 3款的规定核发机动车检验合格标志。

（三）委托核发检验合格标志的业务流程和具体事项

根据公安部《机动车登记工作规范》第67条委托核发检验合格标志的业务流程和具体

表 3-4　机动车安全检验记录单

××××机动车安全检测站　　　代号：×××　　　　　　检测流水号：×××

号牌（自编）号		车主			
号牌种类		车辆类型		前照灯制	
厂牌型号		燃料类别		检验类别	
发动机号		驱动形式		检测项目	
VIN（或车架）号		驻车轴		登录员	
出厂年月		初次登记日期		检验日期	

台 试 检 测 数 据　　　　　　　　　引车员：

代号	项目		轮（轴）重/kg		最大制动力/daN		过程差最大差值点/daN		制动率/%	不平衡率/%	阻滞率/%		单项判定	项目判定	单项次数
			左	右	左	右	左	右			左	右			
B	制动	一轴													
		二轴													
		三轴													
		四轴													
		驻车													
		整车													

代号		项目	远光	远光偏移		近光偏移		灯中心高/mm
			光强度/cd	垂直/(cm/dam)	水平/(cm/dam)	垂直/(cm/10m)	水平/(cm/dam)	
H	前照灯	左外灯						
		左内灯						
		右内灯						
		右外灯						

代号		项目								
X	排放	高怠速	$CO/\%$	$HC(10^{-6})$	判定	怠速	$CO/\%$	$HC/10^{-6}$		判定
		加速模拟工况	$CO/\%$		$HC/10^{-6}$			$NO/10^{-6}$		判定
		光吸收系数/m^{-1}			烟度/RB			平均值		

N	喇叭声级			dB(A)
S	车速表			km/h
A	侧滑			m/km

路 试 制 动 性 能

制动距离/m		检验员	
MFDD/(m/s²)		协调时间/s	检验员
制动稳定性		检验员	

人 工 检 验 结 果

1	外观检查不合格项		检验员	

续表

2	底盘动态检验不合格项		检验员		
3	地沟检查不合格项		检验员		
	主任检验员 意见及签章		整车判定/总不合格次数		
			单位 盖章		
	备　注				

标记说明:O:合格;×:不合格;——:未检;※:车轮抱死

事项为:

(1)登记地车辆管理所审查行驶证或者登记证书,对涉及机动车的交通安全违法行为和交通事故处理情况进行核查。符合规定的,录入委托事项,签注《委托核发检验合格标志通知书》。

(2)受委托检验地车辆管理所按照本规范第65条的规定办理。但审查机动车所有人提交的资料时,还应当审查《委托核发检验合格标志通知书》,并与下载的委托信息进行比对。

(3)登记地车辆管理所每个工作日从全国交通管理信息系统下载委托核发检验合格标志的机动车信息,保存在计算机登记系统中。

(4)不得委托的规定。大型载客汽车和涉及道路交通安全违法行为或者交通事故未处理完毕的机动车,不得委托核发检验合格标志。

(5)粘贴规定。机动车检验合格标志、保险标志应当粘贴在机动车前窗右上角。如图3-1所示,2009年汽车及其他四轮以上机动车检验合格标志,要求张贴在前风挡玻璃右上角;如图3-2所示,2009年摩托车检验合格标志,要求随车携带,便于执勤民警查验。

图 3-1　2009 年汽车及其他四轮以上机动车检验合格标志式样

在车辆各种检验和查验过程中,若发现有违反强制执行的国家标准的车辆时,应特别注意填写违规嫌疑机动车产品通报表,详见表3-5。

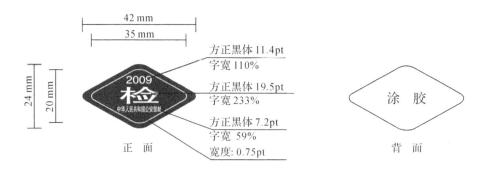

图 3-2　2009 年摩托车检验合格标志式样

表 3-5　违规嫌疑机动车产品通报

<table>
<tr><td rowspan="2">通报单位</td><td colspan="4">1. （当地质量技术监督部门）</td></tr>
<tr><td colspan="4">2. （通过网络报上级公安机关交通管理部门）</td></tr>
<tr><td rowspan="4">机动车
基本信息</td><td>车辆品牌</td><td>车辆型号</td><td>车辆识别代号</td><td>发动机号码</td></tr>
<tr><td rowspan="2">车辆生产厂家</td><td rowspan="2">生产日期</td><td rowspan="2">机动车整车出厂合格证编号（国产车）
/进口凭证名称、编号（进口车）</td><td>是否已整改合格
并注册登记</td></tr>
<tr><td>是□　否□</td></tr>
<tr><td colspan="3"></td></tr>
<tr><td rowspan="3">机动车
违规信息</td><td colspan="4">（一）违规类型：

1. 主要特征和技术参数、技术指标不符合 GB 7258 等机动车国家安全技术标准；

2. 主要特征和技术参数、技术指标与公告数据不一致；

3. 公告数据不符合 GB 7258 等机动车国家安全技术标准；

4. 主要特征、技术参数与出厂合格证或进口凭证不一致；

5. 其他。</td></tr>
<tr><td colspan="4">（二）违规情形（详细准确描述违规项目涉及的参数、尺寸、特征等信息及判定违规的依据，并附相关资料和照片）

</td></tr>
<tr><td colspan="4">（三）违规原因初步调查

</td></tr>
<tr><td>发现单位</td><td colspan="4"></td></tr>
<tr><td rowspan="3">填报信息</td><td>填报单位</td><td colspan="3"></td></tr>
<tr><td>填报人/电话</td><td colspan="3"></td></tr>
<tr><td>填报时间</td><td colspan="3"></td></tr>
<tr><td rowspan="2">省交警总队
审核信息</td><td>审核人</td><td colspan="3"></td></tr>
<tr><td>审核时间</td><td colspan="3"></td></tr>
</table>

　　"违规嫌疑机动车产品通报表"是对违规嫌疑机动车产品通报表格式及内容的规定。与 A801—2014 相比，本次修订时的主要变化如下：

　　（1）表格的名称由《违规机动车产品通报表》修改为《违规嫌疑机动车产品通报表》，与

《机动车查验工作规范(试行)》的相关表述保持一致。

(2)明确了违规嫌疑车辆,属于国产车的还应通报给当地工业和信息化部门,属于进口车的还应通报给当地检验检疫部门;通报表的份数也由"一式两份"相应调整为"一式三份"。

需要说明的是:从近几年的工作实践看,基层车管所在填写通报表时存在的问题主要有:一是违规情形的表述不清晰,缺乏相应参数、尺寸、特征违规的资料和照片支撑;二是违规依据表述不准确,相当一部分人将 GA 801 也作为判断是否违规的依据;三是违规原因初步调查内容填写不完整,缺少填报人信息。

八、嫌疑车辆调查

公安部 124 号令《机动车登记规定》第 34 条对公安机关交通管理部门核发检验合格标志作出规定:

一是"确认机动车",主要包括核对车辆的号牌、车辆类型、厂牌型号、颜色、发动机号码、车辆识别代号(车架号)及主要特征技术参数,确认其唯一性和合法性。这是把好第一道防线的要求。还包括进行盗抢车比对。1998 年公安部规定,车辆管理所成立嫌疑车辆调查岗,赋予打击走私、盗抢车辆的职能。在机动车唯一性确认工作中要认真对"两号"进行实车查验,注意发现有无凿改痕迹,这是打击涉车犯罪的重要环节。

二是核查涉及机动车的交通违法行为和交通事故处理情况,为路面执法和事故处理把好关。这个规定主要是解决电子警察拍摄到的机动车交通违法行为的问题。利用路口、路段设置的电子警察、监视探头,拍摄和监控到的交通违法行为,应当在机动车定期检验时进行审查处罚。这是源头与路面管理有效结合的重要手段,所以,公安机关交通管理部门应当认真做好这项工作,做到"法网恢恢,疏而不漏"。

根据公安部 124 号令配套执行的《机动车登记工作规范》的规定。

第 78 条 车辆管理所各业务岗位在办理机动车登记及相关业务过程中,有下列情形之一的,进入嫌疑车辆调查程序:

(1)机动车所有人身份证明、机动车来历证明、合格证、进口凭证、车辆购置税完税证明或者免税凭证、机动车交通事故责任强制保险凭证、号牌、行驶证、登记证书或者机动车档案被涂改或者有伪造嫌疑的;

(2)车辆识别代号或者发动机号码与被盗抢机动车信息库的同类型、同品牌机动车的记录完全相同,或者数字完全相同,或者有被盗抢记录的;

(3)车辆识别代号、发动机号码有凿改、挖补痕迹或者擅自另外打刻的;

(4)车辆识别代号、发动机号码与合格证、进口凭证、行驶证、登记证书或者机动车档案记载不一致的;

(5)与进口机动车核查系统比对,信息重复核对的。

第 79 条 车辆管理所应当建立嫌疑车辆调查台账,对能够排除嫌疑的,在机动车查验记录表上注明情况并签字;对不能排除的,滞留车辆,询问机动车所有人或者代理人并做询问笔录,开具行政强制措施凭证交机动车所有人或者代理人,并按照下列规定调查:

(1)确认机动车,复核有关资料,确认嫌疑事项并做嫌疑车辆查验记录。

(2)属于本规范第 78 条第(1)项规定情形的,向有关发证机关调查取证,其中对进口凭证真伪有疑问的持进口凭证原件到发证机关查询,对进口凭证内容有疑问的向发证机关传真查询;经核实的移交有关部门查处。

(3)属于本规范第78条第(2)项、第(3)项规定情形的,拓印车辆识别代号、发动机号码;经核实的移交有关部门查处。

(4)属于本规范第78条第(4)项规定情形的,需要取证的,向有关部门取证;经核实的移交有关部门查处。

(5)属于本规范第78条第(5)项规定情形的,填写重复核对报告表,按规定上报。对排除走私、被盗抢等嫌疑的,及时发还机动车并办理有关登记手续;对经核实有走私、被盗抢等嫌疑的,移交有关部门查处。

车辆管理所移交嫌疑车辆时,应当填写嫌疑车辆移交清单,注明移交车辆的特征和有关资料,并附嫌疑车辆查验记录和询问记录,办理交接手续。

车辆管理所对嫌疑车辆启动嫌疑车辆调查程序时,应当通知机动车所有人或者代理人协助调查。调查嫌疑车辆的时间不计入机动车登记时限。

第79条　车辆管理所应当建立嫌疑车辆调查台账,对能够排除嫌疑的,在机动车查验记录表上注明情况并签字;对不能排除的,滞留车辆,询问机动车所有人或者代理人并做询问笔录,开具行政强制措施凭证交机动车所有人或者代理人,并按照下列规定调查:

(1)确认机动车,复核有关资料,确认嫌疑事项并做嫌疑车辆查验记录。

(2)属于本规范第78条第(1)项规定情形的,向有关发证机关调查取证,其中对进口凭证真伪有疑问的持进口凭证原件到发证机关查询,对进口凭证内容有疑问的向发证机关传真查询;经核实的移交有关部门查处。

(3)属于本规范第78条第(2)项、第(3)项规定情形的,拓印车辆识别代号、发动机号码;经核实的移交有关部门查处。

(4)属于本规范第78条第(4)项规定情形的,需要取证的,向有关部门取证;经核实的移交有关部门查处。

(5)属于本规范第78条第(5)项规定情形的,填写重复核对报告表,按规定上报。对排除走私、被盗抢等嫌疑的,及时发还机动车并办理有关登记手续;对经核实有走私、被盗抢等嫌疑的,移交有关部门查处。

车辆管理所移交嫌疑车辆时,应当填写嫌疑车辆移交清单,注明移交车辆的特征和有关资料,并附嫌疑车辆查验记录和询问记录,办理交接手续。

车辆管理所对嫌疑车辆启动嫌疑车辆调查程序时,应当通知机动车所有人或者代理人协助调查。调查嫌疑车辆的时间不计入机动车登记时限。

第80条　排除嫌疑的机动车,办案单位应当出具公函,车辆管理所应当以书面形式记载调查情况,将有关证据、询问记录和办案单位出具的公函存入机动车档案。

九、车辆检验监管制度

(1)公安机关交通管理部门车辆管理所应通过计算机联网核查机动车安全技术检验数据、审核机动车安全技术检验机构上传的检验照片(包括检验项目照片和检验资料照片)或视频,以及现场或远程视频抽查安全技术检验过程、查阅原始检验记录和报告等方式对机动车安全技术检验机构的安全技术检验行为进行监督。

（2）设区的市公安机关交通管理部门车辆管理所应建设机动车安全技术检验远程视频监管中心,安排专门的工作人员,统一使用机动车安全技术检验监管系统对机动车安全技术检验机构上传的检验照片(或视频)、检验数据和结果进行审核:

①机动车安全技术检验远程视频监管中心的面积及从事审核的工作人员的数量应与需审核的检验业务量相适应;

②从事审核的工作人员应具备相应机动车车型的查验员资格,其负责人应为民警中级查验员或民警高级查验员;

③机动车安全技术检验监管系统应具备检验备案信息下载、转发和下发、机动车检验登录信息和复检登录信息接收、检验过程信息接收和转发、检验异常情况预警和报警、检验结果和检验照片(或视频)接收、检验审核、远程核发机动车检验合格标志等功能;能对检验数据和结果进行分析和统计,确认机动车安全技术检验项目是否齐全、所有人工检验项目的检验结果是否均为合格、所有仪器设备检验项目的检验结果是否均符合 GB 7258 的规定,及时核查多车检测数据雷同、重点车辆检验合格率异常等综合统计分析及异常情况预警功能。

（3）审核机动车安全技术检验机构上传的检验照片(或视频)时,工作人员应确认检验照片(或视频)的数量及要求是否符合规定。检验照片(或视频)的审核结果为合格且机动车安全技术检验监管系统无检验异常情况预警或报警提示的,应远程核发机动车检验合格标志。

（4）审核机动车安全技术检验机构上传的检验照片(或视频)时,发现检验照片(或视频)的数量及要求不符合规定的,应通过机动车安全技术检验监管系统告知机动车安全技术检验机构不符合规定的具体情形,并要求机动车安全技术检验机构重新上传整改后的检验照片(或视频);目测能确认检验照片(或视频)所反映检验项目不符合 GB 7258 及其他相关规定的,审核结果为不合格,经调查核实机动车安全技术检验机构存在不按机动车国家安全技术标准进行检验的行为的,应按规定对机动车安全技术检验机构予以处罚。

（5）机动车安全技术检验监管系统出现检验异常情况预警报警提示时,应及时分析原因,告知机动车安全技术检验机构预警报警提示信息的具体内容并要求机动车安全技术检验机构查清核实;属于机动车安全技术检验机构不按机动车国家安全技术标准和国家机动车安全技术检验标准检验、出具虚假检验报告等情形的,应按规定对机动车安全技术检验机构予以处罚。

（6）对申请核发机动车检验合格标志的摩托车和非营运小型、微型载客汽车(面包车及7 座和 7 座以上的除外),在机动车安全技术检验监管系统无检验异常情况预警和报警提示时,可先行核发机动车检验合格标志,但机动车安全技术检验远程视频监管中心应在检验照片(或视频)上传后的 24 小时内将检验照片(或视频)审核完毕。审核结果表明检验项目不符合 GB 7258 及其他相关规定的,应要求机动车安全技术检验机构通知送检的机动车重新进行检验,并按规定对机动车安全技术检验机构予以处罚。先行核发机动车检验合格标志,应经省级公安机关交通管理部门根据机动车安全技术检验机构的检验业务量和规范化程度批准后实施。

（7）审核中发现机动车存在被盗抢嫌疑、走私嫌疑、非法改装、拼装等情形时,按 GB 7258 7.1 和 7.3 的规定执行。

（8）设区的市公安机关交通管理部门车辆管理所应定期分析本地机动车安全技术检验情况,每月将参检率、检验合格率、异地检验率等数据及机动车安全技术检验机构违规信息上报省级公安机关交通管理部门;省级公安机关交通管理部门应每月分析机动车安全技术检验异常数据,每季度向公安部交通管理局上报本省机动车安全技术检验情况。数据分析发现异常的,公安机关交通管理部门应及时组织核查;发现机动车安全技术检验机构存在违规情形的,应按规定对机动车安全技术检验机构予以处罚并通报。

(9)省级公安机关交通管理部门,应结合本地实际细化机动车安全技术检验监督相关规定,明确机动车安全技术检验远程视频监管中心的建设和运行要求。

浙江省公安厅2016年1月4日下发了关于《浙江省机动车安全技术检验监管工作规范(试行)》和《浙江省机动车专门查验区建设与使用规范(试行)》的通知文件,进一步规范了对机动车安全技术检验机构(以下简称检验机构)实施监管的相关工作要求。

对社会化的检验机构上传的照片要求包括:车辆左前方斜视45°拍照;车辆右后方斜视45°拍照;车辆识别代号拍照;驾驶人座椅汽车安全带拍照;行驶记录装置拍照;灭火器拍照;车厢内部拍照;车辆正后方拍照;校车标牌拍照;校车标志灯拍照;校车停车指示标志牌拍照;操纵辅助装置拍照等12种有非常详细的具体要求的系列照片。

十、相关法律责任

任何单位或者个人不得有下列行为:

(1)拼装机动车或者擅自改变机动车已登记的结构、构造或者特征;

(2)改变机动车型号、发动机号、车架号或者车辆识别代号;

(3)伪造、变造或者使用伪造、变造的机动车登记证书、号牌、行驶证、检验合格标志、保险标志;

(4)使用其他机动车的登记证书、号牌、行驶证、检验合格标志、保险标志。(《道路交通安全法》第16条)

国家实行机动车第三者责任强制保险制度,设立道路交通事故社会救助基金。具体办法由国务院规定。(《道路交通安全法》第17条)

机动车安全技术检验机构实施机动车安全技术检验超过国务院价格主管部门核定的收费标准收取费用的,退还多收取的费用,并由价格主管部门依照《中华人民共和国价格法》的有关规定给予处罚。

机动车安全技术检验机构不按照机动车国家安全技术标准进行检验,出具虚假检验结果的,由公安机关交通管理部门处所收检验费用5倍以上10倍以下罚款,并依法撤销其检验资格;构成犯罪的,依法追究刑事责任。(《道路交通安全法》第94条)

非法安装警报器、标志灯具的,由公安机关交通管理部门强制拆除,予以收缴,并处200元以上2000元以下罚款。(《道路交通安全法》第97条)

机动车所有人、管理人未按照国家规定投保机动车第三者责任强制保险的,由公安机关交通管理部门扣留车辆至依照规定投保后,并处依照规定投保最低责任限额应缴纳的保险费的2倍罚款。

依照前款缴纳的罚款全部纳入道路交通事故社会救助基金。

驾驶拼装的机动车或者已达到报废标准的机动车上道路行驶的,公安机关交通管理部门应当予以收缴,强制报废。

对驾驶前款所列机动车上道路行驶的驾驶人,处200元以上2000元以下罚款,并吊销机动车驾驶证。

出售已达到报废标准的机动车的，没收违法所得，处销售金额等额的罚款，对该机动车依照本条第一款的规定处理。(《道路交通安全法》第 100 条)

国家机动车产品主管部门未按照机动车国家安全技术标准严格审查，许可不合格机动车型投入生产的，对负有责任的主管人员和其他责任人员给予降级或者撤职的行政处分。

机动车生产企业经国家机动车产品主管部门许可生产的机动车型，不执行机动车国家安全技术标准或者不严格进行机动车成品质量检验，致使质量不合格的机动车出厂销售的，由质量技术监督部门依照《中华人民共和国产品质量法》的有关规定给予处罚。

擅自生产、销售未经国家机动车产品主管部门许可生产的机动车型的，没收非法生产、销售的机动车成品及配件，可以并处非法产品价值 3 倍以上 5 倍以下罚款；有营业执照的，由工商行政管理部门吊销营业执照，没有营业执照的，予以查封。

生产、销售拼装的机动车或者生产、销售擅自改装的机动车的，依照本条第 3 款的规定处罚。

有本条第 2 款、第 3 款、第 4 款所列违法行为，生产或者销售不符合机动车国家安全技术标准的机动车，构成犯罪的，依法追究刑事责任。(《道路交通安全法》第 103 条)

第三节　机动车安全技术检验的程序和项目

一、机动车安全技术检验程序

从 2004 年 5 月 1 日开始实施的《机动车安全检验项目和方法》(GA 468—2004)，以及最新的《机动车安全检验项目和方法》(GB 21861—2014)都推荐了机动车安全检验的流程(见图 3-3)，机动车检验机构可以根据各自情况参考使用。

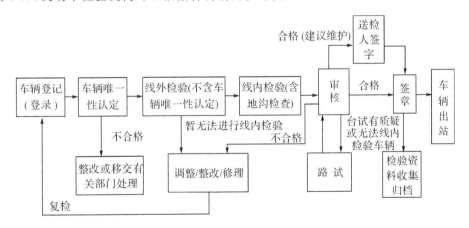

图 3-3　机动车安全检验流程

二、机动车安全技术检验项目

（一）车辆登记（登录）

机动车参加安全检测，首先进行登记（登录），满足以下条件后，机动车登记机构受理检验：被检车辆应清洁，无明显漏油、漏水、漏气现象，轮胎完好、气压正常，胎冠花纹中无异物，发动机怠速正常。

（二）线外检验

线外检验是通过人工利用工具和仪器对机动车基本状况进行的检验，其特点是对检验人员的技术水平要求较高。但是，检验结果的人为因素较多，而且检验项目多，时间长。线外检验包括外观检验和底盘动态检验两个工位。

底盘动态检验的项目和技术要求见表 3-6。

表 3-6 底盘动态检验项目、主要技术要求

序号	检验项目	内容	主要技术要求
1	转向系	方向盘最大自由转动量	从中间位置向左或向右自由转动量不得大于： ①最大车速大于等于 100km/h 的机动车 100； ②三轮汽车 22.50； ③其他机动车 150
		转向沉重、自动回正能力	①转向力正常。转向后，方向盘应具有自动回正能力
		保持直线行驶能力	车辆应具有保持直线行驶能力
2	传动系	离合器	②离合器接合时应平稳、无打滑、沉重、抖动、异响或分离不彻底现象
		变速器	③应能正常换挡，应有挡位标志，倒挡能锁止
		传动轴/链	运行桥的主减速器和差速器应无异响
		驱动桥	驱动桥的主减速器和差速器应无异响
3	制动系	点刹跑偏（20km/h）	车辆应无明显跑偏现象，制动协调时间和释放时间应无异常
		低气压报警装置	制动系统的气压低于 400kPa 时低压报警装置应发出报警信号
		弹簧储能制动器	在低气压时弹簧储能制动器自锁装置应正常有效

（三）线内检验

线内检验是通过专门的试验台和仪器设备对机动车进行检验，也包括在地沟上对车辆底盘及电器线路的人工检验。其特点是设备检验效率高，检验结果的人为因素少，可信度高。但对地沟检验人员的技术水平要求较高。机动车在上线检验前要满足以下条件：

（1）存在严重漏油、漏水等有损检验设备的车辆必须经过整改后上线检验；

（2）轴荷超过检验设备允许承载能力的车辆，多轴无法上线的车辆不得上线检验。

1. 线内检验项目和设备

线内检验的项目和检验设备见表 3-7，检验标准和技术要求参见国家标准《机动车远行安全技术条件》及相关标准。

表 3-7 线内台架检验的项目和设备

检验工位	检验项目	检验设备
车速表	车速表指示误差	滚筒式车速表检验台
排气污染物测量	1.汽油车 CO、HC 容积浓度值（双怠速法、怠速法）；CO、HC 和 NO 容积浓度值（加速模拟工况法）。 2.柴油车 自由加速试验排气可见污染物限值：光吸收系数（m^{-1}）或烟度值（Rb）。	汽油车排气分析仪 底盘测功机 滤纸式烟度计 不透光烟度计 发动机转速表 秒表
台试制动性能检验	①轮（轴）重；②车轮阻滞力；③轮制动力；④左、右轮制动力过程差；⑤整车制动率；⑥驻车制动力	滚筒反力式制动检验台、平板式制动检验台、秒表、踏板力计、轮（轴）重仪
转向轮横向侧滑量	转向轮的横向侧滑量	汽车侧滑检验台
前照灯	1.前照灯远光光束 远光光束发光强度、远光光束上下偏移量、远光光束左右偏移量。 2.前照灯近光光束 近光光束的明暗截止线转角折点位置。	前照灯检测仪 车辆摆正装置
喇叭声级	喇叭声级	声级计
地沟检查	①转向系检查；②传动系检查；③行驶系检查；④制动系检查；⑤底盘其他部件检查；⑥电器线路检查	专用手锤 汽车悬架转向系间隙检查仪

2. 地沟检验的项目及主要技术要求

地沟检验项目及主要技术要求见表 3-8。

表 3-8 地沟检查项目、主要技术要求

序号	检验项目	内容	主要技术要求
1	转向系检验	转向各部件	转向机构各部件应无损伤，紧固、锁止及限位情况应良好；球销应无裂纹和损伤，不得松旷；各部件在转向过程中应无干涉、摩擦痕迹/现象；横直拉杆不得拼焊
		转向器固定	固定应牢固可靠
2	传动系	变速器及分动器支架	变速器及分动器支架应连接正常、固定可靠
		传动各部件	传动各部件应连接正常；传动轴、万向节安装正确；中间轴承及支架应无裂纹和松旷现象
3	行驶系	钢板吊耳及销	不得松旷
		中心螺栓、U 形螺栓	中心螺栓、U 形螺栓应紧固
		车桥移位	车桥不得移位
		车架纵梁、横梁	纵梁和横梁不得有裂纹和影响车辆正常行驶的变形，螺栓和铆钉不得缺少或松动
		悬架杆系	车桥与悬架之间的各拉杆和导杆应无松旷和移位

续表

序号	检验项目	内容	主要技术要求
4	制动系	制动系部件	制动系部件不得擅自改动
		制动总泵、分泵、管路老化、漏气、漏油	制动分泵、总泵、制动管路不得有漏气、漏油现象；软管不得有老化开裂、磨损等异常现象
		制动管路固定	管路固定可靠，与其他部件不应有磨蹭现象
5	底盘其他部件	排气管、消声器	排气管、消声器应齐全、固定可靠，无破损和漏气现象；排气管口不得指向车身右侧
		发动机固定、燃料箱、燃料管路	发动机固定可靠；燃料箱及燃料管路应固定可靠，不得有渗、漏油现象；燃料管路与其他部件不应有磨蹭现象；软管不得有老化开裂、磨损等异常现象
6	电器线路检查		所有电器导线均应捆扎成束、布置整齐、固定卡紧、接头牢固并有绝缘套，在导线穿越孔洞时需装设绝缘套管

（四）路试检验

路试检验是机动车在道路上进行的动态检验。《安全技术条件》（GB 7258—2017）规定，无法在车速表检验台检验车速表指示误差的车辆，可以通过路试检验车速表指示误差；无法在制动检验台上检验的车辆应进行路试；当机动车经台架检验后对其制动性能有质疑时，可用规定的路试检验进行复检，并以满载路试的检验结果为准。

路试检验可以进一步确定机动车的安全性能，是台架检验的补充。路试检验项目仅限于对行车制动、驻车制动和车速表的检验。检验项目和检验设备见表 3-9。

表 3-9　机动车路试检验项目及设备

检验方式	检验工位	检验项目	检验设备
路试检验	行车制动	充分发出的平均减速度（MFDD）、制动协调时间、制动稳定性；或制动距离、制动稳定性	便携式制动性能测试仪第五轮仪非接触式速度仪踏板力计
	驻车制动	驻车制动性能	
	车速表	车速表指示误差	第五轮仪等

（五）二、三轮机动车检验

二、三轮机动车的检验方式包括线外检验和线内检验两种，检验项目和常用设备、工具见表 3-10。检验的标准和技术要求应当满足《技术条件》和相应的标准，并应满足表 3-11 的要求。

表 3-10　二、三轮机动车安全检验的检验方式、工位、项目、常用设备和工具一览表

检验方式	检验工位	检验项目	常用设备和工具
线外检验	外观检查	①车辆唯一性认定；②外观；③发动机运转状况；④灯光信号；⑤安全防护装置	轮胎气压表、轮胎花纹深度计、钢卷尺（20m 和 5m各一）、钢直尺（50cm）、铅锤、专用手锤、照明器具
	动态检验	①离合器；②变速器；③传动装置；④转向；⑤制动系	

检验方式	检验工位	检验项目	常用设备和工具
线内检验	车速表	车速表指示误差	滚筒式车速表检验台
	排气污染物测量	1.摩托车：CO、HC 容积浓度值(怠速法)； 2.柴油车：三轮柴油发动机车辆的自由加速试验排气可见污染物限值	汽油车排气分析仪 滤纸式烟度计 秒表
	台试制动性能检验	①轮(轴)重；②轮制动力	滚筒反力式制动检验台 平板式制动检验台 轮(轴)重仪
	轮偏	二轮机动车轮偏	轮偏仪
	前照灯	1.前照灯远光光束 远光光束发光强度、远光光束上下偏移量。 2.前照灯近光光束 近光光束的明暗截止线转角折点位置。	前照灯检测仪
	喇叭声级	喇叭声级	声级计
	下部检查	①车架；②电器线路固定；③相关部件	举升器、升降台

表 3-11　二、三轮机动车检验项目、主要技术要求

序号	检验项目	内容	主要技术要求
1	车辆唯一性认定	车辆的号牌、车辆类型、厂牌型号、颜色、发动机号码、VIN 代码/车架号等主要特征参数。	车辆的号牌、车辆类型、厂牌型号、颜色、发动机号码、VIN 代码/车架号应与机动车注册登记资料一致
2	外观检查	前、后减振器,转向上下联板,方向把	二、三轮机动车的前、后减振器,转向上下联板和方向把不得有变形和裂损；左右后视镜应齐全、有效
3	灯光信号	各灯光信号及指示灯	摩托车、轻便摩托车,应设置前照灯、后位灯、制动灯、后牌照灯、后反射器和前、后转向信号灯,两轮摩托车及轻便摩托车左右各设置一个侧反射器,边三轮摩托车在边车上应设置前位灯和后位灯各一个。有关照明和光信号装置安装应符合 GB 18100 的有关规定。三轮机动车的灯光信号技术要求参照 GB 7258。转向指示灯及空挡指示灯应有效
4	安全防护装置	扶手	二轮摩托车和边三轮摩托车主车的客座应设坐垫、扶手(或拉带)和脚蹬。挡泥板应齐全、有效
		脚蹬	
		客座坐垫	
		挡泥板	
5	动态检验	离合器	离合器接合时应平稳、无打滑或分离不彻底现象。离合器操纵应无发卡、阻滞现象
		变速器	变速器应能正常换挡
		传动装置	运行中传动轴/链应无异响、无明显松旷
		转向	三轮机动车和摩托车、轻便摩托车的转向轮转动灵活,无发卡和松旷现象
		制动系	制动系工作应正常,符合 GB 7258 规定
		油门控制	操纵油门加速及减速应灵活,无阻滞现象

续表

序号	检验项目	内容	主要技术要求
6	下部检查	车架	车架应无明显的变形、损伤
		电器线路固定	所有电器导线均应捆扎成束、布置整齐、固定卡紧、接头牢固并有绝缘套,在导线穿越孔洞时需装设绝缘套管
		相关部件	排气管、消声器应齐全、固定可靠,无破损和漏气现象;排气管口不得指向车身右侧。 燃料箱及燃料管路应固定可靠,不得有渗、漏油现象;燃料管路与其他部件不应有磨蹭现象;软管不得有老化开裂、磨损等异常现象

三、检验结果及审核

(1)自动检测线中各检测设备检验的数据,外观检查、底盘动态检验、地沟检验的不合格项目检验结果必须打印于检验记录单上。《检验项目和方法》对检验记录单的式样有规范性要求。

(2)检验结束以后,主任检验员对检验数据应认真分析,对评判结果逐项确认并签注意见;评判结果分为三类:合格、合格(建议维护)、不合格。

(3)发现异常情况,主任检验员应及时分析处理。发现误判或对检验结果有质疑时应重新检验。

(4)对建议维护的检测报告应有送检人签字。

第四节　机动车安全技术检验机构

一、机动车安全检验机构

(一)机动车安全检验机构的定义和责任义务

1. 机动车安全检验机构的定义

机动车安全检验机构,是指根据道路交通安全法律法规的规定,按照法定标准,对在道路上行驶的机动车进行安全技术检验的机构。

2. 机动车安全检验机构的责任义务

《实施条例》规定:机动车安全技术检验由机动车安全技术检验机构实施。机动车安全技术检验机构应当按照国家机动车安全技术检验标准对机动车进行检验,对检验结果承担法律责任。

机动车安全检验机构应当履行下列责任义务:

(1)遵守国家法律、法规和有关规定;

(2)接受质量技术监督部门的监督管理;

(3)严格执行机动车检验的国家标准;

（4）按照国家标准的项目规定对机动车进行安全技术检验，对检验结果承担法律责任；

（5）向机动车所有人和公安交通管理部门提供检测数据报告；

（6）建立检验车辆的技术档案；

（7）建立各种规章制度。

（二）机动车安全检验机构应具备的条件

机动车安全检验机构必须具备下列条件：

（1）有检测车辆侧滑、灯光、轴重、制动、排放、噪声的设备以及其他必要的检测设备。

（2）每一条检测线至少有工程师或技师技术职务的主任检验员一名，具有一定的汽车理论知识和维修经验，并能熟练运用检测设备对机动车辆的安全性能做出正确评价的检验员若干名。

（3）应有相应的停车场地、试车跑道和试验驻车制动器的坡道。要布局合理，根据国家标准设置交通标志、标线，出入口视线良好，不妨碍交通。

（4）检测厂房宽敞、通风，照明、排水、防雨、防火和安全防护设施良好，各工位要有相应的检测面积，检测工艺布置合理，便于流水作业。

（5）必须有设备维修人员，保持检测设备经常处于良好的技术状态和精度。

二、对机动车安全检验机构的管理

（一）机动车安全技术检验实行社会化

《交通安全法》第 13 条规定："机动车安全技术检验实行社会化。"《实施条例》第 15 条具体规定了机动车安全技术检验实行社会化的办法。机动车安全技术检验由机动车安全技术检验机构实施。机动车安全技术检验机构应当按照国家机动车安全技术检验标准对机动车进行检验，对检验结果承担法律责任。

机动车安全技术检验社会化体现了两点：一是机动车安全技术检验的主体是"检验机构"，检验机构可以是公安机关交警部门办的检验机构，也可以是社会上任何获得资格的检验机构。这一规定改变了公安机关交警部门垄断检测站的格局，只要具备条件的都可举办。二是明确了检验机构的责任，指出机动车安全技术检验机构应当按照国家机动车安全技术检验标准对机动车进行检验，对检验结果（出具机动车安全技术检验合格证明）承担法律责任。

（二）对机动车检验机构的资质管理

《中华人民共和国道路交通安全法实施条例》第 15 条规定：质量技术监督部门负责对机动车安全技术检验机构实行资格管理和计量认证管理，对机动车安全技术检验设备进行检定，对执行国家机动车安全技术检验标准的情况进行监督。

根据国务院发布的《中华人民共和国道路交通安全法实施条例》以及《机动车安全技术检验机构监督管理办法》（质检总局令 2009 年第 12 令），质检部门和公安机关的职责在车辆检验方面有各自不同的分工，质检部门有 4 项职责：对机动车安全技术检验机构实行资格管理、计量认证管理、对检验设备进行检定、对执行国家检验标准情况进行监督。公安机关的职责是负责核发"检验合格标志"。

2017 年 1 月 21 日国务院发布了《国务院关于第三批取消中央指定地方实施行政许可事项的决定》（国发〔2017〕7 号），决定第三批取消 39 项中央指定地方实施的行政许可事项。

另有 14 项依据有关法律设立的行政许可事项,国务院将依照法定程序提请全国人民代表大会常务委员会修订相关法律规定。

该决定在公布取消事项的同时,公布了取消审批后加强事中事后监管的具体措施。这充分说明了简政放权不是简单取消审批,不是政府不管了,而是转变管理方式,采取更为管用的事中事后监管措施和办法。同时,这也是对政府部门的指导,便于督促相关部门落实监管措施。

在第 24 项,由省级质量技术监督部门审批的机动车安全技术检验机构检验资格许可正式取消。该许可取消审批后,质量技术监督部门要强化"为社会提供公证数据的产品质量检验机构计量认证",对机动车安全技术检验机构严格把关,采用监督检查、能力验证、投诉处理、信息公开等多种方式,加强事中事后监管。

第五节　一般车辆查验

2014 年 5 月 16 日,公安部、国家质检总局联合发布的公交管〔2014〕138 号《关于加强和改进机动车检验工作的意见》,该意见分为严格资质管理、规范检验行为、改进便民服务、强化监督管理 4 部分 18 条。该意见出台了一系列机动车检验制度改革的新措施,包括加快检验机构审批建设、试行私家车 6 年内免上线检测、推行异地检车等服务、加强对检验机构监管、政府部门与检验机构脱钩、强化违规违法问题责任追究等。根据文件精神,自 2014 年 10 月 1 日全国所有机动车辆安全技术性能检测线全部实行社会化,原先的驻站民警全部撤回车管所,机动车辆安全技术性能检测线的上级主管部门划归国家质量技术检验监督局,自此,公安交通管理部门的职责转变为机动车登记过程中的查验与对所有委托查验的监督和所有安全技术性能检验等的监督。

就目前来看,有一部分地区由于车管所民警警力有限,将所有机动车查验全部委托给了机动车安全技术性能检验机构,因此,车管所民警就承担着查验与检验的监督管理工作。

根据国家公共安全行业标准《机动车查验工作规程》(GA 801—2019)的规定,机动车查验必须要由具有查验员资格的人员进行操作。

(1)查验的概念。查验是指办理机动车业务时,查验员依据道路交通安全法律法规和相关标准确认机动车的过程。

(2)查验员的概念。查验员是指具有相应的知识和技能,经公安机关交通管理部门培训考试合格并获得查验员资格证书,根据公安机关交通管理部门授权从事机动车查验工作的人员。

(3)查验员资格分类与管理。所有从事机动车查验工作的人员均应具有查验员资格证书,并获得设区的市公安机关交通管理部门授权。查验员分为初级查验员、中级查验员和高级查验员。

公安部交通管理局负责组织对全国高级查验员进行培训、考试并核发查验员资格证书,省级公安机关交通管理部门负责对本省(自治区、直辖市)范围内的中级查验员和初级查验员进行培训、考试、核发查验员资格证书。查验员资格证书有效期为 3 年,有效期内应每年审验 1 次。

省级公安机关交通管理部门,应结合本地实际细化查验员资格管理规定,明确查验员培训考试、查验员资格证书年度审验及查验员日常管理等要求。

(4)查验员的工作职责。各级查验员可以查验的机动车类型及工作职责如下:

①初级查验员可以对摩托车、小型和微型载客汽车、轻型和微型载货汽车、低速汽车(包括三轮汽车和低速货车)进行查验;

②中级查验员可以对所有类型机动车进行查验,进行嫌疑车辆调查取证、违规机动车产品上报初审,指导初级查验员的查验工作;

③高级查验员可以对所有类型机动车进行查验,进行嫌疑车辆调查取证、违规机动车产品上报审查,指导中级和初级查验员工作,对中级和初级查验员进行培训。

一、注册登记的车辆查验项目

(1)对申请注册登记的机动车,应核对机动车标准照片,确定车辆类型、车身颜色及核定载人数,并查验以下项目:

①基本信息:车辆识别代号(或整车出厂编号,下同)、发动机(电动机)号码[包括发动机(电动机)型号和出厂编号,下同](挂车除外)、车辆品牌和型号。

②主要特征:车辆号牌板(架)、车辆外观形状、轮胎完好情况。

(2)根据车辆产品、使用性质和出厂日期的不同,还应查验以下项目:

①对汽车(无驾驶室的三轮汽车除外),查验机动车用三角警告牌、汽车乘员反光背心。

②对乘用车、旅居车、未设置乘客站立区的客车、货车(三轮汽车除外)、专项作业车的所有座椅,以及设有乘客站立区的客车的驾驶人座椅和前排乘员座椅(前排乘员座椅指"最前H点"位于驾驶人"R"点的横截面上或在此横截面前方的座椅),查验汽车座椅数量及安全带;

③对总质量大于或等于4500kg的(即中型和重型)货车和货车底盘改装的专项作业车,旅居挂车和总质量大于3500kg的其他挂车,发动机中置的乘用车及所有三轮汽车、危险货物运输车辆,查验外廓尺寸、轴数、轴距和轮胎规格,对所有货车和货车底盘改装的专项作业车、带驾驶室的正三轮摩托车及总质量大于750kg的挂车,查验整备质量;对所有货车(多用途货车、基于多用途货车改装的教练车除外)、货车底盘改装的专项作业车和挂车(旅居挂车除外),查验车身反光标识;对总质量大于或等于12000kg的(即重型)货车(半挂牵引车除外)和货车底盘改装的专项作业车,车长大于8.0m的挂车,查验车辆尾部标志板。

④对除半挂牵引车外的总质量大于3500kg的货车、货车底盘改装的专项作业车和挂车,查验侧面及后下部防护。

⑤对危险货物运输车辆、客车、旅居车,查验灭火器。

⑥对客车、危险货物运输货车、半挂牵引车和总质量大于或等于12000kg的其他货车,查验行驶记录装置。

⑦对车长大于或等于6m的客车,查验应急出口和应急锤;对车长大于9m的未设置乘客站立区的客车(专用校车及乘坐人数小于20人的其他专用客车除外),还应查验乘客门数量。

⑧对危险货物运输车辆、燃气汽车(包括气体燃料汽车、两用燃料汽车和双燃料汽车,下同),查验外部标识、文字;对货车(多用途货车、货车类教练车除外)和专项作业车(消防车除

外),查验是否喷涂了总质量(或最大允许牵引质量)、栏板高度、罐体容积和允许装运货物的种类或名称;对冷藏车还应查验在外部两侧易见部位上喷涂或粘贴明显的"冷藏车"字样;对客车(专用校车和设有乘客站立区的客车除外)、发动机中置且宽高比小于或等于0.9的乘用车,查验是否喷涂了该车提供给乘员(包括驾驶人)的座位数;对教练车,查验是否在车身两侧及后部喷涂了"教练车"等字样;对最大设计车速小于70km/h的汽车(低速汽车及设有乘客站立区的客车除外),查验在车身后部喷涂/粘贴表示最大设计车速(单位:km/h)的阿拉伯数字;对残疾人专用汽车(即残疾人专用自动挡载客汽车),查验是否设置了残疾人机动车专用标志。

⑨对警车、消防车、救护车和工程救险车,查验车辆外观制式、标志灯具和车用电子警报器。

⑩对残疾人专用汽车,查验操纵辅助装置加装合格证明及操纵辅助装置的产品型号和产品编号。

⑪对专用校车,查验车身外观标识、校车标志灯和停车指示标志(停车指示牌)、具有行驶记录功能的卫星定位装置、干粉灭火器、急救箱和车内外录像监控系统、辅助倒车装置、学生座椅(位)和照管人员座椅(位)、汽车安全带、应急出口和应急锤(逃生锤)。

⑫对公路客车、旅游客车、校车和危险货物运输货车及车长大于9m的其他客车、车长大于或等于6m的旅居车,查验是否具有限速功能或装备限速装置,以及限速功能或限速装置调定的最大车速。

⑬对车长大于8m的专用校车和车长大于9m的其他客车、总质量大于或等于12000kg的货车和专项作业车、总质量大于3500kg的危险货物运输货车,查验辅助制动装置。对专用校车、车长大于9m的其他客车和所有危险货物运输货车的前轮,以及危险货物运输半挂车、三轴的栏板式和仓栅式半挂车的所有车轮,查验是否装备了盘式制动器。

⑭对客车、货车(三轮汽车除外)、专项作业车(五轴及五轴以上专项作业车除外)、发动机中置的乘用车及总质量大于3500kg的挂车,查验防抱制动装置。

⑮对客车(纯电动客车、燃料电池客车除外),查验发动机舱自动灭火装置。

⑯对公路客车、旅游客车、设有乘客站立区的客车、校车和发动机中置且宽高比小于或等于0.9的乘用车,查验所有车窗玻璃的可见光透射比是否均≥50%及是否张贴有不透明和带任何镜面反光材料的色纸或隔热纸。

⑰对插电式混合动力汽车、纯电动汽车(换电式除外),查验是否具有外接充电接口。

⑱对进口机动车,查验外部照明和信号装置的配置和光色、车速里程表指示、排气管布置和中文警告性文字。

⑲对两轮普通摩托车,查验摩托车乘员头盔。

(3)对按照公安部124号令的规定,在申请注册登记前应进行安全技术检验的机动车还应核对安全技术检验合格证明。

对注册登记查验项目的规定与GA 801—2014相比主要变化如下:

①明确了可以直接制作机动车标准照片,以适应本标准提出的"允许乘用车在不改变车辆长度宽度和车身主体结构且保证安全的情况下加装车顶行李架、出入口踏步件、换装散热器面罩和/或保险杠、更换轮毂"管理政策的调整。

②增加了对汽车(无驾驶室的三轮汽车除外)查验汽车乘员反光背心的要求,保证GB

7258—2017 的 12.15.2 的实施,提升车辆出现异常情形时乘员在车外活动时的可视认性。

③根据 GB 7258—2017 的 12.1.1,调整了应查验汽车安全带的座椅范围,明确了前排乘员座椅的概念;同时,增加了查验汽车座椅数量的要求。

④明确了对除旅居挂车外的其他总质量小于或等于 3500kg 的挂车无须查验外廓尺寸、轴数、轴距和轮胎规格,对总质量小于或等于 750kg 的挂车无须查验整备质量,规定对发动机中置的乘用车应查验外廓尺寸和轮胎规格。

⑤参照 GB 7258—2017 的 8.4.1,明确了对多用途货车(包括基于多用途货车改装的教练车)、旅居挂车不查验车身反光标识。

⑥根据 GB 7258—2017 的 12.15.8,增加了对旅居车应查验灭火器的要求。

⑦根据 GB 7258—2017 的 8.6.5,明确了对所有客车均应查验行驶记录装置。

⑧根据 GB 7258—2017 的 11.5.4,调整了应查验乘客门数量的客车范围。

⑨根据 GB 7258—2017 的 4.7.6、4.7.8、4.7.11,调整了车身外部图形和文字标志的查验要求。

⑩根据 GB 7258—2017 的 10.5.3,调整了应查验限速功能或限速装置的车型范围。

⑪根据 GB 7258—2017 的 7.5.1,调整了应查验辅助制动装置的车型范围。

⑫根据 GB 7258—2017 的 7.2.6,调整了应查验盘式制动器的车轮范围。

⑬参照 GB 7258—2017 的 7.2.12,调整了应查验防抱制动装置的车型范围。

⑭根据国家标准《客车灭火装备配置要求》(GB 34655—2017),调整了应查验发动机舱自动灭火装置的客车范围,规定对纯电动客车、燃料电池客车不查验发动机舱自动灭火装置。

⑮根据 GB 7258—2017 的 11.5.7,增加了对设有乘客站立区的客车、发动机中置且宽高比小于或等于 0.9 的乘用车应查验所有车窗玻璃的可见光透射比及是否张贴有不透明和带任何镜面反光材料的色纸或隔热纸的要求。

⑯增加了对插电式混合动力汽车、纯电动汽车(换电式除外)应查验是否具有外接充电接口的要求。

⑰增加了进口机动车的特殊查验项目要求,以期更有效地规范和加强对平行进口车的管理。

⑱根据 GB 7258—2017 的 12.15.9,增加了对两轮普通摩托车应查验摩托车乘员头盔的要求。

⑲将"审核安全技术检验合格证明"的表述修改为"核对安全技术检验合格证明",进一步明确查验员的工作职责。

⑳删除了"其他类型的机动车在有疑问时查验(外廓尺寸、轮胎规格、整备质量)"等表述,以期进一步明确、规范查验项目要求,避免不同部门、人员的不同理解。

需要说明的是,根据公安部 124 号令及《公安部质检总局关于加强和改进机动车检验工作的意见》(公安部质检总局公交管〔2014〕138 号文件印发)、《工业和信息化部公安部关于加强小微型面包车、摩托车生产和登记管理工作的通知》(工信部联产业〔2014〕453 号文件)等规范性文件,以下机动车在申请注册登记前无须进行安全技术检验:

(a)经海关进口的机动车;

(b)所有新出厂的轿车和其他小型、微型载客汽车(自 2014 年 4 月 29 日起执行),以及

经工业和信息化部认定免予安全技术检验的其他新出厂的机动车;

(c)所有新出厂的摩托车(自2014年11月1日起执行)。

需要注意的是:

A.上述第(a)、(b)项包括的机动车中,国产机动车出厂后两年内未申请注册登记的,或者进口机动车进口后两年内未申请注册登记的,或者注册登记前发生交通事故的,申请注册登记前仍应进行安全技术检验。

B.在实际操作时,对实行《公告》管理的国产乘用车,若其车辆型号为"6"字头或"7"字头,《公告》系统中自动标注为免检车型;但对车辆型号为"5"字头、"2"字头的国产专用乘用车、越野乘用车,需根据《公告》系统的标注确定申请注册登记前是否需进行安全技术检验。

二、变更登记和变更备案

根据《机动车辆查验规程》(GA 801—2019)的规定:

(1)对因变更车身颜色或改变使用性质申请变更登记的机动车,查验车辆识别代号、车辆号牌(包括号牌放大号)、车辆外观形状和轮胎完好情况,并按4.1.2 d)、4.1.2 e)、4.1.2 i)、4.1.2 j)的规定查验机动车。对因变更车身颜色申请变更登记的,核对变更颜色后的机动车标准照片,确认车身颜色;对因改变使用性质申请变更登记的,还应按4.1.2 g)、4.1.2 h)、4.1.2 m)~4.1.2 q)的规定查验机动车。但对申请变更为"预约出租客运"或者"预约出租转非"的不查验。

(2)对因更换车身或者车架申请变更登记的机动车,核对变更后的机动车标准照片,确定车身颜色,查验车辆识别代号、发动机号码、车辆号牌(包括号牌放大号)、车辆外观形状和轮胎完好情况,核对安全技术检验合格证明,并按4.1.2 d)、4.1.2 e)、4.1.2 g)、4.1.2 h)、4.1.2 i)、4.1.2 j)、4.1.2 m)~q)的规定查验机动车。对客车,还应查验核定载人数;对重、中型货车和货车底盘改装的专项作业车,以及总质量大于3500kg的挂车,还应查验外廓尺寸、整备质量。

(3)对因更换发动机申请变更登记的机动车,查验车辆识别代号、发动机号码、车辆号牌、车辆外观形状和轮胎完好情况,核对安全技术检验合格证明。

(4)对因质量问题更换整车申请变更登记的,按GB 7258规定的项目查验机动车。

(5)对转入的机动车进行查验时,按GB 7258规定的项目查验机动车,但"车辆品牌和型号"项目除外;对属于卧铺客车、专用校车和设有乘客站立区的客车的,还应查验车内外录像监控装置。

(6)对因重新打刻车辆识别代号申请变更备案的机动车,查验车辆识别代号、发动机号码,车身颜色、车辆号牌(包括号牌放大号)、车辆外观形状和轮胎完好情况,并按4.1.2 d)、4.1.2e)、4.1.2 i)、4.1.2 j)的规定查验机动车。

(7)对因重新打刻发动机号申请变更备案的机动车,查验车辆识别代号、发动机号码、车辆号牌(包括号牌放大号)、车辆外观形状和轮胎完好情况。

(8)对自动挡乘用车加装肢体残疾人操纵辅助装置申请变更备案的,查验车辆识别代号、车辆号牌、车辆外观形状、轮胎完好情况、操纵辅助装置加装合格证明、操纵辅助装置的产品型号和产品编号,核对安全技术检验合格证明。对残疾人专用汽车拆除肢体残疾人操纵辅助装置申请变更备案的,查验车辆识别代号、车辆号牌、车辆外观形状、轮胎完好情况,确认是否已拆除操纵辅助装置。

变更登记和变更备案查验项目的规定与 GA 801—2014 相比主要变化如下：

(1)根据《交通运输部办公厅关于网络预约出租汽车车辆准入和退出有关工作流程的通知》(2016 年 11 月 22 日公安部交通管理局公交管〔2016〕656 号文件转发)，明确了对使用性质栏签注申请变更为"预约出租客运"或者"预约出租转非"的不查验汽车。

(2)明确了对转入机动车进行查验时，无须查验车辆品牌和型号，对专用校车和设有乘客站立区的客车也应查验车内外录像监控装置。

(3)明确了因更换车身或者车架申请变更登记时，对客车应查验核定载人数，对重、中型货车和货车底盘改装的专项作业车以及总质量大于 3500kg 的挂车应查验外廓尺寸、整备质量。

(4)明确了因更换发动机申请变更登记、因重新打刻发动机号申请变更备案、自动挡乘用车加装肢体残疾人操纵辅助装置申请变更备案、残疾人专用汽车拆除肢体残疾人操纵辅助装置申请变更备案时，也应查验车辆外观形状和轮胎完好情况，以期更好地发挥查验环节对车辆安全技术状况的把关作用。

(5)删除了因重新打刻车辆识别代号申请变更备案等业务查验中"有疑问时还应查验核定载人数及外廓尺寸、整备质量"的表述，以期进一步明确、规范查验项目要求。

需要说明的是：对于转入/变更迁入查验，以及 GB 7258 4.3 提及的转移登记或者变更迁出查验，仅是查验项目参照注册登记查验确定；关于查验合格要求，应按照 GB 7258 的要求，对与车辆结构或安全装置相关的查验项目，除法律法规和强制性国家标准另有规定的外，按照机动车出厂时所执行版本的机动车国家安全技术标准确认是否符合规定。

三、其他业务

《机动车查验规程》(GA 801—2019)的其他业务内容主要包括：

(1)对申请转移登记或者变更迁出的机动车，按 GB 7528 4.1 规定的项目查验机动车，但"车辆品牌和型号"项目除外；属于卧铺客车、专用校车和设有乘客站立区的客车的，还应查验车内外录像监控装置。对非专用校车，还应查验校车标志灯、停车指示标志是否已拆除，以及是否已消除喷涂粘贴的专用校车车身外观标识，但办理转移登记的非专用校车，现机动车所有人为已取得县级或者设区的市级人民政府校车使用许可的校车服务提供者的除外。

(2)对申领、补领机动车登记证书的机动车，查验车辆识别代号、车身颜色、车辆号牌(包括号牌放大号)、车辆外观形状、轮胎完好情况及 GB 7258、4.1.2 d)、4.1.2 e)、4.1.2 i)、4.1.2 j)、4.1.2 q)规定的项目。

(3)监督解体报废的大型客车、中型(含)以上货车、其他营运机动车和校车时，应查验被解体报废机动车的车辆识别代号，确认车辆发动机(驱动电机)、方向机(转向器)、变速器、前后桥、车架(车身)等五大总成。

(4)教育行政部门征求申请校车使用许可审查意见阶段查验机动车时，应查验车辆识别代号、车辆号牌、校车标志灯和停车指示标志、具有行驶记录功能的卫星定位装置、应急锤、干粉灭火器、急救箱和安全技术检验合格证明；对专用校车和喷涂粘贴有专用校车车身外观标识的非专用校车，还应查验车身外观标识、照管人员座椅和汽车安全带；对专用校车，还应查验车内外录像监控系统、辅助倒车装置;对非专用校车,应分别核定乘坐幼儿、小学生、中小学生和初中生时的学生数和成人数。

(5)对不再作为校车使用的非专用校车,应查验车辆识别代号、车辆号牌,确认校车标志灯、停车指示标志是否已拆除,以及是否已消除专用校车车身外观标识。

(6)对申请换发新能源汽车专用号牌的,确认是否属于新能源汽车及新能源汽车种类,查验车辆识别代号、驱动电机号码、车辆外观形状和轮胎完好情况;对插电式混合动力汽车、纯电动汽车(换电式除外),还应查验是否具有外接充电接口。

(7)申请转移登记或者变更迁出的已注册登记机动车,由转入/迁入地公安机关交通管理部门车辆管理所进行查验的,按照 GB 7258 4.3.1 规定的项目查验机动车。

对其他机动车业务查验项目的规定与 GA 801—2014 相比主要变化如下:

(1)明确了对申请转移登记或者变更迁出的机动车进行查验时,无须查验车辆品牌和型号,对专用校车和设有乘客站立区的客车也应查验车内外录像监控装置。

(2)申请、补领机动车登记证书查验时,明确了无须查验发动机号码,并删除了"对车辆外廓尺寸、整备质量、轮胎规格等主要特征和技术参数存在疑问时,应增加查验"的表述,以期进一步明确、规范查验项目要求。

(3)参照《公安部办公厅关于做好新能源汽车号牌试点工作的通知》(2016 年 9 月 7 日公交管〔2016〕539 号文件),第 4.3.6 条增加了申请换发新能源汽车号牌时的查验要求。

(4)第 4.3.7 条中,对申请转移登记或者变更迁出的已注册登记机动车,明确了由转入/迁入地公安机关交通管理部门车辆管理所进行查验时的查验项目要求。

需要说明的是:按照公安部 124 号令的规定,申请转移登记或者变更迁出的已注册登记机动车,需先行由转出/变更迁出车管所进行查验。在公安部 124 号令没有修改之前,除按照公安部交通管理局要求开展机动车转籍档案资料电子化转递试点工作的地市和车型外,能否只由转入/迁入地公安机关交通管理部门车辆管理所进行查验,可由双方车管所协商确定。原则上,异地委托查验的车型宜限定为非营运小型、微型载客汽车。

需要注意的是:现行全国统一版的机动车查验监管系统无"异地委托查验"模块,主要考虑是现行《二手车流通管理办法》(商务部、公安部、国家工商行政管理总局、国家税务总局令 2005 年第 2 号)等相关法律法规和规定,未明确二手车交易市场和二手车经营主体在二手机动车异地交易时的机动车查验要求及责任,在这种情形下开展需转移登记机动车的异地委托查验,对车辆管理所存在较大风险且风险不易控制。

四、查验工作要求

关于机动车的查验工作要求,主要是按照公安部交管局 2018 年 12 月下发的《机动车查验工作规范》(试行)(公安部交通管理局公交管〔2018〕692 号文件),以及《机动车辆查验规程》(GA 801—2019)执行。

(1)公安机关交通管理部门车辆管理所查验机动车应在专门查验区进行,但特殊情况下不能在专门查验区进行查验并经省级公安机关交通管理部门备案的除外。

(2)专门查验区的视线应良好,其场地应平坦、硬实,长度、宽度和高度应能满足查验车型的实际需要。专门查验区应施划有标志标线,安装有视频监控系统,按标准配备有查验工具箱。

（3）查验员在查验机动车时，应佩带全省统一式样的证卡，按标准配备随身查验工具，按照规定使用机动车查验智能终端，依法依规履行相关法律法规赋予的职责。查验过程中，民警查验员应按照规定使用执法记录仪，非民警查验员应按照规定使用与执法记录仪功能相同的视音频记录装置。

（4）查验员应按照规定的项目查验机动车，按照相关法律法规和 GB 7258、GB 1589 等机动车国家安全技术标准确认所查验项目是否符合规定（查验合格的主要要求参见 GB 7258），使用机动车查验智能终端记录机动车查验结果、采集查验照片和视频，录入机动车查验监管系统，制作《机动车查验记录表》或《校车查验记录表》（GB 7258）。与车辆结构或安全装置相关的查验项目，应按照机动车出厂时所执行版本的机动车国家安全技术标准确认是否符合规定，但法律法规和强制性国家标准另有规定的除外。

（5）公安机关交通管理部门车辆管理所查验机动车时应进行视频录像或拍摄照片。视频或照片应能确认查验是否在专门查验区进行并识别车辆特征（对申请注册登记的机动车应能确认车辆识别代号，对已注册登记机动车应能识别号牌号码或确认车辆识别代号）。

注：一张照片能同时确认查验是否在专门查验区进行并识别车辆特征的，视为满足要求。

（6）机动车登记服务站查验机动车时应通过视频录像或拍摄照片等方式记录查验过程，并通过计算机网络实时向公安机关交通管理部门上传关键项目查验照片（或视频）和查验结果。

（7）进口机动车注册登记，专项作业车、挂车、中型（含）以上载客汽车、中型（含）以上载货汽车的注册登记和变更登记（变更迁出除外），危险货物运输车辆的所有登记业务，以及申领机动车登记证书和校车使用许可、报废机动车法定监督解体、嫌疑车辆调查取证等业务的机动车查验应由民警查验员负责。

（8）确定车辆类型时，机动车实车车长符合 GB 1589 等机动车国家安全技术标准的规定且实车车长与《道路机动车辆生产企业及产品公告》（以下简称《公告》）、机动车整车出厂合格证明等技术文件记载的名义车长的偏差在允许范围内时，按照《公告》、机动车整车出厂合格证明等技术文件记载的名义车长核定车辆类型。

（9）确定车身颜色时，应根据实车核定；车身颜色随观察位置的不同及光线的明暗会发生变化的，应根据机动车标准照片确定相应的车身颜色。

（10）确定核定载人数时，对客车、发动机中置且宽高比小于等于 0.9 的乘用车、车高大于或等于 1850mm 的小型普通客车，应实车查看座位数、座间距及座椅布置情况，对驾驶室前排核定乘坐 3 人的汽车，应实车测量驾驶室（区）内部宽度。

（11）查验车辆识别代号时，应实车查看车辆识别代号的字母和数字，核对是否与机动车整车出厂合格证明、货物进口证明书、机动车行驶证等凭证或者机动车登记信息一致，确认车辆识别代号有无被凿改等嫌疑；对 2018 年 1 月 1 日起出厂的总质量大于或等于 12000kg 的栏板式、仓栅式、自卸式、罐式货车及总质量大于或等于 10000kg 的栏板式、仓栅式、自卸式、罐式挂车，还应查验其货箱或常压罐体上是否按规定打刻了车辆识别代号。办理机动车注册登记、转入、转移登记、变更迁出、更换车身或者车架、更换整车、申领机动车登记证书业务及重新打刻车辆识别代号变更备案时，应核对车辆识别代号拓印膜与实车打刻的车辆识别代号的字体 间距（或拍摄/制作打刻的车辆识别代号 1∶1 还原照片），使用机动车查验智能终端拍摄打刻的车辆识别代号照片;属于重新打刻车辆识别代号的,收存重新打刻的车辆识别代号拓印膜。注册登记查验时,还应按车辆产品使用说明书(或其他经主管部门认可的技术资料,如车辆产品一致性证书)的标示确定打刻的车辆识别代号的位置是否符合规定,使用机动车查验智能终端对货箱或常压罐体上打刻的车辆识别代号进行拍照。

(12)注册登记查验发动机(驱动电机,下同)号码时,应实车查看打刻(或铸出)的发动机型号和出厂编号,核对是否与机动车整车出厂合格证明、货物进口证明书等凭证一致,确认发动机号码有无被凿改等嫌疑;如打刻(或铸出)的发动机型号和出厂编号不易见,只查看发动机易见部位或覆盖件上能永久保持的标有发动机型号和出厂编号的标识。因更换发动机申请变更登记的,查验安全技术检验合格证明上记载的发动机型号和出厂编号是否符合规定,在《机动车查验记录表》上记录相关信息;对更换发动机时不属于打刻原发动机号码的,在《机动车查验记录表》的备注栏内记录新的发动机型号和出厂编号。非注册登记查验时,查验发动机标识记载的内容或可见的发动机号码是否与登记信息一致;发现更换了发动机的,按照规定予以变更登记;发现登记错误的,按照规定予以档案更正;对发动机标识缺失或发动机标识的内容与打刻(或铸出)的发动机型号和出厂编号不一致的,确认、排除嫌疑并记录相关信息后予以办理;对 2004 年 4 月 30 日前注册登记的机动车,有疑问的应核对发动机出厂编号拓印膜。

(13)查验车辆外廓尺寸、轴距等尺寸参数时,应采用机动车安全技术检验机构或其他具备资质的机构按照规定测得的相关尺寸参数数值或使用量具测量相关尺寸参数,并与《公告》、机动车整车出厂合格证明等凭证、技术资料记载的数值进行比对,确认是否在允许的误差范围内;对侧面及后下部防护装置离地高度、车身反光标识和车辆尾部标志板尺寸、面积等参数有疑问时,也应使用量具测量相关尺寸。

(14)查验整备质量时,应采用机动车安全技术检验机构或其他具备资质的机构按照规定测得的整备质量数值,并与《公告》、机动车整车出厂合格证明等凭证、技术资料记载的数值进行比对,确认是否在允许的误差范围内。

(15)查验安全装置时,应:

①查看《公告》、机动车整车出厂合格证明、安全技术检验合格证明等技术资料凭证,确认机动车是否具有限速功能或限速装置;

②查看驾驶室(区)内的辅助制动装置操纵开关或车辆相关凭证和技术资料,确认机动车是否安装了辅助制动装置;

③实车查看车轮(因实车结构限制无法查看时只查看车辆相关凭证和技术资料),确认是否安装了盘式制动器;

④打开机动车电源,观察"BS"指示灯并判断 ABS 自检功能是否正常,实车查看半挂车,确认机动车是否安装了防抱制动装置;

⑤打开发动机舱盖并目视检查,确认客车是否按照规定安装了发动机舱自动灭火装置。

(16)核对机动车安全技术检验合格证明时,应审查安全技术检验的项目是否齐全及检验结论是否为合格。

(17)查验公安交通管理综合应用平台提示的涉嫌违规机动车产品时,应查验实车是否存在提示的违规情形并拍照留存。

对机动车查验一般要求的规定,与 GA 801—2014 相比主要变化如下:

（1）修改了特殊情况下车管所不能在专门查验区进行查验时的表述，由先前的"并经省级公安机关交通管理部门批准"修改为"并经省级公安机关交通管理部门备案"。

（2）修改了专门查验区的表述，删除了查验区工具箱中仪器设备配备的具体要求。

（3）修改了查验员应随身配备的查验工具的相关表述，删除了随身查验包工具配备的具体要求及查验智能终端功能性能的具体要求，根据查验员身份明确了执法记录仪或与执法记录仪功能相同的视音频记录装置的配备使用要求。

（4）根据《机动车查验工作规范（试行）》，明确了查验机动车时应使用机动车查验智能终端记录机动车查验结果、采集查验照片和视频，录入机动车查验监管系统。

（5）修改了应由民警查验员负责的查验业务类型的要求。根据实际工作需求，进口机动车调整为仅注册登记需由民警查验员负责查验，危险货物运输车辆调整为所有登记业务均需由民警查验员负责查验。

需要说明的是：

①公共安全行业标准《机动车查验检验智能终端通用技术要求》（GA/T 1434—2017）已于 2017 年 10 月 5 日发布并实施。该标准规定了机动车查验检验智能终端的技术要求、检验方法和检验规则等。车管所及机动车登记服务站应为查验员配备功能、性能满足 GA/T 1434—2017 要求的机动车查验智能终端。

②公共安全行业标准《机动车查验工具配置要求》（GA/T 1435—2017）已于 2017 年 10 月 5 日发布并实施。该标准规定了开展机动车查验工作配备工具的数量和功能性能等要求。车管所及机动车登记服务站应按照规定在查验区配备查验工具箱（柜），为查验员配备能随身佩戴的查验工具包。

③根据《机动车查验工作规范（试行）》第 11 条的规定，上门查验机动车主要适用于辖区内出租、公交等运输企业，不存在为辖区内机动车制造厂家上门查验机动车的情形。

④本标准实施后，补领机动车登记证书查验可由辅警查验员或社会辅助查验员进行。

⑤为推进机动车销售企业快捷代办登记工作，公安部交通管理局于 2019 年 11 月 4 日下发的《关于进一步推进机动车销售企业快捷代办登记工作的通知》（公交管〔2019〕511 号）规定："登记服务站代办进口车预登记的，可以由社会查验员查验车辆，民警查验员通过查验监管系统复核确认。登记服务站代办货车（挂车）登记的，应当由具备相应车型查验资格的民警查验员现场查验，并做好安全技术检验、车辆查验、登记审核等流程衔接。"

⑥属于车管所事业编的查验员，能否部分负责本标准规定的应由民警查验员负责查验的机动车业务的查验，由省级公安机关交通管理部门结合本地实际，在本省机动车查验员管理办法等文件中具体确定。

⑦设区的市公安机关交通管理部门车辆管理所应根据《交警系统执勤执法记录仪使用管理规定》（公安部交通管理局公交管〔2019〕132 号）、《机动车查验工作规范（试行）》第 8 条第 2 款等规定，结合本地实际细化使用执法记录仪或便携式视音频记录装置记录机动车查验过程的具体要求。

需要注意的是：车管所应当向社会公众明示查验相关事项，实现查验标准和工作要求的公平、公正、公开，从制度建设上杜绝选择性查验、随意性查验。

第 8 至 15 条是对部分重点查验项目查验要求的规定，第 16 是核对机动车安全技术检验合格证明的工作要求，第 17 是对有涉嫌违规记录的机动车产品查验的特殊要求。GA

801—2019 与 GA 801—2014 相比主要变化如下：

(1)增加了确定车身颜色的工作要求，以期规范、统一"变色龙"车辆的车身颜色的确定要求，避免部分查验员以"变色龙"无法确定车身颜色为由认定该车查验不合格。

(2)增加了确定核定载人数的工作要求，以期通过注册登记查验环节的严格把关，避免面包车、车高大于或等于 1850mm 的小型普通客车等重点车型的人货混装、超员载客等安全隐患。

(3)修改了查验车辆识别代号的工作要求，细化了核对车辆识别代号拓印膜的具体工作要求，明确了货箱或常压罐体上打刻的车辆识别代号的查验要求，明确了注册登记查验时还应根据相关技术资料确定车辆识别代号的打刻位置是否符合规定，增加了对因重新打刻车辆识别代号申请变更备案的机动车查验车辆识别代号时应收存重新打刻的车辆识别代号拓印膜的要求。

(4)修改了查验发动机(驱动电机)号码的工作要求，明确了发现(私自)更换了发动机或信息登记错误，以及发动机标识缺失或发现发动机标识的内容与打刻(或铸出)的发动机型号和出厂编号不一致等情形时的处置方式。

(5)修改了查验车辆外廓尺寸、轴距等尺寸参数的工作要求，规定应采用机动车安全技术检验机构或其他具备资质的机构按照规定测得的尺寸参数来判断查验结果是否合格，删除了使用外廓尺寸自动测量装置测量外廓尺寸的相关表述。

(6)修改了查验整备质量的工作要求，要求采用机动车安全技术检验机构或其他具备资格的机构按照规定测量的整备质量来判断查验结果是否合格。

(7)调整了查验安全装置的工作要求，删除了"查验辅助制动装置有疑问时实车操作检查""查验防抱制动装置有疑问时查看车辆相关凭证和技术资料"的表述。

(8)修改了核对机动车安全技术检验合格证明的工作要求，明确了要确认检验合格证明上的检验结论是否为合格，不再要求核查检验合格证明上的签字人是否为(本市行政辖区内具有资质的机动车安全技术检验机构的)授权签字人。

(9)增加了对涉嫌违规机动车产品进行查验时应查验实车是否存在相同的违规情形的要求，明确了提示项目的查验结果应拍照留存备查。

(10)删除了查验过程中发现不属于查验项目的机动车部件或结构有不符合 GB 7258、GB 1589 等机动车国家安全技术标准和相关法律法规的情形时的工作要求(见 GA 801—2014 的 6.16、6.17f))，以防止误导部分查验员"过度"查验。

需要说明的是：

①以上第 8 条，主要出发点是在出现依据机动车实车车长和名义车长确定的车辆类型不一致的情形时，明确、规范、统一车辆类型的核定要求。如：根据第 8 条的规定，对于实车车长为 6030mm，合格证记载的(名义)车长为 5995mm 的货车，若质量参数符合轻型货车的规定，其规格应核定为"轻型"。

②当前，有部分厂家的面包车、车高大于或等于 1850mm 的小微型普通客车，为适应市场的不合理需求，通过变换车内座椅布置及固定方式等做法形成了过大的车内载货空间。为在注册登记环节尽可能避免此类情形的发生，统一、规范 GB 7258—2017 的 11.6.2 中"载客汽车的乘员座椅应符合相关规定，布置合理，无特殊要求时应尽量均匀分布……"等定性要求的理解和执行，公安部交通管理科学研究所于 2018 年 12 月 1 日发布了《关于进一步

规范面包车、小微型普通客车座椅布置及安全带设置的指导意见》（具体内容见附件 2），作为查验座椅布置是否合理的参考。

③本标准的 5.11 提出可通过"拍摄/制作打刻的车辆识别代号 1∶1 还原照片"的方式代替核对车辆识别代号拓印膜，基本出发点是推动打刻的车辆识别代号 1∶1 还原照片相关技术的研发和应用，并在条件成熟的时候取消车辆识别代号拓印要求。

④本标准的 5.11 提出注册登记查验时应按相关技术资料的标示确定打刻的车辆识别代号的位置是否符合规定，主要目的是规范、统一车辆识别代号的查验，因为当前有部分厂家在车上多个部位打刻了车辆识别代号。鉴于为满足国家标准《道路车辆　车辆识别代号（VIN）》（GB 16735—2004）中 VIN 内容和构成的要求，平行进口车违规更改车辆识别代号的概率较大；在查验平行进口车的车辆识别代号时，应关注重点部位有无凿改痕迹。

⑤本标准的 5.12 的规定"对更换发动机申请变更登记的，查验安全技术检验合格证明上记载的发动机型号和出厂编号是否符合规定"，主要目的是进一步明确机动车安全技术检验机构的责任。鉴于现行 GB 21861—2014 国家标准对此项要求的规定尚不具体，车管所应及时将此要求传达给相关机动车安全技术检验机构。

⑥本标准的 5.13、5.14 的规定查验车辆外廓尺寸、整备质量时应优先采用机动车安全技术检验机构的检验结果，主要出发点是进一步发挥机动车安全技术检验的作用，明确机动车安全技术检验机构的职责。从车管所的发展趋势出发，不鼓励车管所自身配备机动车外廓尺寸自动测量装置、整备质量测量仪等仪器。

⑦根据《中华人民共和国道路交通安全法实施条例》第 15 条的规定，机动车安全技术检验机构应当按照国家机动车安全技术检验标准对机动车进行检验，对检验结果承担法律责任。因此，查验员按照规定对机动车安全技术检验报告（机动车安全技术检验合格证明）的检测数据进行审核后没有发现问题的，采信机动车安全技术检验机构的检测数据作为查验结果，符合本标准本义。操作层面的具体建议，主要有：

A. 设区的市公安机关交通管理部门车辆管理所应当细化查验员审核整备质量、外廓尺寸等检验数据的要求，查验员应按照审核要求对两个项目的检测数据进行审核。

B. 鉴于现行 GB 21861—2014 并未明确整备质量、外廓尺寸的检测数据必须全部打印在机动车安全技术检验报告（机动车安全技术检验合格证明）上并通过检验监管系统上传；在 GB 21861 修订版实施之前，设区的市公安机关交通管理部门车辆管理所应先行向机动车安全技术检验机构明确这一要求，并宜细化其使用机动车外廓尺寸自动测量仪测量外廓尺寸的相关操作要求（如要求在测量外廓尺寸时需在机动车旁设立能在监控视频/照片中观察到的标线标尺等），特别是应明确在具体操作时如何修正按照 GB 1589—2016 不列入测量范围的部件对检测结果的影响。

C. 设区的市公安机关交通管理部门车辆管理所应在常规检验监管要求的基础上，强化整备质量、外廓尺寸两个项目的监管措施，如要求机动车安全技术检验机构对两个项目的检测过程全程视音频监控、按照"两随机、一公开"的原则对两个项目抽查复检等。

D. 注册登记检验时，对整备质量、外廓尺寸检验不合格的车辆，也应要求机动车安全技术检验机构出具结论为"不合格"的安检报告上传检验监管系统。

E. 审核检测数据时，对有疑问的车辆实施通过第三方机构或车管所自己配置的检测设备进行复核做法的，宜细化"对（检测数据）有疑问的车辆"的具体判定要求，且通过第三方机构进行复核时不应向机动车所有人另行收取检测费用。

⑧各地宜对接机动车检验监管系统和查验监管系统,实现查验员能够通过查验PDA调看注册登记检验/在用车(定期)检验时所查验机动车的相关照片和检测数据,确认所查验机动车的状态、技术参数(VIN、机动车外观照片等)与注册登记查验/在用车(定期)检验时机动车的状态、技术参数是否有明确区别。对有疑问的车辆,可推送给检验/查验监管中心,按照规定程序开展嫌疑车辆调查。鉴于目前全国版监管系统尚不支持查验员查询非本市行政辖区内机动车安全技术检验机构的机动车安全技术检验报告(机动车安全技术检验合格证明),在全国版系统升级完善前各地需研究采取其他方法措施。如建立制度,明确人员,强化对新车型管理,对本市行政辖区内注册登记的第一辆车进行严格审核,符合标准和规定的方维护进本地技术参数库。

⑨根据《机动车查验工作规范(试行)》第55条的规定,查验公安交通管理综合应用平台提示的涉嫌违规机动车产品时,查验业务岗应当按照规定查验机动车并留存相关照片(视频),对符合相关法规标准且未发现异常情形的,应当按照规定办理相关登记等业务。查验员不应以某(车型的)车辆为列入"黑名单"预警的涉嫌违规机动车产品为由未经实车查验直接认定查验不合格,也不应要求机动车生产厂家向相关部门申请将该车型从"黑名单"中删除之后再予以查验。

⑩部分纯电动大客车的辅助制动性能通过轮边减速器或电机能量回收等方式实现,驾驶室(区)内无辅助制动装置操纵开关,与常规能源汽车的辅助制动装置结构有明显区别。对于此类纯电动大客车,查验时通过核查车辆产品使用说明书或制造厂家提供的相关技术资料来确认实车是否按照规定安装了辅助制动装置。

⑪国家市场监督管理总局、国家标准化管理委员会于2019年10月14日发布了修订后的国家标准《道路车辆 车辆识别代号(VIN)》(GB 16735—2019),修改了"车型年份"的术语和定义,明确了"9 已标示车辆识别代号的重新标示或变更"要求。GB 16735—2019自2020年1月1日起实施,对机动车整车出厂合格证发证日期为2020年1月1日起的国产机动车,合格证的备注栏中如有VIN编制使用车型年份的描述,查验时应按照规定使用机动车查验智能终端查看与国产机动车合格证核查系统VIN备案信息的比对结果;发现实车的车辆识别代号有重新标示或变更情形的,应确认重新标示或变更的车辆识别代号技术要求是否符合GB 16735—2019中9.2的规定,确认合格证的备注栏是否相应注明了"VIN重新标示"或"VIN变更"等内容,并按照规定使用机动车查验智能终端查看与国产机动车合格证核查系统VIN备案信息的比对结果。

注1:工业和信息化部装备工业发展中心机动车合格证业务平台的VIN重新标示或者变更备案流程系自2020年1月1日起增加,机动车整车出厂合格证发证日期为2020年1月1日前的国产机动车不存在VIN重新标示或变更的情形。

注2:对于进口机动车,已标示的车辆识别代号的重新标示或变更的管理要求尚未出台,需待国家市场监督管理总局、公安部等相关部委发布文件进一步明确。

需要注意的是:

①GA 801—2014较GA 801—2008、GA 801—2013删除了"更换车身或者车架时不属于打刻原车辆识别代号的,在《机动车查验记录表》的备注栏内记录新的车辆识别代号"的表述。因此,自2014年12月1日起更换车身或者车架的机动车,应在所更换的车身或者车架

上打刻该车注册时的车辆识别代号,不应使用所更换的车身或者车架的部件号(如有)来替代注册时的车辆识别代号。

②GB 7258—2004 起即取消了发动机号应易于拓印的要求,自 GA 801—2008 起的历次 GA 801 版本均未要求查验时需拓印发动机号。目前,有个别地方的车管所在查验机动车时仍将拓印发动机号作为一个普遍要求,明显违反了 GA 801 标准的相关规定。

③GB 7258—2017 及先前的 GB 7258 版本均未规定发动机号码一经打刻不允许更改、变更。因此,查验时不能因发现打刻的发动机号有更改、变动痕迹而直接认定发动机号查验不合格;这种情况下,经核实排除嫌疑的,发动机号码的查验结果为合格,应按规定办理登记业务。

④根据公安部 124 号令的规定,机动车更换发动机时,可以更换为经国务院机动车产品主管部门许可选装的其他型号的发动机。因此,对国产车可更换为同一车型《公告》列入的其他型号发动机;但对进口车,该要求具体如何操作尚无明确规定。

⑤车管所采用机动车安全技术检验机构的外廓尺寸、整备质量等检验数据时,应对上述参数的检验过程及结果加大监管力度,最大限度地保证检验过程和结果的规范性、科学性。车管所自身配备外廓尺寸自动测量装置、整备质量测量仪等仪器进行外廓尺寸、整备质量查验时,应配备具备能力的工作人员,按照规定进行仪器设备检校准,依据相关标准和规范进行测量。

⑥本标准的第 13、14 条中的"其他具备资质的机构"具体如何认定,宜由设区的市公安机关交通管理部门车辆管理所统一确定。按照国家相关规定,其使用的仪器设备应当按规定定期检定校准,操作人员应当经过相应的培训,检验过程应当按照相关标准、规范和规程进行。

⑦挂车如与牵引车组合成汽车列车进行查验,应消除车辆组合状态对挂车、牵引车的车辆高度、整备质量等参数测量结果的影响。

⑧《机动车运行安全技术条件》(GB 7258—2017)国家标准第 1 号修改单调整了中置轴挂车列车的主车和挂车匹配要求,规定"中置轴挂车列车的中置轴挂车的总质量应小于或等于货车的总质量"。对中置轴挂车进行查验时,不适用《中华人民共和国道路交通安全法实施条例》第 56 条第 1 款第(3)项"载货汽车所牵引挂车的总质量不得超过载货汽车本身的载质量"的要求。

⑨设区的市公安机关交通管理部门车辆管理所应结合本地实际出台规定,明确"注册登记查验时查验员核对安全技术检验合格证明"与"新车注册登记检验时机动车安全技术检验远程视频监管中心工作人员进行监督管理"两项工作对于非免检机动车的具体实施要求,实现两项工作间的有效衔接。对于总质量接近 4500kg 的轻型货车(尤其是轻型自卸货车),核对安全技术检验合格证明时应关注其整备质量和轴荷。车管所按照规定履行了检验监管职责且查验员按照规定对机动车安全技术检验报告(机动车安全技术检验合格证明)的整备质量、外廓尺寸等检测数据进行了审核的,如事后发现机动车安全技术检验机构篡改检测数据、不规范检验导致机动车安全技术检验报告(机动车安全技术检验合格证明)的检测数据与实车不一致的,车管所及其查验员不应承担相关的监督/查验责任。车管所应会同市场监管等部门对机动车安全技术检验机构的违规情形进行调查、处罚。

⑩公安交通管理信息系统(公安交通管理综合应用平台)的车辆《公告》查询模块中,"车辆类型"栏的内容为方便各地操作、由信息系统根据一定规则自行生成,与注册登记查验时查验员依据本标准确定的车辆类型不一致时,应对信息系统中的"车辆类型"进行维护。鉴

于各地数据集中模式和管理要求不尽相同,各省应进一步明确、细化车辆类型维护的相关规定和要求。注册登记时,不得以未在 GA 802"表 2 机动车结构分类表"中找到与实车一致的机动车结构分类为由不予办理注册登记。出现这一情形时,机动车结构分类应选择表中最相近的结构分类;办理机动车转入业务时,转入地车管所也不得以未在 GA 802"表 2 机动车结构分类表"中找到与实车一致的机动车结构分类、原车管所认定车辆类型错误为由退档。

⑪《公告》、机动车整车出厂合格证明上的"车辆名称"系界定车辆结构特征和功能要求的基础,也是工业和信息化部装备工业发展中心在《公告》管理环节确定车辆应符合的技术要求的依据。注册登记查验时,发现实车的结构特征和功能与"车辆名称"不相匹配的,应确认实车与《公告》样车/认证批准状态的一致性,经核实不一致的(如两轴越野货车不具备全轮驱动功能等),应按照 GB 7258 6.2 和相关规定通报上报违规机动车产品。

五、《机动车查验记录表》的签注要求

(1)《机动车查验记录表》、《校车查验记录表》的签注要求如下:

①《机动车查验记录表》或《校车查验记录表》所列查验项目查验合格的,在对应的判定栏内签注"√";查验不合格的,在对应的判定栏内签注"×",必要时还应在备注栏简要记录不合格的情形;对按照规定不需查验的项目,在对应的判定栏内签注"—"。

②安全装置查验结果表明至少有一种安全装置未按规定安装,或者发现实车未按规定安装安全装置的,在对应的判定栏内签注"×"的同时,在"备注"栏中记录不合格的项目并说明具体情形。

③对申请注册登记的机动车进行查验时,查验员应在对应的判定栏内签注确定的"车身颜色""核定载人数"(对设有乘客站立区的客车为"载客人数/座位数")及根据 GA 802 核定的"车辆类型"。

④对申请注册登记或换发新能源汽车专用号牌的插电式混合动力汽车、纯电动汽车(换电式除外)进行查验时,对具有外接充电接口的,在"备注"栏中记录"具有外接充电接口"。

⑤对申请注册登记的进口机动车进行查验时,GB 7258 4.1.2 规定的特别查验项目存在不合格情形的,在对应的判定栏内签注"×"的同时,在"备注"栏中记录不合格的项目并说明具体情形。

⑥对申请变更车身颜色的机动车进行查验时,查验员应在对应的判定栏内签注确定的"车身颜色"。

⑦对残疾人专用汽车进行查验时,操纵辅助装置加装合格证明、操纵辅助装置的产品型号和产品编号的查验结果在"备注"栏中签注。

⑧对乘用车进行查验时,发现车身外部进行了改装但未改变车辆长度宽度和车身主体结构、不影响运行安全的,以及非注册登记查验时发现乘用车未按规定配备机动车用三角警告牌和/或反光背心的,告知机动车所有人或申请人(或被委托的经办人)交通安全法律法规和技术标准相关要求及使用规定,并在"备注"栏中记录。

⑨按规定应查验的项目全部合格且未发现其他不合格情形时,查验员应在《机动车查验记录表》或《校车查验记录表》对应的位置签注"合格"、签字(或签章)并签注日期;按照规定查验的项目具有不合格情形时,查验员应签注"不合格"、签字(或签章)并签注日期。查验不合格的机动车复检合格时,查验员在《机动车查验记录表》或《校车查验记录表》对应的位置

签字(或签章)并签注日期;复检仍不合格的,在备注栏记录复检时间、不合格情形并签字(或签章)和签注日期。

⑩办理校车使用许可相关业务查验机动车时应使用《校车查验记录表》,备注栏中应记录提交校车日期。非专用校车申请校车使用许可查验时,应按照幼儿校车、小学生校车、中小学生校车、初中生校车四种情形分别核定乘坐的学生数和成人数,并签注在"备注"栏中。

⑪教育行政部门征求申请校车使用许可审查意见时,机动车查验结束后,应将制作的《校车查验记录表》交机动车所有人或申请人(或被委托的经办人)签字。

(2)监督报废机动车解体时,应现场或远程视频监督车辆的五大总成解体;如发现车辆的五大总成不齐全,应要求机动车所有人出具相应的书面材料予以说明,但车架(车身)缺失时应认定为车辆缺失。这是对监督报废机动车解体的规定。

(3)省、自治区、直辖市和设区的市公安机关交通管理部门,对在辖区内首次注册登记的新车型进行技术参数确认时,应制定实施专门的工作制度并配备相应的人员。这是对首次注册登记新车型技术参数确认要求的规定。

GA 801—2019 与 GA 801—2014 相比,主要变化如下:

(1)查验记录表签注要求方面:明确了安全装置的查验结果应签注在对应的判定栏内;明确了对设有乘客站立区的客车,其"核定载人数"栏的签注要求为"载客人数/座位数"。对申请注册登记或换发新能源汽车号牌的插电式混合动力汽车、纯电动汽车(换电式除外),增加了"备注"栏签注"具有外接充电接口"的要求;增加了对申请注册登记的进口机动车的特别签注要求;增加了查验乘用车发现车身外部进行了改装、未按规定配备机动车用三角警告牌和/或反光背心时的签注要求;明确了查验员可以在查验记录表上签字或签章;修改了查验复检不合格时的签注要求,规定查验复检不合格时应在备注栏记录复检时间、不合格情形并签字(或签章)和签注日期;删除了"发现其他不合格情形时,查验员应签注'不合格'、签字和签注日期,并在'备注'栏中说明不合格情形(见 GA 801—2014 的 6.17 f))"的规定;删除了"使用便携式查验智能终端时,《机动车查验记录表》应通过计算机软件打印生成(GA 801—2014 的 6.17 g))"的规定。

(2)新车型技术参数确认方面,明确了开展该项工作时应制定实施专门的工作制度并配备相应的人员,以保证新车型技术参数确认工作的公正、科学、准确。

需要说明的是:

①本次修订时放宽的乘用车车身外部改装项目,具体包括加装车顶行李架、出入口踏步件、换装散热器面罩和/或保险杠、更换轮毂。查验时发现乘用车具有上述加装改装情形的,查验员目视检查加装/改装部件安装牢固,且未发现改变车辆外部商标或者厂标、改变外部照明和信号装置等违规情形的,按照规定告知并在查验记录表备注栏说明后即视为合格;除有疑问的情形外,查验员无须测量确认加装/改装后乘用车的车辆长度/宽度是否发生了变化。告知宜采取书面告知的方式,应当使用执法记录仪记录告知的过程。

②发动机中置的乘用车"外廓尺寸、轴数、轴距"和"轮胎规格"项目的查验结果,以及带驾驶室的正三轮摩托车"整备质量"项目的查验结果,签注在《机动车查验记录表》"货车 挂车"类别对应查验项目(序号分别为 10、12 和 11)的判定栏内。

③现行规范性文件和技术标准尚无针对报废机动车监督解体的细化规定,各地可根据本地实际制定现场或远程视频监督车辆的五大总成解体的具体工作要求。

④对于采用承压罐体的罐式危险货物运输车辆,若其承压罐体与车辆行走部分(车辆底盘)为可分离结构,车辆报废时承压罐体经具有资质的机构检测仍符合安全使用要求的,经机动车所有人申请,承压罐体可不解体。

⑤2019年4月22日,国务院总理李克强签发《报废机动车回收管理办法》(国务院令第715号)。国务院令第715号自2019年6月1日起施行,2001年6月16日国务院公布的《报废汽车回收管理办法》(国务院令第307号)同时废止。国务院令第715号允许将具备再制造条件的报废机动车的发动机、变速器、前后桥等“五大总成”出售给再制造企业。商务部会同相关部委研究制定《报废机动车回收管理办法实施细则》等配套规范性文件。各地应关注《报废机动车回收管理办法实施细则》的发布实施时间和相关具体内容,及时调整报废机动车监督解体的相关工作要求。

需要注意的是:开展辖区内首次注册登记新车型技术参数确认工作,主要考虑是现在的《公告》中仍存在部分车型的技术参数不符合GB 7258、GB 1589等机动车国家安全技术标准的情形,期望通过此项工作能更好地发挥车管所在强化车辆安全技术状况源头管理方面的作用。本标准并未规定各省、自治区、直辖市和设区的市公安机关交通管理部门必须开展新车型技术参数确认工作,是否开展该项工作,由各地结合本地实际情况自行确定。《机动车查验记录表》详见表3-12。

六、特殊情形的处理

根据《机动车辆查验规程》(GA 801—2019)的规定:

(1)查验中发现机动车存在被盗抢骗嫌疑、走私嫌疑、非法改装、拼装等情形时,应详细记录机动车基本信息并在计算机系统中注明。属于被盗抢骗嫌疑和走私嫌疑的,进入嫌疑车辆调查程序;属于非法改装的,应责令机动车所有人将机动车恢复原状;属于拼装的,应按照相关规定移交有关部门予以拆解、报废。

(2)注册登记查验时,发现申请注册登记的机动车不符合GB 7258、GB 1589等机动车国家安全技术标准或与《公告》、机动车整车出厂合格证明的数据不一致时,或发现《公告》、机动车整车出厂合格证明的技术参数不符合GB 7258、GB 1589等机动车国家安全技术标准时,车辆管理所应在告知、提醒机动车所有人依法维权的同时做好取证工作,在计算机系统中详细记录机动车的基本信息及整车生产厂家、生产日期、公告批次(对进口机动车为进口证明凭证名称、编号)及违规原因初步调查等信息,制作《违规嫌疑机动车产品通报表》(见表3-4),向当地市场监督管理部门、工业和信息化部门(国产机动车)、检验检疫部门(进口机动车)通报并通过网络逐级上报至省级公安机关交通管理部门。省级公安机关交通管理部门应定期组织审核后上报至公安部交通管理局。

(3)在(1)和(2)所述情形中,属于办理业务前经机动车安全技术检验机构安全技术检验合格的,应按规定对机动车安全技术检验机构予以处罚,并将相关信息通报给当地市场监督管理部门。

(4)对初次注册登记查验确认为违规机动车产品的机动车再次进行注册登记查验时,应确认机动车生产厂家是否已对先前查验不合格的项目进行了整改并出具了与整改日期相适应的整改合格说明,确认的结果应通过视频录像或拍摄照片留存。

表 3-12　机动车查验记录

业务类型：□注册登记　□转入　□转移登记　□变更迁出　□变更车身颜色　□更换车身或者车架

　　　　　□更换整车　□更换发动机　□变更使用性质　□重新打刻 VIN　□重新打刻发动机号

　　　　　□加装/拆除操纵辅助装置　□申领登记证书　□补领登记证书　□监督解体　□换发新能源车号牌　□其他

特殊属性：□新能源汽车　　　□进口车　　　□违规机动车产品

类别	序号	查验项目	判定	类别	序号	查验项目	判定
通用项目	1	车辆识别代号		安全附件、安全装置、外部喷涂等	15	灭火器/摩托车乘员头盔	
	2	发动机(驱动电机)号码			16	行驶记录装置、车内外录像监控装置	
	3	车辆品牌/型号			17	应急出口/应急锤、乘客门	
	4	车身颜色			18	外部标识/文字、喷涂	
	5	核定载人数			19	安全装置、标志灯具、警报器	
	6	车辆类型		其他	20	检验合格证明	
	7	号牌/车辆低频观形状			21	进口车、新能源汽车特殊项目	
	8	轮胎完好情况		查验结论：			
	9	安全带、三角警告牌、反光背心					
货车挂车	10	外廓尺寸、车数、轴距		查验论：			
	11	整备质量				年　月　日	
	12	轮胎规格					
	13	侧后部防护		复检合格	查验员：		
	14	车身反光标识和车辆尾部标志板、喷涂				年　月　日	

机动车照片 (注册登记、转移登记、需要制作照片的变更登记、转入、监督解体)	备注： 年　月　日

车辆识别代号(车架号)拓印膜，或打刻的车辆识别代号(车架号)1:1还原照片

(注册登记、转移登记、转出、转入、更换车身或者车架、更换整车、

申领登记证书、重新打刻 VIN)

使用机动车查验智能终端拍摄的打刻的车辆识别代号照片

说明：1.填表时在对应的业务类型名称上画"√"；2.对按照规定不需查验的项目，在对应的判定栏内画"—"；3.本表所列查验项目判定合格时在对应栏画"√"，判定不合格时在对应栏画"×"，本表以外的查验项目不合格时，在备注栏内注明情况，查验结论签注为"不合格"；所有查验项目合格，查验结论签注为"合格"；4.复检合格时，查验员签字并签注日期；复检仍不合格的，不签注；5.注册登记查验时，"车身颜色"、"核定载人数"、"车辆类型"判定栏内签注查验确定的相应内容；变更车身颜色查验时签注车身颜色。

与 GA 801—2014 相比主要变化如下：

(1)明确了注册登记查验发现违规机动车产品时应告知机动车所有人依法维权。

(2)明确了发现的违规机动车产品除通报给当地市场监督管理部门外，还应分别通报给当地工业和信息化部门(国产车)或检验检疫部门(进口车)。

(3)修改了省级公安机关交通管理部门定期组织审核违规机动车产品的人员资质要求，不再限定需由高级查验员进行审核。

(4)增加了对初次注册登记查验确认为违规机动车产品的机动车再次进行注册登记查

验的特殊要求,以方便查验员确认先前所发现的违规项目是否已整改到位。

需要说明的是:

①拼装车的术语和定义见 GA 802—2019 3.3,非法改装车的术语和定义见 GA 802—2019 3.4。

②注册登记查验时,对违规机动车产品无法办理注册登记的,查验员要做好群众沟通解释工作,告知不予登记原因和使用不符合规定车辆的危害,并提示群众可依法通过协商或诉讼等方式退换违规机动车产品,造成损失的还可要求予以赔偿。

③注册登记查验过程中,发现送检机动车存在查验项目以外的其他不符合 GB 7258、GB 1589 等机动车国家安全技术标准规定情形的,经车管所负责查验工作的领导组织研究确定属实的,按照 6.2 的规定上报违规嫌疑机动车产品。

④本标准的 6.4 中,出具"整改合格说明"的主体,对实行《公告》管理的国产机动车为对应车型《公告》"车辆制造企业名称"栏记载的机动车生产厂家(与送检机动车《机动车整车出厂合格证》"车辆制造企业名称"栏记载的机动车生产厂家一致);对其他国产机动车为《机动车整车出厂合格证》"车辆制造企业名称"栏记载的机动车生产厂家;对实行强制性认证(3C认证)的进口机动车为对应车型强制性认证证书持有人(与送检机动车的强制性产品认证车辆一致性证书的签发单位应一致)。

⑤本标准未对"整改合格说明"的式样及内容进行规定。标准实施后,各直辖市、设区的市公安机关交通管理部门车辆管理所可自行确定。"整改合格说明"的内容应能体现:初次注册登记查验的相关信息(时间、地点、确定的违规项目及情形等),厂家针对发现的每个违规项目采取的整改措施(具体的整改方式、步骤,整改地点及时间),每个违规项目整改后检验确认符合标准规定的相关信息(检验方法、检验合格依据等),整改事宜(厂家联系人姓名及联系方式,出具日期及厂家印章)等。"整改合格说明"的出具日期应在所有的违规项目的整改、检验时间之后及再次注册登记查验日期之前。车管所应将"整改合格说明"作为机动车查验记录表的附件收存。

注:对于国产机动车产品,"整改合格说明"上的厂家印章应为机动车生产厂家的公章,但与该车《机动车整车出厂合格证》上的厂家印章一致的视为合格。

⑥经核实,机动车违规情形是由机动车所有人自行非法改装造成的,责令机动车所有人将机动车恢复原状后可按照规定继续办理相关业务,此时无须要求机动车生产厂家出具整改合格说明。

⑦对于不实行强制性认证(3C认证)的进口机动车(如海关监管车辆等),对初次注册登记查验不合格的机动车进行复检时,查验员确认先前查验不合格的项目是否已整改合格并以视频录像或拍摄留存即可,无须审核整改合格说明。

⑧各地(建议为设区的市公安机关交通管理部门车辆管理所)应对常见的机动车产品违规情形进行梳理,区分哪些违规情形是因机动车生产厂家(和/或销售商)违规生产造成的,哪些违规情形与机动车生产厂家无关;对因机动车生产厂家违规生产造成的违规情形,应明确哪些通过机动车生产厂家的整改可以符合机动车国家安全技术标准和管理规定。对于机动车生产厂家无法整改的违规情形,车管所在按照《机动车查验工作规范(试行)》书面告知机动车所有人或者代理人的同时,应明确提示机动车所有人或者代理人该车无法通过机动车生产厂家整改的方式符合注册登记要求,建议依法通过协商或者诉讼等方式退换违规机动车。

⑨查验员复检时,对机动车生产厂家提交的整改合格说明只做形式审核,确认整改合格说明要素是否齐全,依据整改合格说明,对照实车确认先前查验不合格的项目是否已整改合格,查验员不对整改合格说明上的机动车生产厂家印章的真伪性负责。

需要注意的是:

①目前,对具体的一辆车是否为被盗抢骗车辆、非法改装车、拼装车,公安机关及其交通管理部门的认定程序与标准尚无统一、规范、权威的说法。

②注册登记查验过程中,若查验员发现送检机动车涉嫌存在严重安全隐患、道路运行时易因此造成人员伤亡和财产损失的,应及时报告车管所负责查验工作的领导。经车管所集体研究认为有必要开展进一步调查的,可以"该车涉嫌非法改装、拼装"为由启动嫌疑车辆调查程序,按照规定对涉嫌存在的严重安全隐患进行调查核实,并可将相关信息告知国家市场监督管理总局缺陷产品管理中心。调查核实结果表明送检机动车不存在违反法律法规及现行有效的机动车国家安全技术标准情形的,应当结束嫌疑调查,按照规定予以注册登记。

③对挂车进行查验时,若查验员发现牵引车与挂车不匹配(包括汽车列车的车长超出GB 1589标准规定的限值、牵引车的准牵引总质量小于挂车的最大允许总质量等),或者牵引车本身不具备牵引资格(如牵引中置轴旅居挂车的乘用车的牵引装置系自行加装等),应当告知机动车所有人或申请人(或被委托的经办人)道路交通安全法律法规和技术标准相关规定,经车管所负责查验工作的领导同意后,可要求其更换符合规定的牵引车后再来办理挂车查验业务。

注:车管所应告知机动车安全技术检验机构,检验汽车列车安全技术性能时应确认牵引车是否具有牵引资格、确认牵引车与挂车是否匹配。

④《机动车查验工作规范(试行)》第51条第2款规定,"查验监督岗承担审核工作的人员应当具备中级以上查验员资格。车辆管理所应当每月组织查验员审核违规机动车信息,制作《违规嫌疑机动车产品通报表》,并通报当地市场监督管理部门、工业和信息化部门";第54条第2款规定,"省级公安机关交通管理部门应当每月组织高级查验员审核各地上报的违规机动车产品信息,并上报至公安部交通管理局"。车管所在通报上报违规机动车产品时应综合执行本标准和《机动车查验工作规范(试行)》的相关规定。

⑤为切实发挥违规机动车产品上报机制的作用,公安机关及其交通管理部门要充分借助社会、媒体等多方面力量,加强对生产、销售违规机动车产品的监督、曝光,推动形成对违规机动车产品的多元协同治理体系。要加强与社会公益机构协作配合,支持、引导消费者向各级消费者协会等公益组织反映违规机动车产品信息以及发生的事故案例、数据,支持公益组织对车辆安全质量问题提起公益诉讼,维护群众合法权益。要加强与媒体、媒介沟通协调,注重搜集、宣传违规机动车产品引发的诉讼案件、交通事故案例,并向各级消费者协会、中国质量万里行网站等提供,对违法违规企业形成舆论高压态势,倒逼企业规范生产、销售行为。

⑥根据《机动车查验工作规范(试行)》第55条的规定,对初次注册登记查验确认为违规机动车产品的机动车再次进行注册登记查验时,查验业务岗应当按照规定查验机动车并留存相关照片(视频),对符合相关法规标准且未发现异常情形的,应当按照规定办理相关登记等业务。车管所及其查验员不应以"该车为违规车再次申请注册登记查验,需报告上级、集体商讨"等为由拖延办理或不予办理注册登记业务。

第六节　重点车辆查验

重点车辆查验是指对营运客车、旅游客车、校车、营运货车、危化品车辆等的检查,因为这些车辆相对于其他车辆来说,其运行安全显得更加重要,一旦出现危险情况将影响到车上更多乘员的安全问题,涉及群死群伤的事故。危化品车辆的运输安全显得更为重要,出现紧急情况不但会危及单位及车辆本身乘员的安全,更重要的是会危及周边群众,以及更多的抢险救护人员的生命财产安全等,所以,对于这些重点车辆的查验国家非常重视,这些车辆的查验不但要符合2019年9月1日实施的《机动车查验规程》(GA 801—2019)的规定,还要符合2012年4月10日公布的《校车安全管理条例》(国务院令第617号),以及2017年4月1日起正式实施的《营运客车安全技术条件》(JT/T 1094—2016)交通部标准。目前,由于所有营运车辆必须经过交通部门的审查检验,符合规定才能核发《营运证》,所以,这个交通部颁发的标准目前是由交通部有关部门把关,公安部门只在查验车辆时查验营运证,在车辆检验监督时审查营运证等。

一、校车查验

为贯彻实施《校车安全管理条例》(国务院617号令),进一步加强校车登记管理,保障校车安全,公安部124号令《机动车登记规定》的第6条第3款专门作了规定:"专用校车办理注册登记前,应当按照专用校车国家安全技术标准进行安全技术检验。"

因此,在核发校车标牌时必须对校车本身的安全技术状况进行查验,除了要上检测线进行安全技术状况检验外,根据2014年12月1日实施的《机动车查验规程》(GA 801—2019)的规定,对于专用校车还要查验下列主要事项:

(1)校车标牌;

(2)校车标志灯;

(3)停车指示标志;

(4)具有行驶记录功能的卫星定位装置;

(5)应急锤、干粉灭火器、急救箱;

(6)照管人员座椅;

(7)每一个座椅均应安装汽车安全带;

(8)2013.5.1出厂的专用校车还应安装车内、外录像监控系统;

(9)2013.5.1出厂的专用校车还应安装限速装置,限速80km/h;

(10)2013.5.1出厂的专用校车前轮安装盘式制动器;

(11)2013.5.1出厂的专用校车装备发动机舱自动灭火装置;

(12)辅助倒车装置;

(13)防抱死装置;

(14)安全技术检验合格证明;

对专用校车和喷涂粘贴有专用校车车身外观标识的非专用校车,还应查验:

(1)车身外观标识;

(2)照管人员座椅和汽车安全带;

(3)对非专用校车,应分别核定乘坐幼儿、小学生、中小学生和初中生时的学生数和成人数。

根据公安部124号令第37条的规定,专用校车以及非专用校车,每半年进行一次安全技术检验,并且不得进行异地检验。

公安部124号令第27条还规定,已达到国家强制报废标准的机动车,机动车所有人向机动车回收企业交售机动车时,应当填写申请表,提交机动车登记证书、号牌和行驶证。机动车回收企业应当确认机动车并解体,向机动车所有人出具《报废机动车回收证明》。报废的校车、大型客、货车及其他营运车辆应当在车辆管理所的监督下解体。

公安部124号令第30条规定,因车辆损坏无法驶回登记地的,机动车所有人可以向车辆所在地机动车回收企业交售报废机动车。交售机动车时应当填写申请表,提交机动车登记证书、号牌和行驶证。机动车回收企业应当确认机动车并解体,向机动车所有人出具《报废机动车回收证明》。报废的校车、大型客、货车及其他营运车辆应当在报废地车辆管理所的监督下解体。校车查验记录表详见表3-13。

表 3-13 校车查验记录

业务类型:□注册登记 □转入 □更换整车 □转移登记 □变更迁出 □更换车身或者车架
　　　　　□申请校车使用许可 □核发检验合格标志/期满换发校车标牌 □非专用校车不再作为校车使用
校车种为磁:□专用校车 □非专用校车

类别	序号	查验项目	判定	类别	序号	查验项目	判定
通用项目	1	车辆识别代号		校车专用项目	16	车身外观标识	
	2	发动机型号/号码			17	照管人员座位	
	3	车辆品牌/型号			18	汽车安全带	
	4	车身颜色			19	车内外录像监控系统	
	5	核定载人数			20	辅助倒车装置	
	6	车辆类型			21	校车标牌	
	7	号牌/车辆外观形状		其他	22	安全技术检验合格证明	
	8	轮胎完好情况		查验结论:			
	9	三角警告牌					
校车专用项目	10	校车标志灯					
	11	停车指示标志					
	12	具有行驶记录功能的卫星定位装置		查验结论:			
	13	应急出口/应急锤				年　月　日	
	14	干粉灭火器		复检合格	查验员:		
	15	急救箱				年　月　日	

机动车照片 (核发检验合格标志/期满换发校车标牌 及专用校车变更迁出除外)	备注: 机动车所有人/申请人: 　　　　　年　月　日

车辆识别代号(车架号)拓印膜
(注册登记、转入、更换整车、转移登记、变更迁出、更换车身或者车架)

说明:1.填表时在对应的校车类型和业务类型名称上画"√";2.对按照规定不需查验的项目,在对应的判定栏内画"—";3.本表所列查验项目判定合格时在对应栏画"√",判定不合格时在对应栏画"×",本表以外的查验项目不合格时,在备注栏内注明情况,查验结论签注为"不合格";所有查验项目合格,查验结论签注为"合格";4.复检合格时,查验员签字并签注日期;复检仍不合格的,不签注;5.专用校车注册登记查验时,"车身颜色、核定载人数、车辆类型"判定栏内签注查验确定的相应内容;6.非专用校车申请校车使用许可查验时,按照幼儿校车、小学生校车、中小学生校车、初中生校车四种情形分别核定乘坐的学生数和成人数,并签注在备注栏内。

二、剧毒危化品运输车辆的查验

根据八部委联合发布的文件(见图 3-4),2002 年版和 2003 年修订表可知,目前剧毒化学品有 335 种,根据国家有关规定,运输剧毒化学品的驾驶人和押运员均须具有国家交通部门核发的专业许可运输证,懂得一般的剧毒化学品运输安全知识等。

图 3-4 八部委联合发布的文件

根据公安部 77 号令的规定,在用剧毒危化品车辆进行公路运输时,一定要办理公路运输通行证,每次办理通行证时,公安车管部门都要对剧毒化学品公路运输车辆进行查验,在查验时一定要按照公安部统一制作的查验表的项目进行严格查验,详见表 3-14 剧毒化学品公路运输车辆的查验表。

表 3-14　剧毒化学品公路运输车辆查验

剧毒化学品公路运输车辆查验表

检查项目	查验标准	是否符合要求		备注
		是	否	
车辆审验期	是否在有效期内			
车　辆	是否有改装行为			
安全标志牌	是否安装			
剧毒品(六类)专用标识	是否安装			
应急处理器材	是否随车携带			
人员防护用品	是否随车携带			
轮胎花纹深度	是否符合国标(GB 7258)要求			
检验人签字：			检验日期：　年 月 日	

三、危险货物运输车辆的查验

危险货物运输车辆在进行各种车辆登记时,都需要进行车辆的确认和查验。

(一)GA 801 对危险货物运输车辆安全装置的要求

(1)限速功能或限速装置:危险货物运输车应具有限速功能,否则应配备限速装置。限速功能或限速装置调定的最大车速为危险货物运输车不得大于 80km/h。

(2)辅助制动装置:所有危险货物运输车,以及 2014 年 9 月 1 日起出厂的总质量大于等于 12000kg 的专项作业车,应装备缓速器或其他辅助制动装置。

(3)盘式制动器:2012 年 9 月 1 日起出厂的所有危险货物运输车其前轮应装备盘式制动器。

(4)防抱死制动装置:2012 年 9 月 1 日起出厂的所有危险货物运输车以及 2014 年 9 月 1 日起出厂的总质量大于等于 12000kg 的货车和专项作业车,均应安装符合规定的防抱死制动装置,且防抱死制动装置的自检功能应正常。

(5)行驶记录仪:危险货物运输车、半挂牵引车和总质量大于等于 12000kg 的货车应安装符合规定的行驶记录仪、具有行驶记录功能的卫星定位装置等行驶记录装置。

行驶记录装置及其连接导线在车上应固定可靠。行驶记录装置应能正常显示;如使用行驶记录仪作为行驶记录装置,其显示部分应易于观察、数据接口应便于移动存储介质的插拔。2006 年 12 月 1 日起出厂汽车安装的汽车行驶记录仪,其主机外表面的易见部位应模压或印有符合规定的"3C"标识。

(二)GB 7258 对危险货物运输车的特殊要求

根据 GB 7258 的要求:

(1)消防器材:专门用于运送易燃和易爆物品的危险货物运输车,车上应备有消防器材并具有相应的安全措施。

(2)排气管:应装在罐体/箱体前端面之前、不高于车辆纵梁上平面的区域,并安装符合 GB 13365 规定的机动车排气火花熄灭器,机动车尾部应安装接地装置。

(3)罐式危险货物运输车的罐体顶部应设置具有足够强度的倾覆保护装置,且该装置应装备有能将积聚在其内部的液体排出的排放阀;罐体顶部的管接头、阀门及其他附件的最高点应低于倾覆保护装置的最高点至少20mm。

(4)罐式危险货物运输车的罐体及罐体上的管路和管路附件不得超出车辆的侧面及后下部防护装置,罐体后封头及罐体后封头上的管路和管路附件与后下部防护装置的纵向距离应大于等于150mm。

四、液体危险货物槽车加装紧急切断装置的规定

2014年7月7日国家安全监管总局,工业和信息化部,公安部,交通运输部,国家质检总局等五部委联合下发了安监总管〔2014〕74号文件"关于在用液体危险货物槽车加装紧急切断装置有关事项的通知"。

为深刻吸取晋济高速公路山西晋城段岩后隧道"3·1"特别重大道路交通危化品燃爆事故的教训,贯彻落实《国务院安委会办公室关于加强危险化学品道路运输和公路隧道安全工作的紧急通知》(安委办明电〔2014〕4号)的要求,切实做好液体危险货物罐车紧急切断装置加装工作,有效减少液体危险货物罐车安全隐患,根据五部委的通知要求:

(一)液体危险货物罐车生产企业、改装企业和使用单位要认真做好紧急切断装置加装工作

(1)根据《道路运输液体危险货物罐式车辆第1部分:金属常压罐体技术要求》(GB 18564.1—2006),2006年11月1日以后出厂的液体危险货物罐车应当安装紧急切断装置,否则为不合格产品。液体危险货物罐车生产企业、改装企业要制定详细的加装工作方案,采取发布公告或者逐车落实的方式,合理安排加装时间,按期分批通知罐车使用单位回厂免费安装紧急切断装置,并承担由此支出的合理开支。罐车使用单位要配合罐车生产企业和改装企业做好紧急切断装置加装工作。

(2)在销售合同或技术确认书中没有明确为运输液体危险货物但实际用于运输液体危险货物、没有安装紧急切断装置的液体危险货物罐车,或者罐车生产企业已经倒闭的,以及2006年11月1日以前出厂仍在使用的、没有安装紧急切断装置的液体危险货物罐车,罐车使用单位要出资委托符合条件的罐车生产企业或改装企业认定可以运输液体危险货物并加装紧急切断装置。

(3)液体危险货物罐车生产企业、改装企业和使用单位必须依据标准规范要求限期加装紧急切断装置。紧急切断装置应符合《道路运输液体危险货物罐式车辆紧急切断阀》(QC/T 932—2012)的要求,加装要由改装单位重新设计核定后实施,并出具改装检验合格证明。

(4)液体危险货物罐车生产企业生产的罐车、改装企业改装的罐车要符合工业和信息化部公告的车型。罐体容积、壁厚、允许装载的介质等应与该车型公告参数保持一致。未经过公告的车型不得生产或改装。

液体危险货物罐车生产企业要建立液体危险货物罐车生产销售台账,一车一档,准确记录车辆设计、生产、安全附件加装、维修、买方信息等情况,确保液体危险货物罐车身份明确、可追溯。

改装的液体危险货物罐车要依法经具备相应液体危险货物罐体检验资质(指危险化学品包装物、容器产品生产许可证检验资质或压力容器汽车罐体检验资质,下同)的检验机构检验合格,并获得检验合格证明。

液体危险货物罐车使用单位要依法取得交通运输部门颁发的道路运输经营许可证或者道路危险货物运输许可证以及道路运输证。

（二）各有关主管部门要认真落实液体危险货物罐车安全监督管理职责

（1）工业和信息化主管部门依法对液体危险货物罐车的产品型号进行准入审查和公告；对液体危险货物罐车改装工作进行指导，督促企业贯彻执行《道路运输液体危险货物罐式车辆第1部分：金属常压罐体技术要求》（GB 18564.1—2006）强制性标准要求，保证液体危险货物罐车装有紧急切断装置并质量合格。

（2）质检部门依法核发罐体的工业产品生产许可证；督促检验机构准确把握《道路运输液体危险货物罐式车辆第1部分：金属常压罐体技术要求》（GB 18564.1—2006）要求，严格落实强制性标准要求，严把检验关；具备液体危险货物罐体检验资质的检验机构要根据标准要求，对液体危险货物罐体及其加装紧急切断装置情况进行检验，对符合标准要求的出具检验合格证明，对不符合标准要求的，一律不予检验通过。

（3）机动车安全技术检验机构要严格检查液体危险货物罐车是否安装紧急切断装置，自2015年1月1日起，对未按规定安装的，不得出具安全技术检验合格证明。质检部门、公安部门要监督机动车安全技术检验机构严格落实液体危险货物罐车安全技术检验项目和要求。

（4）交通运输部门要进一步加强液体危险货物罐车年审工作。自2015年1月1日起，没有加装紧急切断装置且无安全技术检验合格证明的液体危险货物罐车，年审一律不予通过，并注销其道路运输证。

（5）各地区安全监管部门要协调工业和信息化、质检、公安、交通运输等部门对辖区内液体危险货物罐车紧急切断装置安装情况进行全面摸底排查，严格督查，集中进行整改，并适时开展专项检查。

（三）液体危险货物罐车使用单位和改装单位要切实加强罐车紧急切断装置加装过程安全管理

（1）液体危险货物罐车使用单位和改装单位要建立完善安全生产责任制、安全管理制度和针对涉及的液体危险货物的操作规程、应急预案等，落实安全生产主体责任，加强液体危险货物罐车改装过程的安全管理，严控改装过程中的事故风险。

（2）液体危险货物罐车使用单位在委托进行车辆改装前，要严格按照操作规程要求对液体危险货物罐车进行倒空、置换、清洗工作，并检测分析合格。委托改装时要将车辆运输液体危险货物种类、危险性、检测分析结果等相关信息向改装单位交底。

（3）液体危险货物罐车改装单位要严格按照操作规程要求完成液体危险货物罐车改装等工作，改装前要再次进行检测分析，依照《化学品生产单位动火作业安全规范》（AQ 3022—2008）等标准要求，加强动火及进入受限空间等特殊作业环节的安全管理，保障改装工作的安全。

（4）液体危险货物罐车使用单位和改装单位应组织员工分别就倒空、置换、清洗和改装过程中涉及的液体危险货物的危险性、操作规程、应急处置措施等进行培训，提升员工的安全意识和能力。

（四）液体危险货物罐车紧急切断装置加装工作要求

（1）自该通知发布之日起，新生产液体危险货物罐车均应装有紧急切断装置，未按规定安装的,按照《缺陷汽车产品召回管理条例》(国务院令第 626 号)予以召回,并严格追究生产企业法律责任。在用液体危险货物罐车应于 2014 年 12 月 31 日前完成紧急切断装置加装工作。2015 年 1 月 1 日起未按标准规范要求对液体危险货物罐车加装紧急切断装置的,对未加装紧急切断装置或紧急切断装置不合格但出具罐体检验合格证明的,对未加装紧急切断装置或无罐体检验合格证明但通过机动车安全技术检验机构检验、交通运输部门年审的,要严格依法追究有关单位责任。

(2)县级以上地方各级人民政府有关部门应组织研究相应实施办法,大力支持本地区液体危险货物罐车紧急切断装置加装工作。

各有关单位要按照相关法律法规、标准规范及本通知要求,强化液体危险货物罐车安全管理,提升液体危险货物罐车安全水平。

请各省级安全监管、工业和信息化、公安、交通运输、质检主管部门分别及时将本通知要求传达至本行政区域内各级对应主管部门及有关单位。

(五)加装紧急切断装置的液体介质范围名单

2014 年 12 月 20 日,五部委进一步发布了安监总管三〔2014〕135 号文件《关于明确在用液体危险货物罐车加装紧急切断装置液体介质范围的通知》,根据通知要求,表 3-15 详细列出了加装紧急切断装置的液体介质范围。

表 3-15　加装紧急切断装置的液体介质范围名单

GB 12268 编号	介质名称说明	危险程度分类	罐体设计代码
1090	丙酮	易燃	LGBF
1114	苯	易燃、中度危害	LGBF
1120	丁醇	易燃	LGBF
1123	乙酸丁酯	易燃	LGBF
1160	二甲胺水溶液	易燃、中度危害	L4BH
1170	乙醇或乙醇溶液	易燃	LGBF
1173	乙酸乙酯	易燃	LGBF
1198	甲醛溶液	腐蚀、易燃、高度危害	L4BN
1202	柴油	易燃	LGBF
1203	车用汽油或汽油	易燃	LGBF
1212	异丁醇	易燃	LGBF
1219	异丙醇	易燃	LGBF
1223	煤油	易燃	LGBF
1230	甲醇	易燃、中度危害	L4BH
1294	甲苯	易燃	LGBF
1307	二甲苯	易燃	LGBF
2055	单体苯乙烯,稳定的	易燃、中度危害	LGBF

(六)公安部发布公交管〔2015〕36 号文件

在明确了加装紧急切断装置的液体介质范围之后,2015 年 1 月 20 日公安部立即发布了公交管〔2015〕36 号文件《关于加强液体危险货物罐车紧急切断装置安装和使用管理的紧急通知》。

液体危险货物罐车的紧急切断装置是车辆出现紧急情况或意外时,防止液体危险货物外泄的安全阀门,对有效预防燃烧、爆炸等严重后果具有重要作用。为深刻吸取山东荣乌高速公路莱州段"1.16"一次死亡12人重大道路交通事故教训,防止驾驶人、押运员不按规定使用紧急切断装置,严格液体危险货物罐车紧急切断装置的安装和使用管理,有效减少危险货物运输车安全隐患,坚决遏制群死群伤重特大交通事故,切实保证春运期间道路交通安全,现就有关工作事项紧急通知如下:

(1)迅速排查清理在用车加装情况。2016年2月10日前,各地车辆管理所、交警大队要按照国家安监总局、公安部等五部门联合下发的《关于在用液体危险货物罐车加装紧急切断装置有关事项的通知》(安监总管三〔2014〕74号)等要求,会同安全监管、交通运输等部门深入辖区内危险货物运输企业对液体危险货物罐车进行一次全面排查清理。要逐车检查紧急切断装置的安装情况,凡未安装或加装的,向运输企业下发限期整改通知书,要求企业立即封存车辆,予以停运,并书面通知交通运输部门注销其道路运输证。制作未加装紧急切断装置明细台账,逐车登记车辆号牌号码、品牌型号、运输企业名称等信息,逐车录入机动车缉查布控系统,实时比对、自动识别。对卡口系统报警的车辆,要及时拦截查处,坚决杜绝未安装紧急切断装置车辆上路行驶。未完成在用车紧急切断装置加装的省份,总队要将加装工作进展情况及未加装车辆具体信息报部局。

(2)全面开展驾驶人和押运员培训教育。要主动会同交通运输部门对危险货物运输企业的所有驾驶人、押运员在春节长假前组织集中教育培训。重点培训紧急切断装置的结构类型、安装位置、操作规程、维护要求、检查事项、应急处置常识等要点内容。要积极会同安全监管、交通运输部门督促企业在车辆加装紧急切断装置时,对驾驶人、押运员进行紧急切断装置相关安全知识重点教育培训。要保证驾驶人、押运员掌握紧急切断装置在一般情况下特别是行驶中必须处于关闭状态,只有装卸时可以开启,装卸完成后必须人工关闭。要结合机动车登记检验、驾驶证审验、路面执勤执法等工作,采用当面讲授、发放提示单、播放宣传片等方式,对危险货物运输驾驶人进行提示教育。

(3)全面开展查验和执法民警技能培训。要抓紧组织对机动车车管查验、执勤执法民警进行全员集中培训,重点培训危险货物运输车查验和检查要求。组织查验民警学习《机动车运行安全技术条件》(GB 7258)、《道路运输液体危险货物罐式车辆第1部分》(GB 18564)等国家标准对危险货物运输车安全性能的要求,学习办理机动车注册登记时对紧急切断装置、车辆警示标识、限速装备、盘式制动器、辅助制动装置、行驶记录仪等安全装置的查验要求、方法和程序。指导督促机动车安全技术检验机构对检验人员进行一次集中培训。组织执勤执法民警学习危险货物运输车安装紧急切断装置、车辆警示标识、行驶记录仪等重要安全装置的检查方法和要求。车辆登记、检验、执法中发现液体危险货物罐车紧急切断装置未处于关闭状态的,要告知驾驶人当场关闭,并进行提示教育。

(4)全面开展危险货物运输车驾驶人宣传提示。要结合春运交通安全宣传,认真落实涉及危险货物运输"两公布一提示"要求。公布2014年山西"3.1"、湖南"7.19"、2015年山东"1.16"等危险货物运输车肇事的重特大交通事故案例及教训,公布本地区限制或禁止危险货物运输车通行的区域、路段、时间,发布危险货物运输车出行交通安全提示和紧急切断装置操作要点提示。充分利用电视、广播、报纸等传统媒体,以及网络、微信、微博、客户端等新媒体,广为发布,广泛宣传。要开展危险货物运输车驾驶人专题培训,在运输企业、装卸场站、收费站、服务区、车辆管理所、检验机构等场所,张贴危险货物运输车安全提示宣传展板、放置宣传挂图、播放视频资料、发放宣传手册,保证危险货物运输驾驶人能够入脑入心。

此外,春运期间,各地要将治理小微型面包车超员超载作为农村预防群死群伤交通事故的重中之重。要依托车辆管理所、检验机构、执法服务站、交通劝导站等场所,结合办理面包车登记、检验、执法、劝导等工作,检查面包车是否张贴"核载提示牌"或喷涂核载人数,未按要求张贴、喷涂的,当场免费发放、喷涂,并监督车主在车身前后张贴。车辆管理所办理车辆登记、核发检验合格标志时,要查验面包车车窗玻璃透光度,对张贴镜面反光遮阳膜的,一律不得办理登记和通过检验;对张贴普通遮阳膜的,参照公路客车、旅游客车和校车的要求,车窗玻璃可见光透射比小于50%的,要提醒车主更换遮阳膜。

(七)液体危险货物罐车紧急切断装置使用和检查要点

1. 液体危险货物罐车紧急切断装置组成与位置

紧急切断装置一般由紧急切断阀、控制系统以及易熔塞自动切断装置组成。

(1)紧急切断阀

紧急切断阀又叫底阀,一般安装在罐体底部,连通或隔离罐体与外部管路,非装卸时应处于关闭状态。液体危险货物罐体可能包含多个独立仓,每个独立仓一般对应一个紧急切断阀(见图3-5)。

1-输油管道;2-紧急切断阀;3-紧急切断阀开关控制气管

图3-5　罐体底部紧急切断阀

(2)控制系统

控制系统通过气动、液压或机械方式控制紧急切断阀的开闭,操作按钮至少两组,一组靠近装卸操作箱,包括每个紧急切断阀控制按钮和总控制开关(见图3-6);另一组装设在车身尾部或驾驶室,为远程控制开关(见图3-7(a)和(b))。

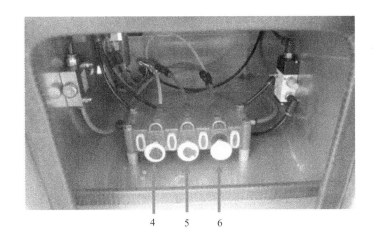

4-第二仓紧急切断阀开关控制按钮；5-第一仓紧急切断阀开关控制按钮；6-总控制开关

图 3-6　气动控制箱内的紧急切断装置控制按钮

图 3-7　装设在车身尾部的远程控制按钮

2. 液体危险货物罐车紧急切断装置作用

(1)非装卸作业时，紧急切断阀处于关闭状态，即使输油管道碰撞断裂，罐内液体也不会泄漏。

(2)装卸作业时，紧急切断阀处于开启状态，遇紧急情况时，可以人工关闭，防止罐内液体泄漏。

(3)当环境温度由于火灾等原因升高至设定温度时(一般为 $75℃±5℃$)，阀内易熔塞融化，紧急切断阀自动关闭，防止罐内液体泄漏。

(4)紧急切断阀外部应带有切断槽，当受到撞击时，紧急切断阀从切断槽处断开，防止罐内液体泄漏。

3. 液体危险货物罐车紧急切断阀装置使用和检查要点

(1)使用要点

①谨记紧急切断阀在除装卸工作之外的所有情况下，都应处于关闭状态。

②装卸作业完毕后，必须立即按照紧急切断阀使用说明书或操作规程关闭紧急切断阀。

③出车前，检查紧急切断阀有无腐蚀、生锈、裂纹等缺陷，有无松脱、渗漏等现象。

④装卸作业时，若遇紧急情况，应立即关闭紧急切断阀。

⑤运输过程中,及时检查确保紧急切断阀处于关闭状态。

⑥罐体长期不使用,也应关闭紧急切断阀,以免因受长期压力、杂质沉淀等影响,造成阀体元器件损坏、泄漏。

(2)机动车检验查验环节检查要点

①确认罐体上喷涂的介质名称是否与《公告》、《合格证》上记载的一致。

②喷涂的介质与记载的内容一致,运输介质属于国家安监总局等五部委文件《关于明确在用液体危险货物罐车加装紧急切断装置液体介质范围的通知》(安监总管三〔2014〕135号)中列举的17种介质范围。检查其卸料口处是否安装有紧急切断阀、紧急切断阀是否有远程控制系统。

③检查紧急切断阀有无腐蚀、生锈、裂纹等缺陷,有无松脱、渗漏等现象,检查紧急切断阀控制按钮是否完好。

④检查紧急切断阀是否处于关闭状态,没有关闭的要求当场关闭,并对驾驶人进行一次面对面的教育提示。

(3)路面执勤执法环节检查要点

①检查液体危险货物罐车的标识是否符合GB 7258规定,包括道路运输危险货物车辆标志灯、标志牌、车身标识及罐体上喷涂的罐体容积及允许运输介质的名称。

②对喷涂的运输介质属于国家安监总局等五部委文件《关于明确在用液体危险货物罐车加装紧急切断装置液体介质范围的通知》(安监总管三〔2014〕135号)列举的17种介质范围,通过询问驾驶员、押运员和实车查看,确认罐体底部是否安装有紧急切断阀及紧急切断阀是否有远程控制系统。

③检查紧急切断阀是否处于关闭状态,没有关闭的要求当场关闭,并对驾驶人进行一次面对面的宣传教育提示。

对办理剧毒化学品运输通行证车辆的查验已有明确规定,现将其规定的查验项目予以总结:

(1)检查承运车辆,与机动车行驶证比对,确认无私自加装罐体、小车大罐等非法改装行为。

(2)查看机动车行驶证和机动车安全技术检验合格标志,确认承运车辆的机动车安全技术检验有效期符合法定期限。

(3)查看承运车辆安装了符合《道路运输危险货物车辆标志》(GB 13392—2005)规定的剧毒化学品道路运输专用标识和《公安部关于贯彻执行〈剧毒化学品购买和公路运输许可证件管理办法〉有关问题的通知》(公通字〔2005〕38号)规定的安全标示牌。

(4)查看承运车辆配备了交通主管部门规定的防护装备和应急处置器材。

(5)检查轮胎花纹深度,符合《机动车运行安全技术条件》(GB 7258—2017)的要求:挂车轮胎胎冠上花纹深度不允许小于1.6mm,其他机动车转向轮的轮胎胎冠花纹深度不允许小于3.2mm;其余轮胎胎冠花纹深度不允许小于1.6mm。

五、危险货物运输车交通安全提示要点

上路前"五必查":

(1)车辆号牌安装完好,安全检验标志、保险标志放置正确,行驶证、道路运输证、剧毒化

学品道路运输通行证齐全有效,随车携带。

(2)车辆标志灯、标志牌、反光标识、侧后防护装置、灭火器等安全装置配置完好,卫星定位装置工作正常。

(3)车辆制动、灯光、转向等安全系统符合运行要求,轮胎规格合规、磨损正常、未使用翻新胎。

(4)液体危险货物运输罐车紧急切断装置安装完好,处于关闭状态。

(5)驾驶人驾驶证、驾驶人和押运员从业资格证等证件齐全有效,随身携带。

装卸货物"五要点":

(1)危险货物运输企业、车辆、驾驶人、押运员、装卸员必须取得相应资质。

(2)装载介质与罐体喷涂介质、车辆道路运输证载明介质一致。

(3)危险货物装载匀称均衡、整体固定,做到一车一货,不同危险货物不能混装,不得超载。

(4)危险货物装载后,危险货物名称、形状、数量、处置方法、企业联系方式等要书面记录,随车携带。

(5)液体危险货物罐车装载完毕后,应将紧急切断阀关闭,确保无损坏、无渗漏。

安全行车"五注意":

(1)选择合理的、通行条件较好的行驶路线,远离城镇、居民区,不进入危险货物运输车禁止通行区域。运输剧毒化学品车辆要按照公安机关批准的时间、路线行驶,不得随意变更。

(2)保持安全的行车速度,任何情况下行驶速度不得超过80km/h,夜间、雨雾冰雪等低能见度条件下要降速行驶。

(3)与前方车辆保持合理的行车间距,遇雨雾冰雪等恶劣天气时要加大间隔距离。

(4)行车途中不得随意变换车道,高速公路行车要在规定车道行驶。

(5)驾驶人要注意保持注意力,每驾车2小时左右应停车休息,并及时查看车辆技术状况,确保紧急切断阀处于关闭状态。

应急处置"三要求":

(1)出现车辆故障、事故、货物漏撒等紧急情况时,要根据货物的爆炸、易燃、腐蚀、剧毒、放射等不同性质,按照相应的应急处置预案和操作规程妥善处置。

(2)车辆妨碍交通又难以移动的,要按规定开启危险警报灯,在车后50~100米处设置警告标志,高速公路在150米外设置警告标志,夜间要同时打开示廓灯和后位灯。

(3)个人无法处置时,要将车辆停靠在尽可能空旷、远离人群、水源的地方,及时报警,报警时应详细说明危险货物名称、形状、数量和泄漏情况,便于相关部门第一时间有效处置。

第七节　机动车安全技术检验监管

根据2014年5月16日公安部、国家质检总局联合发布了公交管〔2014〕138号《关于加强和改进机动车检验工作的意见》,该意见分严格资质管理、规范检验行为、改进便民服务、强化监督管理4部分18条。该意见出台了一系列机动车检验制度改革的新措施,包括加快检验机构审批建设、试行私家车 6 年内免上线检测、推行异地检车等服务、加强对检验机构监管、政府部门与检验机构脱钩、强化违规违法问题责任追究等。

根据文件精神,自 2014 年 10 月 1 日全国所有机动车辆安全技术性能检测线全部实行社会化,原先的驻站民警全部撤回车管所,机动车辆安全技术性能检测线的上级主管部门划归国家质量技术检验监督局,自此,公安交通管理部门的职责转变为机动车登记过程中的查验,对所有委托的查验过程实行监督,以及所有安全技术性能检验过程等的监督。

为规范机动车安全技术检验工作,加强机动车安全技术检验过程中擅减检验项目、降低检验标准、篡改/伪造检验数据等突出问题的监控和管理,根据公安部统一开发的《机动车安全技术检验监管系统》局域网,全面实行远程视频监督检验过程,各地公安车管部门均联通了该局域网,分别建立了适应时代发展要求的机动车安全技术检验监管系统。系统主页面如图 3-8 所示。在公安车管部门承担车检监管工作的人员,进入该系统需要进行授权,未经授权的人员不能进入该系统,并且,每个工作人员都有绑定的计算机工作台,因此,每个工作人员都要对自己绑定的业务终端计算机进行很好的私密管理,防止其他人员盗用授权认证进入该页面。

图 3-8　机动车安全技术检验监管系统主页面

一、机动车安全技术检验监管系统

根据公交管〔2014〕138 号《关于加强和改进机动车检验工作的意见》,每个工作人员必须经过培训才能上岗。打开该软件系统的局域网页面,显示如图 3-8 所示的《机动车安全技术检验监管系统》主页面。该软件系统同样是经过授权绑定的,只在特定的电脑终端上显示。

输入用户名、密码后,按"普通登录",系统进行用户名、口令以及登录 PC 的 IP 验证,通过后,即可进入机动车安全技术检验监管系统的业务主界面,如图 3-9 所示。

公安部交管局委托开发的这一套软件系统,本来还有另一种登录方式,即可以通过公安网数字证书登录进入主页面,但是,目前该项功能处于关闭状态,有待今后进一步开发利用。

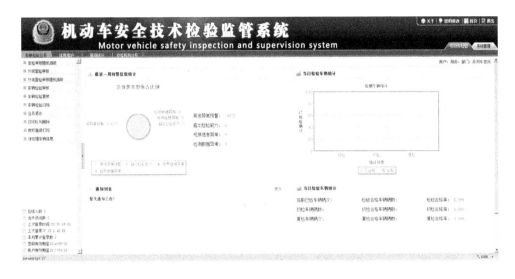

图 3-9　机动车安全技术检验监管系统的业务主界面

(二)车检审核

(1)外观检验审核随机抽取;

(2)外观检验审核;

(3)外观检验复核;

(4)车辆检验审核随机抽取;

(5)车辆检验审核;

(6)车辆检验复核;

(8)档案管理与业务信息管理。

　　所有通过审核的、未经审核的,以及审核不通过的信息系统都自动进行档案收藏。随着车辆检验业务的发展,会随着汽车技术的发展而发展,因此,系统还有一项功能就是增加和删减审核项目与审核照片的名称和数量等。

二、检验监督要求

　　根据《机动车辆查验规程》(GA 801—2019)的规定:

　　(1)公安机关交通管理部门车辆管理所应通过计算机联网核查机动车安全技术检验数据、比对机动车安全技术检验机构上传的检验照片(包括检验项目照片和检验资料照片)或视频,以及现场或远程视频抽查安全技术检验过程、查阅原始检验记录和报告等方式对机动车安全技术检验机构的安全技术检验行为进行监督。

　　(2)设区的市公安机关交通管理部门车辆管理所应建设机动车安全技术检验远程视频监管中心,安排专门的工作人员,使用全国统一的机动车安全技术检验监管系统对机动车安全技术检验机构上传的检验照片(或视频)、检验数据和结果进行监督:

　　①机动车安全技术检验远程视频监管中心的面积及从事审核的工作人员的数量应与需审核的检验业务量相适应;

　　②从事审核的工作人员应具备相应机动车车型的查验员资格,其负责人应为民警查

验员。

（3）摩托车和非营运小型、微型载客汽车（面包车除外）以及经省级公安机关交通管理部门备案的其他类型机动车，实行先行核发机动车检验合格标志后监督检查。

（4）先行核发机动车检验合格标志后监督检查的，机动车安全技术检验远程视频监管中心应在检验照片（或视频）上传后的 24 小时内将检验照片（或视频）比对完毕；采用符合规定的机动车检验智能审核监管方式的，按比例抽查。比对结果表明检验项目不符合 GB 7258 国家标准及其他相关规定的，应要求机动车安全技术检验机构通知送检的机动车重新进行检验，并按规定对机动车安全技术检验机构予以处罚。

（5）核对机动车安全技术检验合格证明时，应审查安全技术检验合格证明上是否有本市行政辖区内具有资质机动车安全技术检验机构的签章和授权签字人签字，确认安全技术检验的项目是否齐全及检验结论是否为合格。

（6）比对机动车安全技术检验机构上传的检验照片（或视频）时，工作人员应确认检验照片（或视频）的数量及要求是否符合 GA 802 的规定。检验照片（或视频）的审核结果为合格且机动车安全技术检验监管系统无检验异常情况预警或报警提示的，应远程核发机动车检验合格标志。

（7）比对机动车安全技术检验机构上传的检验照片（或视频）时，发现检验照片（或视频）的数量及要求不符合附录 D 的规定的，应通过机动车安全技术检验监管系统告知机动车安全技术检验机构不符合规定的具体情形，并要求机动车安全技术检验机构重新上传整改后的检验照片（或视频）；目测能确认检验照片（或视频）所反映检验项目不符合 GB 7258 及其他相关规定的，比对结果为不合格，经调查核实机动车安全技术检验机构存在不按机动车国家安全技术标准和国家机动车安全技术检验标准检验、出具虚假检验报告等情形的，应按规定对机动车安全技术检验机构予以处罚。

（8）机动车安全技术检验监管系统出现检验异常情况预警或报警提示时，应及时分析原因，告知机动车安全技术检验机构预警或报警提示信息的具体内容并要求机动车安全技术检验机构查清核实；预警或报警提示信息经核实并非异常情形的，应及时远程核发检验合格标志；属于机动车安全技术检验机构不按机动车国家安全技术标准和国家机动车安全技术检验标准检验、出具虚假检验报告等情形的，应按规定对机动车安全技术检验机构予以处罚。

（9）监督中发现机动车存在被盗抢骗嫌疑、走私嫌疑、非法改装、拼装等情形时，按 GA 802 6.1 和 6.3 的规定执行。

（10）设区的市公安机关交通管理部门车辆管理所应定期分析本地机动车安全技术检验情况，每月将参检率、检验合格率、异地检验率等数据及机动车安全技术检验机构违规信息上报省级公安机关交通管理部门；省级公安机关交通管理部门应每月分析机动车安全技术检验异常数据，每季度向公安部交通管理局上报本省机动车安全技术检验情况。数据分析发现异常的，公安机关交通管理部门应及时组织核查；发现机动车安全技术检验机构存在违规情形的，应按规定对机动车安全技术检验机构予以处罚并通报。

（11）省级公安机关交通管理部门，应结合本地实际细化机动车安全技术检验监督相关规定，明确机动车安全技术检验远程视频监管中心的建设和运行要求。

以上第（1）条是对公安机关交通管理部门开展机动车安全技术检验监督工作的总体规

定,与 GA 801—2014 一致,此次修订时未作调整。

第(2)条是对车管所机动车安全技术检验远程视频监管中心建设的一般规定。与 GA 801—2014 相比主要变化如下:

(1)将"对机动车安全技术检验机构上传的检验照片(或视频)、检验数据和结果进行审核"的提法修改为"对机动车安全技术检验机构上传的检验照片(或视频)、检验数据和结果进行监督",进一步理顺车管所的职责定位,与"由机动车安全技术检验机构对检验结果承担法律责任"的法律法规规定有效衔接。

(2)明确规定应使用全国统一的机动车安全技术检验监管系统,相应删除了对机动车安全技术检验监管系统功能、性能要求的具体表述(GA 801—2014 的 8.2c))。

需要说明的是:

①车管所对机动车安全技术检验工作进行监督应综合采取多种措施方法,至少应涵盖本标准 7.1 所列举的方式。为减轻机动车安全技术检验机构负担,现场抽查安全技术检验过程、查验原始检验记录和报告等现场监督方式宜联合市场监督管理部门,按照"两随机、一公开"的原则协同进行。

②设区的市公安机关交通管理部门车辆管理所,根据本地实际情况,可以在各县(区)建设机动车安全技术检验远程视频监管分中心,按照规定对本县(区)或者所在设区的市行政辖区内其他县(区)的机动车安全技术检验机构上传的检验照片(或视频)、检验数据和结果进行监督。

需要注意的是:本标准 GA802 7.2b)中"(远程视频监管中心)从事审核的工作人员应具备相应机动车车型的查验员资格"的规定与《机动车查验工作规范(试行)》第 15 条中"从事机动车查验监管、安全技术检验监督的工作人员应当经过培训,掌握监管工作内容和异常情形处置要求"的规定的表述虽不一致,但并不矛盾。本标准为强制性标准,相关要求应强制执行。综合上述规定,远程视频监管中心从事审核、进行检验监督的工作人员应具备相应机动车车型的查验员资格;对车管所从事机动车查验监管的工作人员而言,经过培训、掌握监管工作内容和异常情形处置要求即可上岗,可以不具备相应机动车车型的查验员资格。

第(3)条和第(4)条是对先行核发机动车检验合格标志后监督检查的相关规定,与 GA 801—2014 相比主要变化如下:

(1)删除了 GA 801—2014 的 GA 802 8.6 中"先行核发机动车检验合格标志,应经省级公安机关交通管理部门根据机动车安全技术检验机构的检验业务量和规范化程度批准后实施"的要求。

(2)实行先行核发机动车检验合格标志后监督检查的车型范围有所扩大,在明确 7 座及 7 座以上的非营运小型、微型客车(面包车除外)采取该项措施的基础上,允许经省级公安机关交通管理部门备案的其他类型机动车也采取该项措施。

(3)鼓励采用符合规定的机动车检验智能审核监管方式提升检验监督效率。

需要说明的是:

①对面包车及除摩托车和非营运小型、微型载客汽车外的其他类型机动车,具备什么条件可以到省级公安机关交通管理部门备案,申请实行先行核发机动车检验合格标志后监督检查的模式?目前全国层面尚无统一规定,在公安部交通管理局发文明确之前,各省、自治区、直辖市公安机关交通管理部门也可根据本地实际情况择时先行试点开展此项工作。

②推行机动车检验智能审核监管是公安机关交通管理部门进一步推进行政管理"放管服"工作要求、提升机动车安全技术检验监督效率的实际需求,各地应选择采用技术成熟、适用的机动车检验智能审核监管系统。

③实行先行核发机动车检验合格标志后监督检查的模式后,监督检查时发现检验项目不符合 GB 7258 国家标准及相关规定,经核查确实存在违法违规检测情形的,除责令机动车安全技术检验机构追回车辆重新进行检验外,还要依法对机动车安全技术检验机构进行处罚;对机动车安全技术检验机构存在管理不规范、违规检验、弄虚作假等问题的,要列入失信检验机构名单,暂停或不予实施"先发放标志、后抽查监督"措施。试点开展此项工作。

第(5)条至第(9)条是机动车安全技术检验远程视频监督时核对机动车安全技术检验报告、比对检验照片(视频)等环节的具体工作要求。与 GA 801—2014 相比主要变化如下:

(1)明确了核对机动车安全技术检验合格证明的工作要求。

(2)将"审核检验照片(视频)"的表述修改为"比对检验照片(视频)",实现与机动车安全技术检验远程视频监管中心职责定位的有机衔接。

需要说明的是:仅通过比对检验照片(视频)的方式,能确认检验照片(或视频)所反映检验项目存在不符合 GB 7258 及其他相关规定的概率较低,绝大部分检验违规问题是综合采用多种检验监督方式后得到的结果。按照现行法律法规的规定,机动车安全技术检验机构对检验结果承担法律责任!不能因为在工作中发现有不符合规定的车辆通过监督获取了检验合格标志,就直接认定机动车安全技术检验远程视频监管中心的检验监督工作不到位。

需要注意的是:

①当前,轻型货车的安全技术检验合格证明中前后轴轴荷之和超过 4500kg 的情形时有发生,各地车管所对此应予以关注。发现此类情形时,应调查送检的轻型货车是否为非法改装,调查承检的机动车安全技术检验机构是否严格按照 GB 21861 标准及相关规定检验及评判。

②当前,绝大部分地方的机动车安全技术检验远程视频监管中心并未结合自身情况细化比对检验照片(视频)的工作要求,工作人员的监督审核记录不完整、不全面、有缺失的情形也较常见,(通过比对)发现检验违规情形时对安全技术检验机构的处罚也未落实。为强化检验监督工作效果,应进一步完善相关工作制度并严格实施。

③目前,仍有部分机动车安全技术检验机构通过在检验软件中设置后门、篡改检验数据、伪造合格检验数据的方式不当谋利,各级公安机关交通管理部门在机动车安全技术检验监督工作中对此应予以重视,宜会同市场监督管理部门共同采取有效措施,强化对此类较难发现的违规行为的管理。

三、检验机构上传车检照片

根据公共安全行业标准 2019 年 9 月 1 日开始实施的《机动车查验工作规程》(GA 801—2019)、2014 年 12 月 1 日开始实施的《机动车安全技术检验监管系统通用技术条件》(GA 1186—2014),以及 2015 年 3 月 1 日开始实施的《机动车安全技术检验项目和方法》(GB 21861—2014),将机动车检验机构应该上传的各种车型的照片及要求整理之后,列表如表 3-16 所示。

表 3-16　机动车上传检验照片要求

车辆类型	照片内容	拍照上传要求
K 微型轿车 微型客车 小型轿车 小型客车 小型越野车 大型轿车 小型教练车	车辆识别号拍照*	车辆应能清晰显示车辆识别代号,对于无法清晰拍摄的机动车,允许拍摄车辆识别代号的拓印膜
	车辆左前方斜视 45°拍照*	1.车辆应能清晰显示车辆前外观、前号牌和轮胎; 2.对教练车应能清晰辨别在车身(左)侧面喷涂的"教练车"字样; 3.对警车能清晰辨别车辆外观制式、标志灯具; 4.对燃气汽车,能清晰辨别在车辆前端标注的其使用的气体燃料类型的识别标志; 5.对残疾人专用汽车,能清晰辨别在车辆前部设置的残疾人机动车专用标志; 6.车辆应能清晰显示驾驶人座椅汽车安全带处于扣紧状态
	车辆右后方斜视 45°拍照*	1.车辆应能清晰显示车辆后外观、后号牌和轮胎; 2.对车辆(无驾驶室的三轮汽车除外),能清晰辨别机动车用三角警告牌(三角警告牌放置于车顶或车辆后部适当位置时拍照); 3.对教练车,能清晰辨别在车身后部面喷涂的"教练车"字样; 4.对警车能清晰辨别车辆外观制式、标志灯具; 5.对燃气汽车,能清晰辨别在车辆后端标注的其使用的气体燃料类型的识别标志; 6.对残疾人专用汽车,能清晰辨别在车辆后部设置的残疾人机动车专用标志
	副制动踏板拍照(教练车专用)	对所有教练车能清晰显示教练车副制动踏板
	操纵辅助装置拍照(残疾人专用汽车)	能清晰显示残疾人操纵辅助装置在车辆上的安装固定情况,能确认操纵辅助装置的产品型号和出厂编号
所有货车	车辆识别号拍照*	清晰显示车辆识别代号,对于无法清晰拍摄的机动车,允许拍摄车辆识别代号的拓印膜
	车辆左前方斜视 45°拍照*	1.车辆应能清晰显示车辆前外观、前号牌和轮胎; 2.所有货车能清晰辨别驾驶室(区)左侧喷涂的总质量,(左)侧面车身反光标识,对栏板货车和自卸货车能清晰辨别喷涂的栏板高度; 3.对于总质量大于 3500kg 的货车能清晰辨别左侧防护装置; 4.对货车教练车应能清晰辨别在车身(左)侧面喷涂的"教练车"字样; 5.对警用货车和工程救险车,能清晰辨别车辆外观制式、标志灯具

续表

车辆类型	照片内容	拍照上传要求
所有货车	车辆右后方斜视45°拍照*	1.车辆能清晰显示车辆后外观、后号牌和轮胎; 2.车辆能清晰辨别机动车用三角警告牌(三角警告牌放置于车顶或车辆后部适当位置时拍照); 3.所有货车清晰辨别(右)侧车身反光标识以及后部车身反光标识; 4.对罐式货车和挂车应能清晰显示在罐体上喷涂的罐体容积及允许装运货物的种类; 5.对2012年9月1日起出厂的总质量大于等于12000kg的货车(半挂牵引车除外),能清晰辨别车辆尾部标志板; 6.对于总质量大于3500kg的货车,能清晰辨别右侧防护装置以及后下部防护装置; 7.对总质量大于等于4500kg的货车,能清晰辨别在车厢后部喷涂或粘贴的放大的号牌号码; 8.对货车教练车,能清晰辨别在车身后部喷涂的"教练车"字样; 9.对警用货车和工程救险车,能清晰辨别车辆外观制式、标志灯具
	驾驶人座椅汽车安全带拍照	所有货车能清晰显示驾驶人座椅汽车安全带处于扣紧状态; 注:对轻型、微型载货汽车车辆左前方斜视45°拍照能清晰显示驾驶人座椅汽车安全带处于扣紧状态时,无须单独拍摄本照片;
	车辆正后方拍照	1.所有货车能清晰显示车辆后部外观情况好车辆号牌; 2.所有货车能清晰显示后部车身反光标识; 3.对2012年9月1日起出厂的总质量大于等于12000kg的货车(半挂牵引车除外),能清晰辨别车辆尾部标志板; 4.对总质量大于等于4500kg的货车(半挂牵引车除外),能清晰辨别在车厢后部喷涂或粘贴的放大的号牌号码。 注:车辆后方斜视45°拍照能清晰显示本照片要求的信息时,可以不单独拍摄本照片
	车厢内部拍照	对厢式、棚式货车,打开车厢门从后向前拍摄,能清晰显示货厢内部和顶部状况及确认货厢是否改装、顶部是否开启
	行驶记录装置拍照	对2013年3月1日注册登记的总质量大于等于12000kg的重型普通货车,应能清晰显示安装的行驶记录装置,能确认其显示部分是否易于观察、主机外表面的易见部位是否铭刻右符合规定的"3C"标识
	防抱死制动装置拍照	对2014年9月1日出厂的总质量大于12000kg的货车能清晰显示仪表盘上的防抱死制动装置处于点亮状态

车辆类型	照片内容	拍照上传要求
大中型客车	车辆识别号拍照*	清晰显示车辆识别代号,对于无法清晰拍摄的机动车,允许拍摄车辆识别代号的拓印膜
	车辆左前方斜视45°拍照*	1. 所有客车能清晰显示车辆前外观、前号牌和轮胎; 2. 所有客车在乘客门附近能清晰显示该车提供给乘员(包括驾驶人)的座位数; 3. 对客车教练车、能清晰辨别在车身(左)侧面喷涂的"教练车"字样; 4. 对警车能清晰辨别车辆外观制式、标志灯具
	车辆右后方斜视45°拍照*	1. 所有客车能清晰显示车辆后外观、后号牌和轮胎; 2. 对所有客车能清晰辨别机动车用三角警告牌(三角警告牌放置于车顶或车辆后部适当位置时拍照); 3. 对2012年9月1日起出厂的车长大于9米的客车,能清晰显示两个处于开启状态的乘客门,或处于开启状态的外推式应急窗和一个处于开启状态的乘客门; 4. 对客车教练车,能清晰辨别在车身后部面喷涂的"教练车"字样; 5. 对警车能清晰辨别车辆外观制式、标志灯具
	车厢内部拍照*	1. 所有客车从车厢前部往后拍摄,能清晰显示车内座位数以及布置形式; 2. 对公路客车、旅游客车应能观察到坐垫平面的座椅(位),能识别是否配备了汽车安全带
	灭火器拍照*	客车能清晰显示灭火器在车辆上的安装固定情况及数量,能确认灭火器是否有效; 注:车厢内部拍照能清晰显示本照片要求的信息时,可不用单独拍摄本照片
	应急锤拍照	采用密闭钢化玻璃式应急窗的客车能清晰显示应急锤及安装情况; 车厢内部拍照能清晰显示本照片要求的信息时,可不用单独拍摄本照片
	行驶记录装置拍照	1. 对公路客车、旅游客车和2013年3月1日起注册登记的未设置乘客站立区的公共汽车,应清晰显示行驶记录装置在车辆上的安装情况,对使用行驶记录仪作为行驶记录装置的,能确认其显示部分是否易于观察、主机外表面的易见部位是否铭刻右符合规定的"3C"标识; 2. 对卧铺客车还应能清晰确认其安装的车内外录像监控装置的摄像头数量和安全位置
	限速装置拍照	对2012年9月1日起出厂的公路客车、旅游客车和车长大于9m的未设置乘客站立区的公共汽车应清晰显示具有限速功能装置或者配备限速功能的装置,能确认其显示部分是否易于观察

续表

车辆类型	照片内容	拍照上传要求
大中型客车	防抱死制动装置拍照	2012 年 9 月 1 日起出厂的对车长大于 9 米的公路客车、旅游客车和未设置乘客站立区的公共汽车能清晰显示仪表盘上的防抱死制动装置处于点亮状态
	发动机舱自动灭火装置拍照	2013 年 3 月 1 日起出厂的发动机后置的其他客车能清晰显示发动机舱自动灭火装置
	手动机械断电开关拍照	2013 年 3 月 1 日起出厂的车长大于等于 6 米的客车,能清晰显示切断蓄电池和所有电路连接的手动机械断电开关
专项作业车半挂牵引车挂车	车辆识别号拍照*	清晰显示车辆识别代号,对于无法清晰拍摄的机动车,允许拍摄车辆识别代号的拓印膜
	车辆左前方斜视 45°拍照*	1.专项作业车、半挂牵引车和挂车应能清晰显示车辆前外观、前号牌和轮胎; 2.专项作业车能清晰辨别驾驶室(区)左侧喷涂的总质量,半挂牵引车能清晰辨别驾驶室(区)左侧喷涂的最大牵引质量,栏板挂车能清晰显示栏板高度; 3.对所有货车底盘改装的专项作业车和挂车,清晰辨别(左)侧面车身反光标识; 4.对于总质量大于 3500kg 的专项作业车和挂车能清晰辨别左侧防护装置; 5.对消防车、救护车、工程救险车,能清晰辨别车辆外观制式、标志灯具
	车辆右后方斜视 45°拍照*	1.专项作业车和半挂牵引车、挂车能清晰显示车辆后外观、后号牌和轮胎; 2.专项作业车和半挂牵引车、挂车能清晰辨别机动车用三角警告牌(三角警告牌放置于车顶或车辆后部适当位置时拍照); 3.对货车底盘改装的专项作业车和半挂牵引车、挂车,清晰辨别(右)侧车身反光标识及后部车身反光标识; 4.对车长大于 8.0m 的挂车,以及 2014 年 1 月 1 日出厂的总质量大于等于 12000kg 的货车底盘改装的专项作业车,能清晰辨别车辆尾部标志板; 5.对罐式专项作业车和挂车应能清晰显示在罐体上喷涂的罐体容积及允许装运货物的种类; 6. 对于总质量大于 3500kg 的专项作业车和挂车,应能清晰辨别右侧防护装置以及后下防护装置; 7.对总质量大于等于 4500kg 的挂车,能清晰辨别在车厢后部喷涂或粘贴的放大的号牌号码。(无法喷涂或粘贴的平板挂车应设置有效放大号); 8.对消防车、救护车、工程救险车,能清晰辨别车辆外观制式、标志灯具

续表

车辆类型	照片内容	拍照上传要求
专项作业车 半挂牵引车 挂车	车辆正后方拍照	1.所有专项作业车和挂车能清晰显示车辆后部外观情况好车辆号牌； 2.对货车底盘改装的专项作业车和挂车,能清晰显示后部车身反光标识、车辆尾部标志板、放大号； 注:车辆后方斜视45°拍照能清晰显示本照片要求的信息时,可以不单独拍摄本照片
	车厢内部拍照	对厢式、棚式挂车,打开车厢门从后向前拍摄,能清晰显示货厢内部和顶部状况及确认货厢是否改装、顶部是否开启
	防抱死制动装置拍照	对2012年9月1日起出厂的半挂牵引车和2005年2月1日起注册登记的大于10000kg的挂车能清晰显示仪表盘上的防抱死制动装置处于点亮状态
危险货物运输车	车辆识别号拍照*	清晰显示车辆识别代号,对于无法清晰拍摄的机动车,允许拍摄车辆识别代号的拓印膜
	车辆左前方斜视45°拍照*	1.所有危险货物运输车应能清晰辨别道路运输危险货物车辆标志(包括标志灯和标志牌)； 2.所有危险货物运输车应清晰辨别驾驶室(区)左侧喷涂的总质量,栏板危化品运输车喷涂的栏板高度； 3.所有危化品运输车应清晰辨别(左)侧面车身反光标识和橙色车身反光带； 4.对于总质量大于3500kg的危险货物运输车能清晰辨别左侧防护装置以及后下部防护装置
	车辆右后方斜视45°拍照*	1.所有危险货物运输车能清晰辨别道路运输危险货物车辆标志牌； 2.所有危险货物运输车能清晰辨别机动车用三角警告牌(三角警告牌放置于车顶或车辆后部适当位置时拍照)； 3.所有危险货物运输车能清晰辨别后部车身反光标识以及(右)侧车身反光标识和橙色车身反光带； 4.总质量大于等于12000kg的危险货物运输车能清晰辨别后部车辆尾部标志板； 5.对罐式危化品运输车和挂车还应能清晰辨别在罐体上喷涂的罐体容积及允许装运货物的种类； 6.对于总质量大于3500kg的危化品运输车,能清晰辨别右侧防护装置以及后下部防护装置； 7.对总质量大于等于4500kg的危化品运输车,能清晰辨别在车厢后部喷涂或粘贴的放大的号牌号码
	车辆正后方拍照	1.能清晰显示车辆后部外观情况好车辆号牌； 2.能清晰显示后部车身反光标识,橙色反光带,放大号； 3.对道路运输爆炸品和剧毒化学品车辆,能清晰显示安全标示牌； 注:车辆后方斜视45°拍照能清晰显示本照片要求的信息时,可以不单独拍摄本照片

续表

车辆类型	照片内容	拍照上传要求
危险货物运输车	行驶记录装置拍照*	对危险货物运输车应清晰显示行驶记录装置在车辆上的安装情况,对使用行驶记录仪作为行驶记录装置的,能确认其显示部分是否易于观察、主机外表面的易见部位是否铭刻右符合规定的"3C"标识
	限速装置拍照	对2012年9月1日起出厂的危险货物运输车应清晰显示具有限速功能装置或者配备限速功能的装置,能确认其显示部分是否易于观察
	灭火器拍照*	能清晰显示灭火器在车辆上的安装固定情况及数量,能确认灭火器是否有效。 注:其他拍照能清晰显示本照片要求的信息时,可不用单独拍摄本照片。
	防抱死制动装置拍照	对道路运输爆炸品和剧毒化学品车辆,以及2012年9月1日起出厂的所有危险货物运输车能清晰显示仪表盘上的防抱死制动装置处于点亮状态
	紧急切断装置拍照*	2015年1月1日起所有用于运输液体危险货物的罐式危险货物运输车能清晰显示紧急切断装置操纵开关
校车以及非专用校车	车辆识别号拍照*	清晰显示车辆识别代号,对于无法清晰拍摄的机动车,允许拍摄车辆识别代号的拓印膜
	车辆左前方斜视45°拍照*	1.所有校车能清晰显示车辆前外观、前号牌和轮胎; 2.对专用校车和专门用于接送学生上下学的非专用校车,能清晰辨别专用校车车身外观标识。 (注:专用校车车身外观标识有校车标志、中文字符"校车"、中文字符"核载人数:××人"、校车编号和校车轮廓标识组成,其颜色及式样、规格尺寸、涂装等符合GB 24315规定)
	车辆右后方斜视45°拍照*	1.所有校车能清晰显示车辆后外观、后号牌和轮胎; 2.对专用校车和专门用于接送学生上下学的非专用校车,能清晰辨别专用校车车身外观标识; 3.能清晰辨别机动车用三角警告牌(三角警告牌放置于车顶或车辆后部适当位置时拍照); (注:专用校车车身外观标识有校车标志、中文字符"校车"、中文字符"核载人数:××人"、校车编号和校车轮廓标识组成,其颜色及式样、规格尺寸、涂装等符合GB 24315规定)
	车辆正后方拍照	对专用校车,能清晰显示后围板上的停车提醒标示。 注:车辆后方斜视45°拍照能清晰显示本照片要求的信息时,可以不单独拍摄本照片

车辆类型	照片内容	拍照上传要求
校车以及非专用校车	车厢内部拍照*	1. 从车厢前部往后拍摄,能清晰显示车内座位数以及布置形式; 2. 能显示照管人员座位的位置和标识,应能观察到坐垫平面的座椅(位),能识别是否配备了汽车安全带
	灭火器拍照*	能清晰显示灭火器在车辆上的安装固定情况及数量,能确认灭火器是否有效。 注:车厢内部拍照能清晰显示本照片要求的信息时,可不用单独拍摄本照片
	行驶记录装置拍照*	1. 对专用校车,应清晰显示行驶记录装置在车辆上的安装情况,对使用行驶记录仪作为行驶记录装置的,能确认其显示部分是否易于观察、主机外表面的易见部位是否铭刻有符合规定的"3C"标识; 2. 2013年5月1日起出厂的专用校车,还应能清晰确认其安装的车内外录像监控装置的摄像头数量和安全位置
	限速装置拍照	对2013年5月1日起出厂的专用校车应清晰显示具有限速功能装置或者配备限速功能的装置,能确认其显示部分是否易于观察
	校车标牌拍照	能清晰显示校车标牌在前风窗玻璃右下角和后风窗玻璃适当位置的放置状态,以及校车标牌背面的签注内容。 注:车辆左前方斜视45°拍照和车辆右后方斜视45°拍照能清晰显示校车标牌在前、后风窗玻璃的放置状态时,可只拍摄校车标牌背面的签注内容
	校车标志灯拍照	能清晰显示校车标志灯打开状态下的车辆状态。 注:车辆左前方斜视45°拍照和车辆右后方斜视45°拍照显示本照片要求信息时,可不单独拍摄本照片
	校车停车指示标志牌拍照	能清晰显示校车停车指示标志牌打开状态下的车辆状态。 注:车辆左前方斜视45°拍照和车辆右后方斜视45°拍照显示本照片要求信息时,可不单独拍摄本照片
	应急锤拍照*	应能清晰显示应急锤及安装情况。 车厢内部拍照能清晰显示本照片要求的信息时,可不用单独拍摄本照片
	急救箱拍照*	能清晰显示配备的急救箱,急救箱应放置在便于取用的位置
	防抱死制动装置拍照	2013年5月1日起出厂的专用校车能清晰显示仪表盘上的防抱制动装置处于点亮状态
	发动机舱自动灭火装置拍照	2013年5月1日起出厂的专用校车能清晰显示发动机舱自动灭火装置

续表

车辆类型	照片内容	拍照上传要求
新能源汽车	国产汽车	其《公告》应标明是否属于新能源汽车及种类
	进口汽车	其车型应在海关总署进口新能源汽车目录范围内;对2016年12月1日起进口的新能源汽车,其《进口机动车辆随车检验单》的"检验情况"栏应标明是否属于新能源汽车
	插电式混合动力汽车、纯电动汽车(换电式除外)	应具有外接充电接口
进口机动车	外部照明和信号装置	外部照明和信号装置:转向灯的光色应为琥珀色,后雾灯的光色应为红色。汽车、挂车后雾灯的安装位置应符合GB 4785—2007的要求,只有当远光灯、近光灯或前雾灯打开时后雾灯才能打开,且后雾灯可独立于任何其他灯而关闭。所有电器导线(不包括正常查验时无法观察到的情形)均应捆扎成束、布置整齐、固定卡紧、接头牢固并在接头处装设绝缘套,在导线穿越孔洞时应装设阻燃耐磨绝缘套管
	车速表指示	车速表可为指针式或者数字式显示,其中一项速度单位有"km/h"表示的,视为满足要求
	排气管指向	汽车发动机的排气管口不得指向车身右侧(如受结构限制排气管口只能偏向右侧时,排气管口中心线与机动车纵向中心线的夹角应小于或等于15°);且对2020年1月1日起新出厂的汽车,若排气管口朝下则其气流方向与水平面的夹角应小于或等于45°。
	中文警告性文字	机动车标注的(正常查验时能观察到的)警告性文字均应有中文。如有英文"warning"等明确属于警告提示内容的均应有相关中文说明,但如无相应文字,或已经用图形表示警告内容,视为满足要求

注:照片内容打 * 为必须拍摄照片,其他为选拍照片。参照标准 GA 801—2019、GA 1186—2014、GB 21861—2014.

检验资料上传照片要求:机动车安全技术检验机构需上传的检验资料照片要求见表3-17。照片的分辨率应大于或等于300dpi(即每英寸的像素点数大于或等于300个),采用JPEG编码,以JPEG格式存贮,如表3-17所示。

表3-17　检验资料照片要求

序号	照片内容	要求	适用车辆类型
1	机动车牌证申请表	资料摆放端正,能清晰显示文字、印章	所有类型机动车
2	机动车行驶证/国产机动车整车出厂合格证明		
3	交通事故责任强制保险单(实现电子保单、保险信息联网核查的除外)		
4	车船税纳税或者免税证明(实现联网核查的除外)		
5	安全技术检验合格证明		
6	尾气排放检验合格报告(实现联网核查的除外)		
7	送检人身份证明		

"检验资料照片"是对远程核发检验合格标志环节安检机构需上传的检验资料照片的规定,与 GA 801—2014 相比主要变化如下:

①参照公共安全行业标准《机动车和驾驶证件电子影像档案技术规范》(GA/T 1134—2014),明确了检验资料照片的图片格式和分辨率要求,规定照片分辨率应大于或等于300dpi(即每英寸的像素点数大于或等于 300 个),采用 JPEG 编码,以 JPEG 格式存贮。

②增加了需上传机动车牌证申请表、国产机动车整车出厂合格证明、尾气排放检验合格报告等检验资料照片的要求,与现有实际操作要求有效衔接。

③明确了交通事故责任强制保险单、车船税纳税或者免税证明、尾气排放检验合格报告等检验资料实现了联网核查时,不再需要上传相应的检验资料照片,与落实"放管服"工作要求有效衔接。

需要说明的是:

①根据公共安全行业标准《机动车安全技术检验监管系统通用技术条件》(GA 1186—2014)的 C.1.2 规定,机动车安全技术检验机构还需通过机动车安全技术检验监管系统上传"委托核发检验合格标志通知书""代理人授权书""路试检验记录单"等资料,鉴于"委托核发检验合格标志通知书""代理人授权书"与"放管服"工作要求的相关规定并不一致,而"路试检验记录单"实际上是"安全技术检验合格证明"的一部分,下一步修订 GA 1186 标准时需加以调整。

②根据《环境保护部公安部中国国家认证认可监督管理委员会关于进一步规范排放检验加强机动车环境监督管理工作的通知》(国环规大气〔2016〕2 号文件)的规定:"机动车排放检验机构应当严格落实机动车排放检验标准要求,并将排放检验数据和电子检验报告上传环保部门,出具由环保部门统一编码的排放检验报告。机动车安全技术检验机构将排放检验合格报告拍照后,通过机动车安全技术检验监管系统上传公安交管部门,对未经定期排放检验合格的机动车,不予出具安全技术检验合格证明。公安交管部门对无定期排放检验合格报告的机动车,不予核发安全技术检验合格标志。"因此,远程核发检验合格标志时,公安机关交通管理部门只需确认安检机构上传的检验资料中有无尾气排放检验合格报告,无须对尾气排放检验合格报告的内容进行审核,尾气排放检验合格报告的真实性、有效性由机动车安全技术检验机构负责。

四、检验机构上传车检视频

根据公共安全行业标准 2015 年 3 月 1 日开始实施的《机动车安全技术检验项目和方法》(GB 21861—2014),机动车辆检验机构需要同时上传检验过程的视频,各工位上传的视频片段时间必须满足 GB 21861—2014 表 2 的要求,具体如表 3-18 所示。否则说明检验时间过短,有可能检验不够充分彻底,则车辆检验审核不予通过。

表 3-18　机动车安全技术检验各工位的最少检验时间　　　　　（单位：秒）

检验工位		最少检验时间		
		非营运小型、微型载客汽车	载客汽车（非营运小型、微型载客汽车除外）、载货汽车（三轮汽车除外）、专项作业车、挂车	摩托车、三轮汽车
人工检验	车辆唯一性检查、车辆特征参数检查、车辆外观检查、安全装置检查	120	240	90
	底盘动态检验	60	60	
	车辆底盘部件检查	40	100	
仪器设备检验	制动[a]	40	60	30
	前照灯	60[b]	60[b]	30
	车速表	—	20	—

[a] 使用平板式制动检验台时，对于汽车最少检验时间为15s；

[b] 使用左右前照灯检测仪同时检测时，对于汽车最少检验时间为40s。

思考题

1. 什么是汽车形式认证制度？其作用是什么？

2. 在国际上，美国、欧洲、日本分别采取什么类型的汽车认证制度？

3. 中国目前采取什么汽车认证制度？一款新车型进入国内市场，要通过哪些部门的认证？

4. 什么是机动车安全检验？目的是什么？

5. 国务院《实施条例》对机动车定期检验的期限是怎样规定的？

6. 机动车安全检验机构的责任与义务是什么？

7. 公安机关交通管理部门在核发机动车检验标志时，应做好哪些工作？

8. 机动车安全技术检验监管系统是什么网络？登录有什么规定？

9. 通过机动车安全技术检验监管系统对机动车车辆检验的审核过程是什么？

第四章　机动车驾驶人管理

在进行车辆和驾驶人管理的根本制度和基本制度的各章教学中,体现了公安车驾管业务工作具有一定的服务功能和业务职责,因此,要求学生要自觉加强新时代特色理论的学习,切实解决好世界观、人生观、价值观这个"总开关"问题,真正补好精神之钙,顾好思想之元,守好为证之本,时刻警惕权利、金钱、美色的诱惑,练就"金刚不坏之身"。只有稳固理想信念"压舱石"才能走好新时代长征路。

第一节　机动车驾驶人管理概述

一、机动车驾驶证管理的一般规定

(一)机动车驾驶证的概念

机动车驾驶证是指由公安车辆管理机关核发的,证明机动车驾驶人驾驶某种车辆资格的法定凭证。

机动车驾驶证所证明的驾驶资格有三项:一是证明持证人已达到驾驶某种机动车的技术水平,即驾驶证是驾驶车辆的技术凭证;二是证明持证人拥有驾驶某种车辆通行道路的权利,即驾驶证是驾驶车辆通行道路的权利凭证;三是证明持证人具有适应驾驶机动车的生理和心理素质,即驾驶证是持证人的健康凭证。

驾驶证与汽车牌照几乎是同时出现的。我国的机动车驾驶证管理制度是在 1920 年开始形成的,随着机动车驾驶证制度的不断完善,驾驶证也相继从第一代逐步发展为目前的第七代。

公安车辆管理机关对申请人进行考试合格后,核发驾驶证。持此证可以在全国道路上驾驶准驾车型的民用机动车。同时,按《中华人民共和国道路交通安全法实施条例》的规定,机动车驾驶人初次申领机动车驾驶证后的 12 个月为实习期。可见,机动车驾驶证适用于机动车驾驶人和实习期驾驶人驾驶车辆之用。因此,持此证的实习期驾驶人,在驾驶车辆时,除应遵守交通法律、法规中关于机动车驾驶人应遵守的规定外,还须遵守实习期驾驶人驾车的有关规定,如实习期驾驶人应当在车身后部粘贴或者悬挂统一式样的实习标志,不得驾驶公共汽车、营运客车或者执行任务的警车、消防车、救护车、工程救险车等。

(二)机动车驾驶证管理的意义

1. 确保交通安全,维护交通秩序

建立和完善驾驶证管理制度,是对机动车驾驶人进行安全管理最有效的办法。世界各国无一例外地采用驾驶证制度来对机动车驾驶人进行管理,以不断提高其驾驶技术和职业道德水平,确保交通安全,维护交通秩序。

2. 掌握动态分布情况和各种统计数据

公安车辆管理机关通过对驾驶证的核发、审验、登记、建立信息数据库等管理工作,可以随时掌握机动车驾驶人的动态分布情况和各种统计数据,为领导部门制定交通管理的方针、政策,提供详细而可靠的参考依据。

3. 处理、杜绝违法行为

通过对驾驶证信息的计算机联网管理,可实现全国范围内驾驶人的违法记分处理,也可杜绝假证、一人多证等违法行为。

(三)机动车驾驶证的分类

机动车驾驶证按管辖归属的不同,可以分为民用机动车驾驶证、军用机动车驾驶证及武警机动车驾驶证三种,它们分别由公安、军队、武警车辆管理机关核发和管理。

我国现行的民用机动车驾驶证,是根据公安部 2004 年 5 月 1 日起施行的《机动车驾驶证申领和使用规定》(以下简称《申领和使用规定》)进行管理的,取消了学习驾驶证及临时驾驶证。原学习驾驶证用《机动车驾驶技能学习驾驶证明》(以下简称《学习驾驶证明》)替代;对持外国及香港、澳门特别行政区、台湾地区驾驶证的人,考试合格后,一律换发 6 年有效的驾驶证,为经常往来我国的境外人士提供便利。这是驾驶证制度的一项重大改革,目的是方便群众、删繁就简,减少换证环节,并与驾驶证的国际通用分类方法接轨。

(四)机动车驾驶证的管理内容

(1)申请、考试和发证;

(2)补发、换发、注销机动车驾驶证;

(3)建立、管理机动车驾驶人档案,并做好统计分析工作;

(4)建立《机动车驾驶证信息数据库》,实现驾驶证信息的计算机联网管理。

二、机动车驾驶人管理的一般规定

(一)机动车驾驶人的概念

机动车驾驶人,是指根据本人自愿,年龄、体检及其他条件审核合格,由公安车辆管理机关考核合格,准许驾驶某一种或几种车型的机动车辆,并持有公安车辆管理机关核发的机动车驾驶证的人员。

申请人报名并参加交通法规、机械常识及相关知识考试合格后,领取《学习驾驶证明》方可在道路上学习驾驶车辆,但不允许单独驾驶车辆,只能按照公安机关交通管理部门指定的路线、时间进行,并使用教练车,在教练员随车指导下进行。

申请人经考试合格并领取了《中华人民共和国机动车驾驶证》后,可持证按准驾车型单独驾驶车辆,但在实习期内须遵守实习期驾驶人驾车的有关规定。

(二)驾驶人管理的意义

(1)建立一支高素质驾驶员队伍;

(2)保障交通安全、减少交通事故;

(3)维护正常良好的交通秩序;

(4)降低交通公害;

(5)促进交通运输业的发展,为社会主义现代化建设事业服务。

（三）机动车驾驶人管理的内容

（1）记分和审验；

（2）安全教育法制宣传；

（3）对驾驶培训行业实施监督，保证和提高培训质量；

（4）研究驾驶人在道路交通中的生理和心理特征，为确定驾驶人的身体条件提供理论依据。

第二节　机动车驾驶证的申领业务

一、机动车驾驶证

（一）机动车驾驶证式样

目前常见的驾驶证是2004年5月1日开始核发的2004版驾驶证及2008版驾驶证，自2008年4月1日之后核发、换发的驾驶证均为2008版驾驶证。

2004版驾驶证。初次申请机动车驾驶证或者申请增加准驾车型的，申请人考试科目一、科目二和科目三合格后，车辆管理所核发机动车驾驶证。申请增加准驾车型的，应当收回原机动车驾驶证，2004年5月1日开始核发的2004版机动车驾驶证版本，如图4-1所示。

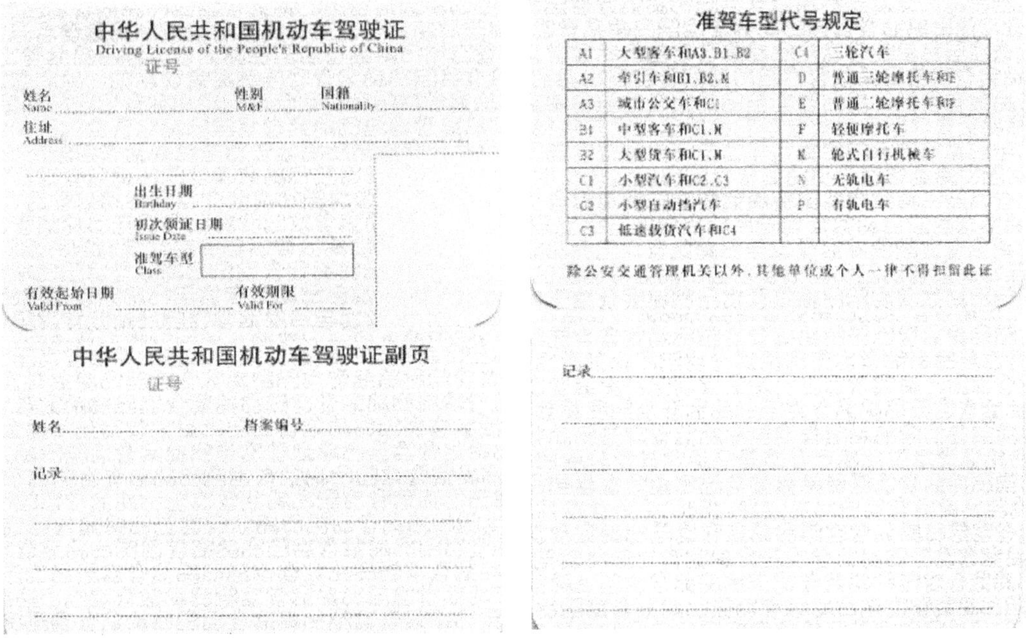

中华人民共和国机动车驾驶证
Driving License of the People's Republic of China
证号

姓名 Name　性别 M&F　国籍 Nationality
住址 Address
出生日期 Birthday
初次领证日期 Issue Date
准驾车型 Class
有效起始日期 Valid From　有效期限 Valid For

中华人民共和国机动车驾驶证副页
证号

姓名　档案编号
记录

准驾车型代号规定

A1	大型客车和A3、B1、B2	C4	三轮汽车
A2	牵引车和B1、B2、M	D	普通三轮摩托车和E
A3	城市公交车和C1	E	普通二轮摩托车和F
B1	中型客车和C1、M	F	轻便摩托车
B2	大型货车和C1、M	M	轮式自行机械车
C1	小型汽车和C2、C3	N	无轨电车
C2	小型自动挡汽车	P	有轨电车
C3	低速载货汽车和C4		

除公安交通管理机关以外，其他单位或个人一律不得扣留此证

记录

图4-1　2004年5月1日开始核发的2004版驾驶证

（2）2008版驾驶证。随着经济社会和科学技术不断发展，现在使用的驾驶证在管理和使用中存在的问题也越来越明显，如科技含量低、防伪性能差，民警查验困难、辨认效率低、

溯源管理困难、对一人持有多本驾驶证的情况难以核实等。因此,进一步改进驾驶证的防伪技术,加强驾驶证管理已成为当前公安机关交通管理部门急需解决的问题。经过反复论证和试验,公安部决定启用具有较先进防伪技术的驾驶证。

2008 年 4 月 1 日开始陆续核发的机动车驾驶证版本如图 4-2 所示,2008 版驾驶证比 2004 版驾驶证有了较多的改进,改进后的驾驶证使用了 33 项防伪技术,并且增加了记载发放驾驶证信息的一维条码。2008 版驾驶证重点改进了直观视觉查验的技术,如证芯的纸张由普通白卡纸变成专用安全纸张,有特制的安全线和红蓝绿三色荧光纤维;证芯的底纹从普通印刷变成防伪印刷,采用了随机底纹、光变油墨和荧光印刷等技术;塑封套采用了当前最新的双通道变色技术和双色荧光图案等。

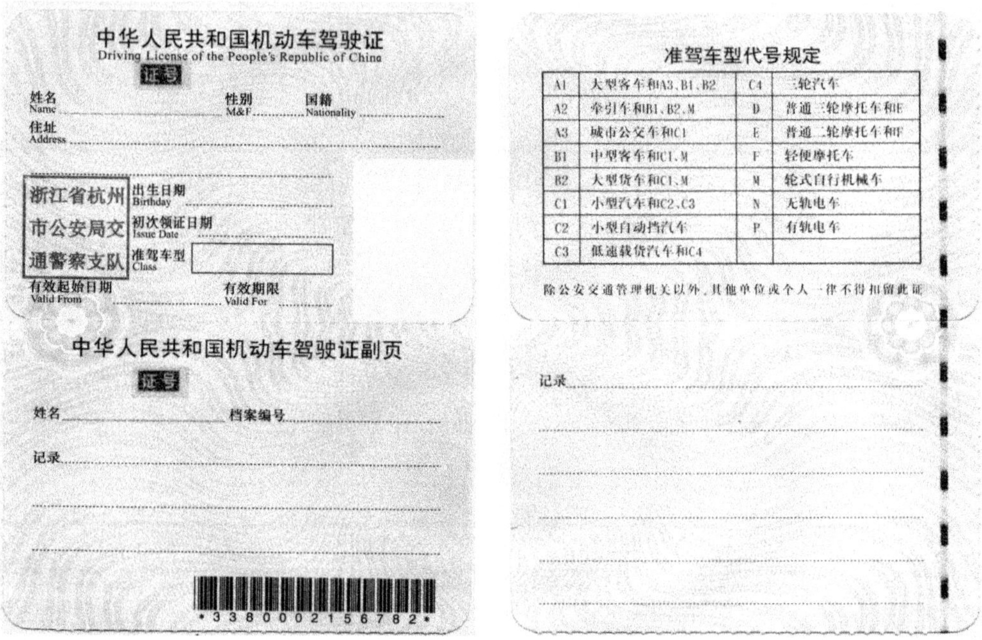

图 4-2　2008 年 4 月 1 日开始核发的 2008 版驾驶证

识别 2008 版驾驶证的真伪,可从以下五点着手:

(1)防伪线,在驾驶证正页和副页的背面,都安装有开窗安全线。安全线是驾驶证内置的金属条,从外观上根本看不出来。

(2)证号,驾驶证的证号背景色,正视时为紫色,斜视时为黑色。

(3)封套图案,在驾驶证的封套上共有 5 个组合图案,字符为荧光红色,长城图案为荧光绿色。

(4)平安结,在封套上全息防伪采用了平安结图案,平安结中间有一个大正方形,里面还内套了一个小正方形。当把驾驶证平放正视时,小正方形呈蓝色,周围部分呈黄色。把驾驶证转 90°,再进行观察,就发现小正方形呈黄色,周围部分呈蓝色。

(5)防伪图案,是立交桥,立交桥上的每根匝道上还有小汽车。

同时,为了规范对驾驶证的使用和管理,公安部还开发了数字化发行和使用管理系统,在驾驶证证芯上增加了用于记载发放驾驶证信息的一维条码。此外,还增加了人性化方面的内容:在驾驶证副页上增加了用于提示驾驶人提交身体条件证明或换领驾驶证等签注内容;塑封套全息防伪采用了平安结图案,既具有中国特征,又寓意平安。改进后的驾驶证从2008年4月1日分批在全国推广使用。正式启用的地方对初次申领驾驶证的机动车驾驶人核发新驾驶证,不得再使用旧版驾驶证;对已核发的旧版驾驶证,只在办理换证和补证业务时换发新驾驶证。

通过上述改进,增加了伪造驾驶证的成本和难度,提高了民警执法查验真假驾驶证的效率,严格了驾驶证的溯源管理。为打击伪造和使用伪造机动车号牌、行驶证、检验合格标志和驾驶证等违法行为,营造和谐的道路交通安全环境,公安部还将组织对改进机动车号牌、行驶证和检验合格标志防伪技术进行研究。

(二)机动车驾驶证准驾车型

准驾车型是指驾驶证申请人经公安车辆管理机关考试合格准许驾驶的车型,以及按规定不经考试即可准许驾驶的车型。

各类机动车虽然机械原理大体相同,但由于车辆外廓尺寸、性能和使用性质各不相同,因此对驾驶者的驾驶操作技术、驾驶经验、应变能力等方面的要求也不同。为了确保安全驾驶和便于对驾驶人的动态管理,根据各种车型的驾驶特性,把机动车分成方向盘式和手把式两大类。在这两大类中,一般规定持高项记录车型的准驾低项记录的车型,但持低项记录车型的则不准驾驶高项记录的车型;否则为准驾车型不符,属交通违法行为。

机动车驾驶人准予驾驶的车型顺序依次分为:大型客车、牵引车、城市公交车、中型客车、大型货车、小型汽车、小型自动挡汽车、低速载货汽车、三轮汽车、普通三轮摩托车、普通二轮摩托车、轻便摩托车、轮式自行机械车、无轨电车和有轨电车。

准驾车型记录是在驾驶证主页上以代号形式签注。具体规定如表4-1所示。

表 4-1　准驾车型代号表

序号	准驾车型	代号	准驾的车辆	准予驾驶的其他准驾车型
1	大型客车	A1	大型载客汽车	A3、B1、B2、C1、C2、C3、C4、M
2	牵引车	A2	重型、中型全挂、半挂汽车列车	B1、B2、C1、C2、C3、C4、M
3	城市公交车	A3	核载10人以上的城市公共汽车	C1、C2、C3、C4
4	中型客车	B1	中型载客汽车(含核载10人以上、19人以下的城市公共汽车)	C1、C2、C3、C4、M
5	大型货车	B2	重型、中型载货汽车;大、重、中型专项作业车	
6	小型汽车	C1	小型、微型载客汽车以及轻型、微型载货汽车、轻、小、微型专项作业车	C2、C3、C4
7	小型自动挡汽车	C2	小型、微型自动挡载客汽车以及轻型、微型自动挡载货汽车	
8	低速载货汽车	C3	低速载货汽车(原四轮农用运输车)	C4
9	三轮汽车	C4	三轮汽车(原三轮农用运输车)	

续表

序号	准驾车型	代号	准驾的车辆	准予驾驶的其他准驾车型
10	残疾人专用小型自动挡载客汽车	C5	残疾人专用小型、微型自动挡载客汽车（允许上肢、右下肢或者双下肢残疾人驾驶）	C5
11	普通三轮摩托车	D	发动机排量大于50ml或者最大设计车速大于50km/h的三轮摩托车	E、F
12	普通二轮摩托车	E	发动机排量大于50ml或者最大设计车速大于50km/h的二轮摩托车	F
13	轻便摩托车	F	发动机排量小于等于50ml，最大设计车速小于等于50km/h的摩托车	
14	轮式自行机械车	M	轮式自行机械车	
15	无轨电车	N	无轨电车	
16	有轨电车	P	有轨电车	

需要特别注意表4-1中准驾车型相对应的准予驾驶其他准驾车型的种类。

（三）机动车驾驶证有效期和准驾年龄限定

（1）为鼓励机动车驾驶人遵章守法，体现"管住重点，方便一般"的原则，机动车驾驶证有效期分为六年、十年和长期三种，在期满换证时根据记分情况签注不同的有效期。

（2）机动车驾驶人随着年龄增大，生理、心理素质下降，为确保安全，规定年龄在60周岁以上的，不得驾驶大型客车、牵引车、城市公交车、中型客车、大型货车、无轨电车和有轨电车；年龄在70周岁以上的，不得驾驶低速载货汽车、三轮汽车、普通三轮摩托车、普通二轮摩托车和轮式自行机械车。

二、机动车驾驶证申请条件

（一）机动车驾驶证申请条件一般规定

1. 申领受理机关

申领机动车驾驶证的人，按照下列规定向公安车辆管理机关提出申请：

（1）户籍地居住的，应当在户籍地提出申请；

（2）在暂住地居住的，可以在暂住地提出申请；

（3）现役军人（含武警），应当在居住地提出申请；

（4）境外人员，应当在居留地提出申请；

（5）申请增加准驾车型的，应当在所持机动车驾驶证核发地提出申请。

2. 初次申请应提交的证明

初次申请机动车驾驶证，应当填写《机动车驾驶证申请表》，并提交以下证明：

（1）申请人的身份证明；

（2）县级或者部队团级以上医疗机构出具的有关身体条件的证明；

（3）属于申请残疾人专用小型自动挡载客汽车的，应当提交经省级卫生主管部门指定的专门医疗机构出具的有关身体条件的证明。

3. 申请增加准驾车型应提交的证明

申请增加准驾车型的，除填写《机动车驾驶证申请表》，提交上条所列的证明外，还应当提交所持机动车驾驶证。

属于接受全日制驾驶职业教育，申请增加大型客车、牵引车准驾车型的，还应当提交学校出具的学籍证明。

公安部 139 号令的《修改意见》提出试点开展大型客货车驾驶人职业教育，利用大专院校优质教学资源，以职业化保证专业化，提高重点驾驶人整体素质。

将先进的驾驶理念和驾驶技能纳入教育培训内容，加强守法文明驾驶意识培养，提升大型客货车驾驶人专业技能和职业素养；引导建立大型客货车驾驶人培训基地，开展集中式教育培训。

(二)机动车驾驶证申请年龄和身体条件

1. 年龄条件

(1)申请小型汽车、小型自动挡汽车、轻便摩托车准驾车型的，在 18 周岁以上，70 周岁以下；

(2)申请低速载货汽车、三轮汽车、普通三轮摩托车、普通二轮摩托车或者轮式自行机械车准驾车型的，在 18 周岁以上，60 周岁以下；

(3)申请城市公交车、中型客车、大型货车、无轨电车或者有轨电车准驾车型的，在 20 周岁以上，50 周岁以下；

(4)申请中型客车准驾车型的，在 21 周岁以上，50 周岁以下；

(5)申请牵引车准驾车型的，在 24 周岁以上，50 周岁以下；

(6)申请大型客车准驾车型的，在 26 周岁以上，50 周岁以下。

(7)接受全日制驾驶职业教育的学生，申请大型客车、牵引车准驾车型的，在 20 周岁以上，50 周岁以下。

对申请学习驾驶证者的年龄作出限制，主要是考虑到不同车型驾驶技术学习掌握的难易程度及人们的生理、心理变化规律。从人的生理、心理发展变化看，人随着年龄的增长，其心理也随之成熟起来。一般从 20 岁开始持续到中年，是技能培养的最佳年龄。统计资料表明，当人的年龄在 20 至 45 岁之间，无论是模仿能力、反应能力还是应变能力，都处于最佳状态。

限定申请者的最低年龄，还与我国法律中所规定的民事责任能力和刑事责任能力，以及其他法律责任承担的年龄要求相吻合，需具备完全的民事和刑事责任能力，因此，对驾驶证申请者年龄作出这样的限定是非常必要的。

《申领和使用规定》除规定了一般车型的年龄要求外，还从心理成熟、驾驶经历角度出发，对驾驶重点车型的年龄条件作了严格规定。同时，考虑到随着生活条件的改善，人们的体质有所增强，对一般车型的最高年龄要求有所放宽。

但是，对接受职业教育的人员来说，可以按照公安部 139 号令的规定，将目前增驾大型客车、牵引车的年龄分别由 26 周岁、24 周岁降低到 20 周岁。

2. 身体条件

(1)身高。申请大型客车、牵引车、城市公交车、大型货车、无轨电车准驾车型的，身高为

155 厘米以上。申请中型客车准驾车型的，身高为 150 厘米以上。

对身高的规定主要是考虑机动车驾驶操作要求。如果身高满足不了要求，在驾驶操作中，既难以确定操纵机构与座椅的位置调整，也不利于实际操作，尤其是遇紧急情况或长时间驾驶极容易造成机动车辆失控而影响交通安全，甚至导致交通事故的发生。

（2）视力。申请大型客车、牵引车、城市公交车、中型客车、大型货车、无轨电车或者有轨电车准驾车型的，两眼裸视力或者矫正视力达到对数视力表 5.0 以上。申请其他准驾车型的，两眼裸视力或者矫正视力达到对数视力表 4.9 以上。单眼视力障碍，优眼裸视力或者矫正视力达到对数视力表 5.0 以上，且水平视野达到 150 度的，可以申请小型汽车、小型自动挡汽车、低速载货汽车、三轮汽车、残疾人专用小型自动挡载客汽车准驾车型的机动车驾驶证；

对于驾驶人来讲，视力是非常重要的。因为行车过程中，外界的情况有 90% 以上是通过眼睛来感知的。如果视力不合格就不能及时发现错综复杂的道路情况，容易造成判断错误而引发险情。

（3）辨色力，无红绿色盲。辨色力是指分辨颜色的能力。如果对某些颜色甚至所有颜色不能加以辨别，称为色盲。其中赤绿色盲是一种最常见的色盲类型，他们对赤绿颜色分辨不清。而在交通活动中，常常出现红、黄、蓝、绿、黑、白等各种颜色，其中尤以红、绿、黄最为常见和重要。如果车辆驾驶者是赤绿色盲，那就无法正确辨认交通指挥信号灯、交通标志及前方车辆尾灯信号的颜色，容易造成交通事故，因而不能申领机动车驾驶证。

（4）听力。两耳分别距音叉 50 厘米能辨别声源方向。有听力障碍但佩戴助听设备能够达到以上条件的，可以申请小型汽车、小型自动挡汽车准驾车型的机动车驾驶证。

听力是指人凭借耳朵感知外界声音的能力。驾驶者必须具有正常的听力，因行车过程中，当出现驾驶人难以观察车后、侧边情况或通过视线不良的交叉路口、弯道、隧道、桥梁、山区道路时，就要靠耳朵判断道路前方或周围异常声响的距离和方位，借此作出及时反应；同时，驾驶者还可凭借耳朵查听自驾车辆运行的异常声响及部位，迅速排除机械故障，保证车辆的正常行驶。

（5）上肢。双手拇指健全，每只手其他手指必须有三指健全，肢体和手指运动功能正常。但手指末节残缺或者右手拇指缺失的，且双手手掌完整的，可以申请小型汽车、小型自动挡汽车、低速载货汽车、三轮汽车准驾车型的机动车驾驶证。

（6）下肢。运动功能正常。申请驾驶手动挡汽车，下肢不等长度不得大于 5 厘米。

（7）肢残人员申请驾驶证条件：左下肢缺失或者丧失运动功能的，可以申请小型自动挡汽车准驾车型的机动车驾驶证。右下肢、双下肢缺失或者丧失运动功能但能够自主坐立的，可以申请残疾人专用小型自动挡载客汽车准驾车型的机动车驾驶证；根据公安部 139 号令，一只手掌缺失，另一只手掌和手指符合条件的，可以申请残疾人专用小型自动挡载客汽车。

（8）躯干、颈部。无运动功能障碍。

（三）不得申请机动车驾驶证情形

（1）有器质性心脏病、癫痫病、美尼尔氏症、眩晕症、癔症、震颤麻痹、精神病、痴呆以及影响肢体活动的神经系统疾病等妨碍安全驾驶疾病的。

（2）三年内有吸食、注射毒品行为或者解除强制隔离戒毒措施未满三年，或者长期服用依赖性精神药品成瘾尚未戒除的。

（3）造成交通事故后逃逸构成犯罪的。

（4）饮酒后或者醉酒驾驶机动车发生重大交通事故构成犯罪的。

（5）醉酒驾驶机动车或者饮酒后驾驶营运机动车依法被吊销机动车驾驶证未满五年的。

（6）醉酒驾驶营运机动车依法被吊销机动车驾驶证未满十年的。

（7）因其他情形依法被吊销机动车驾驶证未满两年的。

（8）驾驶许可依法被撤销未满三年的。

（9）法律、行政法规规定的其他情形。

（四）申请准驾车型的规定

1. 初次申请驾驶证的规定

初次申领机动车驾驶证的，可以申请准驾车型为城市公交车、大型货车、小型汽车、小型自动挡汽车、低速载货汽车、三轮汽车、残疾人专用小型自动挡汽车、普通三轮摩托车、普通二轮摩托车、轻便摩托车、轮式自行机械车、无轨电车、有轨电车的机动车驾驶证，即除大客车、牵引车、中型客车之外的共 13 种。

初次不得申领 A1、A2、B1 驾驶证！

自 2016 年 4 月 1 日开始实行公安部 139 号令之后，在暂住地也同样可以初次申请上述的 13 种车型，以及进行增驾其余的 3 种车型。

2. 已有驾驶证需增加准驾车型的规定

《申领和使用规定》确立了准驾车型逐级申请制度，对申请驾驶重点车型增加严格的限制条件。考虑到大型客车、牵引车、中型客车是发生交通事故的重点车型，规定初次申领驾驶证的人员不能直接申请大型客车、牵引车、中型客车准驾车型，必须首先取得小型汽车或者大型货车准驾车型，并具备一定年限的安全驾驶经历后，方可申请。这几个重点车型主要是营运车辆，对其做出限制性规定，对社会需求影响不大。同时，将交通违法记分与逐级申请紧密结合，对记分周期内出现满分记录的驾驶人不准增驾其他准驾车型。目的还是保证重点车型驾驶人在申请时就有一定的安全驾驶经验。

另外，有下列情形之一的，不得申请大型客车、牵引车、城市公交车、中型客车、大型货车准驾车型：

（1）发生交通事故造成人员死亡，承担同等以上责任的；

（2）醉酒后驾驶机动车的；

（3）被吊销或者撤销机动车驾驶证未满十年的。

已持有机动车驾驶证，申请增加准驾车型的，应当在申请前最近一个记分周期内没有满分记录。申请增加中型客车、牵引车、大型客车准驾车型的，还应当符合下列规定：

（1）申请增加中型客车准驾车型的，已取得驾驶城市公交车、大型货车、小型汽车、小型自动挡汽车、低速载货汽车或者三轮汽车准驾车型资格三年以上，并在申请前最近连续三个记分周期内没有记满 12 分记录。

（2）申请增加牵引车准驾车型的，已取得驾驶中型客车或者大型货车准驾车型资格三年以上，或者取得驾驶大型客车准驾车型资格一年以上，并在申请前最近连续三个记分周期内没有记满 12 分记录。

（3）申请增加大型客车准驾车型的，已取得驾驶中型客车或者大型货车准驾车型资格五年以上，或者取得驾驶牵引车准驾车型资格二年以上，并在申请前最近连续五个记分周期内没有记满 12 分记录。

（4）在暂住地可以申请增加的准驾车型为小型汽车、小型自动挡汽车、低速载货汽车、三轮汽车、普通三轮摩托车、普通二轮摩托车、轻便摩托车。

（5）正在接受全日制驾驶职业教育的学生，已在校取得驾驶小型汽车准驾车型资格，并在本记分周期和申请前最近一个记分周期内没有记满 12 分记录的，可以申请增加大型客车、牵引车准驾车型。

3. 持有军队、武警部队驾驶证，或者持有境外机动车驾驶证的规定

持有军队、武警部队机动车驾驶证，或者持有境外机动车驾驶证，符合申请条件的，可以申请对应准驾车型的机动车驾驶证。

三、申请程序

初次申请驾驶证的基本流程如下：

申请人提交申请表和证明——受理、审核——预约科目一考试——核发预约考试凭证——按期进行科目一考试——核发或自行打印《学习驾驶证明》——预约科目二和科目三，或者单独预约一科——进行科目二和科目三考试（包括科目三道路驾驶考试和之后的安全文明驾驶常识考试）——业务领导审核——制作机动车驾驶证——核发机动车驾驶证。

（一）接受申请的公安机关主管部门

1. 申领机动车驾驶证的人，按照下列规定向车辆管理所提出申请：

（1）在户籍所在地居住的，应当在户籍所在地提出申请；

（2）在暂住地居住的，可以在暂住地提出申请；

（3）现役军人（含武警），应当在居住地提出申请；

（4）境外人员，应当在居留地或者居住地提出申请；

（5）申请增加准驾车型的，应当在所持机动车驾驶证核发地提出申请；

（6）接受全日制驾驶职业教育，申请增加大型客车、牵引车准驾车型的，应当在接受教育地提出申请。

2. 提出申请驾驶学习的手续

初次申请机动车驾驶证，应当填写申请表，并提交以下证明：

（1）申请人的身份证明。

（2）县级或者部队团级以上医疗机构出具的有关身体条件的证明。属于申请残疾人专用小型自动挡载客汽车的，应当提交经省级卫生主管部门指定的专门医疗机构出具的有关身体条件的证明。

申请增加准驾车型的，除填写申请表，提交公安部 139 号令第 19 条规定的证明和机动车驾驶证。属于接受全日制驾驶职业教育，申请增加大型客车、牵引车准驾车型的，还应当提交学校出具的学籍证明。

（二）其他

1. 持军队、武装警察部队机动车驾驶证的人申请机动车驾驶证

持军队、武装警察部队机动车驾驶证的人申请机动车驾驶证应当填写申请表，并提交以下证明、凭证：

（1）申请人的身份证明。属于复员、转业、退伍的人员，还应当提交军队、武装警察部队

核发的复员、转业、退伍证明；

(2)县级或者部队团级以上医疗机构出具的有关身体条件的证明；

(3)军队、武装警察部队机动车驾驶证。

持军队、武装警察部队机动车驾驶证的人申请大型客车、牵引车、城市公交车、中型客车、大型货车准驾车型机动车驾驶证的，应当考科目一和科目三；申请其他准驾车型机动车驾驶证的，免予考试核发机动车驾驶证。

2. 持境外机动车驾驶证的人申请机动车驾驶证

持境外机动车驾驶证的人申请机动车驾驶证，应当填写申请表，并提交以下证明、凭证：

(1)申请人的身份证明。

(2)县级以上医疗机构出具的有关身体条件的证明。属于外国驻华使馆、领馆人员及国际组织驻华代表机构人员申请的，按照外交对等原则执行。

(3)所持机动车驾驶证。属于非中文表述的，还应当出具中文翻译文本。

申请人属于内地居民的，还应当提交申请人的护照或者《内地居民往来港澳通行证》、《大陆居民往来台湾通行证》。申请人提交的证明、凭证齐全、符合法定形式的，车辆管理所应当受理，并按规定审核申请人的机动车驾驶证申请条件。属于此项(即第22条第2款)规定情形的，还应当核查申请人的出入境记录。

持境外机动车驾驶证申请机动车驾驶证的，应当考科目一。申请准驾车型为大型客车、牵引车、城市公交车、中型客车、大型货车机动车驾驶证的，还应当考科目三。

内地居民持有境外机动车驾驶证，取得该机动车驾驶证时在核发国家或者地区连续居留不足3个月的，应当考科目一、科目二和科目三。

属于外国驻华使馆、领馆人员及国际组织驻华代表机构人员申请的，应当按照外交对等原则执行。

3. 自学直考的申请规定

规定实行小型汽车、小型自动挡汽车驾驶证自学直考的地方，申请人可以自行学习科目二、科目三的内容，然后向车管所直接申请科目二和科目三的考试。

并且规定，实行小型汽车、小型自动挡汽车驾驶证自学直考的地方，申请人可以使用加装安全辅助装置的自备机动车，在具备安全驾驶经历等条件的人员随车指导下，按照公安机关交通管理部门指定的路线、时间学习驾驶技能，按照第19条或者第20条的规定申请相应准驾车型的驾驶证。优化小型汽车驾驶人培训方式，在完成规定培训学时要求的基础上，学员可根据自身情况增加培训学时和内容，满足个性化、差异化培训需求。

小型汽车、小型自动挡汽车驾驶证自学直考管理制度由公安部另行规定。

根据2016年1月28日发布的公交管〔2016〕50号文件，公安部、交通运输部关于做好机动车驾驶人培训考试制度改革工作的通知，

积极稳妥开展改革试点，及时总结经验做法。试点自学直考是社会高度关注的重大改革措施。公安部、交通运输部已会同保监会联合发布公告，明确自学直考的管理制度和具体要求，确定试点地区。试点工作严格按照"依法、规范、有序、稳妥"的原则，从2016年4月1日起开始，不在试点范围内的其他地区不得开展自学直考工作。试点地市要提前做好试点准备工作，成立工作专班，制定实施方案，细化试点任务，明确进度安排和保障措施。公安机关交通管理部门要从车辆检验、牌证发放、考试受理、执法管理、事故处理、保险理赔等方面，

建立相应工作制度,提前划定训练路线,设定训练时段,做好勤务安排和设施保障,及时宣传,准确解读,避免一哄而上和误解炒作,切实保障试点工作平稳开展。

省级交通运输部门、公安部门要加强协作,主动协调相关部门,根据本地实际,选择具备条件的职业技术学院、高级技工学校进行大型客货车驾驶人和驾驶培训教练员职业教育试点,大型客货车驾驶人职业教育试点报交通运输部、公安部备案。鼓励企业通过委托培养等形式,参与大型客货车驾驶人、驾驶培训教练员职业教育。试点院校要保障职业化教育质量,严格教学过程和质量管理。各地要研究探索小型汽车分科目、跨驾驶培训机构培训模式,可根据实际情况,选择具备条件的地区开展试点工作,允许学员在学习过程中,自主决定转至其他培训机构继续培训。

各地试点工作中遇到的问题要及时汇报,2016年年底前向公安部、交通运输部提交试点情况总结,为全面推行创造条件,积累经验。公安部、交通运输部将适时对试点工作进行跟踪检查。

4. 再次申请驾驶许可的免培训直考的规定

申请机动车驾驶证的人,符合本规定要求的驾驶许可条件,具有下列情形之一的,可以按照第14条第1款关于初次申领机动车驾驶证的规定,以及第19条关于初次申请驾驶证应履行的手续的规定,直接申请相应准驾车型的机动车驾驶证考试:

(1)原机动车驾驶证因超过有效期未换证被注销的;

(2)原机动车驾驶证因未提交身体条件证明被注销的;

(3)原机动车驾驶证由本人申请注销的;

(4)原机动车驾驶证因身体条件暂时不符合规定被注销的;

(5)原机动车驾驶证因其他原因被注销的,但机动车驾驶证被吊销或者被撤销的除外;

(6)持有的军队、武装警察部队机动车驾驶证超过有效期的;

(7)持有的境外机动车驾驶证超过有效期的。

有前款第(6)项、第(7)项规定情形之一的,还应当提交超过有效期的机动车驾驶证。

核查。申请人提交的证明、凭证齐全、符合法定形式的,车辆管理所应当受理,并按规定审核申请人的机动车驾驶证申请条件。属于此项(即第24条第1款第1项至第5项)规定情形之一的,还应当核查申请人的驾驶经历。

核发。对于符合申请条件的,车辆管理所应当按规定安排预约考试;不需要考试的,1日内核发机动车驾驶证。

5. 车辆管理所对申请人的申请条件及提交的材料、申告的事项有疑义的,可以对实质内容进行调查核实

调查时,应当询问申请人并制作询问笔录,向证明、凭证的核发机关核查。

经调查,申请人不符合申请条件的,不予办理;有违法行为的,依法予以处理。

第三节 考试与核发机动车驾驶证

一、考试科目

根据公安部 2017 年 10 月 1 日实施的《机动车驾驶人考试内容与方法》(GA 1026—2017)等驾驶人考试相关行业技术标准,考试科目分为道路交通安全法律、法规和相关知识考试科目(以下简称"科目一")、场地驾驶技能考试科目(以下简称"科目二")和道路驾驶技能和安全文明驾驶常识考试科目(以下简称"科目三")。

(一)科目一

1. 考试内容

根据公共安全行业标准《机动车驾驶人考试内容和方法》(GA 1026—2017),科目一考试内容包括:道路通行、交通信号、交通安全违法行为和交通事故处理、机动车驾驶证申领和使用、机动车登记等规定以及其他道路交通安全法律、法规和规章。

2. 考试方法

科目一考试应当在考试员的监督下,由申请人通过计算机闭卷答题,考试时间为 45 分钟。恢复驾驶资格考试时间为 30 分钟。

3. 考试题库的结构和基本题型

科目一考试题库的结构和基本题型由公安部制定,省级公安机关交通管理部门结合本地实际情况建立本省(自治区、直辖市)的考试题库。

考试题库结构分为通用试题和专用试题通用试题主要考核各种准驾车型的申请人应当掌握的基本知识;专用试题主要考核不同准驾车型的申请人应当掌握的专项知识。具体分为:大型客车和牵引车专用试题,城市公交车、中型客车、大型货车、小型汽车、小型自动挡汽车专用试题和其他准驾车型专用试题。

考试的基本题型为单项选择题和判断题以及情景类试题,通过文字或图片、视频等情景形式模拟实际道路交通场景,考核考生对实际道路交通情况认知、判断和处置能力,更加突出安全文明行车、典型违法行为认知等内容的考核,考试内容更加贴近实用。

申领机动车驾驶证和满分学习 90 分为合格,考试试题数量如下:

(1)摩托车 50 道试题;

(2)其他车型 100 道试题;

(3)恢复驾驶资格考试试题数量为 50 道试题。

试题内容比例:申请机动车驾驶证考试、满分学习考试试题内容比例如表 4-2 所示。

恢复驾驶资格考试试题内容比例如表 4-3 所示。

4. 考试场地要求

科目一考试场地应当符合下列条件:

(1)使用计算机系统随机出题、考试,计算机考试系统与机动车驾驶证管理系统联网;

(2)各考位之间设置有效的间隔设施;

(3)考试区域实行封闭式管理;

(4)设置有待考人员等候休息场所,配备必要的便民服务和交通安全宣传设施。

5. 合格标准

满分为 100 分,成绩达到 90 分的为合格。

表 4-2　申请机动车驾驶证考试、满分学习考试试题内容比例

试题内容		组卷比例		
		大型客车、牵引车、城市公交车、中型客车、大型货车	小型汽车、小型自动挡汽车、残疾人专用小型自动挡载客汽车、三轮汽车、低速载货汽车	普通三轮摩托车、普通二轮摩托车、轻便摩托车
通用试题	驾驶证和机动车管理规定	15%	20%	20%
	道路通行条件及通行规定	10%	25%	34%
	道路交通安全违法行为及处罚	30%	25%	26%
	道路交通事故处理相关规定	10%	10%	10%
	机动车基础知识	10%	10%	——
	地方性法规	10%	10%	10%
大中型客货车制动系统与安全装置知识		15%	——	——
合计		100%	100%	100%

注:轮式自行机械车、有轨电车、无轨电车准驾车型的试题内容比例由省级公安机关交通管理部门确定。

表 4-3　恢复驾驶资格考试试题内容比例

试题内容	组卷比例
道路交通安全法律、法规和规章	40%
地方性法规	10%
道路交通信号	20%
安全行车、文明驾驶基础知识	30%
合计	100%

(二)科目二

1. 考试内容

(1)在规定场地内驾驶机动车完成考试项目的情况;

(2)对机动车驾驶技能掌握的情况;

(3)对机动车空间位置判断的能力。

2. 考试项目

(1)大型客车、牵引车、城市公交车、中型客车、大型货车考试内容:

①桩考；

②坡道定点停车和起步；

③侧方停车；

④通过单边桥；

⑤曲线行驶；

⑥直角转弯；

⑦通过限宽门；

⑧通过连续障碍；

⑨起伏路行驶；

⑩窄路掉头；

⑪模拟高速公路行驶；

⑫模拟连续急弯山区路行驶；

⑬模拟隧道行驶；

⑭模拟雨(雾)天行驶；

⑮模拟湿滑路行驶；

⑯模拟紧急情况处置；

⑰省级公安机关交通管理部门可根据公安部123号令25条规定增加考试内容。

(2)小型汽车、小型自动挡汽车、残疾人专用小型自动挡载客汽车和低速载货汽车考试内容：

①倒车入库；

②坡道定点停车和起步；

③侧方停车；

④曲线行驶；

⑤直角转弯；

⑥省级公安机关交通管理部门可根据公安部123号令第25条规定增加考试内容。

(3)三轮汽车、普通三轮摩托车、普通二轮摩托车和轻便摩托车考试桩考、坡道定点停车和起步、通过单边桥。

(4)轮式自行机械车、无轨电车、有轨电车的考试内容由省级公安机关交通管理部门确定。

科目二考试应当先进行桩考。桩考未出现扣分情形的，补考或者重新预约考试时可以不再进行桩考。其他准驾车型的考试项目，由省级公安机关交通管理部门确定。

3.考试方法

科目二考试应当按照报考的准驾车型，选定对应考试场地和考试车辆，在考试员的现场监督下，由申请人按照规定的考试线路和操作规范独立完成驾驶。其中，大型客车、城市公交车、中型客车、大型货车、小型汽车、小型自动挡汽车、低速载货汽车的科目二考试应当使用计算机自动监控考试系统考试。

4.考试车辆要求

(1)大型客车。车长不小于9米的大型普通载客汽车。

(2)牵引车。车长不小于12米的半挂汽车列车。

（3）城市公交车。车长不小于 9 米的大型普通载客汽车。

（4）中型客车。车长不小于 5.8 米的中型普通载客汽车。

（5）大型货车。车长不小于 9 米,轴距不小于 5 米的重型普通载货汽车。

（6）小型汽车。车长不小于 5 米的轻型普通载货汽车,或者车长不小于 4 米的小型普通载客汽车,或者车长不小于 4 米的轿车。

（7）小型自动挡汽车。车长不小于 5 米的轻型自动挡普通载货汽车,或者车长不小于 4 米的小型自动挡普通载客汽车,或者车长不小于 4 米的自动挡轿车。

（8）普通三轮摩托车。至少有四个速度挡位的普通正三轮摩托车或者普通侧三轮摩托车。

（9）普通二轮摩托车。至少有四个速度挡位的普通二轮摩托车。

考试车应当设置明显的考试用车标志,除三轮汽车和摩托车外的考试车应当安装供考试员使用的副制动踏板和后视镜装置。

其他考试用车的条件,由省级公安机关交通管理部门负责制定。

5. 考试场地要求

科目二考试场地应当符合下列条件:

（1）有满足场内道路驾驶考试所需的设施及相应的标志、标线;

（2）桩考场内地面平坦,坡度小于 1%,附着系数大于 0.40;

（3）大型客车、城市公交车、中型客车、大型货车、小型汽车、小型自动挡汽车、低速载货汽车的桩考应当使用计算机自动监控系统。

6. 合格标准

满分为 100 分,设定不合格,减 20 分、减 10 分、减 5 分的项目评判标准。具体评判标准（公安部 139 号令）,符合下列规定的,考试合格:

（1）报考大型客车、牵引车、城市公交车、中型客车、大型货车准驾车型,成绩达到 90 分的;

（2）报考其他准驾车型成绩达到 80 分的。

7. 不合格项目

除了以前的不合格项目之外,新标准还增加了时间的限制规定,倒车入库完成时间不能超过 210 秒,侧方停车完成时间不能超过 90 秒,一旦超出时间即判为不合格。

（三）科目三

1. 考试内容

科目三道路驾驶技能考试内容包括（大型客车、牵引车、城市公交车、中型客车、大型货车、小型汽车、小型自动挡汽车、低速载货汽车和残疾人专用小型自动挡载客汽车考试）:

（1）上车准备;

（2）起步;

（3）直线行驶;

（4）加减挡位操作;

（5）变更车道;

（6）靠边停车;

（7）直行通过路口;

（8）路口左转弯；

（9）路口右转弯；

（10）通过人行横道线；

（11）通过学校区域；

（12）通过公共汽车站；

（13）会车；

（14）超车；

（15）掉头；

（16）夜间行驶。

大型客车、中型客车考试里程不少于 20 公里，其中白天考试里程不少于 10 公里，夜间考试里程不少于 5 公里。牵引车、城市公交车、大型货车考试里程不少于 10 公里，其中白天考试里程不少于 5 公里，夜间考试里程不少于 3 公里。小型汽车、小型自动挡汽车、低速载货汽车、残疾人专用小型自动挡载客汽车考试里程不少于 3 公里，在白天考试时，应当进行模拟夜间灯光考试。

对大型客车、牵引车、城市公交车、中型客车、大型货车，省级公安机关交通管理部门应当根据实际增加山区、隧道、陡坡等复杂道路驾驶考试内容。对其他汽车准驾车型，省级公安机关交通管理部门可以根据实际增加考试内容。

省级公安机关交通管理部门可以根据各地实际，增加汽车准驾车型的考试项目，确定其他准驾车型的考试项目。

2. 科目三安全文明驾驶常识考试

科目三安全文明驾驶常识考试内容包括：安全文明驾驶操作要求、恶劣气象和复杂道路条件下的安全驾驶知识、爆胎等紧急情况下的临危处置方法以及发生交通事故后的处置知识等。

安全文明驾驶常识考试内容如下：

（1）违法行为综合判断与案例分析；

（2）安全行车常识；

（3）常见交通标志、标线和交警手势辨识；

（4）驾驶职业道德和文明驾驶常识；

（5）恶劣气候和复杂道路条件下驾驶常识；

（6）紧急情况下避险常识；

（7）交通事故救护及常见危化品处置常识；

（8）地方试题。

题型为判断题、单项选择题、多项选择题；试题数量为 50 道。试题内容比例见表 4-4。

3. 考试方法

科目三考试应当按照报考的准驾车型，选定对应考试场地和考试车辆，在考试员的同车监督下，由申请人按照考试员的考试指令完成场内道路和实际道路的驾驶操作。

4. 考试车辆要求

科目三考试车辆要求与科目二相同，但科目三考试用车应当悬挂明显的考试车标志，安装供考试员使用的副刹车装置和后视镜装置。

表 4-4　安全文明驾驶常识考试试题内容比例

试题内容	组卷比例
安全行车常识	20％
文明行车常识	18％
道路交通信号在交通场景中的综合应用	8％
恶劣气象和复杂道路条件下安全驾驶知识	16％
紧急情况下避险常识	12％
典型事故案例分析	6％
交通事故救护及常见危险化学品处置常识	10％
地方试题	10％
合计	100％

5. 考试道路条件

大型客车、牵引车、城市公交车、中型客车、大型货车、小型汽车、小型自动挡汽车、低速载货汽车准驾车型的科目三考试道路应当符合下列条件：

(1)用于通行社会车辆的混合交通道路，汽车单向流量每小时不少于 60 辆。

(2)考试路段起点和终点应当设置明显的标志，每公里设置里程标志。

(3)应当具有平面交叉路口、交通信号灯以及人行横道、注意行人、注意儿童、减速让行、停车让行等标志和标线。

(4)其他准驾车型的科目三考试可以在场地道路上进行。

省级公安机关交通管理部门可以根据本地实际，确定山区、涵洞、隧道等特点的科目三考试道路条件。

6. 合格标准

科目三考试按照不同准驾车型设定不合格、减 20 分、减 10 分、减 5 分的评判标准。具体评判标准公安部 139 号令附件，科目三道路驾驶技能和安全文明驾驶常识考试满分分别为 100 分，成绩分别达到 90 分的为合格。考试时间 45 分钟。

根据新的《机动车驾驶人考试内容与方法》(GA 1026—2017)规定，虽然考试内容没变，但是，科目三道路驾驶技能考试同样有多项操作增加了时间限制，以及部分评判标准的调整如表 4-5 所示。比如，绿灯亮起后的车辆起步，原本并无时间限制，但新标准明确规定"前方无其他车辆、行人等影响通行时，10 秒内未完成起步的"直接评判为不合格。

在起步、转向、变更车道、超车、靠边停车操作，此前的标准要求必须打转向灯，没有打转向灯的扣 10 分。但在新的标准中，此项要求更为严格，不打转向灯的直接不合格。打了转向灯但时间未满 3 秒就转向的直接不合格。路口不礼让行人直接不合格。

科目三"起步"项目中，规定"起步前，未观察内、外后视镜，回头观察后方交通情况的"，直接不合格；变更车道时，控制行驶速度不合理，妨碍其他车辆正常行驶的，不合格；停车后，车身距离道路右侧边缘线或者人行道边缘超出 50 厘米的，不合格。

除此之外，新的考试标准也更加注重驾驶人的安全文明意识。比如，科目三考试就明确遇后车发出超车信号不按规定让行的直接不合格。

在通过斑马线和直行通过路口、路口左转弯、路口右转弯项目中，明确不按规定主动避让优先通行的车辆、行人、非机动车的,不合格。

表 4-5　科目三道路驾驶技能考试评判要点调整

序号	考试项目	评判项目	评判标准	备注
1	倒车入库	中途停车	由不合格修改为每次扣 5 分	修改
2		规定时间内未完成考试的	不合格	修改
3	桩考	中途停车	由不合格修改为每次扣 5 分	修改
4	坡道定点停车和起步	坡道定点停车和起步车辆停止后,车身距离路边缘线 50cm 以上	由每次扣 10 分修改为不合格	细化修改
5		车身距离路边缘线超出 30cm,未超出 50cm 的	扣 10 分	
6		停车后,未拉紧驻车制动器	扣 10 分	新增
7	侧方停车	中途停车	由不合格修改为每次扣 5 分	修改
8		规定时间未完成考试的	不合格	新增
9		行驶中车身碰触库位边线	每次扣 10 分	新增
10	通过单边桥	中途停车	由不合格修改为每次扣 5 分	修改
11	曲线行驶	行驶时挡位未挂在二挡以上	扣 5 分	新增
12	直角转弯	中途停车	由不合格修改为每次扣 5 分	修改
13	通过限宽门	中途停车	——	删除
14	通过连续障碍	中途停车	由不合格修改为每次扣 5 分	修改
15		轧、碰、擦一个圆饼	由扣 10 分修改为每次扣 5 分	修改
16		行驶时挡位未挂在二挡以上	扣 5 分	新增
17	窄路掉头	中途停车	——	删除

二、考试和评判组织

根据公安部 2016 年 3 月 21 日印发的《机动车驾驶人考试工作规范》第三章考试组织和评判:

第 15 条　车辆管理所应当按照规定组织实施考试工作,严格执行考试内容和评判标准,并自觉接受社会监督。

第 16 条　车辆管理所应当实行考场开放,公布考场布局、考试路线、考试流程,允许考生在考试前免费进入考场熟悉考试环境。

第 17 条　科目一考试和科目三安全文明驾驶常识考试应当在考试员监督下,由考生使用全国统一的计算机考试系统完成考试。

报考摩托车准驾车型的,可以使用由计算机考试系统生成的纸质试卷进行考试。

第 18 条　科目二考试应当按照报考的准驾车型,选定对应的考场和考试车辆,在考试员监督下,由考生按照规定的考试路线、操作规范和考试指令,驾驶考试车辆连续完成考试。

对申请大型客车、牵引车、城市公交车、中型客车、大型货车、小型汽车、小型自动挡汽车、残疾人专用小型自动挡载客汽车准驾车型科目二考试的,应当使用场地驾驶技能考试系统进行评判。

对申请大型客车、牵引车、城市公交车、中型客车、大型货车准驾车型科目二考试的,考试不合格当场补考时,未扣分的已考试项目不再补考。补考仍未合格的,重新预约考试,参加所有项目考试。

第19条　科目三道路驾驶技能考试应当按照报考的准驾车型,选定对应考试车辆,在考试员的同车监督下,由考生在随机抽取的考试路线上,按照考试指令完成考试。

对申请大型客车、牵引车、城市公交车、中型客车、大型货车准驾车型科目三道路驾驶技能考试的,夜间考试不合格当场补考时,白天考试成绩保留。补考仍未合格的,重新预约考试,参加白天考试和夜间考试。

夜间考试应当在路灯开启的时间段内进行。进行夜间考试时,考试员和考生应当穿反光背心,考试车辆应当开启车辆灯箱。

科目三道路驾驶技能考试使用计算机考试系统的,应当采取人工随车和计算机考试系统相结合的方式进行评判。

第20条　驾驶技能考试期间,除参加考试的考生和考试员外,其他人员不得乘坐考试车辆。

第21条　报考摩托车准驾车型考试的,科目一和科目三安全文明驾驶常识考试可以合并进行,科目二和科目三道路驾驶技能考试可以合并进行。

第22条　车辆管理所应当在考试前24小时内,使用全国统一的计算机管理系统,随机选配考试员到不同的考场承担各科目考试任务。

车辆管理所应当在考试开始前,当场随机安排考生分组,随机选取考试路线和考试车辆。科目三道路驾驶技能考试前,还应当根据不同的考试路线和考试车辆随机选配考试员。

第23条　考试员在每场考试开始前,应当将个人通信工具上交、统一保存。

第24条　机动车驾驶人考试业务的流程和具体事项为:

1. 考试员组织核对考生身份,组织考生有序进入候考、考试区域。

2. 考试员自我介绍,组织讲解考试的流程、纪律、安全事项等要求。

3. 按照相关标准要求进行考试和评判。考试不合格的考生,可以当场补考一次。

4. 制作或者填写考试成绩表,当场公布考试成绩,由考试员和考生共同在考试成绩表上签名,对考试不合格的,应当场告知原因。对考生拒绝签字的,考试员应当在考试成绩表注明。考生对考试结果有异议的,考试员应当立即报告业务领导处理,允许考生在考试结束后3日内查询本人的考试音视频资料。

5. 各科目考试结束后,考试成绩自动上传或者录入计算机管理系统,考试成绩表移交受理岗。受理岗检查整理考试音视频监控资料,并按规定保存。对于异地考试的,由考试地车辆管理所在考试合格后三日内,以挂号邮件、特快专递、内部传送等形式,将考试成绩表转递给机动车驾驶证申请地车辆管理所。

第25条　考试期间,考试员应当维护考试秩序,禁止与考试无关的人员与车辆进入封闭的考试区域;对考试秩序混乱的,应当报业务领导批准后,中止考试业务。

考试员在考试过程中发现考生考试作弊的,应当中止考试,收集、固定物证、视频资料等相关证据,制作询问笔录。经审核确认的,取消作弊考生的考试资格,已经通过考试的其他科目成绩无效。作弊的考生在 1 年内不得再次申领机动车驾驶证,构成犯罪的,依法追究刑事责任。

第 26 条　对考试系统故障等原因出现误判的,考试员应当在当日内通过考试监管系统报业务领导批准后,保存误判的考试过程音视频资料,安排考生重新参加考试。

对考生故意调整、遮挡监控设备造成成绩表打印的照片不清晰、不完整或者无照片的,核实后应当按作弊处理。

第 27 条　车辆管理所应当设立考试档案室,负责考试过程档案保管和调用。考试档案应当实行车辆管理所内部转递和保管,不得交由其他社会单位、组织或者个人代为转递和保管。

第 28 条　推行考试过程档案电子化,允许考试过程中的档案采用电子形式转递,所有科目考试结束后,考试成绩表等档案资料应当全部打印,交由考生和考试员签字确认。

实行电子签名的,应当符合国家有关法律规定。

第 29 条　各科目的考试工作由考试岗负责,考试岗由考试员担任。

三、考试员

(1)拓宽考试员选用渠道。根据 139 号令第 46 条的规定,从事考试工作的人员,应当持有省级公安机关交通管理部门颁发的资格证书。公安机关交通管理部门应当在车辆管理所公安民警中选拔足够数量的专职考试员,可以在公安机关交通管理部门公安民警、文职人员中配置兼职考试员。可以聘用运输企业驾驶人、警风警纪监督员等人员承担考试辅助评判和监督职责。

(2)规范考试员职责。考试员应当认真履行考试职责,严格按照规定考试,接受社会监督。在考试前应当自我介绍,讲解考试要求,核实申请人身份;考试中应当严格执行考试程序,按照考试项目和考试标准评定考试成绩;考试后应当当场公布考试成绩,讲评考试不合格原因。

每个科目的考试成绩单应当有申请人和考试员的签名。未签名的不得核发机动车驾驶证。

考试员应当严格遵守考试工作纪律,不得为不符合机动车驾驶许可条件、未经考试、考试不合格人员签注合格考试成绩,不得减少考试项目、降低评判标准或者参与、协助、纵容考试作弊,不得参与或者变相参与驾驶培训机构经营活动,不得收取驾驶培训机构、教练员、申请人的财物。

(3)引导使用社会考场。对考场布局、数量不能适应考试需要的,应当通过政府购买服务等方式使用社会考场,选用社会考场应按公平竞争、择优选定的原则依法确定。

根据公安部 139 号令第 48 条的规定,直辖市、设区的市或者相当于同级的公安机关交通管理部门应当根据本地考试需求建设考场,配备足够数量的考试车辆。对考场布局、数量不能满足本地考试需求的,应当采取政府购买服务等方式使用社会考场,并按照公平竞争、择优选定的原则,依法通过公开招标等程序确定。

根据公安部 2016 年 3 月 21 日印发的《机动车驾驶人考试工作规范》第四章考试员:

第 30 条　考试员应当具备相应的知识和技能,经培训考试合格并取得考试员资格证书,由公安机关交通管理部门授权从事机动车驾驶人考试工作。

第31条　省级公安机关交通管理部门负责对本省(自治区、直辖市)范围内考试员的培训、考试和考试员资格证书的核发。省级公安机关交通管理部门应当结合本地实际,细化考试员资格管理规定,明确考试员培训考试、日常管理等要求。

第32条　考试员分为专职考试员、兼职考试员。公安机关交通管理部门应当在车辆管理所公安民警中选拔专职考试员。在公安机关交通管理部门民警和文职人员中选拔兼职考试员。专职、兼职考试员数量应当满足考试工作需求。

专职考试员承担考试任务量的比例应当达到50%,兼职考试员承担考试任务量的比例应当达到20%。

第33条　专职考试员和兼职考试员可以承担全部准驾车型的科目一、科目二、科目三安全文明驾驶常识考试工作,可以承担与其机动车驾驶证准驾车型相对应车型的科目三道路驾驶技能考试工作。但兼职考试员只能承担小型汽车及以下准驾车型科目三道路驾驶技能考试工作。

残疾人专用小型自动挡载客汽车准驾车型科目三道路驾驶技能考试工作,应当由持有小型汽车及以上准驾车型机动车驾驶证的专职考试员或者兼职考试员承担;轮式自行机械车准驾车型科目三道路驾驶技能考试工作,应当由持有大型货车及以上准驾车型机动车驾驶证的专职考试员承担;有轨电车、无轨电车准驾车型科目三道路驾驶技能考试工作,应当由持有大型客车准驾车型机动车驾驶证的专职考试员承担。

第34条　考试员应当具备以下条件:

1. 具有良好的道德品质和职业素养;

2. 持有机动车驾驶证三年以上,没有发生致人死亡或者重伤的交通事故责任记录,最近三个记分周期内无满分记录;

3. 身心健康,无传染性疾病,无癫痫病、精神病等可能危及行车安全的疾病病史,无酗酒行为记录;

4. 具有大专以上学历;

5. 熟练掌握道路交通安全法律、法规、规章及相关知识,以及考试标准和考试方法,具备考试评判能力;

6. 具备计算机常识并熟练掌握操作技能;

7. 具有良好的语言表达和沟通能力;

8. 没有因违规行为被取消考试员资格的记录;

9. 具备省级公安机关交通管理部门规定的其他条件。

第35条　拟选拔为考试员的人员应当参加不少于40小时的培训,进行专业技能考试。培训和考试内容包括道路安全法律、法规、规章和相关知识、廉政警示教育、计算机评判系统操作、驾驶技能、考试评判能力。考试合格的,核发考试员资格证书。

第36条　考试员资格证书有效期为三年,由省级公安机关交通管理部门统一印制。

考试员资格证书应当记载考试员姓名、有效期起止日期、发证机关、科目三道路驾驶技能考试准考车型等信息,并粘贴考试员照片。

第37条　取得资格证书的考试员,应当每年参加不少于16小时的业务知识培训和廉政警示教育,并进行考核。

第38条　考试员不符合本规范第34条规定的条件、未按期参加培训或者考核不合格的,设区的市或者相当于同级的公安机关交通管理部门应当上报省级公安机关交通管理部门,取消考试员资格,调整岗位。

第39条　各级公安机关交通管理部门应当建立考试员日常培训教育制度。

省级公安机关交通管理部门应当制定统一的考试员培训教育管理规定,编写培训教材,制定培训计划,指导地市级公安机关交通管理部门建立集中培训和日常培训相结合的教育训练机制。

设区的市或者相当于同级的公安机关交通管理部门、县级公安机关交通管理部门应当每月组织一次廉政教育、业务知识、实战技能集中培训,每周进行考试工作总结、点评。

第40条　公安机关交通管理部门应当建立专职考试员轮岗交流制度,对连续承担考试工作超过三年的,可以根据考核及工作情况与其他岗位交流。

第41条　公安机关交通管理部门可以在运输企业驾驶人、警风警纪监督员、社会志愿者等群体中聘用社会辅助考试人员,并负责管理和支付薪酬。

社会辅助考试人员在专职考试员的监督管理下,可以承担考生身份验证、考试引导、考场巡查、远程监控等考试组织监督工作,以及小型汽车、小型自动挡汽车、残疾人专用小型自动挡载客汽车科目三道路驾驶技能考试辅助评判工作。

驾培机构教练员不得担任社会辅助考试人员。

第42条　公安机关交通管理部门聘用社会辅助考试人员所需经费,应当商当地财政部门由财政予以保障。

四、考场和设施

第43条　省级公安机关交通管理部门应当结合本地实际,细化考场管理规定,明确考场验收、使用和监督管理等要求。

直辖市、设区的市或者相当于同级的公安机关交通管理部门负责本行政辖区范围内考场的使用、管理、监督等工作。

第44条　直辖市、设区的市或者相当于同级的公安机关交通管理部门负责组织对本地考试供给能力进行评估测算,提出考场建设需求,按照方便群众、合理布局的原则布建考场。

考场的布局、数量应当满足本地机动车驾驶人考试需求。对存在考场资源缺口的,有序引导社会力量投资建设考场,推行以政府购买服务的方式依法选用社会考场。

鼓励有条件的地方积极推进县级考场建设,方便群众就近考试。

第45条　公安机关交通管理部门应当根据本地考场资源缺口的实际情况,及时提出购买社会考场服务需求,按照《国务院办公厅关于政府向社会力量购买服务的指导意见》等相关规定,购买社会考场服务。

公安机关交通管理部门应当协调财政等部门,将社会考场纳入本地政府购买服务目录,落实财政预算资金保障。

公安机关交通管理部门应当及时向社会公告购买社会考场服务需求,以及社会考场服务主体的资质和具体条件。按照公平竞争、公开择优的原则,依法采用公开招标等方式确定承接社会考场服务主体。

公安机关交通管理部门应当与承接社会考场服务主体签订合同,明确双方的权利义务和违约责任等事项,建立考场管理、评价考核和惩戒退出等制度。公安机关交通管理部门应当督促其严格履行合同，及时组织对考场检查验收，按规定开展考试工作。

公安机关交通管理部门不得无偿使用社会考场，不得参与社会考场经营活动。

第46条　考场应当符合以下要求：

1. 具有法人资格；

2. 法人拥有考场建设用地的所有权或者使用权，并符合国家相关法律规定；

3. 考试场地建设、路段设置、车辆配备、设施设备、考试系统以及考试项目、评判要求应当符合相关标准的规定；

4. 建立场地、车辆、设施日常检查，考试系统日常维护，考试工作台账记录管理，考试异常情况处置等完备的考场运行管理制度；

5. 配备保障考场规范运行的管理人员和工作人员。

第47条　设区的市或者相当于同级的公安机关交通管理部门向省级公安机关交通管理部门提出考场使用验收申请，并提交符合相关标准规定的文件资料。由省级公安机关交通管理部门按照相关标准和本规范第46条的要求组织验收。验收合格并出具验收合格报告的，方能用于考试。

省级公安机关交通管理部门可以委托设区的市或者相当于同级的公安机关交通管理部门，验收科目一和科目三安全文明驾驶常识考场，以及低速载货汽车、三轮汽车、摩托车全部科目考场。

公安部交通管理局对省级公安机关交通管理部门开展考场验收工作进行监督检查。

第48条　考场有关系统应当接入全国统一的机动车驾驶人考试监管系统，接受公安机关交通管理部门监督管理。

直辖市、设区的市或者相当于同级的公安机关交通管理部门应当统一管理考场、考试设施和考试系统，使用符合标准的考试评判和监管系统，不得交由公安机关交通管理部门以外的任何单位和个人管理。

考试系统密码、设置考试业务权限、维护系统参数应当由监督岗的专职考试员负责。

第49条　考试前，考试员应当组织监督考场工作人员对考试场地、考试车辆、考试系统、音视频监控系统等设施设备进行检查测试，清除与考试无关物品、标记，确保考场及其设施符合标准规定。与考试无关的人员不得进入考场。

考试过程中，考试员应当组织监督考场工作人员加强考场巡查，维护考场秩序，在考场入口处设置"正在考试"的公告标识，在群众休息和候考场所实时播放考试视频，接受社会监督。

考试结束后，考试员应当组织监督考场工作人员记录当日考场检查测试、运行管理、异常业务处置等信息，建立工作台账，并断开考试专用网络联接。

第50条　科目一、科目二和科目三安全文明驾驶常识考场实行封闭式管理。

科目三道路驾驶技能考试路线应当满足交通流量、考试项目和里程等要求，设置考试路线标志和考试项目的标志、标线。

第51条　任何单位和个人不得强制要求考生进考场训练并收取训练费、服务费等费用。不进行考试时，考试车辆和考试系统不得用于驾驶训练。

公安机关交通管理部门应当严格按照规定收取驾驶许可考试费，严格执行财政、价格主管部门核定的考试收费项目和收费标准，不得附加收取其他任何费用，不得为其他部门、企事业单位收费把关。

第52条　考场办事大厅、候考区应当公布考试项目、评判标准、收费标准、考试员和工作人员姓名、照片、举报投诉电话等内容,实行低柜台服务,设置群众等候休息区、书表区和交通安全宣传区,配置数量足够的休息座椅,提供饮水机、公用电话、公布公交线路等便民服务措施,配备用于播放交通安全宣传片的设备。

第53条　考试车辆类型和数量应当满足考试工作需要。考试车辆应当依法注册登记,必要时可以购买商业第三者责任等保险。

第54条　考试车辆应当按照相关标准要求安装副制动装置、辅助后视镜和音视频监控系统。用于大型客车、牵引车、城市公交车、中型客车、大型货车、小型汽车、小型自动挡汽车、残疾人专用小型自动挡载客汽车科目三道路驾驶技能考试的车辆,应当安装卫星定位系统。

考试车辆应当设置考试用车标志,进行夜间考试的车辆,还应当安装考试车辆灯箱、粘贴车身反光标识。考试用车标志式样由省级公安机关交通管理部门统一规定。

第55条　公安机关交通管理部门应当建立健全考场管理服务监督和评价机制,定期对考试场地、考试车辆、考试设施和考试系统组织检查,定期对考场管理服务水平、考生满意度等方面进行考核评价,并向社会公布监督评价结果。

第56条　公安机关交通管理部门应当按照依法、公开、公正的原则,对考场实行验收、监管和评价,不得向考场收取验收、评价等费用。

五、考试监督和责任追究

考试监督管理的内容根据公安部139号令主要有以下内容:

(1)考务公开。根据公安部139号令第49条的规定,车辆管理所应当在办事大厅、候考场所和互联网公开各考场的考试能力、预约计划、预约人数和约考结果等情况,公布考场布局、考试路线和流程。考试预约计划应当至少在考试前10日在互联网上公开。

车辆管理所应当在候考场所、办事大厅向群众直播考试视频,考生可以在考试结束后3日内查询自己的考试视频资料。

(2)考试过程监督。根据公安部139号令第50条的规定,车辆管理所应当对考试过程进行全程录音、录像,并实时监控考试过程,没有使用录音、录像设备的,不得组织考试。严肃考试纪律,规范考场秩序,对考场秩序混乱的,应当中止考试。考试过程中,考试员应当使用执法记录仪记录监考过程。

(3)音频资料存档供查。根据公安部139号令第50条的规定,车辆管理所应当建立音视频信息档案,存储录音、录像设备和执法记录仪记录的音像资料。建立考试质量抽查制度,每日抽查音视频信息档案,发现存在违反考试纪律、考场秩序混乱以及音视频信息缺失或者不完整的,应当进行调查处理。

(4)上级部门抽查制度。根据公安部139号令第50条的规定,省级公安机关交通管理部门应当定期抽查音视频信息档案,及时公安部通报、纠正、查处发现的问题。

(5)核定考场、考试员的考试量。根据公安部139号令第51条的规定,车辆管理所应当根据考试场地、考试设备、考试车辆、考试员数量等实际情况,核定每个考场、每个考试员每日最大考试量。

车辆管理所应当对驾驶培训机构教练员、教练车、训练场地等情况进行备案。

（6）建立考试监管系统。根据公安部139号令第52条的规定，车辆管理所应当每周通过计算机系统对机动车驾驶人考试和机动车驾驶证业务办理情况进行监控、分析。省级公安机关交通管理部门应当建立全省（自治区、直辖市）机动车驾驶人考试监管系统，每月对机动车驾驶人考试、机动车驾驶证业务办理情况进行监控、分析，及时查处、通报发现的问题。

车辆管理所存在为未经考试或者考试不合格人员核发机动车驾驶证等严重违规办理机动车驾驶证业务情形的，上级公安机关交通管理部门可以暂停该车辆管理所办理相关业务或者指派其他车辆管理所人员接管业务。

（7）相关信息公布、排名制度。根据公安部139号令第53条的规定，直辖市、设区的市或者相当于同级的公安机关交通管理部门应当每月向社会公布车辆管理所考试员考试质量情况、3年内驾龄驾驶人交通违法率和交通肇事率等信息。

直辖市、设区的市或者相当于同级的公安机关交通管理部门应当每月向社会公布辖区内驾驶培训机构的考试合格率、3年内驾龄驾驶人交通违法率和交通肇事率等信息，按照考试合格率对驾驶培训机构培训质量公开排名，并通报培训主管部门。

（8）责任倒查结果公布制度。根据公安部139号令第54条的规定，对3年内驾龄驾驶人发生一次死亡3人以上交通事故且负主要以上责任的，省级公安机关交通管理部门应当倒查车辆管理所考试、发证情况，向社会公布倒查结果。对3年内驾龄驾驶人发生一次死亡1至2人的交通事故且负主要以上责任的，直辖市、设区的市或者相当于同级的公安机关交通管理部门应当组织责任倒查。

直辖市、设区的市或者相当于同级的公安机关交通管理部门发现驾驶培训机构及其教练员存在缩短培训学时、减少培训项目以及贿赂考试员、以承诺考试合格等名义向学员索取财物、参与违规办理驾驶证或者考试舞弊行为的，应当通报培训主管部门，并向社会公布。

（9）违规考试责任追究制度。公安机关交通管理部门发现考场、考试设备生产销售企业存在组织或者参与考试舞弊、伪造或者篡改考试系统数据的，不得继续使用该考场或者采购该企业考试设备；构成犯罪的，依法追究刑事责任。

根据公安部2016年3月21日印发的《机动车驾驶人考试工作规范》第六章考试监督和责任追究：

第57条　公安机关交通管理部门应当建立机动车驾驶人考试工作监管机制，监督岗通过远程监控、日常检查、抽查档案、电话回访等方式，加强对机动车驾驶人考试工作的监督管理。

第58条　省级、设区的市或者相当于同级的公安机关交通管理部门应当建立驾驶人考试监管平台，通过远程音视频监控，对考场秩序、考试过程、考试评判等进行巡查监控和事后倒查。

考试过程音视频资料的采集和保存要求应当符合相关标准的规定，保存期限不得少于3年。

第59条　车辆管理所应当对考场不定期组织抽查，通过定期巡查和技术检测等手段，对考试车辆、考试项目、考试路线、标志标线，以及考试系统参数、权限设置、评判标准、数据存储等进行监督检查。

第60条　考试员应当在考试期间使用执法记录仪。考试结束后，应当按规定当日上传执法记录仪记录信息,检查考试过程音视频监控资料是否完整有效。

第61条　车辆管理所应当建立考试质量和考试纪律抽查制度,每日抽查不少于百分之五的当天音视频电子信息档案和执法记录仪信息档案,发现存在违反考试纪律、考场秩序混乱以及视频、音频信息缺失或者不完整的,应当进行调查处理。

第62条　车辆管理所应当建立举报投诉查处制度,方便群众通过信函、电话、网络等方式对考试违规问题进行举报投诉,及时对举报内容进行查处,并向举报人反馈查处情况。

车辆管理所应当每周汇总互联网交通安全综合服务管理平台上考生对考试工作的评价反馈、举报投诉,落实专人跟踪核查,督办整改。

第63条　车辆管理所存在以下情形之一的,上级公安机关交通管理部门应当暂停其办理考试业务;情节严重的,可以指派其他车辆管理所人员接管考试业务:

1. 为未经考试、考试不合格人员核发机动车驾驶证的;

2. 组织、纵容、放任考试舞弊行为的;

3. 违规修改考试系统参数、考试成绩或者调整考试设施的;

4. 考试工作组织管理秩序混乱且拒不整改的;

5. 不按规定应用考试监管系统、落实考试监管要求的;

6. 在考试、核发驾驶证工作中,发生其他严重违规违纪问题的。

第64条　考试员具有下列情形之一的,应当暂停考试员资格,组织不少于24小时的岗位培训,经考试合格的,恢复考试员资格:

1. 未正确履行职责,影响考试工作正常开展的;

2. 业务知识抽查考试不合格的;

3. 在工作考评中被评为不合格的;

4. 未按规定时限上传音视频电子信息档案和执法记录仪信息档案的;

5. 因与考试员身份不相符的不当行为被投诉并经查实的。

第65条　考试员具有下列情形之一的,应当取消考试员资格,并按照有关规定给予纪律处分,终身不得参与驾驶考试工作;构成犯罪的,依法追究刑事责任:

1. 为未经考试、考试不合格人员直接签注考试合格成绩的;

2. 组织参与、协助、纵容考试舞弊的;

3. 减少考试项目、降低评判标准的;

4. 篡改、伪造考试数据或者违规调整考试设施影响考试结果的;

5. 故意删除、伪造、变造考试过程音视频资料的;

6. 收受企业和个人的现金、有价证券、支付凭证、干股、礼品的;

7. 本人及近亲属参与驾驶培训机构、社会考场经营、管理或者在驾驶培训机构、社会考场领取薪酬的。

第66条　考场有以下情形之一的,暂停考试业务,责令整改;经整改仍不符合要求或者再次发生违规情形的,取消考场资格,属于社会考场的,依法解除购买服务合同:

1. 考场工作人员参与考试作弊的;

2. 考场管理不到位,考试秩序混乱的;

3. 违规调整考试设施,考试场地或者考试车辆存在作弊标记的;

4. 考试设施损坏维修不及时、考试车辆维护不及时,影响正常考试的;

5. 考试系统和考试车辆用于驾驶训练的；

6. 设立强制性消费项目的；

7. 以承诺考试合格等名义进行虚假宣传，对考试工作造成不良影响的；

8. 经公安机关交通管理部门组织检查不合格的。

第67条 考场有以下情形之一的，取消考场资格，追究相关人员责任；构成犯罪的，依法追究刑事责任：

1. 组织、纵容考试作弊的；

2. 违规进入考试系统，篡改、伪造考试数据的；

3. 强制要求考生进考场训练并收取训练费的；

4. 以欺骗、敲诈等方式向学员索取财物的；

5. 有隐瞒情况、提供虚假材料或者以欺骗、贿赂等不正当手段申请设立考场的。

属于社会考场的，依法解除购买服务合同，并向财政部门通报，考场所属的法人、企业等单位及其法定代表人、企业负责人等不得再次参与考场政府购买服务。

第68条 考试设备供货厂商提供不符合标准的计算机考试设备、计算机考试系统，或者修改计算机考试系统参数，影响考试结果的，公安机关交通管理部门不得继续使用或者采购涉事厂商考试设备、计算机考试系统。

省级公安机关交通管理部门取消涉事厂商在本省（自治区、直辖市）范围内考试设备、计算机考试系统供货资格，并向公安部交通管理局报告，构成犯罪的，依法追究刑事责任。

第69条 车辆管理所应当每月向社会公布下列信息：

1. 各科目的考试人次、合格率，3年内驾龄驾驶人交通违法率和交通肇事率等信息；

2. 对3年内驾龄驾驶人发生一次死亡3人以上交通事故且负主要以上责任的倒查结果；

3. 辖区内驾驶培训机构的考试合格率、按照考试合格率等确定的培训质量排名，3年内驾龄驾驶人交通违法率和交通肇事率等信息；

4. 驾驶培训机构及其教练员贿赂考试员、以承诺考试合格等名义向学员索取财物、参与违规办理驾驶证或者考试舞弊等行为。

车辆管理所还应当将前款第3、4项信息通报驾驶培训行业主管部门。

六、驾驶证核发

初次申请机动车驾驶证或者申请增加准驾车型的，申请人考试科目一、科目二和科目三合格后，公安车辆管理机关核发机动车驾驶证。

（一）审核

驾驶证核发时必须对申请人申请的事项进行严格审核，审核的主要内容有：

1. 审核申请条件及申请手续

审核其申请的条件是否具备，各项申请手续是否齐全，并符合要求。

2. 审核考试记录及原驾驶证

(1)审核申请者是否已通过规定科目的考试，主要审核考单的成绩记录（免考者除外）。

(2)对持军队、武警部队驾驶证的现役军人，以及持有外国或香港、澳门、台湾地区驾驶证或国际驾驶证的人员，要审核其原驾驶证是否有效，并收存其原驾驶证件影印件。

以上各项经审查合格后,制作驾驶证。

(二)证件记载和签注

应当使用机动车驾驶证计算机管理系统记载和签注机动车驾驶证,不使用计算机管理系统核发、打印的机动车驾驶证无效。

在民族自治区,驾驶证的姓名栏可根据有关规定使用本民族文字和汉字填写,其他栏目均用汉字填写。

1. 记载内容

机动车驾驶证应记载机动车驾驶人的相关信息:

(1)机动车驾驶证证号。按照申请人身份证明号码签注。

身份证明是指:居民的身份证明,是《居民身份证》;在暂住地居住的居民的身份证明,是《居民身份证》和公安机关核发的居住、暂住证明;现役军人(含武警)的身份证明,是《居民身份证》;境外人员的身份证明,是其入境的身份证明和居留证明;外国驻华使馆、领馆人员及国际组织驻华代表机构人员的身份证明,是外交部核发的有效身份证件。

(2)申请人姓名、性别、国籍、住址、出生日期。按照申请人身份证明记录的内容签注。

其中,"国籍"栏填写我国通常使用的国名。我国香港、澳门和台湾地区应分别填写"中国香港"、"中国澳门"和"中国台湾"字样。属境外的,"住址"栏填写居留证件上的住址。

(3)照片。为持证者本人近期免冠、正面半身相片(矫正视力者须戴眼镜),其规格为32mm×22mm(1寸相片),人头部约占相片长度的三分之二。

2. 签注内容

(1)初次领证日期

初次领取证日期为第一次所领取驾驶证的制证日期。对特殊情况的初次领证日期签注规定如下:

补证、换证(包括增驾)的初次领证的日期按原驾驶证的日期签注。例如,持军队、武警部队驾驶证的人员转业后,换领地方民用驾驶证时,其初次领证日期应填写领取军队、武警部队驾驶证的日期。

持涉外驾驶证人员换领我国驾驶证的,初次领证日期按照境外机动车驾驶证记载的初次领证日期签注。境外机动车驾驶证没有记载的,按《机动车驾驶证申请表》签注。不满18岁领取境外机动车驾驶证的,按照申请人18岁的生日签注。

因吊(注)销后,重新申请领取驾驶证的,初次领证日期应填重新领取驾驶证的日期。

(2)准驾车型代号

准驾车型按照A1、A2、A3、B1、B2、C1、C2、C3、C4、C5、D、E、F、M、N、P的顺序,在机动车驾驶证相应栏内自左向右排列签注,并符合下列要求:

签注A1的同时,不再签注A3、B1、B2、C1、C2、C3、C4、C5、M。

签注A2的同时,不再签注B1、B2、C1、C2、C3、C4、C5、M。

签注A3的同时,不再签注C1、C2、C3、C4、C5。

签注B1的同时,不再签注C1、C2、C3、C4、C5、M。

签注B2的同时,不再签注C1、C2、C3、C4、C5、M。

签注C1的同时,不再签注C2、C3、C4、C5。

签注C3的同时,不再签注C4、C5。

签注 D 的同时，不再签注 C5、E、F。

签注 E 的同时，不再签注 C5、F。

（3）有效期起始日期

按照初次领证日期签注。

增驾的，有效期起始日期按原机动车驾驶证签注。

换证的，按照原机动车驾驶证有效期起始日期签注，但属于有效期满换证的，按照换发机动车驾驶证的年份签注年份，按照初次领证日期的月、日签注月、日。

（4）有效期限

机动车驾驶证有效期限：签注 6 年。

增驾的，有效期限按原机动车驾驶证签注。

换证的，按照原机动车驾驶证有效期限签注，但属于有效期满换证的，按照累积记分查询结果确定，即机动车驾驶人在机动车驾驶证的 6 年有效期内，每个记分周期均未达到 12 分的，签注 10 年；在机动车驾驶证的 10 年有效期内，每个记分周期均未达到 12 分的，签注长期。

（5）车辆管理所印章规格和式样

印章为正方形、红色，规格为 20mm×20mm。印章使用的汉字为国务院公布的简化字，字体为宋体。

根据公安部 123 号令工作规范的规定：

①车管所的行政印章规格与式样：

规格：不得大于同级公安交通管理部门行政印章。

字体：宋体。

内容：

A. ××省（自治区、直辖市）公安厅（局）交通警察总队（交通管理局）车辆管理所。

B. ××省（自治区、直辖市）××市（地、州、盟、县级市）公安局交通警察支队（交通管理局、大队）车辆管理所。

②业务专用章规格与式样（见图 4-3）：用于出具退办凭证、机动车驾驶证档案查询证明，密封机动车驾驶证档案以及确认机动车驾驶证档案资料的内容等业务的专用章。

规格：直径 4.2cm。

字体：宋体。

内容：

A. ××省（自治区、直辖市）公安厅（局）交通警察总队（交通管理局）车辆管理所业务专用章。

B. ××省（自治区、直辖市）××市（地、州、盟、县级市）公安局交通警察支队（交通管理局、大队）车辆管理所业务专用章。

刻制多枚业务专用章时，可在印章中增加编号。编号用括号中的阿拉伯数字表示，位置在"业务专用章"文字下方正中。

式样一　　　　　　　　　　　　式样二

图 4-3　车辆管理所业务专用章

③证件印章规格与式样：

A.《机动车驾驶证》证件印章（见图 4-4）

规格：2cm×2cm。

字体：宋体。

内容：

(a)××市公安局交通警察总队（交通管理局）。

(b)××省（自治区、直辖市）××市（地、州、盟、县级市）公安局交通警察支队（交通管理局、大队）。

式样一 　　　　　　　　　　　　式样二

图 4-4　《机动车驾驶证》证件印章

B. 车辆管理所业务手续专用名章（见图 4-5）。

规格：3cm×0.7cm。

字体：宋体。

内容：CGS×××

其中：CGS 为车辆管理所（简称车管所）缩写字母，×××为车辆管理所经办人姓名。

图 4-5　车辆管理所业务手续专用章

(6)档案编号

驾驶证证件的档案编号由三部分组成：号码的前两位数为现籍车辆管理部门所在的省、自治区、直辖市代码（见 GB 2260—86）；随后两位数是现籍车辆管理部门所在的地、市、州、盟代码；后八位数为顺序号，由发证机关自行编号。

（三）核发机动车驾驶证

收存下列有关证明后,核发机动车驾驶证:

（1）对初次申领或申请增加准驾车型的,考核合格领取驾驶证时,收存《学习驾驶证明》。

（2）申请增加准驾车型的,收存原机动车驾驶证。

（3）对持军队、武警部队驾驶证的现役军人,以及持有我国香港、澳门、台湾地区驾驶证或其他地区国际驾驶证的人员,收存其原驾驶证件影印件。

（4）对持军队、武警部队驾驶证的复员、退伍、转业军人,同时收存其所持军队、武警部队机动车驾驶证和复员、退伍、转业证明复印件。

第四节　驾驶证考试预约

一、概述

根据2016年公安部下发的《互联网交通安全综合服务管理平台运行和使用规定（试行）》,这是公安部139号令施行以来一个最大的改动措施。公安部要求各级公安机关交通管理部门应当创新管理模式,积极推进互联网平台的建设和应用,通过互联网平台的网页、短信、手机APP、语音等方式,统一向社会公众提供交通安全综合服务。各级公安机关交通管理部门应当建设互联网平台软硬件环境,建立健全互联网平台运行和使用规章制度,设置相关岗位,配备专职人员,完善监督机制。各级公安机关交通管理部门应当按照国家网络安全法律法规和信息安全等级保护制度要求,开展互联网平台等级保护定级备案、等级测评和安全建设工作,建立健全互联网平台信息安全管理制度和技术防护措施,保障互联网平台运行安全和数据安全,保护公民隐私信息。规定各级公安机关交通管理部门可以根据本地实际开发互联网平台外挂软件,但不得与全国统一版本互联网平台服务方式和软件功能重复。规定要求各级公安机关交通管理部门要结合本地政府网上政务服务及公安机关互联网便民服务平台需求,采用用户互认技术,开放互联网平台服务功能。

根据公安部规定,在系统内部应该建立自上而下的一整套监督考核机制。上级公安机关交通管理部门应当对下级公安机关交通管理部门互联网平台运行和使用管理情况进行监督并定期通报。

各地公安机关交通管理部门应当根据上级公安机关交通管理部门通报情况,及时解决存在的问题并上报处理结果。

公安部交通管理局应当制定互联网平台运行与使用管理考核内容和指标。

科技部门考核内容应当包括:互联网平台系统建设、运行管理、应急处置等。

宣传部门考核内容应当包括:互联网平台信息发布、宣传推广、满分学习及审验教育、应急处置等。

秩序、事故、车管部门等业务部门考核内容应当包括:互联网用户窗口注册、业务预约/受理/办理、公告/公布、通报/抄告、应急处置、用户反馈答复等。

人事、财务等保障部门考核内容应当包括:互联网平台建设、运行维护、员工培训经费保障以及人员配备等。

各级公安机关交通管理部门应当定期开展考核和评价工作。

各级公安机关交通管理部门应当对在互联网平台运行和使用工作中做出突出贡献的单位和个人,给予表彰和奖励。

各级公安机关交通管理部门应当建立责任倒查机制。对于违反本规定,影响互联网平台运行和使用,情节严重的,对相关单位和个人依法依规予以处理。

二、互联网交通管理业务

《互联网交通管理业务工作规范(试行)》(报批稿,2015 年 5 月 4 日)是根据《机动车登记规定》《机动车驾驶证申领和使用规定》《道路交通安全违法行为处理程序规定》及相关工作规范,按照便民、创新、规范的总体原则制定的。

各级公安机关交通管理部门应当按照本规范规定的程序办理互联网交通管理业务。

根据《互联网交通管理业务工作规范(试行)》可知,该互联网交通管理业务涉及广泛,使用该网络首先要注册,之后才能使用该网页的功能。该网页功能还包括:预选号牌号码,补、换领号牌、行驶证、检验合格标志,核发临时行驶车号牌,安全技术检验预约等机动车业务;还有补、换领驾驶证、延期换证、审验、提交身体条件证明,提交身体条件证明,考试预约等机动车驾驶证业务;以及违法处理和罚款缴纳等道路交通违法业务。

但是,根据各地的应用情况来看,目前,只有考试预约这一项功能被各驾校普遍使用,其他的功能还处在待开发利用的阶段,也许随着社会的发展,以及人们对该网页的认可和接纳程度的提高,国家行政管理发展到更低成本免费的阶段,该网页的其他功能就能进一步得到应用。

(一)岗位设置

根据规定,公安机关交通管理部门办理互联网交通管理业务,应当设置受理岗、业务审核及管理岗、档案管理岗。

(1)受理岗负责互联网用户注册及变更申请受理,补换领牌证业务受理、制牌/证、邮政对接,核发、核销临时行驶车号牌证芯,考试预约、取消考试预约,以及驾驶证延期业务的受理。

(2)业务审核及管理岗负责互联网个人用户注册与变更申请审核、暂住/居住证审核及驾驶证数字相片审核、互联网业务的管理与参数设置等。

(3)档案管理岗负责互联网用户注册资料档案归档,补换领牌证、驾驶证延期业务归档,以及业务退办和恢复牌证证芯编号等业务。

(二)考试预约的一般规定

(1)科目二和科目三可以同时预约的规定。根据公安部 139 号令第 36 条的规定,车辆管理所应当按照预约的考场和时间安排考试。申请人科目一考试合格后,可以预约科目二或者科目三道路驾驶技能考试。有条件的地方,申请人可以同时预约科目二、科目三道路驾驶技能考试,预约成功后可以连续进行考试。科目二、科目三道路驾驶技能考试均合格后,申请人可以当日参加科目三安全文明驾驶常识考试。

(2)科目二、科目三可以选择考试场地的规定。根据公安部 139 号令第 36 条的规定,申请人预约科目二、科目三道路驾驶技能考试,车辆管理所在 60 日内不能安排考试的,可以选择省(自治区、直辖市)内其他考场预约考试。

（3）全国统一的考试预约系统。根据 139 号令第 36 条的规定，车辆管理所应当使用全国统一的考试预约系统，采用互联网、电话、服务窗口等方式供申请人预约考试。

（4）学习驾驶证明管理制度。根据 139 号令第 37 条的规定，初次申请机动车驾驶证或者申请增加准驾车型的，科目一考试合格后，车辆管理所应当在 1 日内核发《学习驾驶证明》，根据《中华人民共和国机动车驾驶证件》(GA 482—2012)行业标准第 1 号修改单纸质学习驾驶证明采用国际标准 A4 型(297mm×210mm)白色纸印制，详见图 4-6，每一张都是 A4 纸打印格式。

①3 年有效。申请人在场地和道路上学习驾驶，应当按规定取得《学习驾驶证明》。《学习驾驶证明》的有效期为 3 年。申请人应当在有效期内完成科目二和科目三考试。未在有效期内完成考试的，已考试合格的科目成绩作废。

②电子学习驾驶证明具同等效力。申请人在道路上学习驾驶，应当随身携带学习驾驶证明，学习驾驶证明可以采用纸质或者电子形式，纸质学习驾驶证明和电子学习驾驶证明具有同等效力。申请人可以通过互联网交通安全综合服务管理平台打印或者下载学习驾驶证明。一般地，直接用智能手机扫描学习驾驶证明上的二维码，在手机上即可形成学习驾驶证明电子版，随身携带手机供交通警察例行检查手机上的电子版学习驾驶证明即可。

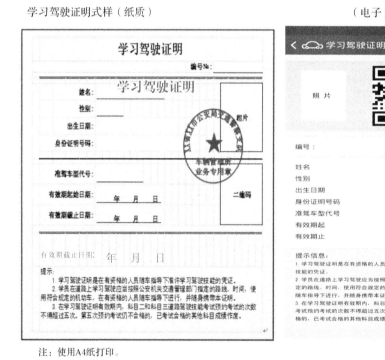

图 4-6　学习驾驶证明

在《学习驾驶证明》有效期内,已考试合格的科目成绩有效。

学习驾驶证明可以采用纸质或者电子形式,纸质学习驾驶证明和电子学习驾驶证明具有同等效力。申请人可以通过互联网交通安全综合服务管理平台打印或者下载学习驾驶证明。

（5）《学车专用标识》管理制度。根据公安部139号令第37条的规定,属于自学直考的,车辆管理所还应当按规定发放《学车专用标识》,详见图4-7,每一张都是 A4 纸打印格式。

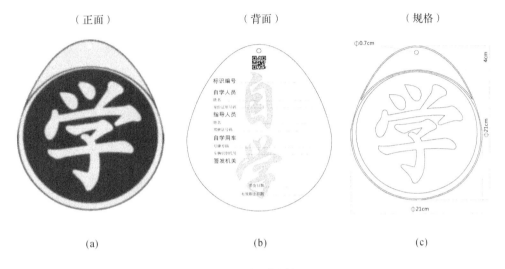

图 4-7　学习专用标识

根据公安部 139 号令的规定,申请人在道路上学习驾驶,应当随身携带学习驾驶证明,使用教练车或者学车专用标识签注的自学用车,在教练员或者学车专用标识签注的指导人员随车指导下,按照公安机关交通管理部门指定的路线、时间进行。

申请人为自学直考人员的,在道路上学习驾驶时,应当在自学用车上按规定放置、粘贴学车专用标识,自学用车不得搭载随车指导人员以外的其他人员。

（三）考试约定

根据公安部 2016 年 3 月 21 日印发的《机动车驾驶人考试工作规范》(2016 年 4 月 1 日开始施行)：

省级公安机关交通管理部门负责本省(自治区、直辖市)机动车驾驶人考试工作的指导、检查和监督,负责考试员的资格考核和考场的验收、检查、监督。直辖市公安机关交通管理部门车辆管理所、设区的市或者相当于同级的公安机关交通管理部门车辆管理所、县级公安机关交通管理部门车辆管理所按本规范办理机动车驾驶人考试业务。

第 6 条　车辆管理所应当根据本地考场布局、考试能力和考试需求,合理制定考试计划。省级公安机关交通管理部门应当根据本省(自治区、直辖市)的考试能力和异地考试需求,审核制订异地考试计划。

车辆管理所在制定考试计划时,应当分时段安排考试场次。有条件的地方,应当科学安排科目二、科目三考试场次,允许申请人同时预约、连续考试。允许摩托车准驾车型申请人一次预约所有科目考试。

第 7 条　车辆管理所应当至少在考试前十日通过互联网交通安全综合服务管理平台公

布考试计划,供申请人查询。

车辆管理所公开考试计划后,除不可抗力原因外,不得取消、减少或者变更考试计划。需要追加考试计划的,应当至少在考试前七日通过互联网交通安全综合服务管理平台公布。

第8条　车辆管理所对初次申请和申请增加大型客车、牵引车、城市公交车、中型客车、大型货车、小型汽车、小型自动挡汽车、残疾人专用小型自动挡载客汽车准驾车型驾驶证的考试预约,应当使用全国统一的互联网考试预约系统办理。对初次申请和申请增加其他准驾车型考试或者满分考试、实习期满考试、注销恢复考试以及持军队、武装警察部队机动车驾驶证和境外机动车驾驶证申请驾驶证的考试预约,应当使用全国统一的公安交通管理综合应用平台办理。

车辆管理所应当提供互联网、电话、窗口等多种方式,供申请人预约考试。

第9条　车辆管理所使用互联网考试预约系统,对已按照规定完成注册的申请人办理考试预约业务的流程和具体事项为:

1. 根据考试计划,受理申请人考试预约申请,并于考试前第五日停止受理;对于考试计划未约满的,可以延长至考试前第三日停止受理预约申请。

2. 通过计算机系统汇总考试预约信息,按以下规则对预约申请人进行自动排序:

(1)首次预约科目一考试的,按照驾驶证申请受理时间排序;

(2)非首次预约科目一或者预约其他科目考试的,按照上一次考试时间排序;

(3)考试预约成功的申请人因自身原因取消约考或者缺考的,按照取消预约时间或者缺考时间排序;

(4)同时符合第(2)、(3)目情形的,按照最近一次时间顺序排序。

3. 根据考试计划和申请人排序,由计算机确定考试预约结果,通过手机短信告知申请人,并在互联网公布,供申请人查询并下载打印考试预约凭证。

4. 对考试预约截止日期及之前申请取消考试预约的,直接予以受理;对考试预约截止日期后申请的,告知申请人到业务大厅窗口办理。

第10条　车辆管理所使用公安交通管理综合应用平台,办理考试预约业务的流程和具体事项为:

1. 审核申请人提交的身份证明,确认身份证明有效。

2. 通过计算机管理系统核查,确认申请人不具有《机动车驾驶证申领和使用规定》第13条第1款第2项至第8项的情形,并符合《机动车驾驶证申领和使用规定》第40条、第41条、第44条规定的预约考试条件。符合规定的,受理考试预约申请,核发预约考试凭证。

3. 因计算机网络问题暂时无法完成核查的,可以先受理,并在核发机动车驾驶证前完成核查。核查结果证实具有不准申请机动车驾驶证情形或者不符合预约考试条件的,终止预约、考试或者核发机动车驾驶证。

申请人提出取消考试预约的,受理岗审核机动车驾驶证申请人提交的身份证明,确认身份证明有效、核对预约申请信息后办理。

第11条　申请预约科目二或者科目三道路驾驶技能考试超过60日未成功的,车辆管理所应当为申请人提供省(自治区、直辖市)内其他考场预约考试的渠道。

第12条　车辆管理所考试能力满足本地需求的,经省级公安机关交通管理部门批准,可以通过互联网交通安全综合服务管理平台受理异地申请人预约考试业务,并按以下流程和具体事项办理：

1. 制定异地考试计划,明确异地申请人考试的考场、时间、科目、受理人数,上报省级公安机关交通管理部门。

2. 省级公安机关交通管理部门审核制定异地考试计划,并在互联网上公布,供本省(自治区、直辖市)内符合条件的申请人选择。

3. 考试计划公布后,按照本规范第九条规定流程和具体事项,通过计算机系统对异地申请人进行单独排序,受理考试预约。

4. 考试预约结束后1日内,考试地车辆管理所受理岗将预约信息转递给机动车驾驶证申请地车辆管理所。

第13条　因系统故障、停电、天气等特殊原因,不能按照考试计划组织考试的,车辆管理所应当另行安排考试,并及时通过电话、手机短信、互联网等方式通知申请人。对无法参加另行安排考试的,车辆管理所应当根据申请人提出的考试预约申请及时安排考试。

对学习驾驶证明有效期不足6个月的,车辆管理所应当根据申请人提出的考试预约申请,在学习驾驶证明有效期内每个科目优先安排1次考试。

车辆管理所应当将优先安排考试的相关信息在互联网和考场公开,供社会监督。

第14条　车辆管理所核定考试能力、制定考试计划由监督岗负责,并报经业务领导批准,办理考试预约业务由受理岗负责。

1. 预约科目二考试。初次申请机动车驾驶证或者申请增加准驾车型的,申请人预约考试科目二,应当符合下列规定(见表4-6)。

表 4-6　考试约定

考试预约规定(取得驾驶技能证明后)		
准考车型	科目二考试	科目三考试
C1、C2	10 天后	30 天后
C3、C4、D、E、F、M、N、P		20 天后
A1、A2、A3、B1、B2	20 天后	40 天后
申请增加准驾车型			
原准驾车型	增加准驾车型	驾龄	最近( )个记分周期没有满分记录
一般车型	一般车型		1
C1、C2、C3、C4	B1	3 年	2
A3、B2		1 年	1
B1、B2	A2	3 年	2
A2		1 年	1
B1、B2	A1	5 年	3
A2		2 年	1

注:申请人可自愿降低选择准驾车型,选择的准驾车型一旦确定后,除继续要求降低准驾车型外,不得再变更。降低准驾车型后,要求升级准驾车型的,须按增驾手续办理。

(1)报考小型汽车、小型自动挡汽车、低速载货汽车、三轮汽车、普通三轮摩托车、普通二轮摩托车、轻便摩托车、轮式自行机械车、无轨电车、有轨电车准驾车型的,在取得驾驶技能

学习驾驶证明满 10 日后预约考试;

（2）报考大型客车、牵引车、城市公交车、中型客车、大型货车准驾车型的,在取得驾驶技能学习驾驶证明满 20 日后预约考试。

2. 预约科目三考试:初次申请机动车驾驶证或者申请增加准驾车型的,申请人预约考试科目三,应当符合下列规定:

（1）报考低速载货汽车、三轮汽车、普通三轮摩托车、普通二轮摩托车、轻便摩托车、轮式自行机械车、无轨电车、有轨电车准驾车型的,在取得驾驶技能学习驾驶证明满 20 日后预约考试;

（2）报考小型汽车、小型自动挡汽车准驾车型的,在取得驾驶技能学习驾驶证明满 30 日后预约考试;

（3）报考大型客车、牵引车、城市公交车、中型客车、大型货车准驾车型的,在取得驾驶技能学习驾驶证明满 40 日后预约考试;

3. 每个科目考试一次,可以补考一次。补考仍不合格的,本科目考试终止。申请人可以重新申请考试,但科目二、科目三的考试日期应当在 10 日后预约。在驾驶技能学习驾驶证明有效期内,已考试合格的科目成绩有效。

在驾驶技能学习驾驶证明有效期内,科目二和科目三道路驾驶技能考试预约考试的次数不得超过 5 次。第 5 次预约考试仍不合格的,已考试合格的其他科目成绩作废。

（四）全国统一的互联网考试预约

对初次申请或者申请增加大型客车、牵引车、城市公交车、中型客车、大型货车、小型汽车、小型自动挡汽车准驾车型的,应当使用全国统一的互联网考试预约系统办理;互联网机动车预选号牌号码软件全国统一。

个人用户可以办理机动车驾驶人考试预约业务。

（1）用户办理机动车驾驶人考试预约业务相关规定:

①可以预约的机动车驾驶人考试科目包括科目一道路交通安全法律、法规和相关知识考试,科目二场地驾驶技能考试,科目三道路驾驶技能考试,以及科目三安全文明驾驶常识考试。

②用户初次申领机动车驾驶证或者申请增加大型客车、牵引车、城市公交车、中型客车、大型货车、小型汽车、小型自动挡汽车准驾车型,参加机动车驾驶人考试的,可以办理机动车驾驶人考试预约业务。

③按照公布的机动车驾驶人考试计划,用户可以自主选择考试场地、考试时间、考试场次。

④用户可以同时预约科目二场地驾驶技能考试、科目三道路驾驶技能考试和科目三安全文明驾驶常识考试。

⑤在停止接受考试预约申请前,用户可以自主取消预约。在停止接受考试预约申请之日至考试之日期间,用户需要取消预约的,必须到公安机关交通管理部门窗口进行取消。

⑥用户到窗口办理考试预约和取消预约业务时,必须本人办理,并提交身份证明。

⑦用户预约成功但未参加考试的,按照缺考处理。

⑧因系统故障、停电等特殊原因未能按照预约计划进行考试,公安机关交通管理部门另行安排补充场次进行考试时,对无法参加补充场次考试的,可以重新提出考试预约申请。

⑨用户只能预约本地市考试场地、考试时间和考试场次。对于用户预约同一科目考试超过 3 个月未成功的,可以按照省级公安机关交通管理部门公布的异地考试计划,预约其他地市考试场地、考试时间和考试场次。

(2)公安机关交通管理部门提供机动车驾驶人考试预约业务服务相关规定:

①省级公安机关交通管理部门应指导督促本省各地市制定本地考试计划。同时,根据本省实际,指导考试能力有盈余的地市制订异地考试计划。

②对于本地市考试能力有盈余的,可以按照以下程序提供异地考试服务:

A.制定异地考试计划,明确异地考试场地、考试时间、考试科目、考试人数,报备省级公安机关交通管理部门;

B.省级公安机关交通管理部门公布汇总的全省异地考试计划;

C.制定异地考试计划的公安机关交通管理部门受理本省其他地市用户考试预约,并安排考试。

③每次至少制定 5 日的考试场地、考试时间、考试科目、考试人数等考试计划,并至少在考试前 10 日公布考试计划。考试计划一经公布,不得擅自更改。

④考试前第 5 日应停止接受考试预约申请,汇总确定考试预约信息,公布考试预约结果,并通知预约成功的用户。

⑤停止接受考试预约申请时,考试计划未满额的,可以继续接受考试预约申请,并在考试前第 3 日停止接受考试预约申请。公安机关交通管理部门应及时公布继续接受考试预约申请信息,汇总确定继续接受的考试预约信息,公布考试预约结果,并通知预约成功的用户。

⑥按照本省异地考试计划,制定考试场地、考试时间、考试科目、考试人数等异地考试计划。

⑦对于因互联网服务平台故障导致无法网上办理,以及用户自愿到公安机关交通管理部门办理的,提供窗口考试预约和取消预约服务。

⑧对因系统故障、停电等特殊原因未能按照预约计划进行考试的,应另行安排补充场次进行考试,并及时公布补充场次考试信息。对无法参加补充场次考试,用户重新提出考试预约申请的,应优先予以安排。

⑨受理用户考试预约申请后,应按照以下规则安排考试:

A.首次预约科目一考试的,以受理用户初次申领机动车驾驶证等业务的时间为排序时间;

B.非首次预约科目一考试的,以上次考试时间为排序时间;

C.考试预约成功的用户因自身原因取消预约的,以取消预约时间为排序时间;

D.同时符合本款第 2 项、第 3 项情形的,以最近时间为排序时间;

E.排序时间在前的先安排考试。

(3)公安机关交通管理部门办理机动车驾驶人考试预约相关业务的流程和具体事项:

①业务审核及管理岗按照下列程序办理机动车驾驶人考试预约业务:

A.制定本地考试计划,通过计算机管理系统录入和公布考试计划。对于本地考试能力有盈余的,报省级公安机关交通管理部门同意后,可以制定异地考试计划,通过计算机管理系统录入异地考试计划并自动上传至省级公安机关交通管理部门。

B.每日通过计算机管理系统查看和公布考试预约和考试安排信息。对于停止接受考

试预约申请时,考试计划未满额的,及时公布继续接受考试预约申请信息,并接受申请;

C.对于另行安排补充场次考试的,通过计算机管理系统录入和公布另行安排补充场次考试信息。

②业务受理岗按照下列程序办理窗口机动车驾驶人考试预约和取消预约业务:

A.审核申请人提交的身份证明,确认身份证明有效;

B.按照本规范第 10 条第 1 款第 2 项规定进行核查确认;

C.符合规定的,受理考试预约或取消预约业务;

D.因计算机网络问题暂时无法完成核查的,可以先受理,并在网络恢复正常后通过计算机管理系统完成核查。核查结果证实不符合本款第 2 项规定的,暂停用户账号,同时按照有关法律法规进行处理。

③省级公安机关交通管理部门安排专人,通过计算机管理系统管理和公布本省异地考试计划。

三、交通安全综合服务管理系统应用

在互联网百度搜索引擎上键入"交通安全综合服务管理平台",便可在搜索条目中的第一条出现你所要找的页面。点击进入即可看到主页面。然后按照页面上的提示进入你所在的省区,再次点击进入该省区,便出现下层次的页面,一直进入到你所在市区的页面,点击进入你所在市区的页面之后便可看到该平台的主要业务内容界面如图 4-8 所示。另外,在此业务页面上还可以看到有手机 APP 下载的功能,点击之后便会展开一个提供手机 APP 下载的主页面,如图 4-9 所示。那么,所有可以连接互联网的智能手机就能在手机上同样操作,在进行注册之后,便可以享受"交通安全综合服务管理平台"提供的各种服务。

图 4-8　互联网交通安全综合服务管理平台业务界面

网上考试预约无论是驾校预录入、个人考试预约系统,还是互联网考试计划制订都是需要互联网交通安全综合服务管理平台的数据与公安网"六合一"系统进行数据交互的。

图 4-9　互联网交通安全综合服务管理平台手机 APP 下载页面

（一）驾校学员预录入

一般地，需要学习汽车驾驶考驾驶证的人员，首先要到驾校报名，再去医院体检，体检通过之后，才能在驾校进行个人信息的预录入。经过驾校的个人信息预录入之后，个人就不需要注册了。经过驾校的术课培训之后，学员即可通过该系统进行各科目的个人考试预约。

（二）个人考试预约

如果学习汽车驾驶人不是通过驾校进行学习驾驶的，例如，那些符合公安部 139 号令第 24 条的 7 种情形，即原来有驾驶证的，因为这 7 种情形驾驶证被注销了等，再次申请不需要参加培训，可以直接预约考试，再次申请驾驶证。那么，需要申请相应准驾车型考试的，就必须通过个人注册，再预约考试。

还有，公安部 139 号令第 77 条，驾驶证被注销 2 年内的，可以不需要经过驾校培训，直接预约科目一的考试，通过考试后，即可恢复驾驶资格。那么，个人也需要先注册，然后再进行考试预约。

第五节　办理机动车驾驶证的相关业务

申请人考试合格后，应当接受不少于半小时的交通安全文明驾驶常识和交通事故案例警示教育，并参加领证宣誓仪式。

车辆管理所应当在申请人参加领证宣誓仪式的当日核发机动车驾驶证。属于申请增加准驾车型的，应当收回原机动车驾驶证。属于复员、转业、退伍的，应当收回军队、武装警察部队机动车驾驶证。

一、申请驾驶证时，车管所应履行的业务职责

车辆管理所办理机动车驾驶人考试业务时，应当设置受理岗、考试岗、监督岗。

车辆管理所应当使用符合标准的考试场地、考试路线、考试车辆、考试系统和考试设施进行考试,应当按规定使用全国统一的考试预约、监管系统。未按规定使用的,不得组织考试。

(一)初次申领

根据《机动车驾驶人考试工作规范》第二章 机动车驾驶证申领,车辆管理所办理初次申领机动车驾驶证业务的流程和具体事项为:

(1)审核机动车驾驶证申请人提交的《机动车驾驶证申请表》、《机动车驾驶人身体条件证明》(以下简称《身体条件证明》)和身份证明;属于申请人符合《机动车驾驶证申领和使用规定》第24条第1款第6项、第7项情形直接申请机动车驾驶证的,还应当审核超过有效期的军队、武装警察部队机动车驾驶证或者境外机动车驾驶证,境外机动车驾驶证属于非中文表述的,还应当审核其中文翻译文本;申请人属于自学直考的,可以一并审核申请签注学车专用标识的材料。确认申请人年龄、身体条件、申请的准驾车型等符合规定。

(2)通过计算机管理系统核查,确认申请人未申领机动车驾驶证的许可。

(3)档案管理岗核对计算机管理系统信息,复核、整理资料,装订、归档。

下列资料存入机动车驾驶证档案:

(1)《机动车驾驶证申请表》原件;

(2)申请人的身份证明复印件,属于在户籍地以外居住的内地居民,还需收存公安机关核发的居住证明复印件;

(3)《身体条件证明》原件;

(4)考试成绩表原件;

(5)属于申请人符合《机动车驾驶证申领和使用规定》第24条第1款第6项、第7项情形直接申请机动车驾驶证的,还需收存超过有效期的军队、武装警察部队机动车驾驶证或者境外机动车驾驶证复印件,境外机动车驾驶证属于非中文表述的,还需收存其中文翻译文本原件。

(二)增加准驾车型申领

根据《机动车驾驶人考试工作规范》第二章 机动车驾驶证申领,车辆管理所办理增加准驾车型申领业务的流程和具体事项为:

(1)受理岗按照本规范第5条第1项规定办理,同时审核申请人所持机动车驾驶证;申请人属于正在接受全日制驾驶职业教育的在校学生,申请增加大型客车、牵引车准驾车型的,还应当审核学校出具的学籍证明。通过计算机管理系统核查,确认申请人年龄、身体条件、驾龄、申请的准驾车型和累积记分符合《机动车驾驶证申领和使用规定》第12条、第15条、第78条第3款的规定。对申请大型客车、牵引车、城市公交车、中型客车、大型货车准驾车型的,还应当通过计算机管理系统核查,确认申请人不具有《机动车驾驶证申领和使用规定》第16条规定的情形。

(2)符合规定的,受理岗、考试岗、档案管理岗按照本规范第5条第2项至第7项规定的流程和具体事项办理机动车驾驶证增加准驾车型业务。在核发机动车驾驶证时,受理岗还应当收回原机动车驾驶证。

下列资料存入机动车驾驶证档案:

(1)本规范第6条第1项至第4项规定的资料;

（2）原机动车驾驶证原件；

（3）属于正在接受全日制驾驶职业教育的，还应当收存学校出具的学籍证明。

第9条　车辆管理所在受理增加准驾车型申请至核发机动车驾驶证期间，发现申请人在1个记分周期内记满12分，机动车驾驶证转出及被注销、吊销、撤销，或者申请大型客车、牵引车、城市公交车、中型客车和大型货车准驾车型，具有《机动车驾驶证申领和使用规定》第16条规定情形之一的，终止考试预约、考试或者核发机动车驾驶证，出具《不予受理/许可申请决定书》。

车辆管理所在核发机动车驾驶证时，距原机动车驾驶证有效期满不足九十日，或者已超过机动车驾驶证有效期但不足一年的，应当合并办理增加准驾车型和有效期满换证业务。

车辆管理所在核发机动车驾驶证时，原机动车驾驶证被公安机关交通管理部门扣押、扣留或者暂扣的，应当在驾驶证被发还后核发机动车驾驶证。

（三）持军队、武装警察部队机动车驾驶证申领

根据《机动车驾驶人考试工作规范》第二章　机动车驾驶证申领，车辆管理所办理持军队、武装警察部队机动车驾驶证申领机动车驾驶证业务的流程和具体事项为：

（1）受理岗按照本规范第5条第1项规定办理，同时审核申请人所持的军队或者武装警察部队机动车驾驶证，确认初次领取军队或者武装警察部队机动车驾驶证时申请人已年满18周岁。申请人属于复员、退伍、转业的，还应当审核其复员、退伍、转业证明，并收回军队、武装警察部队机动车驾驶证。

（2）受理岗对申请准驾车型为大型客车、牵引车、城市公交车、中型客车、大型货车或者申请两种以上准驾车型，其中之一为大型客车、牵引车、城市公交车、中型客车、大型货车机动车驾驶证的，应当受理科目一、科目三考试预约申请，核发预约考试凭证。

（3）受理岗对申请其他准驾车型机动车驾驶证的，确定机动车驾驶证档案编号，制作并核发机动车驾驶证。

（4）考试岗对已预约科目一、科目三考试的申请人，按规定进行科目一、科目三考试。

（5）受理岗复核科目一、科目三考试资料；核对计算机管理系统信息，符合规定的，在科目三安全文明驾驶常识考试合格当日内，确定机动车驾驶证档案编号，制作机动车驾驶证，并安排申请人接受交通安全文明驾驶常识和交通事故案例警示教育、参加领证宣誓仪式后核发机动车驾驶证。

（6）档案管理岗核对计算机管理系统信息，复核、整理资料，装订、归档。

下列资料存入机动车驾驶证档案：

（1）本规范第6条第1项至第3项规定的资料；

（2）经过考试的，还需收存考试成绩表原件；

（3）军队、武装警察部队机动车驾驶证复印件，但属于复员、退伍、转业的，应当收存军队、武装警察部队机动车驾驶证原件和复员、退伍、转业证明复印件。

（四）持境外机动车驾驶证申领

根据《机动车驾驶人考试工作规范》第二章　机动车驾驶证申领。

第12条　持有境外机动车驾驶证的外国人，有居留证件的应当向居留证件签发地的车辆管理所申请机动车驾驶证，没有居留证件但持有有效签证或者停留证件的应当向出具住宿登记证明的公安机关所在地的车辆管理所申请机动车驾驶证。

持有境外机动车驾驶证的外国驻华使馆、领馆人员、国际组织驻华代表机构人员应当向使馆、领馆、国际组织驻华代表机构所在地的车辆管理所申请机动车驾驶证。

持有境外机动车驾驶证的华侨,香港、澳门特别行政区、台湾地区居民,应当向出具住宿登记证明的公安机关所在地的车辆管理所申请机动车驾驶证。

持有境外机动车驾驶证的内地居民、现役军人,应当向户籍地、居住地的车辆管理所申请机动车驾驶证。

(五)核发学车专用标识

根据《机动车驾驶人考试工作规范》第二章 机动车驾驶证申领。

第15条 车辆管理所办理申请签注学车专用标识业务的流程和具体事项为:

(1)受理岗按照下列程序审核申请材料:

①审核自学人员提交的《机动车驾驶证自学直考信息采集表》、身份证明、自学用车机动车登记证书、行驶证、所有人身份证明、自学用车交通事故强制责任保险等相关保险凭证、自学用车加装安全辅助装置后的安全技术检验合格证明等资料。通过计算机管理系统核查,确认自学用车不具有同时签注其他学车专用标识的情形;确认自学用车为自学直考申请地注册登记的非营运小型汽车、小型自动挡汽车;对签注过学车专用标识的自学用车确认自上次签注之日起已满三个月。

②审核随车指导人员提交的身份证明和机动车驾驶证等资料。通过计算机管理系统核查,确认随车指导人员不具有驾驶机动车造成人员死亡的交通责任事故或者造成人员重伤负主要以上责任的交通事故、吸食毒品记录、记满12分记录、驾驶证被吊销记录或者违规随车指导行为记录的情形;确认随车指导人员持有五年以上相应或者更高准驾车型的机动车驾驶证;确认随车指导人员不具有同时签注其他学车专用标识的情形;对签注过学车专用标识的随车指导人员确认自上次签注之日起已满三个月;

③审核自学用车的《机动车查验记录表》;确认申请人已取得《学习驾驶证明》,符合规定的,受理申请,一日内签注并制作学车专用标识。

(2)档案管理岗核对计算机管理系统信息,复核、整理资料,装订、归档。

(3)下列资料存入机动车驾驶证档案:

①《机动车驾驶证自学直考信息采集表》原件;

②自学人员、随车指导人员身份证明复印件;

③随车指导人员机动车驾驶证复印件;

④自学用车机动车行驶证、所有人身份证明复印件;

⑤自学用车交通事故责任强制保险等相关保险凭证复印件;

⑥自学用车加装安全辅助装置后的安全技术检验合格证明复印件;

⑦《机动车查验记录表》原件。

第16条 车辆管理所办理因变更随车指导人员申请重新签注学车专用标识业务的流程和具体事项为:

(1)受理岗按照下列程序审核申请材料:

①审核自学人员提交的《机动车驾驶证自学直考信息采集表》、身份证明、自学用车所有人身份证明等资料。

②审核随车指导人员提交的身份证明和机动车驾驶证等资料。通过计算机管理系统核

查,确认随车指导人员不具有驾驶机动车造成人员死亡的交通责任事故或者造成人员重伤负主要以上责任的交通事故、吸食毒品记录、记满12分记录、驾驶证被吊销记录或者违规随车指导行为记录的情形;确认随车指导人员持有五年以上相应或者更高准驾车型的机动车驾驶证;确认随车指导人员不具有同时签注其他学车专用标识的情形;对签注过学车专用标识的随车指导人员确认自上次签注之日起已满3个月。

③符合规定的,受理申请,收回原学车专用标识,1日内签注并重新制作学车专用标识。

(2)档案管理岗核对计算机管理系统信息,复核、整理资料,装订、归档。

(3)下列资料存入机动车驾驶证档案:

①《机动车驾驶证自学直考信息采集表》原件;

②随车指导人员身份证明复印件,自学人员、自学用车所有人身份证明有变化的,还应当收存新的身份证明的复印件;

③随车指导人员机动车驾驶证复印件。

第17条 车辆管理所办理因变更自学用车申请重新签注学车专用标识业务的流程和具体事项为:

(1)受理岗按照下列程序审核申请材料:

①审核自学人员提交的《机动车驾驶证自学直考信息采集表》、身份证明、自学用车机动车登记证书、行驶证、所有人身份证明、自学用车交通事故强制责任保险等相关保险凭证、自学用车加装安全辅助装置后的安全技术检验合格证明等资料。通过计算机管理系统核查,确认自学用车不具有同时签注其他学车专用标识的情形;确认自学用车为自学直考申请地注册登记的非营运小型汽车、小型自动挡汽车;对签注过学车专用标识的自学用车确认自上次签注之日起已满3个月。

②审核自学用车的《机动车查验记录表》。符合规定的,受理申请,收回原学车专用标识,1日内签注并重新制作学车专用标识。

(2)档案管理岗核对计算机管理系统信息,复核、整理资料,装订、归档。

(3)下列资料存入机动车驾驶证档案:

①《机动车驾驶证自学直考信息采集表》原件;

②自学用车行驶证、所有人身份证明复印件,自学人员身份证明有变化的,还应当收存新的身份证明的复印件;

③自学用车交通事故责任强制保险等相关保险凭证复印件;

④自学用车加装安全辅助装置后的安全技术检验合格证明复印件;

⑤《机动车查验记录表》原件。

第18条 车辆管理所办理申请补、换领学车专用标识业务的流程和具体事项为:

(1)受理岗审核申请人提交的《机动车驾驶证自学直考信息采集表》、身份证明等资料。

(2)符合规定的,受理申请,当日内签注并重新制作学车专用标识,属于换领的,收回原学车专用标识,并按照规定将相关信息录入计算机管理系统。

(3)档案管理岗核对计算机管理系统信息,复核、整理资料,装订、归档。

(4)下列资料存入机动车驾驶证档案:

①《机动车驾驶证自学直考信息采集表》原件;

②申请人身份证明复印件。

第 19 条　车辆管理所办理申请注销学车专用标识业务的流程和具体事项为：

（1）受理岗按照下列程序审核申请材料：

①审核申请人提交的《机动车驾驶证自学直考信息采集表》、身份证明等资料；

②符合规定的，受理申请，收回原学车专用标识，并按照规定将相关信息录入计算机管理系统。

（2）档案管理岗核对计算机管理系统信息，复核、整理资料，装订、归档。

（3）下列资料存入机动车驾驶证档案：

①《机动车驾驶证自学直考信息采集表》原件；

②申请人身份证明复印件。

第 20 条　自学人员、随车指导人员、自学用车不符合《机动车驾驶证申领和使用规定》和《机动车驾驶证自学直考管理规定》有关条件或者自学人员取得相应驾驶证的，由计算机管理系统自动注销学车专用标识。

第 21 条　车辆管理所办理注销学车专用标识业务或者计算机管理系统自动注销学车专用标识时，未收回学车专用标识的，档案管理岗每月从计算机管理系统下载并打印学车专用标识注销信息，由公安机关交通管理部门公告学车专用标识作废。

学车专用标识作废公告应当采用在当地报纸刊登、电视媒体播放、车辆管理所办事大厅张贴、互联网网站公布等形式；公告内容应当包括学车专用标识编号、注销原因和注销时间。在车辆管理所办事大厅和互联网网站公布的公告，信息保留时间不得少于 60 日。

二、换发驾驶证

（一）换发驾驶证的相关规定

根据公安部 139 号令机动车驾驶证换证，包括有效期满换证、驾驶人户籍迁出原车辆管理所的换证、达到规定年龄换证、自愿降低准驾车型换证、机动车驾驶人信息发生变化换证、机动车驾驶证损毁换证和因身体条件变化降低准驾车型换证

1. 机动车驾驶人驾驶证期满的换证

机动车驾驶人应当于机动车驾驶证有效期满前 90 日内，向机动车驾驶证核发地或者核发地以外的车辆管理所申请换证。申请时应当填写《机动车驾驶证申请表》，并提交以下证明、凭证：

（1）机动车驾驶人身份证明；

（2）机动车驾驶证；

（3）县级或部队团级以上医疗机构出具的有关身体条件的证明，属于申请残疾人专用小型自动挡载客汽车的，应当提交经省级卫生主管部门指定的专门医疗机构出具的有关身体条件的证明。

2. 机动车驾驶人户籍迁出原车辆管理所管辖区的换证

应当向迁入地车辆管理所申请换证；机动车驾驶人在核发地车辆管理所管辖区以外居住的，可以向居住地车辆管理所申请换证。

申请时，应当填写《机动车驾驶证申请表》并提交以下证明、凭证：

（1）机动车驾驶人的身份证明；

（2）机动车驾驶证。

3．达到规定年龄换证或者身体条件变化降低准驾车型的换证

年龄达到 60 岁，持有准驾车型为大型客车、牵引车、城市公交车、中型客车、大型货车的机动车驾驶人的换证。即年龄超过 60 周岁持有准驾车型 A1、A2、A3、B1、B2 驾驶证的，可换发准驾车型 C1、C2、C3、C4 驾驶证；只持准驾车型 N、P 驾驶证的不得换发驾驶证。除 A1、A2、A3、B1、B2、N、P 准驾车型外还有其他准驾车型的驾驶证，注 A1、A2、A3、B1、B2、N、P 后保留其他准驾车型换发驾驶证。

应当到机动车驾驶证核发地或者核发地以外的车辆管理所换领准驾车型为小型汽车或小型自动挡汽车的机动车驾驶证；年龄达到 70 周岁，持有准驾车型为普通三轮摩托车、普通两轮车摩托车的机动车驾驶人，应当到机动车驾驶证核发地或者核发地以外的车辆管理所换领准驾车型为轻便摩托车的机动车驾驶证。

申请时应当填写《机动车驾驶证申请表》并提交以下证明、凭证：

（1）机动车驾驶人身份证明；

（2）机动车驾驶证；

（3）县级或部队团级以上医疗机构出具的有关身体条件的证明。属于申请残疾人专用小型自动挡载客汽车的，应当提交经省级卫生主管部门指定的专门医疗机构出具的有关身体条件的证明。

4．在车辆管理所管辖区域内，机动车驾驶证记载的机动车驾驶人信息发生变化的换证

应当在 30 日内到机动车驾驶证核发地车辆管理所申请换证，申请时应当填写《机动车驾驶证申请表》，并提交机动车驾驶人的身份证明和机动车驾驶证。

5．机动车驾驶证损毁无法辨认的换证

申请时应当填写《机动车驾驶证申请表》，并提交机动车驾驶人身份证明和机动车驾驶证。

车辆管理所对符合上述规定的，应当在 1 日内换发机动车驾驶证。换发新证的同时收回原机动车驾驶证。

档案管理岗核对计算机管理系统信息，复核、整理资料，装订、归档，下列资料存入机动车驾驶证档案：

（1）《机动车驾驶证申请表》原件；

（2）身份证明复印件；

（3）原机动车驾驶证原件；

（4）属于有效期满换证、达到规定年龄换证和因身体条件变化降低准驾车型换证的，还需收存《身体条件证明》原件。

车辆管理所办理机动车驾驶证有效期满换证、达到规定年龄换证、自愿降低准驾车型换证、机动车驾驶人信息发生变化换证、机动车驾驶证损毁换证和因身体条件变化降低准驾车型换证业务时，对同时申请办理两项或者两项以上换证业务且符合申请条件的，应当合并办理。

三、补发驾驶证

根据公安部 139 号令，机动车驾驶证遗失的，机动车驾驶人应当向机动车驾驶证核发地或者核发地以外的车辆管理所申请补发。申请时应当填写申请表，并提交以下证明、凭证：

（1）机动车驾驶人的身份证明；

（2）机动车驾驶证遗失的书面声明。

符合规定的，车辆管理所应当在1日内补发机动车驾驶证。

机动车驾驶人补领机动车驾驶证后，原机动车驾驶证作废，不得继续使用。

机动车驾驶证被依法扣押、扣留或者暂扣期间，机动车驾驶人不得申请补发。

四、注销驾驶证和恢复驾驶资格

（一）注销的规定

根据公安部139号令第77条机动车驾驶证注销的规定：

机动车驾驶人具有下列情形之一的，车辆管理所应当注销其机动车驾驶证：

（1）死亡的；

（2）提出注销申请的；

（3）丧失民事行为能力，监护人提出注销申请的；

（4）身体条件不适合驾驶机动车的；

（5）有器质性心脏病、癫痫病、美尼尔氏症、眩晕症、癔症、震颤麻痹、精神病、痴呆以及影响肢体活动的神经系统疾病等妨碍安全驾驶疾病的；

（6）被查获有吸食、注射毒品后驾驶机动车行为，正在执行社区戒毒、强制隔离戒毒、社区康复措施，或者长期服用依赖性精神药品成瘾尚未戒除的；

（7）超过机动车驾驶证有效期1年以上未换证的；

（8）年龄在70周岁以上，在1个记分周期结束后1年内未提交身体条件证明的，或者持有残疾人专用小型自动挡载客汽车准驾车型，在3个记分周期结束后1年内未提交身体条件证明的；

（9）年龄在60周岁以上，所持机动车驾驶证只具有无轨电车或者有轨电车准驾车型，或者年龄在70周岁以上，所持机动车驾驶证只具有低速载货汽车、三轮汽车、轮式自行机械车准驾车型的；

（10）机动车驾驶证依法被吊销或者驾驶许可依法被撤销的。

有第1款第2项至第10项情形之一，未收回机动车驾驶证的，应当公告机动车驾驶证作废。

有第1款第7项情形被注销机动车驾驶证未超过2年的，机动车驾驶人参加道路交通安全法律、法规和相关知识考试合格后，可以恢复驾驶资格。

有第1款第8项情形被注销机动车驾驶证，机动车驾驶证在有效期内或者超过有效期不满一年的，机动车驾驶人提交身体条件证明后，可以恢复驾驶资格。

有第1款第2项至第8项情形之一，按照第24条规定申请机动车驾驶证，有道路交通安全违法行为或者交通事故未处理记录的，应当将道路交通安全违法行为、交通事故处理完毕。

（二）降级换证

注销其最高准驾车型驾驶资格简称"降级换证"。根据公安部139号令第78条的规定，持有大型客车、牵引车、城市公交车、中型客车、大型货车驾驶证的驾驶人有下列情形之一的，车辆管理所应当注销其最高准驾车型驾驶资格，并通知机动车驾驶人在30日内办理降级换证业务：

（1）发生交通事故造成人员死亡，承担同等以上责任，未构成犯罪的。

（2）在 1 个记分周期内有记满 12 分记录的。

（3）连续 3 个记分周期不参加审验的。

机动车驾驶人在规定时间内未办理降级换证业务的，车辆管理所应当公告注销的准驾车型驾驶资格作废。

机动车驾驶人办理降级换证业务后，申请增加被注销的准驾车型的，应当在本记分周期和申请前最近 1 个记分周期没有记满 12 分记录，且没有发生造成人员死亡承担同等以上责任的交通事故。

（三）恢复驾驶资格的规定

恢复驾驶资格，是指已经取得我国机动车驾驶证的人员，因为超过有效期未换证或者超过规定时间未提交身体条件证明被注销驾驶证未超过 2 年，向公安机关交通管理部门申请恢复驾驶资格的行为。恢复驾驶资格是对被注销驾驶证人员的一种救济措施，体现了行政法中的比例原则。比例原则，又称"禁止过分"原则，要求对公民权利的限制或不利影响，只有在公共利益所必要的范围内，方得为之；是指政府实施行政权的手段与行政目的间，应存在一定的比例关系，即其"手段"必须与行政"目的"成比例、相平衡。机动车驾驶许可是一项涉及公共安全的特定行为，其资格的取得、延续、注销等应当符合《机动车驾驶证申领和使用规定》（公安部 139 号令），对驾驶证超过有效期 1 年未换证，或者超过规定时间 1 年以上未提交身体条件证明的，应当注销驾驶证。未按期换证或提交身体条件证明的行为不属于危害交通安全的严重行为，但是，注销驾驶证会使驾驶人失去驾驶资格，特别是大中型客车、牵引车等准驾车型不能初次申领，对当事人造成了较大影响。恢复驾驶资格就是允许这部分群众通过申请恢复驾驶资格，进行科目一考试，提高交通安全法律意识后，重新取得驾驶资格，保留原驾驶证的准驾车型。详见公安部 139 号令第 77 条。

五、撤销

相关法律明确规定撤销不属于违法处罚的种类，仅仅是公安交通管理的一个手段，但是，撤销对当事人的约束力很强。《道路交通安全法实施条例》第 103 条对撤销作了明确且非常严格的规定："以欺骗、贿赂等不正当手段取得机动车登记或者驾驶许可的，收缴机动车登记证书、号牌、行驶证或者机动车驾驶证，撤销机动车登记或者机动车驾驶许可；申请人在 3 年内不得申请机动车登记或者机动车驾驶许可。"这也是对车辆管理所繁重工作的一种肯定，要求每一个公民都应该有更严格的法律意识。

六、监督管理

（1）大车驾驶证实习结束后的考试（俗称科目四）：

机动车驾驶人初次申请机动车驾驶证和增加准驾车型后的 12 个月为实习期。

新取得大型客车、牵引车、城市公交车、中型客车、大型货车驾驶证的，实习期结束后 30 日内应当参加道路交通安全法律法规、交通安全文明驾驶、应急处置等知识考试，并接受不少于半小时的交通事故案例警示教育。

在实习期内驾驶机动车的,应当在车身后部粘贴或者悬挂统一式样的实习标志(公安部139号令附件5)。

(2)实习期驾驶人的其他驾车规定:

机动车驾驶人在实习期内不得驾驶公共汽车、营运客车或者执行任务的警车、消防车、救护车、工程救险车以及载有爆炸物品、易燃易爆化学物品、剧毒或者放射性等危险物品的机动车;驾驶的机动车不得牵引挂车。

驾驶人在实习期内驾驶机动车上高速公路行驶,应当由持相应或者更高准驾车型驾驶证三年以上的驾驶人陪同。其中,驾驶残疾人专用小型自动挡载客汽车的,可以由持有小型自动挡载客汽车以上准驾车型驾驶证的驾驶人陪同。

在增加准驾车型后的实习期内,驾驶原准驾车型的机动车时不受上述限制。

(3)持有准驾车型为残疾人专用小型自动挡载客汽车的机动车驾驶人驾驶机动车时,应当按规定在车身设置残疾人机动车专用标志(公安部139号令附件6)。

有听力障碍的机动车驾驶人驾驶机动车时,应当佩戴助听设备。

(4)机动车驾驶人联系电话、联系地址等信息发生变化,以及持有大型客车、牵引车、城市公交车、中型客车、大型货车驾驶证的驾驶人从业单位等信息发生变化的,应当在信息变更后30日内,向驾驶证核发地车辆管理所备案。

(5)道路运输企业应当定期将聘用的机动车驾驶人向所在地公安机关交通管理部门备案,督促及时处理道路交通安全违法行为、交通事故和参加机动车驾驶证审验。

公安机关交通管理部门应当每月向辖区内交通运输主管部门、运输企业通报机动车驾驶人的道路交通违法行为、记分和交通事故等情况。

七、驾驶人管理的其他规定

1.委托办理机动车驾驶证的项目

持证人可以委托代理人办理机动车驾驶证的换证、补证业务。

2.委托办理机动车驾驶证的规定要求

代理人申请机动车驾驶证业务时,应当提交代理人的身份证明和持证人与代理人共同签字的《机动车驾驶证申请表》。

车辆管理所应当记载代理人的姓名或者单位名称、身份证明名称、号码、住所地址、邮政编码、联系电话。

第六节　记分和审验

一、机动车驾驶人交通违法记分和审验的概念

(一)记分

根据《道路交通安全法》第24条规定,凡持有中华人民共和国机动车驾驶证的驾驶人实行记分管理,即对于违反道路交通管理法律、法规、规章的机动车驾驶人,在予以纠正、处罚

的同时,根据其交通违法行为和交通事故后果,记录相应的分值,并对累积达到应得分值的机动车驾驶人进行道路交通法规与相关知识、道路驾驶考试。

驾驶人记分是一种教育措施,可有效地遏制累犯者的交通违法行为;能够定量地评价交通违法行为,为全国统一管理奠定基础;并将日常管理与长期管理相结合,有利于提高驾驶人管理工作的水平;顺应道路交通发展的客观需要,有助于驾驶人的自我管理。

(二)审验

驾驶人审验是公安机关对于正式机动车驾驶人定期进行的能否继续保持驾驶资格的审查。审验的目的在于是公安机关全面地了解和掌握驾驶人的身体状况、驾驶技术水平和驾驶熟练程度、安全行车和遵章守法情况等。通过审验,可以控制驾驶人素质,纯洁驾驶人队伍;定期对驾驶人进行遵章守法和安全驾驶的教育;促进驾驶人进行自我管理教育。

二、累积记分

(一)记分的标准

(1)驾驶人记分的构成:由基本分数和追加分数两部分构成,是根据交通违法者造成违法的危害程度来决定的分数。

(2)记分分值:按过去标准《机动车驾驶人交通违法记分办法》设定了 52 种记分行为,并依照交通违法行为及交通事故严重程度,将一次记分的分值定为 12 分、6 分、3 分、2 分、1 分五种。

(二)记分的内容及公布形式

(1)记分周期:为 12 个月,从机动车驾驶人初次领取机动车驾驶证之日起计算。

(2)记分原则:驾驶人一次有两种以上交通违法行为的,应当分别计算,累加分值。

(3)累积记分:一个记分周期期满后,机动车驾驶人在一个记分周期内记分未达到 12 分,所处罚款已经缴纳的,记分予以清除;记分虽未达到 12 分,但尚有罚款未缴纳的,记分转入下一记分周期。

(4)交通违法记分对于违法行为进行纠正、处罚或者追究其交通事故行政责任时同步执行。

(5)对非本地核发机动车驾驶证的驾驶人给予记分的,应当将记分情况转至核发地车辆管理部门。

(三)记分的处罚

依据相关规定,公安机关交通管理部门对记分分值累计达到或者超过 12 分的机动车驾驶人,进行交通法规与相关知识、道路驾驶考试。考试合格的,记分予以清除,发还机动车驾驶证;考试不合格的,继续参加学习和考试。接受驾驶技能考试的,按照本人机动车驾驶证载明的最高准驾车型考试。

(1)在一个记分周期内,记分分值满 12 分的机动车驾驶人不得继续驾驶机动车。

(2)满分学习、考试制度。记分分值满 12 分的机动车驾驶人经学习、考试合格的,原记分分值予以消除;考试不合格的,可以申请补考。

根据 139 号令第 68 条机动车驾驶人在一个记分周期内累积记分达到 12 分的,公安机关交通管理部门应当扣留其机动车驾驶证。

机动车驾驶人应当在 15 日内到机动车驾驶证核发地或者违法行为地公安机关交通管

理部门参加为期 7 日的道路交通安全法律、法规和相关知识学习。机动车驾驶人参加学习后,车辆管理所应当在 20 日内对其进行道路交通安全法律、法规和相关知识考试。考试合格的,记分予以清除,发还机动车驾驶证;考试不合格的,继续参加学习和考试。拒不参加学习,也不接受考试的,由公安机关交通管理部门公告其机动车驾驶证停止使用。

机动车驾驶人在 1 个记分周期内有 2 次以上达到 12 分或者累积记分达到 24 分以上的,车辆管理所还应当在道路交通安全法律、法规和相关知识考试合格后 10 日内对其进行道路驾驶技能考试。接受道路驾驶技能考试的,按照本人机动车驾驶证载明的最高准驾车型考试。

(3)机动车驾驶人记分达到 12 分,拒不参加公安机关交通管理部门通知的学习,也不接受考试的,由公安机关交通管理部门公告其机动车驾驶证停止使用。

(4)在驾驶人复议、诉讼期间,接受考试的时效顺延。

(5)机动车驾驶人在机动车驾驶证的 6 年有效期内,每个记分周期均未达到 12 分的,换发 10 年有效期的机动车驾驶证;在机动车驾驶证的 10 年有效期内,每个记分周期均未达到 12 分的,换发长期有效的机动车驾驶证。

记分管理这项工作,就是对在一个记分周期内满 12 分的驾驶人进行教育和考试,这也是对超分驾驶人违法行为的一种管理教育手段,对他们进行理论、法规、道路驾驶技能的考试,让他们经过培训,进一步提高作为机动车驾驶人应具备的职业素质、责任意识等。实施记分管理让驾驶人增强驾驶机动车遵守交通法规的意识,减少道路交通违法行为,预防交通事故,对违反交通法规的机动车驾驶人依法予以记分和考试;同时对能够自觉遵守交通法规、无违法记录的机动车驾驶人也要给予一定的奖励。

档案管理岗核对计算机管理系统信息,复核、整理资料。收存的考试成绩表原件和接受教育的凭证,在下一个记分周期结束后销毁。属于参加满分考试时申请自愿降低准驾车型的,将《机动车驾驶证申请表》原件、身份证明复印件在办理换证时存入机动车驾驶证档案。

车辆管理所档案管理岗每个工作日从全国公安交通管理信息系统下载并打印本辖区内机动车驾驶人异地违法满分考试信息,清除记分分值。收存打印的异地违法满分考试信息,在下一个记分周期结束后销毁。

三、审验

(一)免于审验的规定

持有大型客车、牵引车、城市公交车、中型客车、大型货车驾驶证的驾驶人,应当在每个记分周期结束后 30 日内到公安机关交通管理部门接受审验。但在一个记分周期内没有记分记录的,免予本记分周期审验。

机动车驾驶人可以在机动车驾驶证核发地或者核发地以外的地方参加审验、提交身体条件证明。

(二)审验的对象

根据公安部印发的《机动车驾驶证申领和使用规定》,年龄超过 60 周岁以上的或者持有大型客车、牵引车、城市公交车、中型客车、大型货车、无轨电车、有轨电车准驾车型的机动车驾驶人,应当每年进行 1 次身体检查。

持有大型客车、牵引车、城市公交车、中型客车、大型货车以外准驾车型驾驶证的驾驶人,发生交通事故造成人员死亡承担同等以上责任未被吊销机动车驾驶证的,应当在本记分周期结束后 30 日内到公安机关交通管理部门接受审验。

在异地从事营运的机动车驾驶人,向营运地车辆管理所备案登记 1 年后,可以直接在营运地参加审验。

（三）审验的内容

(1)道路交通安全违法行为、交通事故处理情况。

(2)身体条件情况:

年龄在 60 周岁以上的机动车驾驶人,应当每年进行一次身体检查,在记分周期结束后 30 日内,提交县级或者部队团级以上医疗机构出具的有关身体条件的证明。

持有残疾人专用小型自动挡载客汽车驾驶证的机动车驾驶人,应当每 3 年进行一次身体检查,在记分周期结束后 30 日内,提交经省级卫生主管部门指定的专门医疗机构出具的有关身体条件的证明。

(3)道路交通安全违法行为记分及记满 12 分后参加学习和考试情况。

持有大型客车、牵引车、城市公交车、中型客车、大型货车驾驶证 1 个记分周期内有记分的,以及持有其他准驾车型驾驶证发生交通事故造成人员死亡承担同等以上责任未被吊销机动车驾驶证的驾驶人,审验时应当参加不少于 3 小时的道路交通安全法律法规、交通安全文明驾驶、应急处置等知识学习,并接受交通事故案例警示教育。

对交通违法行为或者交通事故未处理完毕的,身体条件不符合驾驶许可条件的,未按照规定参加学习、教育和考试的,不予通过审验。

（四）延期审验

机动车驾驶人因服兵役、出国(境)等原因,无法在规定时间内办理驾驶证期满换证、审验、提交身体条件证明的,可以向机动车驾驶证核发地车辆管理所申请延期办理。申请时应当填写申请表,并提交机动车驾驶人的身份证明、机动车驾驶证和延期事由证明。

延期期限最长不超过 3 年。延期期间机动车驾驶人不得驾驶机动车。

（五）审验时应注意的问题

审验合格的,在驾驶证上按规定格式签章或记载,持未记载审验合格的驾驶证不具备驾驶资格。

第七节　法律责任

一、《刑法》修正案（九）

2015 年 11 月 1 日实施的《刑法》修正案(九)又做了相应的修改:

将《刑法》第 133 条之一修改为:在道路上驾驶机动车,有下列情形之一的,处拘役,并处罚金:

(1)追逐竞驶,情节恶劣的;

(2)醉酒驾驶机动车的;

(3)从事校车业务或者旅客运输,严重超过额定乘员载客,或者严重超过规定时速行

驶的;

(4)违反危险化学品安全管理规定运输危险化学品,危及公共安全的;

(5)机动车所有人、管理人对前款第3项、第4项行为负有直接责任的,依照前款的规定处罚;

(6)有前两款行为,同时构成其他犯罪的,依照处罚较重的规定定罪处罚。

《刑法》第280条修改为:"伪造、变造、买卖居民身份证、护照、社会保障卡、驾驶证等依法可以用于证明身份的证件的,处3年以下有期徒刑、拘役、管制或者剥夺政治权利,并处罚金;情节严重的,处3年以上7年以下有期徒刑,并处罚金。"

这一条的修改与公安部139号令第96条的规定并不矛盾,只是加重了对伪造、变造身份证、驾驶证的处罚。

二、《安全法》第99条规定

第99条 有下列行为之一的,由公安交通管理部门处200元以上2000元以下罚款:

1. 未取得机动车驾驶证、机动车驾驶证被吊销或者机动车驾驶证被暂扣期间驾驶机动车的;

2. 将机动车交由未取得机动车驾驶证或者机动车驾驶证被吊销、暂扣的人驾驶的;

3. 造成交通事故后逃逸,尚不构成犯罪的;

4. 机动车行驶超过规定时速百分之五十的;

5. 强迫机动车驾驶人违反道路交通安全法律、法规和机动车安全驾驶要求驾驶机动车,造成道路交通事故,尚不构成犯罪的;

6. 违反交通管制的规定强行通行,不听劝阻的;

7. 故意损毁、移动、涂改交通设施,造成危害后果,尚不构成犯罪的;

8. 非法拦截、扣留机动车辆,不听劝阻,造成交通严重阻塞或者较大财产损失的。

行为人有前款第2项、第4项情形之一的,可以并处吊销机动车驾驶证;有第1项、第3项、第5项、第6项、第7项、第8项情形之一的,可以并处15日以下拘留。

三、公安部139号令的法律责任

根据139号令的规定,法律责任包括:

第88条 隐瞒有关情况或者提供虚假材料申领机动车驾驶证的,申请人在1年内不得再次申领机动车驾驶证。

申请人在考试过程中有贿赂、舞弊行为的,取消考试资格,已经通过考试的其他科目成绩无效;申请人在1年内不得再次申领机动车驾驶证。

申请人以欺骗、贿赂等不正当手段取得机动车驾驶证的,公安机关交通管理部门收缴机动车驾驶证,撤销机动车驾驶许可;申请人在3年内不得再次申领机动车驾驶证。

第89条 申请人在教练员或者学车专用标识签注的指导人员随车指导下,使用符合规定的机动车学习驾驶中有道路交通安全违法行为或者发生交通事故的,按照《道路交通安全法实施条例》第20条规定,由教练员或者随车指导人员承担责任。

第90条 申请人在道路上学习驾驶时,未按照第39条规定随身携带学习驾驶证明,由公安机关交通管理部门处 20 元以上 200 元以下罚款。

第 91 条　申请人在道路上学习驾驶时,有下列情形之一的,由公安机关交通管理部门对教练员或者随车指导人员处 20 元以上 200 元以下罚款:

1. 未按照公安机关交通管理部门指定的路线、时间进行的;

2. 未按照第 39 条规定放置、粘贴学车专用标识的。

第 92 条　申请人在道路上学习驾驶时,有下列情形之一的,由公安机关交通管理部门对教练员或者随车指导人员处 200 元以上 500 元以下罚款:

1. 未使用符合规定的机动车的;

2. 自学用车搭载随车指导人员以外的其他人员的。

第 93 条　申请人在道路上学习驾驶时,有下列情形之一的,由公安机关交通管理部门按照《道路交通安全法》第 99 条第 1 款第 1 项规定予以处罚:

1. 未取得学习驾驶证明的;

2. 学习驾驶证明超过有效期的;

3. 没有教练员或者随车指导人员的;

4. 由不符合规定的人员随车指导的。

将机动车交由有前款规定情形之一的申请人驾驶的,由公安机关交通管理部门按照《道路交通安全法》第 99 条第 1 款第 2 项规定予以处罚。

第 94 条　机动车驾驶人有下列行为之一的,由公安机关交通管理部门处 20 元以上 200 元以下罚款:

1. 机动车驾驶人补领机动车驾驶证后,继续使用原机动车驾驶证的;

2. 在实习期内驾驶机动车不符合第 75 条规定的;

3. 驾驶机动车未按规定粘贴、悬挂实习标志或者残疾人机动车专用标志的;

4. 持有大型客车、牵引车、城市公交车、中型客车、大型货车驾驶证的驾驶人,未按照第 80 条规定申报变更信息的。

有第 1 款第 1 项规定情形的,由公安机关交通管理部门收回原机动车驾驶证。

第 95 条　机动车驾驶人有下列行为之一的,由公安机关交通管理部门处 200 元以上 500 元以下罚款:

1. 机动车驾驶证被依法扣押、扣留或者暂扣期间,采用隐瞒、欺骗手段补领机动车驾驶证的;

2. 机动车驾驶人身体条件发生变化不适合驾驶机动车,仍驾驶机动车的;

3. 逾期不参加审验仍驾驶机动车的。

有第 1 款第 1 项、第 2 项规定情形之一的,由公安机关交通管理部门收回机动车驾驶证。

第 96 条　伪造、变造或者使用伪造、变造的机动车驾驶证的,由公安机关交通管理部门予以收缴,依法拘留,并处 2000 元以上 5000 元以下罚款;构成犯罪的,依法追究刑事责任。

第 97 条　交通警察有下列情形之一的,按照有关规定给予纪律处分;聘用人员有下列情形之一的予以解聘。构成犯罪的,依法追究刑事责任:

1. 为不符合机动车驾驶许可条件、未经考试、考试不合格人员签注合格考试成绩或者核发机动车驾驶证的;

2. 减少考试项目、降低评判标准或者参与、协助、纵容考试作弊的;

3. 为不符合规定的申请人发放学习驾驶证明、学车专用标识的;

4. 与非法中介串通谋取经济利益的;

5. 违反规定侵入机动车驾驶证管理系统,泄漏、篡改、买卖系统数据,或者泄漏系统密码的;

6. 参与或者变相参与驾驶培训机构经营活动的;

7. 收取驾驶培训机构、教练员、申请人或者其他相关人员财物的。

交通警察未按照第50条第1款规定使用执法记录仪的,根据情节轻重,按照有关规定给予纪律处分。

公安机关交通管理部门有本条第1款所列行为之一的,按照国家有关规定对直接负责的主管人员和其他直接责任人员给予相应的处分。

思考题

1. 简述机动车驾驶证管理的意义。

2. 简述机动车驾驶证申请条件。

3. 申请机动车驾驶证的考试科目是哪些?

4. 简述机动车驾驶人交通违法记分和审验的概念。

5. 机动车驾驶人交通违法记分的处罚有哪些?

6. 简述审验的对象以及内容。

7. 重点驾驶人的教育管理的原则有哪些?

8. 校车驾驶人管理的内容有哪些?

第五章　非机动车管理

第一节　非机动车管理概述

一、非机动车的概念

非机动车,是指以人力或者畜力驱动,上道路行驶的交通工具,以及虽有动力装置驱动但设计最高时速、空车质量、外形尺寸符合有关国家标准的残疾人机动轮椅车、电动自行车等交通工具。

目前全国拥有 5 亿多辆自行车,从总数来看,是世界上自行车拥有量最多的国家之一。由于我国国土面积较大,各地发展很不均衡,全国还有数量不小的三轮车、畜力车和残疾人专用车等。

据统计,我国城市自行车(含电动车)出行比例大体上在 30%～70%。尽管随着机动车保有量的增加,自行车的使用逐渐减少,但是,可以预期,以自行车为主的非机动车交通作为最大众化的交通方式在我国将长期存在。

(1)非机动车的存在取决于居民的出行习惯与经济实力。长期以来,我国城镇居民的出行都是以自行车为主要交通方式。这种出行习惯直接影响到了城镇基础设施的道路规划和建设等多个方面。换言之,我国大多数城市现有的道路设施均为自行车交通提供了必要的条件。

(2)城市布局、路网建设以及城镇基础设施的"背景"环境。上面我们提到,我国城镇居民长期以自行车等非机动车为主要出行方式的习惯同时也影响到了城镇基础设施规划建设的多个方面。例如,以往许多城镇采用单中心的向心布局模式,在市区以及市中心区集中了众多的人口和高密度的商业设施,同时较少地考虑包括机动车停车设施在内的机动车交通相关设施。

另外,长期以来,由于我国城镇公交系统在及时、舒适以及经济性等方面缺乏竞争力,排斥了交通需求从非机动车向公交方向的转移。这些决定了非机动车在我国城镇的长期存在。

非机动车管理是道路交通管理的一项重要工作,是车辆管理系统的一个分支。由于非机动车在城市中拥有量较大,使用率较高,交通事故突出,因此,搞好非机动车的管理,是改善城市交通的一个重要环节。研究和探讨非机动车管理的可行方案,是我国道路交通管理中的一项重要课题。

非机动车管理,是指公安车辆管理机关依据道路交通法规的有关规定,对辖区内各单位和个人所拥有的非机动车及其驾驶人进行的各项管理活动。如对非机动车的审验、登记、核发牌证及对非机动车驾驶人的安全教育等。

二、非机动车管理的特点和内容

（一）非机动车管理的特点

1. 社会性

非机动车社会占有量巨大，关系着千家万户，具有很强的社会性特点，与广大人民群众特别是"弱势群体"的切身利益息息相关。这就要求车辆管理机关必须贯彻落实"立警为公、执法为民"的宗旨，在管理工作中要体现以人为本的思想，千方百计方便民众，服务民众。

2. 复杂性

我国各地社会经济发展很不均衡，全国目前还拥有大量的自行车、三轮车、畜力车和残疾人专用车等，非机动车辆构成极其复杂，城市和农村、发达地区和欠发达地区、大城市和小城镇、城市街道和乡村公路通行条件千差万别。非机动车驾驶人员文化素质参差不齐，交通安全意识不强，年龄、身体状况悬殊且复杂，尤其是中小学生、年老体残人员占有一定比例。所以，非机动车管理是一项艰巨而复杂的工作。

3. 差异性

由于我国幅员辽阔，地理环境不同，经济发展及道路交通建设亦不平衡，加之非机动车的制造和使用情况复杂，致使我国目前还未出台一部全国统一的较为详尽的非机动车管理办法。近年来，各省、市都结合各地的实际情况相继出台了本地的非机动车管理办法。在管理体制上，各地也有很大的差异，在公安机构改革中，有的地区将非机动车管理工作单列出去，划归公安机关其他部门。有的地区简化非机动车管理程序，取消了自行车登记制度等，这些改革与探索的管理制度或办法，对于当地非机动车管理是有益的尝试。我们要承认这种差别，这些做法对维护本地区的交通秩序，保证交通安全与畅通发挥了十分明显的作用。

（二）非机动车管理的内容

非机动车管理的基本任务有两个方面，即行车管理、牌证管理。行车管理属于交通秩序管理部分。牌证管理属于车辆管理部分，按一般规定其主要任务如下：

（1）对非机动车进行注册登记、核发和补换牌证；

（2）办理非机动车的异动登记手续；

（3）对非机动车进行审验；

（4）建立非机动车档案；

（5）对非机动车驾驶人进行安全教育。

三、非机动车管理的意义

从我国的国情出发，在今后相当长的一段时间内，非机动车仍然是我国重要的代步交通工具和基本运输工具。因此在车辆管理工作中，必须贯彻机动车与非机动车并重管理的原则，重视和加强对非机动车的管理。

（一）提高道路通行能力，增强社会效益

我国的道路交通还处于发展过程中，并以"混合交通"和"平面交叉"为特点。由于近年来机动车的增长速度远远高于道路交通建设的增长速度,造成道路交通尤其城市道路交通的拥堵,机动车运行速度逐年下降,大大影响了道路的通行能力,从时间观念、能源上说造成了浪费。为此,必须对非机动车从道路分流、行驶时间、品种数量等方面实行调控措施,才能有效地提高道路的通行能力,最大限度地减少非机动车对机动车的干扰,大大提高机动车的运行速度和运输效率,增强社会效益。同时,也使非机动车本身运行安全、顺畅有序。

（二）保障行车安全、预防和减少交通事故的发生

实践证明,在交通事故中有很大比例同非机动车有着直接和间接的关系。在道路通行、交通秩序中,影响通行的诸多因素中,非机动车是非常突出的。所以,加强对非机动车尤其是自行车的管理,促使骑车人注意安全,遵守交通安全规定,按规定行驶,才能达到预防和减少交通事故发生的目的。

（三）打击盗车犯罪活动、促进社会和谐与平安

盗窃非机动车,特别是盗窃自行车的活动十分猖獗,是难治的顽症,给人民群众造成经济损失和不便,影响社会稳定和人民群众对公安机关保平安所寄予的期望。通过非机动车的产权确认和严格管理,可以遏制这种犯罪活动,保护车主的合法权益,维护社会的安定,促进社会和谐、平安。

（四）为市政建设、道路规划提供依据

通过非机动车的档案管理,随时掌握非机动车的数量、种类、分布等信息,可以为有关部门提供准确的相关资料,为科学决策提供依据。

第二节　非机动车的牌证管理

一、非机动车牌证管理机构

《中华人民共和国道路交通安全法》明文规定:“依法应当登记的非机动车,经公安机关交通管理部门登记后,方可上道路行驶。”

对非机动车牌证管理的机构是公安机关交通管理部门,也就是各级车管所。但是由于各地非机动车数量庞大,对非机动车的牌证管理工作量太大,各地车管所不堪重负。很多地方公安交通管理部门把对非机动车牌证管理的工作交给各辖区派出所,由派出所来完成非机动车的管理工作。还有的地方把对非机动车牌证管理的工作交给各地街道办事处、居委会等政府部门,由它们来完成非机动车的管理工作。还有的省、市对作为非机动车主体的自行车不予登记,只登记有限的几种非机动车。但是,无论采用什么形式的非机动车牌证管理机构,都要依法进行管理,确保登记工作规范、有序。

二、机动车牌证管理的意义

非机动车牌证管理是非机动车管理工作中的一项根本制度。牌证管理是车辆管理机关对非机动车实行管理的一项基础工作。其意义体现在以下三个方面:

（一）交通法规规定,非机动车必须有车辆管理机关核发的号牌、行驶证方准行驶

交通管理部门通过牌证管理,对非机动车的使用人进行安全教育和车辆进行技术检查,

并在严格非机动车使用人履行遵守交通法规义务的同时,依法对非机动车行使道路的权利进行保护。

(二)非机动车牌证管理也是国家保护公民和集体合法财产的一项有效措施

车辆管理机关通过对车辆来历凭证的审核、车辆技术检验、车辆所有权的登记、牌证的核发等管理活动,对车辆的合法产权所属予以确认,并进行保护。

(三)通过对非机动车牌证管理,可以掌握非机动车保有量的确切数字

了解非机动车增减、分布、异动等基本情况,为道路建设、交通管理和国家有关部门制定政策措施提供准确的依据。

除此之外,非机动车牌证管理对于限制不合格的非机动车上路行使,控制非机动车的增长速度,创造安全、畅通的交通环境也具有重要的意义。

三、非机动车登记的作用

(1)规范非机动车的生产、销售行为。通过实行登记管理,禁止不符合国家标准的非机动车登记上牌,促使非机动车生产和销售企业生产和销售符合国家标准的产品,从而规范非机动车生产、销售企业的行为。

(2)预防道路交通事故。实行非机动车登记制度,严把非机动车上道路行驶的准入关,禁止不符合国家标准的非机动车上道路行驶,从而减少道路交通安全隐患,起到预防道路交通事故的作用。

(3)加强非机动车的通行管理。非机动车实行登记管理后,交通违法行为可以通过非机动车号牌方便识别,有利于非机动车交通违法行为的处罚,有利于加强非机动车的交通安全管理。

(4)打击违法犯罪活动。电动自行车防盗措施差,被盗案件高发,由于未实行登记,被盗车辆上道路行驶不容易识别,破案后寻找车主困难。实行非机动车登记制度,有利于防止被盗车辆上道路行驶,更加有效地打击盗抢非机动车犯罪活动。

四、非机动车牌证管理的方法

非机动车牌证管理是指公安车辆管理机关依据国家法律、政策和有关规定,对各类非机动车进行登记、检验,对符合要求的,给予发放或换发非机动车牌证的工作。

(一)非机动车牌证的申领与核发

凡在所属非机动车管理体制辖区内的单位及个人所拥有的非机动车均属核发车牌证的范围。拥有非机动车属单位用、个人用均应主动申领牌证。

1. 申领非机动车牌证的证明

(1)车辆证明。新车应有整车销售发票。若发票遗失,应由车辆出售商店补开发票,或出具证明,或补发票存根影印件。从国外购置的车辆,除上述证明外,还必须持有海关纳税单或免税证明。拼装、改装车不准申领牌照。

(2)车主证明。凡单位申领牌照,应出具单位证明或介绍信,凡个人申领牌照,应出具本人身份证明。

(3)其他证明。残疾人专用车,需申领牌证的须出具残疾人体检证明和残联出具的残疾

人办车证明。

从事营业性运输的人力三轮车、机动残疾人专用车还必须出具交通运输管理部门批准发放的营运证和所在辖区工商行政管理机关发给的营业执照,机动残疾人专用车加营运还必须办理第三者责任保险和车上人员责任保险。

从购车到申领牌证明,应在规定的时间内办理完毕。

2. 非机动车牌证的核发

(1)审查是否符合非机动车牌证申领条件。

(2)审查车辆来历凭证的内容与申领牌证车辆是否与实际情况一致。如车辆型号、颜色、钢印号是否与发票证明一致。

(3)检验车辆的安全技术性能是否符合标准。

(4)审核无误后,在发票上加盖"已发牌证"字样章后退还申领人。

(5)打钢印(自行车)。

(6)填写非机动车行驶证,并加盖发证机关印章。

(7)以上程序完成后发非机动车行驶证和号牌,并将非机动车登记表收存归档。

3. 非机动车号牌证的补发

非机动车号牌(或发行驶证)如遗失需补发,必须凭车主身份证明(公车出具单位证明)、行驶证(或号牌)及登报遗失证明,到所属非机动车管理所窗口办理补发号牌(或行驶证)手续。

(二)非机动车登记

非机动车登记是指非机动车管理所对新购买的非机动车进行注册或对已领取牌证的非机动车异动登记所办理的登记手续。

非机动车登记是非机动车管理工作中的基础工作,也是发放非机动车牌证所必须履行的手续,是一项非常细致而且需要认真对待的工作。做好这项工作,对于掌握车辆动态、查找车主、打击盗窃犯罪具有重要作用。

非机动车登记分为注册登记、异动登记和其他登记。

1. 注册登记

非机动车注册登记程序可参考"牌证申领与核发"相关内容。也就是新车或外地转入的非机动车,固定车主后,须持相关证明、凭证等手续,到所辖区的非机动车管理机关办理申领牌证手续。注册后建档。

2. 异动登记

非机动车异动登记,是指已领取牌证的非机动车,在转籍或原登记项目的内容有所变化时需要办理的登记手续,包括转籍登记和变更登记。

(1)转籍登记。非机动车随车主迁移,需要改变所隶属的非机动车管理所,而分别在原籍和新籍办理的转出和转入手续。

转出手续的办理:由车主持身份证明及有关迁移证明,提出转籍申请,经原籍非机动车管理所审验有关证明,收缴原牌证,开转往新籍的通知单,加盖公章,装入非机动车档案,再密封后交由车主本人带往新籍非机动车管理所办理手续,最后从登记台账及计算机中将该车注销。

转入手续的办理:由车主凭身份证明和有关迁移证明及密封的非机动车档案到新籍非

机动车管所申办转入手续,新籍非机动车管所启封档案,检验非机动车,经审核无误后,换发新牌证,并将档案收存。

(2)变更登记。在所属非机动车管理所辖区内,需要变更车主或更换车辆主要部件,如车架、车把或车身颜色变换,须向原发证机关申请办理的有关手续。

过户变更登记:因车辆出售、转让或馈赠而变更车主者,应在规定的时间内办理过户变更登记手续。

凡申请变更车主者,须凭双方身份证明和交易税发票。如系馈赠须出示馈赠证明。由非机动车管理所审验证件、证明的相符性,车辆与牌证的相符性。再由申请人填写过户异动登记表,最后由承办人填写变更记录,换发新的行驶证(原号牌不更换)。

车辆主要部件变更登记:因车辆的车架、车把调换或车身颜色变换,须申请办理车辆主要部件变更手续。办理时,车主应填写变更登记表,并出具身份证、行驶证,号牌及所更换部件的销售发票,携带非机动车和更换的原部件,经办人审核和验车,如更换车把或车架,应打上原钢印号,最后填写变更记录。

3. 其他登记

(1)报废登记。车辆因自然磨损或非正常原因损坏报废时,车主应持报废原因说明材料,向非机动车管理机关办理报废登记。办理手续时应收缴牌证,并注销档案。

(2)挂失、错骑及认领登记。车辆遗失,应及时向管理部门和治安刑侦等部门报告;错骑他人车辆者,也应及时持车去管理部门报告。管理部门应做好接待工作,在《失窃、错骑车辆登记表》上认真登记。该表包括日期、报告人、单位或住址,丢失或错骑地点、时间、钢印号、车型、厂牌、接待人姓名等内容。对错骑的车辆应收下,通知车主前来认领,并在《通知认领登记表》上登记。该表包括通知日期、被通告人、单位或住址、车辆钢印车型、厂牌、领车日期、领车人证件及号码、领车人签字、经办人姓名等。

(3)收缴和协查登记。对所有收缴、收存车辆,无论是因错骑而收下的,还是因其他情况,如违反有关规定,或因盗窃嫌疑而扣留的,或无主认领的等,都需履行严格的登记手续,填写《收缴登记表》和《入库及处理登记表》。《收缴登记表》包括日期、交车经办人、厂牌、型号、钢印、交车原因、处理结果等。《入库及处理登记表》包括序号、日期、车型、厂牌、钢印、事由、交接车经手人、处理结果等内容。为了便于保管和查找,可按登记序号制作标签,在接收车辆时贴于车辆醒目部位。对本辖区内挂失后查获的车辆,应及时通知失主前来领取;对本辖区内的外籍盗窃嫌疑车辆,应及时发出《协查车辆证明》。

对要求协查的车辆,也应造册登记,并注意发现《协查车辆证明》表中内容,包括日期、来人或来电单位、车型、厂牌、钢印号、事由、接待人等。

对长期保管的无主车辆,应按有关规定,上缴或会同相关部门处理,并逐一进行登记备查。

五、非机动车牌证管理的原则

各地公安车辆管理机关在非机动车牌证管理工作中,多年来积累了许多宝贵的经验。尽管管理机构不同,管理手段各异,但其管理的一般原则是相同的。

(一)方便群众的原则

方便群众,是由我国公安机关为人民服务的根本宗旨所决定的,也是21世纪公安机关

职责任务所决定的。因此,为了在非机动车牌证管理工作中方便群众,主要采取以下措施:

1. 分散与集中相结合

牌证分散办理,档案集中管理。虽然大城市按区设置几个独立的非机动车管理所,但由于所管辖的区域仍然较大,非机动车辆又太多,群众办理牌证仍然不方便,所以,在非机动车管理所下面有必要再设置一些非机动车管理点。群众可选择工作所在地或户口所在地就近办理。不管在哪个点办理牌证,其档案都集中到非机动车管理所统一管理并输入计算机储存。

2. 长期与临时相结合

非机动车管理点一般按地域分布设几个长期的点,当某项突击任务来临前,如换发牌证、非机动车检验等,可临时组织增设若干非机动车管理点,任务结束后即可撤销。

3. 开门与上门相结合

开设非机动车管理点,由工作人员在管理点开门接待群众办理牌证。另外,针对一些大单位,非机动车数量较多且较集中,又离管理点较远、往返不便的实际情况,可采取事先预约的办法,由管理点的工作人上门办理。

4. 销售与办证相结合

对新购自行车办理牌证手续可委托销售店代为办理,让群众在购车的同时又办妥了牌证。

在本地工作或居住在的外籍人员所拥有的非机动车,由于数量不多,故指定他们在居住地的非机动车管理所办理牌证手续,有利于掌握情况,统一管理。

(二)保障安全的原则

保障交通安全,是车辆管理工作的总的业务指导思想,也是非机动车管理工作中的一条重要原则,通过对非机动车牌证的严格管理,即杜绝危及安全车辆行驶,从而保障行车安全,避免和减少交通事故。具体来说就是抓住新车发证检验、换发牌证和车辆异动检验三个环节,对车辆的安全技术性能实施强制性检验,对检验不合格者缓发牌证,对未按规定接受检验、检验不合格和无牌无证的非机动车辆,一律不准上路行驶。

(三)实施调控的原则

对非机动车的数量和种类实施调控,以保证交通流畅,这是由公安交通管理机关的目的和任务所决定的。我国是世界上非机动车数量最多的国家。由于非机动车数量多、占路面积大、车速慢,加之我国公路建设滞后、以平面混合型交通为主等多种原因,常常出现交通拥堵现象。为了保障交通畅通和高效,提高机动车的运行速度,加快我国的经济建设步伐,公安车辆管理机关根据城市发展规划、道路情况和社会需求,在其职责范围内对非机动车牌证的申领和换发采取相应的宏观调控措施是完全必要的。

对非机动车实施宏观调控时要依法进行听证,并按国家《行政许可法》相关程序办理。宏观调控的主要内容是限制非机动车的数量、种类、行驶区域以及转籍、过户、更新等。如一些城市淘汰了车速慢、运效低的三轮车;一些城市规定三轮车、人力车不准过户,三轮车不准更新等。这些措施对保障交通畅通,加快机动车的通行速度都发挥了十分重要的作用。

六、非机动车检验的简介

《中华人民共和国道路交通安全法》规定:"非机动车的外形尺寸、质量、制动器、车铃和夜间反光装置,应当符合非机动车安全技术标准。"非机动车检验的内容,主要是对非机动车的车辆技术指标、安全性能和车辆证明、钢印号码等进行的检测和查验。

非机动车检验的目的,是通过检验车辆的安全技术状况和审查车辆的归属和使用状况。限制危及安全的车辆行驶,督促车主加强车辆的保养和维修,确保车辆在行驶中的安全,保障车辆行驶秩序,同时确切地掌握车辆保有量及其分布变化。

自行车的技术标准是《自行车安全要求》(GB 3565—2005)。电动自行车,是指以蓄电池作为辅助能源,具有两个车轮,能实现人力骑行、电动或电助动功能的特种自行车。电动自行车的技术标准是《电动自行车通用技术条件》(GB 17761—1999)。残疾人机动轮椅车,是指内燃机提供动力的轮椅车。该车的内燃机应为汽油机,是为下肢残障者设计的,一般为正三轮,全部由上肢操作,并贴有残疾人专用车标志,是道路行驶的交通工具,又称残疾人三轮摩托车。残疾人机动轮椅车分为轻便机动轮椅车和普通机动轮椅车。残疾人机动轮椅车的技术标准是《机动轮椅车国家技术标准》(GB 12995—2006)。

(一)非机动车的分类

非机动车是指依靠人力或畜力等为动力驱动的,并能在道路上慢速行驶的车辆。

根据《中华人民共和国道路交通安全法》规定,非机动车包括自行车、三轮车、人力、畜力车、残疾人专用车和电动自行车。

1. 自行车

自行车是指人力脚踏驱动的二轮车。它包括轮径14至28英寸的各种产品。此外,凡不核发牌证的竞赛、演技、玩具等异型脚踏车,非经特许,不准在道路上使用。

非机动车中自行车的数量和种类最多,常用以下几种方法进行分类:

(1)以车轮尺寸分类——可分为28英寸自行车、26英寸自行车、24寸自行车等。

(2)按样式分类——可分为男式自行车、女式自行车等。

(3)按用途分类——可分为轻便型、载重型、赛车型专用车等。

另外,还常以车型、厂牌(如永久17型、永久51型等)、颜色等特征作分类区别。

按照国家标准GB 3563—83的统一规定,我国自行车型号由两个汉语拼音字母和2～3个阿拉伯数字组成。

第一个汉语拼音字母表示自行车的种类:

P-普通型　　　　　T-特种型　　　　　Y-运动型　　　　　S-赛车型

Z-载重型　　　　　Q-轻便型　　　　　M-山地型

第二个汉语拼音字母表示自行车的车架样式和轮辋直径(见表5-1)。

表5-1　自行车的车架和轮辋直径

轮辋直径	/毫米	710	685	660	610	560	510	455	405	355
	/英寸	28	27	26	24	22	20	18	16	14
男式		A	C	E	G	K	M	O	Q	S
女式		B	D	F	H	L	N	P	R	T

拼音字母后面的阿拉伯数字表示设计序号,企业根据结构形式自行编制。

2. 三轮车

三轮车是指人力驱动的有三个车轮的车辆,按用途可分为三轮客车和三轮货车。

3．人力车

人力车是指用手推拉的方式驱动的二轮或独轮车。

4．畜力车

畜力车是指用牲畜为动力驱动的车辆。

5．残疾人专用车

残疾人专用车是指专为下肢残疾人设计使用的单人代步车辆,分为人力和机械驱动两种。不论是用机械驱动的,还是用人力驱动的,都按非机动车管理,但仅限于残疾人使用。

6．电动自行车

电动自行车是指以蓄电池作为辅助能源,具有两个车轮,能实现人力骑行、电动或电助动功能的特种自行车。

（二）非机动检验分类

非机动检验分为新车检验、换发牌证检验和异动检验。

1．新车发证检验

凡新购置的非机动车应在规定期限内向所属非机动车管理机关申领牌证后,方可在道路上行驶,因此,对这类新车可在申领牌证时对车辆实施检验。检验的内容:一是检查车辆的技术和安全性能指标;二是查验车辆购置证明,如核对发票内容与领牌车辆是否一致,发票买主与车主是否一致等。

检验合格给予发放牌证,检验不合格,则令其补全证明手续后予以办理牌证手续。

2．换发牌证检验

利用换发牌证的机会,对管辖范围内的非机动车实施全面检验,检验内容主要是非机动车的安全设备性能、车辆钢印以及车辆的归属。检验通常采用以下两种方式:

（1）上门检验:由非机动车管理机关、管理民警与车辆所属单位的有关部门配合,事先发布检车通知,在规定时间内将非机动车集中于一处或几处,进行检验审核。其主要检验项目:一是车辆安全性能指标;二是核对车辆牌证、钢印以及车辆的变更情况。检验合格按规定给予换发牌证;不合格,应令其补全证明手续或修复车辆后,予以办理换证手续。这种检验方式通常适用于车辆拥有量较多的单位或已建立自行车管理机构的单位。

（2）管理点检验:由非机动车管理机关建立管理点,由窗口工作人员对自行上门换发牌证手续的非机动车进行检测和查验,其检验要求与前述相同。

3．车辆异动检验

在办理各类非机动车转籍、变更等异动手续时,对非机动车时行检验,其检验要求与前述相同。

（三）非机动车检验标准

非机动车检验的标准,是公安车辆管理机关根据《中华人民共和国道路交通安全法实施条例》的有关规定,结合车辆技术性能和使用条件制定的。

1．外廓尺寸标准

由于各类非机动车的结构不同,因此,规定非机动车的外廓尺寸标准,既要考虑到使用者的方便,又要考虑到道路的通行能力和车辆的安全因素。各种非机动车的外廓尺寸界限（见表5-2）。

表 5-2　非机动车外廓尺寸界限

尺寸	总长/cm	总宽/cm	总高/cm
自行车	193	60	150
三轮车	340	125	200
人力车	370	150	200
畜力车	420	170	250

注:自行车的轮径为28英寸的,总高是指载物高度。

2. 车身标准

被检验的非机动车辆,车容必须整洁,车架与前叉等主要部件不得变形;车身上下不得安装影响交通安全的附属装置;自行车、三轮车和残疾人专用车的前后挡泥板必须完整、牢固。

被检验的非机动车辆,主体必须牢固,各连接部分不得有松弛异动、锈烂、脱焊或断裂现象;传动部分必须润滑良好,运转灵活;自行车撑脚牢固有效,不得有折断、松动现象。

3. 安全设备标准

非机动车的安全设备是否齐全有效是其确保行车安全的必要条件,为此规定自行车和三轮车、残疾人专用车以及电动自行车的车闸、车铃、反射器以及畜力装置,必须保持有效。

(1)制动装置:被检车辆,均需装有效可靠的制动装置(人力小板车除外)。刹把必须安装牢固且留有一定的储备行程;刹把抓紧或拉紧后即将车轮"刹死"(推动空车时轮不转,只在地上滑拖)。要求在任何情况下,其制动装置都有能依照驾车人的意愿在需要的距离内停车,尤其在遇到特殊情况时,应能迅速停车,不致发生事故。

(2)车铃:自行车、三轮车、残疾人专用车以及电动自行车等非机动车均需安装车铃,安装位置应在右车把,以驾驶双手在不用松把、不影响正常行驶的情况下,右手拇指可以自如按动为宜。非机动车上的车铃应清脆悦耳,但不能随意安装与机动车喇叭相仿的音响器,以免使行人造成错觉。

(3)车锁:各种车辆必须安装车锁,车锁必须坚固有效,以防车辆被盗。

(4)其他:载重自行车、三轮车的前保险杠必须完好。自行车、电动自行车后反射器(俗称尾灯)必须洁净完整。

4. 型号标准

被检车辆、型号、车身钢印等应与出厂记录、销售凭证及车辆登记表的记载内容一致。从事营运的机动残疾人专用车,必须是指定生产的专用车。其各项技术指标必须符合国家标准和公安部门的有关规定。禁止用擅自改装的残疾人专用车从事营运。凡购买的新自行车、三轮车或无钢印的旧车以及更换车架的非机动车,都必须到公安车辆管理机关打钢印,以便管理部门及时正确地掌握非机动车的数量和分布。同时,也有利于防止这些车辆的丢失和被盗,有利于事后的查寻。

(四)残疾人专用车的技术标准

根据公安部和中国汽车工业总公司下发的关于加强残疾人专用机动车管理的通知精神,残疾人专用机动车必须符合下列规定:

(1)只有一个供驾驶人乘坐的固定座椅;

（2）没有载货的货箱或货架，但允许有存放驾驶人随身携带物品的货筐或货箱；

（3）发动机排量不超过 50ml；

（4）最高设计车速不超过 20km/h；

（5）车辆外廓尺寸：长不超过 2m，宽不超过 0.8m，且上下方便；

（6）转向操纵系统和制动器灵敏、有效，有驻车制动装置；

（7）前照灯、转向灯、示宽灯、制动灯、牌照灯、后视镜、喇叭等安全设施应齐全有效。

第三节　非机动车的日常管理

一、建立和改善管理体制

对非机动车的日常管理，主要有建立和改善管理体制及宣传教育两方面。

（一）加强非机动车的管理力度，完善管理体系，健全管理制度

非机动车的管理面广量大，仅仅依靠专门机关的工作人员对非机动车及其使用人进行过细的管理是很难的，必须采取"专门机关管理和群众管理相结合"、"统一管理与分散管理相结合"的办法。

"专门机关管理和群众管理相结合"，就是除了要求车辆管理机关负责牌证核发和档案存查业务外，还要帮助辖区内的有关单位组织建立起非机动车安全管理组织，共同开展对非机动车的有效管理。在城市通常是按系统、行业或街道行政区域，在农村以乡、镇区域内负责车管、行政、保卫的部门兼管。由若干个小组联合成一个大组，建立系统的安全组织网络，建立这个系统，有利于做好如下工作：

（1）有利于教育宣传工作的经常化、制度化，改变长期以来非机动车安全工作不被重视、使用人受不到安全教育的状况。

（2）有利于交通管理部门同基层单位的联系和配合。安全组织的管理人员同车辆管理所直接挂钩，便于上情下达和下情上传，使交通管理工作能深入落实。

（3）有利于强化交通管理，改善非机动车的行车秩序。如有些单位建立了非机动车安全管理组织后，把遵章守纪、安全行车纳入单位内部规定，并制定了严格的奖惩制度，使广大的非机动车使用者法制观念有了增强，遵守交通规则的自觉性有了提高。

"统一管理与分散管理相结合"，首先是指根据非机动车管理工作特点和警力配备情况，将交通管理和治安管理结合起来，由车辆管理所负责档案的集中存查，统一制作牌证，统一进行业务指导，由派出所等部门办理其他业务；其次是将卡片档案交由刑侦部门共同管理。实行这样的办法，既适应了非机动车管理工作面广量大的特点，同时也是适应打击刑事犯罪活动的需要。

当然，如何建立和改善非机动车管理体制，目前还处于探讨和摸索之中。尽快制定一个科学、规范的管理办法，是当前研究非机动车管理的一项重要任务。

（二）大力开展宣传教育活动，提高全民参与交通安全的法律意识

对非机动车驾驶人的宣传教育是指公安交通管理部门在各个单位和基层组织的协助下，以交通安全为目的，以交通规则和有关规定以及交通安全知识为主要内容，运用各种形

式和方法,对非机动车驾驶人实施的教育活动。它是非机动车管理中不可少的组成部分,对于提高群众法制观念、普及交通安全知识、维护交通秩序、保证交通安全有着十分重要的现实意义。

1. 教育内容

对非机动车驾驶人宣传教育的内容是多方面的,主要有以下几个方面:

(1)宣传当前交通管理的方针及政策。实施一项非机动车行车规定和政策,可采用发放宣传资料或运用报刊、电台、电视等舆论工具,公布并解释规定内容,事先告知全体公民,以减少违法事件,达到预期目的。

(2)普及安全行车知识和交通法规常识。这主要是利用各种不同的宣传方式和途径,结合行车特点和交通法规,向非机动车驾驶人宣讲安全行车方面的科学知识和心理常识。

首先,针对不同的季节气候特点进行行车安全教育。在冰雪道路上骑车,尽量不要急刹车,车胎充气不要太足,握紧车把,保持车辆平稳。在夏季高温天气骑车,要做好防暑降温工作,注意休息,防止由于天热睡眠不足、打瞌睡而造成事故。在大风大雨中骑车,顺风不骑快车,迎风不低头猛踏,注意看清前后左右车辆。在浓雾天气骑车,要根据能见度控制好车速,勿骑快车。思想高度集中,发现前方有情况要提前刹车。

其次,针对不同的心理特点进行安全教育。非机动车驾驶人在行驶中的各种不良心理,往往是造成交通拥堵和事故的主要原因。①趋松求快心理。由于驾驶人总愿选择平整宽敞和车辆稀少的地带骑行,尤其是自行车容易驶向道路中央,妨碍机动车行驶。又由于驾驶人都想在出行中较快到达目的地,所以促成了在某段道路上拥挤和堵塞,自行车挤成一团的现象也常常出现,还极易造成人们精神紧张、感情冲动以至于口角纠纷。②贪图方便心理。由于驾驶人贪图方便,往往不遵守交通规则,或争道抢行,或抄近道,或闯红灯,或拦头猛拐,或骑车带人,或攀扶机动车等。③紧张畏惧心理。当汽车急速驶来时,有些驾驶人,特别是女性、老人和儿童,往往紧张害怕,不知所措,使所骑自行车失去方向控制或者失去平衡而摔倒,这往往成了导致交通事故的直接原因。④太平麻醉心理。某些人往往认为道路平坦开阔而太平无事,或因事而分散注意力时,只是机械地、无意识地骑行。此时若遇险情,则来不及反应和避让而酿成事故。还有当汽车从后方驶来时,某些驾驶人有太平笃定心理,认为"汽车不敢轧我",对鸣号充耳不闻,拒不让道,由于汽车车速高、刹车距离不够而成事故。因此,要针对驾驶人不同的心理特点进行安全知识教育。

最后,针对不同的人群特点进行安全教育。中小学生有的喜爱追逐游戏,或比骑快车;小学生不满12岁就骑车上学;缺少骑车经验,平衡掌握不好,不善于观察周围情况等。成年人有的骑车带人又带物,装载物品超出规定,转弯不打手势;有的骑车易闯红灯,挤占机动车道,与机动车争道抢行,交通堵塞时有空就往前挤,更加重了堵塞程度,自行车乱停乱放等。老年人骑车往往动作不灵活,反应比较迟钝,有的注意力不集中,有的不服老,有的带病骑车等。由于这些不良习惯极易造成交通事故,因此要根据这些群体的不同特点进行有针对性的教育。

(3)结合加强社会主义精神文明建设的宣传,增强非机动车驾驶人遵章守法的观念。这主要是把非机动车行车安全的宣传同当前开展的社会主义精神文明建设活动结合起来,增强人们的法制观念和现代交通意识,使人们养成文明驾驶的良好习惯。

2．教育方法

对非机动车驾驶人的宣传教育,在各地的实践中创造了许多好方法,主要有:

(1)运用报纸、电台、电视台等舆论工具进行宣传。

(2)车管民警深入工矿、企业、机关、学校、部队、街道、乡村召开会议、上安全课或发放宣传资料等进行宣传。

(3)组织各种不同类型的非机动车驾驶人办安全学习班或开现场会,抓住非机动车违章肇事发生的典型案例进行教育。

(4)利用宣传画廊和黑板报进行宣传教育。

(5)通过出版书籍、报纸杂志进行宣传教育。

(6)组织违章的非机动车驾驶人协助交通管理人员执勤,维护交通秩序,进行自我教育。

(7)深入中小学校开展安全教育,并组织中、小学生在寒暑假期开展宣传。

二、非机动车管理工作探索

(一)自行车是否上牌

《中华人民共和国道路交通安全法》规定:"依法应当登记的非机动车,经公安机关交通管理部门登记后,方可上道路行驶。"中国是自行车大国,给自行车上牌是一项艰巨而复杂的工作,《北京市实施〈中华人民共和国道路交通安全法〉办法》规定,自行车不需要登记即可以上道路行驶。而几乎在同时,江苏省人大通过的《江苏省道路交通安全条例》规定,自行车、电动自行车、人力三轮车和残疾人机动轮椅车应领取牌证后方可上道路行驶。由此,引发了社会各界围绕自行车管理的争论。有人认为,新交法的一个立法原则就是体现民意。因此,各地的实施细则其进退的尺寸都要把握这样的精神。北京的比如"骑自行车可以载一名12岁以下儿童"、"残疾人机动轮椅车可以载一名陪护人员"、"取消自行车登记"等一系列法规,就是基于这一想法制定的。不过,也有人认为,自行车失窃案件一直是各地的多发案件,从这一点来看,"取消自行车牌照"是否有些超前? 有人认为:给自行车登记上牌照麻烦,因为作用不大,而且自行车在个人财产价值当中的比重已下降。但牌照毕竟还有一定的作用,比如赃车追回后可以找到原车主、发生交通事故时及时发现线索、日常治安管理等,如果取消牌照,如何进一步加强自行车管理则是当务之急。

(二)电动自行车管理亟须规范

作为一种新兴的交通工具,电动自行车以其经济环保、简便实用的优点,越来越受到人们的欢迎。然而,这些年围绕电动车的话题不断出现,失窃案和肇事案也逐年上升,给人们的生活和出行带来一系列问题。其中主要问题有以下两点:

一是相关法规缺失。目前,虽然《道路交通安全法》把电动车划归非机动车范畴,但根据该法规定:"依法应当登记的非机动车,由省、自治区、直辖市人民政府根据当地实际情况规定。"换句话说,电动车是否纳入上牌管理,办不办理"身份证",由各地自己说了算。现在电动车畅销,涉及电动车的车祸、被盗情况越来越多,给交通安全带来一定隐患,可由于尚未出台相关的规定,给日常管理留下盲点,所以处理起来比较难办。

二是"轻摩化"趋势严重。国家有关产业政策限定电动车为"时速20公里、重量在40公斤以下",超过这两个指标的就是业界所称的"轻摩化"电动车。刚刚实施的《道路交通安全法》也明确规定:电动自行车在非机动车道内行驶时,最高时速不得超过15公里。但目前部分厂家不顾后果,一味迎合消费者求快的心理,将最高时速提高到 25 公里以上甚至 40 公里以上、整车重量 50 公斤以上的现象非常普遍。

随着电动车消费的直线上升,其安全日益受到人们关注。有关部门应认真研究,及时出台相应的管理法规,让电动车驶入规范化的良性循环"轨道"。

(三)残疾人车管理需要依法管理

认真贯彻《中华人民共和国残疾人保障法》,切实维护残疾人的合法权益,保障残疾人平等地充分参与社会生活,共享社会物质文化成果,这是全社会所关注的事。残疾人车,就是为了保障残疾人能够生活、工作、出行而根据其身体伤残的部位专门设计的一种车辆。

因此,非机动车管理工作探索,不仅是一个现实问题,也是一个理论研究课题,是时代赋予我们实践工作者、理论教学者、未来从事车辆管理工作者共同肩负的历史使命。

思考题

1. 简述非机动车管理的特点。
2. 简述非机动车管理的意义。
3. 如何加强非机动车的管理?

第六章 档案管理、统计分析和查询

第一节 档案管理

一、机动车档案管理

(一)机动车档案的建立

档案内容的收集是档案管理工作的起点。办理各项牌证手续或检验完毕的建档材料，均应由档案管理人员及时地仔细核对清点，并编号登记入档，保证档案材料的完整性。机动车建档时间，是指机动车初次检验合格，核发号牌、行车执照之时。此时，应将所有材料归档。以车类按档案编号顺序排列，即档案号与车牌号是不一致的。

根据公安部 139 号令配套的《机动车登记工作规范》的规定：

第 71 条 车辆管理所建立每辆机动车的档案，确定档案编号。机动车档案包括实物档案和电子档案，实物档案按照机动车号牌种类、号牌号码或者档案编号顺序存放。

车辆管理所按照本规范规定的存档资料顺序，按照国际标准 A4 纸尺寸，对每次登记的资料装订成册，并填写或者打印档案资料目录，置于资料首页。

车辆管理所及其工作人员不得泄露机动车档案中的个人信息。任何单位和个人不得擅自涂改、故意损毁或者伪造机动车档案。

第 72 条 车辆管理所对人民法院、人民检察院、公安机关或者其他行政执法部门、纪检监察部门以及公证机构、仲裁机构、律师事务机构等因办案需要查阅机动车档案的，审查其提交的档案查询公函和经办人工作证明；对机动车所有人查询本人的机动车档案的，审查其身份证明。

查阅档案应当在档案查阅室进行，档案管理人员应当在场。需要出具证明或者复印档案资料的，经业务领导批准。

除机动车所有权转移到原登记车辆管理所辖区以外和机动车所有人住所迁出车辆管理所辖区以外的变更登记外，已入库的机动车档案原则上不得再出库。

第 73 条 车辆管理所办理人民法院、人民检察院、公安机关或者其他行政执法部门依法要求查封、扣押机动车的，应当审查提交的公函和经办人的工作证明。

车辆管理所自受理之日起，暂停办理该机动车的登记业务，将查封信息录入计算机登记系统，查封单位的公函已注明查封期限的，按照注明的查封期限录入计算机登记系统；未注明查封期限的，录入查封日期。将公函存入机动车档案。车辆管理所接到原查封单位的公函，通知解封机动车档案的，应当立即予以解封，恢复办理该机动车的各项登记，将解封信息录入计算机登记系统,公函存入机动车档案。

机动车在人民法院民事执行查封、扣押期间,其他人民法院依法要求轮候查封、扣押的,可以办理轮候查封、扣押。机动车解除查封、扣押后,登记在先的轮候查封、扣押自动生效,查封期限从自动生效之日起计算。

第74条 车辆管理所因意外事件致使机动车档案损毁、丢失的,应当书面报告省级公安机关交通管理部门,经书面批准后,按照计算机登记系统的信息补建机动车档案,打印该机动车在计算机系统内的所有记录信息,并补充机动车所有人身份证明复印件。

机动车档案补建完毕后,报省级公安机关交通管理部门审核。省级公安机关交通管理部门与计算机登记系统核对,并出具核对公函。审核进口机动车档案时,属于全国进口机动车计算机核查系统内的机动车还应当与计算机核查系统比对,经核查无记录的,不得出具核对公函。补建的机动车档案与原机动车档案有同等效力,但档案资料内无省级公安机关交通管理部门批准补建档案的文件和核对公函的除外。

第75条 机动车所有人在办理完毕机动车档案转出但尚未办理机动车转入前将机动车档案损毁或者丢失的,应当向转出地车辆管理所申请补建机动车档案。转出地车辆管理所按照本规范第74条的规定办理。

第76条 由代理人代理申请机动车登记和相关业务的,车辆管理所应当审查代理人的身份证明,代理人为单位的还应当审查经办人的身份证明;将代理人和经办人的身份证明复印件、机动车所有人的书面委托存入机动车档案。

第77条 机动车档案从注销登记之日起保存两年后销毁。属于撤销机动车登记的,机动车档案保存三年后销毁。校车标牌档案从机动车不再作为校车使用之日起保存三年后销毁。

销毁机动车档案时,车辆管理所应当对需要销毁的机动车档案登记造册,并书面报告所属直辖市或者设区的市公安机关交通管理部门,经批准后方可销毁。销毁机动车档案应当在指定的地点,监销人和销毁人共同在销毁记录上签字。记载销毁档案情况的登记簿和销毁记录存档备查。

(二)机动车档案的归档材料范围

归档范围是指形成机动车档案的全部材料。一般情况下,必须归档的机动车档案如下:

办理注册登记时,或者未注册登记的机动车所有权转移的,下列资料存入机动车档案:

(1)《机动车注册、转移、注销登记/转入申请表》原件。

(2)机动车所有人身份证明复印件。

(3)机动车的来历证明原件或者复印件。其中,全国统一的机动车销售发票、《协助执行通知书》和国家机关、企业、事业单位或者社会团体出具的调拨证明应当是原件。

(4)车辆购置税的完税证明或者免税凭证副联原件。

(5)机动车交通事故责任强制保险凭证第三联原件。原件丢失的,收存其他任一联复印件并加盖保险公司印章,或者经登记审核岗签注"与原件一致"的其他任一联复印件。

(6)车船税纳税或者免税证明复印件。其中,在机动车交通事故责任强制保险凭证上签注已纳税信息的,收存机动车交通事故责任强制保险凭证原件;属于按照《车船税法》规定予以免征车船税的,不收存车船税纳税或者免税证明。

(7)属于国产机动车的,收存合格证原件。其中,属于使用底盘改装机动车的,还应当收存底盘合格证原件。

（8）属于进口机动车或者使用进口汽车底盘改装的机动车,收存进口凭证原件。其中,挂车、半挂车、轮式专用机械收存进口凭证原件或者复印件。通过全国进口机动车计算机核查系统比对的,收存《全国进口机动车计算机核查系统核对无误证明书》。通过发证机关查询的,收存发证机关出具的鉴定证明或者传真查询证明原件。

（9）属于警车的,收存《警车号牌审批表》原件。

（10）属于救护车、消防车、工程救险车的,收存车辆使用性质证明原件。

（11）属于加装肢体残疾人操纵辅助装置的,收存操纵辅助装置加装合格证明复印件。

（12）机动车查验记录表原件。

（13）法律、行政法规规定应当在机动车登记时提交的其他证明、凭证的原件或者复印件。

办理变更登记的,下列资料存入机动车档案:

（1）《机动车变更登记/备案申请表》原件,办理机动车转入的,收存《机动车注册、转移、注销登记/转入申请表》原件。

（2）机动车所有人身份证明复印件。

（3）属于非专用校车喷涂粘贴校车外观标识、加装校车标志灯和停车指示标志的,收存县级或者设区的市级人民政府批准的校车使用许可的复印件。

（4）属于因质量问题更换整车的,收存更换后的合格证或者进口凭证原件,原机动车的合格证或者进口凭证复印件。

（5）属于机动车所有人的住所迁出车辆管理所管辖区域的,收存行驶证原件。

（6）属于机动车转入的,收存原机动车档案内的资料。

（7）机动车查验记录表原件。

办理共同所有人姓名变更登记的,除收存本条第 1 款第(1)项和第(2)项规定的资料外,还应当收存下列资料:

（1）变更前机动车所有人的身份证明复印件。

（2）机动车为两人以上共同所有的公证证明复印件。属于机动车为夫妻双方共同所有的,可以收存证明夫妻关系的《居民户口簿》或者《结婚证》的复印件。

（3）属于变更后机动车所有人住所不在车辆管理所管辖区域内的,收存机动车查验记录表、行驶证原件。

第 21 条　办理变更备案的,下列资料存入机动车档案:

（1）《机动车变更登记/备案申请表》原件。

（2）机动车所有人身份证明复印件。

（3）属于机动车所有人姓名(单位名称)、住所、机动车所有人身份证明名称或者号码变更的,收存相关事项变更证明的复印件。

（4）属于重新打刻发动机号码、车辆识别代号的,收存机动车查验记录表。

（5）属于加装肢体残疾人操纵辅助装置的,收存操纵辅助装置加装合格证明复印件。

第 22 条　机动车在被盗抢期间,发动机号码、车辆识别代号或者车身颜色被改变的,有关技术鉴定证明或者公安机关的发还证明能够确认该机动车与被盗抢的机动车为同一辆车的,按照下列规定办理:

（1）车身颜色被改变的，按照本规范第 10 条的规定办理；将有关技术鉴定证明或者公安机关的发还证明复印件存入机动车档案。

（2）发动机号码、车辆识别代号被改变的，按照本规范第 20 条第（3）项的规定办理；将《机动车变更登记/备案申请表》原件、有关技术鉴定证明或者公安机关的发还证明复印件和机动车查验记录表存入机动车档案。

办理转移登记的，根据公安部《机动车登记工作规范》第 24 条的规定，下列资料存入机动车档案：

（1）《机动车注册、转移、注销登记/转入申请表》原件。

（2）现机动车所有人的身份证明复印件。

（3）机动车所有权转移的证明、凭证原件或者复印件。其中，二手车销售发票、《协助执行通知书》和国家机关、企业、事业单位和社会团体等单位出具的调拨证明应当是原件。

（4）属于海关监管的机动车的，收存《中华人民共和国海关监管车辆解除监管证明书》或者海关批准的转让证明原件。

（5）属于现机动车所有人住所不在车辆管理所管辖区域内的，收存行驶证原件。

（6）机动车查验记录表原件。

办理抵押登记的，根据公安部《机动车登记工作规范》第 29 条的规定，下列资料存入机动车档案：

（1）《机动车抵押登记/质押备案申请表》原件。

（2）机动车所有人和抵押权人的身份证明复印件。

（3）属于抵押登记的，收存抵押合同原件或者复印件。

（4）属于被人民法院调解、裁定、判决机动车解除抵押的，收存人民法院出具的《调解书》、《裁定书》或者《判决书》的复印件以及相应的《协助执行通知书》原件。

办理注销登记的，根据公安部《机动车登记工作规范》第 31 条的规定，下列资料存入机动车档案：

（1）《机动车注册、转移、注销登记/转入申请表》原件。

（2）登记证书原件。

（3）行驶证原件。

（4）属于报废的，收存《报废机动车回收证明》副本原件，其中属于本规范第 32 条规定的监销车辆的，还应当收存机动车查验记录表。

（5）属于灭失的，收存灭失证明原件；

（6）属于因机动车质量问题退车的，收存机动车制造厂或者经销商出具的退车证明原件。

（7）属于因故不在我国境内使用的，收存出境证明复印件，其中出境证明为海关出具的《中华人民共和国海关监管车辆进（出）境领（销）牌照通知书》的，收存原件。

（8）属于机动车登记被撤销的，收存《公安交通管理撤销决定书》原件。

（9）属于被依法收缴并强制报废的，收存被依法收缴的法律文书复印件和《报废机动车回收证明》副本原件。

办理质押备案和解除质押备案的，下列资料存入机动车档案：

（1）《机动车抵押登记/质押备案申请表》原件。

(2)机动车所有人和典当行的身份证明复印件。

办理补领、申领登记证书的,下列资料存入机动车档案:

(1)《机动车牌证申请表》原件。

(2)机动车所有人身份证明复印件。

(3)属于补领、申领登记证书的,收存机动车查验记录表原件。

(4)属于登记证书签注满后申请换领的,收存原登记证书原件。

办理补、换领号牌、行驶证的,下列资料存入机动车档案:

(1)《机动车牌证申请表》原件。

(2)机动车所有人身份证明复印件。

核发临时行驶车号牌和临时入境机动车牌证。核发临时行驶车号牌应根据公安部《机动车登记工作规范》第55条的规定,车辆管理所留存下列资料并保存两年:

(1)机动车所有人身份证明复印件。

(2)机动车交通事故责任强制保险凭证复印件。

(3)属于科研、定型试验的机动车的,收存科研、定型试验单位的书面申请和机动车安全技术检验合格证明原件。

(4)属于因轴荷、总质量、外廓尺寸超出国家标准的特型机动车的,收存合格证或者进口凭证复印件。

核发临时入境机动车牌证应根据公安部《机动车登记工作规范》第57条的规定,车辆管理所留存下列资料并保存两年:

(1)《临时入境机动车号牌、行驶证申请表》原件。

(2)境外主管部门核发的机动车登记证明复印件,属于非中文表述的,还应当收存中文翻译文本原件。

(3)中国海关等部门出具的准许机动车入境的凭证复印件。

(4)属于有组织的旅游、比赛以及其他交往活动的,收存中国相关部门出具的证明原件。

(5)不少于临时入境期限的中国机动车交通事故责任强制保险凭证第三联原件,原件丢失的,收存其他任一联复印件并加盖保险公司印章,或者经登记审核岗签注"与原件一致"的其他任一联复印件。

核发机动车检验合格标志与委托核发机动车检验合格标志时,根据公安部《机动车登记工作规范》第66条的规定,车辆管理所收存下列资料并保存两年:

(1)《机动车牌证申请表》原件。

(2)机动车交通事故责任强制保险凭证第三联原件。原件丢失的,收存其他任一联复印件并加盖保险公司印章,或者经登记审核岗签注"与原件一致"的其他任一联复印件。原件因上次核发检验合格标志时已收存的,可以不收存。

(3)车船税纳税或者免税证明复印件。其中,在机动车交通事故责任强制保险凭证上签注已纳税信息的,收存机动车交通事故责任强制保险凭证原件;属于按照《车船税法》规定予以免征车船税的,不收存车船税纳税或者免税证明。

(4)机动车安全技术检验合格证明原件。

(5)机动车查验记录表原件。

(6)属于行驶证副页签注满后换发的,收存原行驶证原件。

委托核发机动车检验合格标志时,根据公安部《机动车登记工作规范》第 68 条的规定,登记地车辆管理所留存下列资料并保存两年:

(1)《委托核发机动车检验合格标志通知书》存根原件。

(2)行驶证或者登记证书复印件。

受委托检验地车辆管理所留存下列资料并保存两年:

(1)《委托核发机动车检验合格标志通知书》原件。

(2)本规范第 66 条规定留存的资料。

(三)车辆档案的鉴定和销毁

档案整理是档案管理中的经常性工作,也是档案鉴定工作的前提。鉴定工作的任务是:根据档案管理的需要,确定档案中材料对历史和现实价值的大小,确定和审查档案的保管期限。销毁是档案管理工作的最后一步,经过鉴定认为确无保存价值的档案,在经过严格的审查批准手续后予以销毁。机动车档案从注销登记之日起保存两年后销毁。属于撤销机动车登记的,机动车档案保存三年后销毁。

在档案的整理和鉴定中,对确定要销毁的档案,要经过严格的批准手续以防出现差错。销毁注销机动车档案时,车辆管理所应当对需要销毁档案登记造册,并书面报告交警支队,经批准后方可销毁。销毁机动车档案应当在指定的地点,监销人和销毁人应当在共同销毁记录上签字。记载销毁档案情况的登记簿和销毁记录存档,并永久保存。

根据公安部《机动车登记工作规范》第 55 条的规定,核发临时行驶车号牌和临时入境机动车牌证的档案车辆管理所留存并保存两年。

(四)机动车档案的包装和安全检查

1. 档案的包装

档案的包装就是把档案包装起来,既可防止光线、灰尘及有害气体对档案的直接危害,同时也可以减少档案的机械磨损,使档案整齐美观,搬动或借阅方便。包装普通档案的基本方式有三种:卷皮、卷盒和包装纸。但不论采用哪种方式,必须是有利于档案的存放和管理的。

2. 档案的安全检查

档案的安全检查可分为定期和不定期两种形式,通过检查能发现并及时纠正工作中的缺点,这是维护档案安全和完整的一项重要措施。

定期检查一般一年一次,比较大的档案室也可 2~3 年检查一次。

不定期检查应在下列情况下进行:

(1)在发生水、火灾害之后;

(2)当发生档案被盗或有怀疑时;

(3)发现档案有虫蛀、鼠咬、霉烂等现象时;

(4)档案管理人员调动工作时。

档案检查的内容一般有:档案数量是否相符;档案有无损坏;档案的收进、移出、存取、登记是否准确;库房管理和提供利用制度的执行情况如何。

档案检查可组成检查小组进行。检查时以登记簿册与实际档案进行对照,检查时要有检查记录,检查后应写出检查报告,对发现的问题要及时处理。

二、驾驶人档案管理

根据公安部《机动车驾驶证业务工作规范》的规定：

第49条　车辆管理所应当建立机动车驾驶证档案。机动车驾驶证档案包括实物档案和电子档案。

实物档案应当保存机动车驾驶人提交的资料。保存的资料应当装订成册，并填写档案资料目录，置于资料首页，案卷编号为档案编号。

电子档案包括计算机录入信息、操作日志、考试音视频监控资料。

车辆管理所及其工作人员不得泄露机动车驾驶证档案中的个人信息。任何单位和个人不得擅自涂改、故意损毁或者伪造机动车驾驶证档案。

第50条　车辆管理所办理更正机动车驾驶证档案记载事项业务的流程和具体事项为：

(1)属于申请人提出更正申请的，受理岗核实需要更正的事项，填写机动车驾驶证更正意见表；属于档案管理岗提出更正要求的，档案管理岗填写机动车驾驶证更正意见表。受理岗录入更正信息，需要重新制作机动车驾驶证的，制作并核发机动车驾驶证，同时收回原机动车驾驶证。

(2)档案管理岗核对计算机管理系统信息，复核并收存机动车驾驶证更正意见表原件。

第51条　人民法院、人民检察院、公安机关或者其他行政执法部门、纪检监察部门以及公证机构、仲裁机构、律师事务所因办案需要查阅机动车驾驶证档案的，应当出具公函和经办人的工作证；机动车驾驶人查询本人档案的，应当出具身份证明和机动车驾驶证。由档案管理人员报经业务领导批准后查阅，查阅档案应当在档案查阅室进行，档案管理人员应当在场。需要出具证明或者复印档案资料的，应当经业务领导批准。已入库的机动车驾驶证档案原则上不得出库。

第52条　车辆管理所因意外事件致使机动车驾驶证档案损毁、丢失的，应当书面报告省级公安机关交通管理部门，经批准后，按照计算机管理系统信息补建机动车驾驶证档案，打印机动车驾驶证在计算机管理系统内的所有记录信息，并补充机动车驾驶证持证人照片和身份证明复印件。

机动车驾驶证档案补建完毕后，应当报省级公安机关交通管理部门审核。省级公安机关交通管理部门与计算机管理系统核对，并出具核对公函。补建的机动车驾驶证档案与原机动车驾驶证档案有同等效力，但档案资料内无省级公安机关交通管理部门批准补建档案的文件和核对公函的除外。

第53条　机动车驾驶证已注销的，机动车驾驶证档案资料保留二年后销毁，但因具有《机动车驾驶证申领和使用规定》第77条第1款第8项情形被注销机动车驾驶证的，机动车驾驶证档案资料保留十年后销毁；吊销机动车驾驶证的，机动车驾驶证档案资料保留至申领机动车驾驶证限制期满后销毁，但饮酒、醉酒驾驶机动车发生重大交通事故、构成犯罪，依法追究刑事责任或者造成交通事故后逃逸被吊销机动车驾驶证的，档案资料长期保留；撤销机动车驾驶许可的，档案资料保留3年后销毁。临时机动车驾驶许可档案资料保留2年后销毁。

销毁机动车驾驶证档案时，车辆管理所应当对需要销毁的档案登记造册，并书面报告所属直辖市、设区的市或者相当于同级公安机关交通管理部门，经批准后方可销毁。销毁机动车驾驶证档案应当在指定的地点，监销人和销毁人应当共同在销毁记录上签字。记载销毁档案情况的登记簿和销毁记录存档备查。

机动车驾驶证档案补建完毕后,应当报省级公安机关交通管理部门审核。省级公安机关交通管理部门与计算机管理系统核对,并出具核对公函。补建的机动车驾驶证档案与原机动车驾驶证档案有同等效力,但档案资料内无省级公安机关交通管理部门批准补建档案的文件和核对公函的除外。

机动车驾驶人分为学习驾驶人和正式驾驶人,因此,整个驾驶人档案也是分阶段建立的。

（一）学习驾驶人档案

学习驾驶人档案可按核发的学习驾驶证编号顺序排列,并统一保管。其内容主要包括:

（1）居民身份证、护照等身份证件复印件,在暂住地申请的还应存入暂住证复印件。

（2）《机动车驾驶证申请表》;各种公安车辆管理机关的审批表;机动车驾驶证登记项目;体检表等。

（3）考试成绩表。

（4）《机动车驾驶技能准考证明》。

（5）经驾校培训的,还需收存驾校出具的培训记录。

（6）原机动车驾驶证（增驾）

（二）正式驾驶人档案

1．初次申领

当学习考试完毕后,根据《机动车驾驶证业务工作规范》规定:

第 5 条第 7 款档案管理岗核对计算机管理系统信息,复核、整理资料,装订、归档。

第 6 条　下列资料存入机动车驾驶证档案:

（1）《机动车驾驶证申请表》原件。

（2）申请人的身份证明复印件,属于在户籍地以外居住的内地居民,还需收存公安机关核发的居住证明复印件。

（3）《身体条件证明》原件。

（4）考试成绩表原件。

（5）属于申请人符合《机动车驾驶证申领和使用规定》第 24 条第 1 款第 6 项、第 7 项情形直接申请机动车驾驶证的,还需收存超过有效期的军队、武装警察部队机动车驾驶证或者境外机动车驾驶证复印件,境外机动车驾驶证属于非中文表述的,还需收存其中文翻译文本原件。

2．增加准驾车型申领

根据公安部 139 号令配套的《机动车驾驶证业务工作规范》规定:

第 8 条　下列资料存入机动车驾驶证档案;

（1）本规范第六条第 1 项至第 4 项规定的资料。

（2）原机动车驾驶证原件。

（3）属于正在接受全日制驾驶职业教育的,还应当收存学校出具的学籍证明。

第 9 条　车辆管理所在受理增加准驾车型申请至核发机动车驾驶证期间,发现申请人在 1 个记分周期内记满 12 分,机动车驾驶证转出及被注销、吊销、撤销,或者申请大型客车、牵引车、城市公交车、中型客车和大型货车准驾车型,具有《机动车驾驶证申领和使用规定》

第 16 条规定情形之一的,终止考试预约、考试或者核发机动车驾驶证,出具《不予受理/许可申请决定书》。

车辆管理所在核发机动车驾驶证时,距原机动车驾驶证有效期满不足 90 日,或者已超过机动车驾驶证有效期但不足一年的,应当合并办理增加准驾车型和有效期满换证业务。

车辆管理所在核发机动车驾驶证时,原机动车驾驶证被公安机关交通管理部门扣押、扣留或者暂扣的,应当在驾驶证被发还后核发机动车驾驶证。

3. 持军队、武装警察部队机动车驾驶证申领民用驾驶证

根据《机动车驾驶证业务工作规范》第 10 条第 6 款规定:档案管理岗核对计算机管理系统信息,复核、整理资料,装订、归档。

公安部 139 号令配套的工作规范第 11 条规定,下列资料存入机动车驾驶证档案:

(1)本规范第 6 条第 1 项至第 3 项规定的资料;

(2)经过考试的,还需收存考试成绩表原件;

(3)军队、武装警察部队机动车驾驶证复印件,但属于复员、退伍、转业的,应当收存军队、武装警察部队机动车驾驶证原件和复员、退伍、转业证明复印件。

4. 持境外机动车驾驶证申领

根据《机动车驾驶证业务工作规范》第 13 条第 5 款规定:档案管理岗核对计算机管理系统信息,复核、整理资料,装订、归档。

第 13 条第 6 项的规定,下列资料存入机动车驾驶证档案:

(1)本规范第 6 条第 1 项至第 2 项规定的资料。

(2)《身体条件证明》原件;但按照外交对等原则免于审核的,可以不收存。

(3)经过考试的,还需收存考试成绩表原件。

(4)境外机动车驾驶证复印件;非中文表述的,还需收存中文翻译文本原件。

(5)申请人属于内地居民的,还需收存下载打印的申请人出入境记录原件,但与公安部出入境管理系统联网核查申请人出入境记录的,可以不收存。

5. 临时机动车驾驶许可申领业务

车辆管理所办理临时机动车驾驶许可申领业务时,根据《机动车驾驶证业务工作规范》第 14 条第 3 款规定:档案管理岗核对计算机管理系统信息,复核、整理资料,装订、归档。

第 13 条第 4 款规定,下列资料存入临时机动车驾驶许可档案:

(1)《临时机动车驾驶许可申请表》原件。

(2)入出境身份证件复印件。

(3)境外机动车驾驶证复印件;非中文表述的,还需收存中文翻译文本复印件。

(4)年龄及身体条件符合中国驾驶许可条件的证明文件复印件。

(5)参加有组织的比赛以及其他交往活动的,收存中国相关主管部门出具的证明复印件。

6. 学车专用标识

根据《机动车驾驶证业务工作规范》第 15 条第 2 款规定:档案管理岗核对计算机管理系统信息,复核、整理资料,装订、归档。

第 15 条第 3 款规定,下列资料存入机动车驾驶证档案:

(1)《机动车驾驶证自学直考信息采集表》原件。

（2）自学人员、随车指导人员身份证明复印件。

（3）随车指导人员机动车驾驶证复印件。

（4）自学用车机动车行驶证、所有人身份证明复印件。

（5）自学用车交通事故责任强制保险等相关保险凭证复印件。

（6）自学用车加装安全辅助装置后的安全技术检验合格证明复印件。

（7）《机动车查验记录表》原件。

7．车辆管理所办理因变更随车指导人员申请重新签注学车专用标识业务

根据《机动车驾驶证业务工作规范》第16条第2款规定：档案管理岗核对计算机管理系统信息，复核、整理资料，装订、归档。

第16条第3款的规定，下列资料存入机动车驾驶证档案：

（1）《机动车驾驶证自学直考信息采集表》原件。

（2）随车指导人员身份证明复印件，自学人员、自学用车所有人身份证明有变化的，还应当收存新的身份证明的复印件。

（3）随车指导人员机动车驾驶证复印件。

8．车辆管理所办理因变更自学用车申请重新签注学车专用标识业务

根据《机动车驾驶证业务工作规范》第17条第2款规定：档案管理岗核对计算机管理系统信息，复核、整理资料，装订、归档。

第17条第3款，下列资料存入机动车驾驶证档案：

（1）《机动车驾驶证自学直考信息采集表》原件。

（2）自学用车行驶证、所有人身份证明复印件，自学人员身份证明有变化的，还应当收存新的身份证明的复印件。

（3）自学用车交通事故责任强制保险等相关保险凭证复印件。

（4）自学用车加装安全辅助装置后的安全技术检验合格证明复印件。

（5）《机动车查验记录表》原件。

9．车辆管理所办理申请补、换领学车专用标识业务

根据《机动车驾驶证业务工作规范》第18条第3款规定：档案管理岗核对计算机管理系统信息，复核、整理资料，装订、归档。

第18条第4款的规定，下列资料存入机动车驾驶证档案：

（1）《机动车驾驶证自学直考信息采集表》原件。

（2）申请人身份证明复印件。

10．车辆管理所办理申请注销学车专用标识业务

根据《机动车驾驶证业务工作规范》第19条第2款规定：档案管理岗核对计算机管理系统信息，复核、整理资料，装订、归档。

第19条第3款的规定，下列资料存入机动车驾驶证档案：

（1）《机动车驾驶证自学直考信息采集表》原件。

（2）申请人身份证明复印件。

11．换证

根据《机动车驾驶证业务工作规范》第22条第2款规定：档案管理岗核对计算机管理系统信息，复核、整理资料，装订、归档。

第 22 条第 3 款的规定,下列资料存入机动车驾驶证档案:

(1)《机动车驾驶证申请表》原件。

(2)身份证明复印件。

(3)原机动车驾驶证原件。

(4)属于有效期满换证、达到规定年龄换证和因身体条件变化降低准驾车型换证的,还需收存《身体条件证明》原件。

车辆管理所办理机动车驾驶证有效期满换证、达到规定年龄换证、自愿降低准驾车型换证、机动车驾驶人信息发生变化换证、机动车驾驶证损毁换证和因身体条件变化降低准驾车型换证业务时,对同时申请办理两项或者两项以上换证业务且符合申请条件的,应当合并办理。

12. 车辆管理所办理机动车驾驶证转入换证业务

根据《机动车驾驶证业务工作规范》第 23 条第 2 款规定:档案管理岗核对计算机管理系统信息,复核、整理资料,装订、归档。

第 23 条第 3 款的规定,下列资料存入机动车驾驶证档案:

(1)《机动车驾驶证申请表》原件。

(2)身份证明复印件。

(3)原机动车驾驶证原件,但属于同时申请补领机动车驾驶证的,可以不收存。

(4)《机动车驾驶人身体情况申报表》原件,但属于同时申请有效期满换证、达到规定年龄换证和因身体条件变化降低准驾车型换证的,需收存《身体条件证明》原件,不收存《机动车驾驶人身体情况申报表》。

车辆管理所档案管理岗每个工作日从全国公安交通管理信息系统下载并打印本辖区内的机动车驾驶证转出信息,并存入相关机动车驾驶证档案。

车辆管理所办理机动车驾驶证转入换证业务时,发现因入伍、退役、更换护照、身份证号码变更等原因造成机动车驾驶人身份证明的种类、号码等信息发生变化的,应当核对机动车驾驶人姓名、年龄、照片等信息,确认申请人姓名、年龄、照片等信息与驾驶证登记的驾驶人信息相符的,应当予以办理,同时变更相关信息。

车辆管理所办理机动车驾驶证转入换证业务时,申请人按照《机动车驾驶证申领和使用规定》第 57 条、第 59 条、第 60 条、第 61 条第 1 款、第 63 条规定:提交相应的申请材料并申请同时办理换证、补证的,对符合申请条件的应当合并办理换证、补证业务。

13. 补证

根据《机动车驾驶证业务工作规范》第 24 条第 2 款规定:档案管理岗核对计算机管理系统信息,复核、整理资料,装订、归档。车辆管理所办理补证业务时,距机动车驾驶证有效期满不足 90 日的,可以同时办理有效期满换证业务。

第 25 条的规定,下列资料存入机动车驾驶证档案:

(1)《机动车驾驶证申请表》原件。

(2)身份证明复印件。

(3)属于同时申请办理有效期满、达到规定年龄换证和因身体条件变化降低准驾车型换证的,还需收存《身体条件证明》原件。

14．注销

根据《机动车驾驶证业务工作规范》第 27 条第 2 款规定：档案管理岗核对计算机管理系统信息，复核、整理资料，装订、归档。

第 27 条第 3 款的规定，下列资料存入机动车驾驶证档案：

(1)《机动车驾驶证申请表》原件。

(2)身份证明复印件，属于监护人提出注销申请的，还应当收存监护人的身份证明复印件。

(3)机动车驾驶证原件。

15．车辆管理所办理恢复驾驶资格业务时

根据《机动车驾驶证业务工作规范》第 30 条第 4 款规定：档案管理岗核对计算机管理系统信息，复核、整理资料，装订、归档。

第 30 条第 5 款的规定，下列资料存入机动车驾驶证档案：

(1)《机动车驾驶证申请表》原件。

(2)身份证明复印件。

(3)《身体条件证明》原件。

(4)经过考试的，还需收存考试成绩表原件。

16．满分考试和审验

根据《机动车驾驶证业务工作规范》第 33 条第 4 款的规定：

档案管理岗核对计算机管理系统信息，复核、整理资料。收存的考试成绩表原件和接受教育的凭证，在下一个记分周期结束后销毁。属于参加满分考试时申请自愿降低准驾车型的，将《机动车驾驶证申请表》原件、身份证明复印件在办理换证时存入机动车驾驶证档案。

车辆管理所档案管理岗每个工作日从全国公安交通管理信息系统下载并打印本辖区内机动车驾驶人异地违法满分考试信息，清除记分分值。收存打印的异地违法满分考试信息，在下一个记分周期结束后销毁。

《机动车驾驶证申领和使用规定》第 70 条的规定：机动车驾驶人应当按照法律、行政法规的规定，定期到公安机关交通管理部门接受审验。

机动车驾驶人按照本规定第 57 条、第 58 条换领机动车驾驶证时，应当接受公安机关交通管理部门的审验。

持有大型客车、牵引车、城市公交车、中型客车、大型货车驾驶证的驾驶人，应当在每个记分周期结束后 30 日内到公安机关交通管理部门接受审验。但在一个记分周期内没有记分记录的，免予本记分周期审验。

持有本条第 3 款规定以外准驾车型驾驶证的驾驶人，发生交通事故造成人员死亡承担同等以上责任未被吊销机动车驾驶证的，应当在本记分周期结束后 30 日内到公安机关交通管理部门接受审验。

机动车驾驶人可以在机动车驾驶证核发地或者核发地以外的地方参加审验、提交身体条件证明。

根据《机动车驾驶证业务工作规范》第 35 条的规定：对具有《机动车驾驶证申领和使用规定》第 70 条第 3 款、第 4 款规定情形的驾驶人，车辆管理所档案管理岗核对计算机管理系统信息，复核、整理资料。收存接受教育的凭证和《机动车驾驶人身体情况申报表》原件，在下一次接受审验的日期结束后销毁。

17. 车辆管理所办理提交《身体条件证明》业务

根据《机动车驾驶证业务工作规范》第 37 条第 2 款的规定,档案管理岗核对计算机管理系统信息,复核、整理资料。收存《机动车驾驶证申请表》原件、身份证明复印件、延期事由证明复印件,在申请人办理期满换证或者提交《身体条件证明》后销毁。

延期期限自驾驶证有效期截止日期、记分周期结束日期或者应当提交身体条件证明的日期开始计算。

18. 重点驾驶人管理

(1)车辆管理所办理注销机动车驾驶证最高准驾车型业务:

根据《机动车驾驶证业务工作规范》第 39 条第 3 款的规定,档案管理岗核对计算机管理系统信息,复核、整理资料,装订、归档。根据《机动车驾驶证业务工作规范》第 39 条第 4 款的规定,下列资料存入机动车驾驶证档案:

①《机动车驾驶证申请表》原件。

②身份证明复印件。

③原机动车驾驶证原件。属于机动车驾驶证被扣押、扣留、暂扣的,应当收存扣押、扣留、暂扣凭证。

对未按规定期限办理降级换证的,由计算机管理系统自动注销机动车驾驶证最高准驾车型。未收回机动车驾驶证的,档案管理岗每月从计算机管理系统下载并打印注销最高准驾车型信息,参照本规范第 29 条第 2 款的规定由公安机关交通管理部门公告注销机动车驾驶证最高准驾车型。公告注销后,机动车驾驶人申请办理降级换证的,按照前款规定办理。

对一个记分周期内同时具有《机动车驾驶证申领和使用规定》第 78 条第 1 款两种以上情形的,只办理一次注销机动车驾驶证最高准驾车型业务。

(2)车辆管理所办理注销机动车驾驶证实习准驾车型驾驶资格业务:

根据《机动车驾驶证业务工作规范》第 40 条第 4 款的规定,档案管理岗核对计算机管理系统信息,复核、整理资料,装订、归档。根据《机动车驾驶证业务工作规范》第 40 条第 5 款的规定,下列资料存入机动车驾驶证档案:

①《机动车驾驶证申请表》原件。

②身份证明复印件。

③机动车驾驶证原件。

对未按规定期限办理换证的,由计算机管理系统自动注销机动车驾驶证实习准驾车型、最高准驾车型。未收回机动车驾驶证的,档案管理岗每月从计算机管理系统下载并打印注销实习准驾车型、最高准驾车型信息,参照本规范第 29 条第 2 款的规定由公安机关交通管理部门公告注销机动车驾驶证增加的准驾车型、最高准驾车型。注销后,机动车驾驶人申请办理换证的,按照前款规定办理。

(3)车辆管理所办理延长机动车驾驶证实习准驾车型驾驶资格业务:

根据《机动车驾驶证业务工作规范》第 41 条第 4 款的规定,档案管理岗核对计算机管理系统信息,复核、整理资料,装订、归档。根据《机动车驾驶证业务工作规范》第 41 条第 5 款的规定,下列资料存入机动车驾驶证档案:

①《机动车驾驶证申请表》原件。

②身份证明复印件。

③机动车驾驶证原件。

对未按规定期限办理换证的,由计算机管理系统自动注销机动车驾驶证实习准驾车型。未收回机动车驾驶证的,档案管理岗每月从计算机管理系统下载并打印注销实习准驾车型信息,参照本规范第29条第2款的规定由公安机关交通管理部门公告注销机动车驾驶证增加的准驾车型。注销后,机动车驾驶人申请办理换证的,按照前款规定办理。

对计算机管理系统自动延长1年实习期的,车辆管理所应当在实习期自动延长之日起30日内通过信函、手机短信等方式告知机动车驾驶人。

(4)对新取得大型客车、牵引车、城市公交车、中型客车、大型货车驾驶证的驾驶人,根据《机动车驾驶证业务工作规范》第42条第4款的规定,下列资料存入机动车驾驶证档案:

①身份证明复印件。

②考试试卷原件。

(5)车辆管理所办理道路运输企业聘用的机动车驾驶人备案业务:

根据《机动车驾驶证业务工作规范》第44条第2款的规定,档案管理岗核对计算机管理系统信息,复核、整理资料,装订、归档。根据《机动车驾驶证业务工作规范》第44条第3款的规定,下列资料存入机动车驾驶证档案:

①《机动车驾驶证申请表》原件。

②身份证明复印件。

③从业单位出具的证明。

已办理备案机动车驾驶人的联系电话、联系地址和从业单位等信息发生变化的,由备案地车辆管理所按照本规范第38条的规定办理。

19. 校车驾驶资格许可

根据《机动车驾驶证业务工作规范》第45条第2款的规定,档案管理岗核对计算机管理系统信息,复核、整理资料,装订、归档。根据《机动车驾驶证业务工作规范》第45条第2款的规定,下列资料存入机动车驾驶证档案:

(1)《校车驾驶资格申请表》原件。

(2)申请人的身份证明复印件,属于在户籍地以外居住的内地居民,还需收存公安机关核发的居住证明复印件。

(3)《身体条件证明》原件。

20. 车辆管理所办理校车驾驶人审验业务

根据《机动车驾驶证业务工作规范》第46条第2款的规定,档案管理岗核对计算机管理系统信息,复核、整理资料。收存接受教育的凭证和《身体条件证明》原件,在下一记分周期结束后销毁。

21. 车辆管理所办理申请注销校车驾驶资格业务

根据《机动车驾驶证业务工作规范》第47条第2款的规定,档案管理岗核对计算机管理系统信息,复核、整理资料,装订、归档。根据《机动车驾驶证业务工作规范》第47条第2款的规定,下列资料存入机动车驾驶证档案:

(1)《校车驾驶资格申请表》原件。

(2)身份证明复印件。

（3）机动车驾驶证原件。

（三）驾驶人档案的封存与销毁

按照《机动车驾驶证业务工作规范》第 53 条的规定,销毁机动车驾驶证档案时,车辆管理所应当对需要销毁的档案登记造册,并书面报告所属直辖市、设区的市或者相当于同级公安机关交通管理部门,经批准后方可销毁。销毁机动车驾驶证档案应当在指定的地点,监销人和销毁人应当共同在销毁记录上签字。记载销毁档案情况的登记簿和销毁记录存档备查。

（1）注销的机动车驾驶证,2 年后销毁档案。

（2）吊销机动车驾驶证的,机动车驾驶证档案资料保留至申领机动车驾驶证限制期满后销毁。

（3）因具有《机动车驾驶证申领和使用规定》第 77 条第 1 款第 8 项情形被注销机动车驾驶证的,机动车驾驶证档案资料保留 10 年后销毁。

（4）逃逸吊销的机动车驾驶证档案,需长期保存。

（5）撤销的机动车驾驶证档案,3 年后销毁。

（6）临时机动车驾驶证档案,2 年后销毁。

档案销毁的程序:

（1）凡是需要销毁的驾驶人档案,要登记造册,写出书面报告,说明销毁的原因。

（2）报请有销毁审批权的领导审批后执行。

（3）档案销毁时,由监销人员（两人以上）和销毁人共同在销毁记录上签名盖章其销毁注册和销毁报告要永久保存,留以后备查。

（四）驾驶人档案的查阅、补建的相关程序与有关规定

具体参考机动车档案管理相关规定,基本相类似,在此不作介绍。

三、非机动车档案管理

非机动车档案一般有表类、卡类、专业文件类。表类档案以申领牌证时的登记表为主体,按号牌顺序或时间顺序排列。其他证明及异动登记等,均贴附于初领牌证的登记表上。

第二节　统计分析

一、统计与统计分析

（一）技术资料

车辆管理机关为了能更好地做好车辆管理工作,必须建立资料库,收集保存必要的技术资料。

技术资料一般可分为技术标准类资料（包括国家标准、部颁标准、行业标准以及各种车辆产品的试验项目、方法、评定办法和有关车辆管理的技术法规文件等）、产品性能结构资料（包括整车鉴定全部资料、产品使用资料、主要机件技术资料）和书籍杂志类的学习资料。

（二）统计分析

统计是车辆管理中的一项重要工作,它根据车辆和驾驶人的实际情况,采用科学的方法提供各种资料和根据。

在统计工作中,原始档案是统计的基础,各种报表、数字及台账是统计的结果。根据这些可分析总结出若干定性或定量的结论性意见。具体有以下几个方面:

(1)对过去和现有机动车辆的种类、型号和数量,统计出准确数据,并预测未来的增长情况。

(2)对机动车的技术状况、停驶、报废、转出、转入等情况进行统计和分析,以便掌握车辆增长的速度和幅度。

(3)对驾驶人的数量、分布及素质情况进行统计分析,为有计划地增加驾驶人提供依据。

(4)对车辆制造、保修单位的情况进行统计分析,以便更好地对这些单位进行监督和管理。

（三）统计内容

统计内容一般分为三大类,即机动车(非机动车参照有关项目)统计、驾驶人统计和制造保修单位统计。

随着计算机软件功能的进一步加强,统计的内容和范围也会进一步完善,例如,可以有覆盖所有管理系统和业务程序监管系统的统计功能,甚至可以关联到所有相关业务部门,包括政府其他部门的计算机数据库查询与统计。

（四）统计方法

统计台账是整理和积累统计资料的一种工具,在统计工作中得到广泛运用。统计台账主要有机动车台账和驾驶人台账。两种台账都根据需要进行分类(如按车型分类、按学习驾驶人或正式驾驶人分类等),然后编号。机动车台账和驾驶人台账均是一种按时间顺序进行登记的表册,逐日进行登记。这对工作月报、季报或年报都比较方便,也便于发现问题。车辆管理机关的各个部门还可以设立分户台账,以系统或某一分辖区的车辆或驾驶人为统计对象。

（五）统计时间

一般按月、季、半年、全年来划分统计时间范围。统计报表按要求逐级上报,或根据领导要求临时上报。

二、计算机在档案管理及统计分析中的应用

计算机档案管理系统目前主要在公安车辆管理机关内计算机局部网络上运行,各窗口均可同时操作,互不影响。其主要功能如下:

(1)用键盘和扫描仪登记输入各类车辆、驾驶人的所有登记项目和照片,并能打印驾驶证、行驶证和机动车登记表、转出通知单等内容。

(2)新车登记时,通过在《全国被盗抢机动车信息库》中进行查询对比,可以发现犯罪线索。

(3)修改各登记项目,删除某一个或多个车辆和驾驶人的记录,浏览各类车辆和驾驶人的所有信息。

(4)查询车辆和驾驶人的各种信息,除输入已知条件准确查询外,还可进行模糊查询,即

只要输入一个或几个不一定完整的项目参数,就可以查出符合条件的一辆(个)或多辆(个)车辆和驾驶人记录。

　　(5)统计符合各种条件的各类驾驶人、机动车的数量,并打印统计报表。

　　(6)该管理系统若能全省甚至全国统一联网,对于及时提供全国车辆和驾驶人的各种统计资料,打击犯罪,将起到不可估量的作用。此外,非机动车的档案管理也逐步实现了计算机管理。

第三节　车辆和驾驶人登记系统与查询

一、机动车和驾驶人登记系统管理软件

　　机动车和驾驶人管理软件一般称为机动车和驾驶人管理系统。机动车和驾驶人管理系统是利用计算机对机动车和驾驶人进行管理,快速准确地为管理人员提供服务的系统。其服务对象是公安车辆管理机关,管理范围为机动车及驾驶人,管理方式为保留人工档案的基础上用计算机进行信息管理。如图 6-1 至图 6-4 所示。

图 6-1　机动车驾驶证管理系统页面　　　　图 6-2　机动车驾驶证管理系统的业务菜单界面

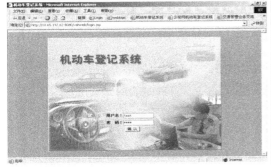

图 6-3　机动车登记系统页面　　　　图 6-4　机动车登记系统的业务菜单界面

　　(1)驾驶人档案管理子系统:系统用于处理学员报到、打印及换证、证件管理等多项业务,对驾驶人采用彩色照片管理。该系统对外打印驾驶证速度快,效率高;有各项统计功能,能辅助管理,可快速生成统计报表。

（2）机动车管理子系统：系统用于处理车务科车辆落户、打印行驶证等日常业务；提供事故提档、返档等辅助业务和车辆查询功能，打印证件速度快，处理日常事务效率高；彩色车辆照片存储、查询方便。同时，可采用机动车管理 IC 卡，使系统更加完善。

二、机动车和驾驶人登记及档案管理业务信息查询简介

机动车登记系统和驾驶人管理系统均由公安部统一组织开发，"全国公安交通管理信息查询系统"主页面，如图 6-5 所示；该页面包括"全国机动车查询系统""全国机动车驾驶人查询系统""机动车公告查询系统""整车合格证二维条码阅读系统"等内容的二级页面。

图 6-5 全国公安交通管理信息查询系统

图 6-6 机动车号牌查询页面

（一）机动车辆信息查询

在全国公安交通管理信息查询系统的主页面上点击进入机动车查询，即默认进入精确查询的机动车号牌查询页面，如图 6-6 所示。

号牌查询需要选择号牌种类，填写号牌号码，点击"查询"按钮，对机动车档案进行详细查询，并且可以点击该页面上最下面一行的"机动车登记证书"按钮，如图 6-6 所示，对机动车登记证书进行详细查询，即对机动车档案编号进行查询，便进入机动车档案编号信息查询系统，如图 6-7 所示。通过查询能够得到如登记日期、检验有效期、颜色、型号、发动机号、车架号（VIN 识别码）等机动车辆的基本信息。点击"模糊查询"按钮，如图 6-7 所示，便进入机动车模糊信息查询系统，如图 6-8 所示。

图 6-7 机动车档案编号查询页面

图 6-8 机动车模糊查询页面

（二）驾驶人信息查询

如图 6-5 所示，点击"驾驶人"按钮，进入驾驶人查询系统，即进入按驾驶人证件号码进行精确查询状态，如图 6-9 所示。由于该计算机驾驶人管理系统的身份证和驾驶证是一一对应的关系，所以每一个身份证号码只能对应一本驾驶证。因此，需要用身份证号码进行精确查询，也就是说在进行驾驶证件查询之前，首先要对驾驶证持有人进行人口信息的查询，确认了驾驶证持有人的人口信息之后，再根据驾驶证持有人的身份证号码进行证件的查询，以便进行人、证唯一性和合法性的信息比对。点击"模糊查询"按钮，可进入驾驶人模糊查询页面，这里必须输入一个以上的查询条件，如图 6-10 所示。

图 6-9　按驾驶人证件号码精确查询页面　　　　图 6-10　驾驶人模糊查询页面

以上所有的信息查询均可以在全国范围内公安网终端上进行操作，并且可以对全国范围内的交通管理信息数据进行查询。点击各页面上的"部/各省数据中心"按钮，如图 6-10 所示，即可以进入全国的数据中心对外省各信息进行查询，选择需要的省份简称，再输入需要查询的车辆号牌或者驾驶证持有人的身份证号码，以便对人、车、证进行网上信息比对。

（三）全国盗抢汽车信息系统

在办理汽车各种登记业务时，或者在进行各种调查和执法处理时，要求将汽车信息和"全国被盗抢汽车信息系统"进行核查比对，以排除被盗抢汽车的可能，该系统不需要用户名、密码，匿名登录即可。

（四）通过所辖地车辆管理所核查详细档案

如果需要进一步核查机动车或者驾驶人的档案信息，可以通过所辖地车辆管理所内部局域网的"机动车登记系统"和"牌证管理系统"核查更详细的电脑档案，通过查询可以得到机动车初次登记 56 项指标的内容，包括该机动车彩色电子照片，以及所有登记过的转籍、过户、抵押等异动信息和该机动车所有违法处罚、事故处理基本信息等。或者通过所辖地车辆管理所档案库进行"纸质档案"核查其更真实的详细信息等，如图 6-11 和图 6-12 所示，需要查询临时号牌登记情况的，同样可以通过电子档案较快速地查询，提高了管理效率。

图 6-11　机动车登记系统　　　　　　　　图 6-12　牌证管理系统

（五）网上影像信息核查比对

为了节省时间,提高效率,减少路途劳累,浙江省开发了"档案影像管理系统",对有特殊要求的异地车辆和驾驶人进行网上影像信息核查比对,当需要对某一辆车或者驾驶证信息进行异地核查比对时,可通过这一系统将原所在籍的车辆或者驾驶证档案库里的文字档案,通过扫描保存为照片格式,再将照片格式的档案放到该系统中,在异地公安网终端通过用户名、密码进入该系统,进行异地网上影像信息比对核查,如图 6-13 和图 6-14 所示。

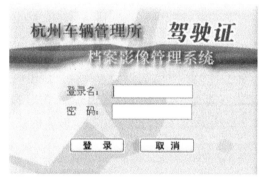

图 6-13　驾驶证档案影像管理系统　　　　　图 6-14　机动车档案影像管理系统

（六）核查机动车辆产品公告以及机动车整车出厂合格证

机动车初次登记时,需要对机动车进行产品公告核查,确认登记车辆是否属于国家公告系统中规定的车型,这可以通过"全国机动车辆产品公告查询服务系统"核查详细技术信息和照片等,如图 6-15 所示。同时,对《机动车出厂合格证》可以通过与"机动车出厂合格证备案信息查询系统"核查比对,如图 6-16 所示。只有核查无误的机动车辆才能准予注册登记,核发号牌、行驶证等。自 2008 年 6 月 1 日,公安部对数据库中原有的产品公告和出厂合格证信息进行自动比对,以便查遗补漏。

图 6-15　全国机动车辆产品公告查询服务系统　　图 6-16　机动车出厂合格证备案信息查询系统

（七）剧毒化学品公路运输管理信息系统查询

进入公安专网各省级公安交通管理系统局域网，通过用户名、密码进入剧毒化学品公路运输管理信息系统查询跨省通报或者跨地区通报的通行证，包括剧毒化学品运输车辆号牌、运输剧毒物品种类、载重量、行驶路线、时间以及驾驶人和押运人员的详细信息等。如图 6-17 所示。

苏浙沪交通部门会同公安部门依托各自有的网站，及时更新具备危险化学品运输资质的单位名单、车辆牌照号码等信息，确保可供对方实时查询和验证的信息的有效

图 6-17　浙江省剧毒化学品公路

性。目前该系统已经在全国大部分地区推广应用。通过建立苏浙沪危险化学品道路运输安全监管联控机制，从管理和技术两个层面来实现信息共享和相互通报、协查制度，通过建立信息互动、公安、交通联合执法，依法查处危险化学品运输违法违规行为，及时处置和消除事故隐患，实现了资源共享、信息通报的工作机制。

依托信息网络技术，实施信息资源共享和相互通报制度；经省（市）人民政府批准设立并公布危险化学品道路运输车辆省际公路检查站和通行的进出专用道口；重点对运输液氯、液氨、液化石油气和剧毒溶剂的罐车依法实施监督检查。同时，为构建全国统一多级监控平台网络创造条件。

在监控车辆行驶记录仪的同时，苏浙沪交通主管部门已经责成相关运输单位采取措施，对承运液氯、液氨、液化石油气和剧毒溶剂罐车安装 GPS 车载终端，并建立监控平台，实现了企业动态跟踪工作机制。

（八）重点车辆和驾驶人户籍化管理系统查询等

重点车辆和驾驶人户籍化管理以单位为户，以车辆和驾驶人为成员，将所有涉及车辆和驾驶人管理的信息整合到统一平台，以提升管理整体效能，强化对单位、车辆和驾驶人的日常监管。

该系统主要是针对实践中存在的以下问题：

(1)客运企业的监管停留于上门检查,缺乏经常性的监管手段;对客运企业安全生产责任制分解落实、内部安全管理机制建立和运转情况掌握不全。

(2)对客运车辆的监管仅限于事后监督,缺乏事前防范措施;对客运车辆报废、年检、保险等基本情况掌握不全面;对客运车辆保养和安全技术状况掌握不及时;对客运站点门检制度落实情况掌握不及时。

(3)对客运驾驶人管理教育重点不突出,缺乏针对性;客运驾驶人招聘、录用与驾驶人历史交通违法、肇事情况脱节;客运驾驶人安全教育与驾驶人交通违法、肇事情况脱节;客运驾驶人考核奖惩与驾驶人交通违法、肇事情况脱节;对重点驾驶人的监管措施无法有效落实。

其主要原因在于:

(1)数据缺乏整合,形成信息"孤岛"现象;

(2)海量信息难提纯,导致信息与管理脱节;

(3)信息互递不畅通,造成管理的效能低下。

因此,开发这一软件管理系统,整合交通、农机等重点车辆和驾驶人单位或行业专网,达到实时监控、整合信息的目的。车辆和驾驶人户籍化管理是一种精确管理。像派出所管理户口那样管理车辆和驾驶员,所有客运车辆、危险品运输车、中小学生接送车及其驾驶人为重点,把车牌号码、车辆型号、核定载客人数、车属单位、驾驶人、保养维修记录、肇事记录、违章违法记录等基本情况都记入了管理档案,建立了"重点盯牢"有违章违法或肇事等记录的驾驶人以及车况不良的车辆的信息系统,如图 6-18 所示。

图 6-18 车辆和驾驶人户籍化管理信息系统

通过农机监理、公安交警、交通运管三部门联合开展工作,积极开展排摸登记、宣传发动和上路检查。对从事运输的外籍工程运输车、低速载货汽车、三轮汽车、拖拉机及驾驶人进行排查登记、核查比对,喷涂(粘贴)备案登记标识,录入重点车辆和驾驶人户籍化管理系统,对外籍低速载货汽车、三轮汽车、拖拉机进行车辆安全技术检验;对外省籍机动车相对集中的运输企业、货运码头、建筑工地、石料厂、砖瓦厂等,进行合围式定点清理;对外省籍机动车比较集中的区域和路段进行设卡检查,严厉查处无牌、假牌、套牌、报废、拼装的外省籍机动车,对拒不接受登记备案和安全检测的机动车将采取强制措施,实现了备案登记、统一编号、喷涂(粘贴)备案标识的管理制度。

"户籍化"管理意味着今后交警的管理不再局限于路面、驾驶考试和上牌年检等方面,而是对机动车及其驾驶人的资讯有全面的了解,可以提前介入,防患于未然。"户籍化"管理之后,不但重大交通事故大大减少,而且每年的保费支出也会随之下降。

该信息管理系统具有查询统计、抄告督办、信息服务、信息转递等功能。

(1)查询统计:①可以查询系统内所有单位的基本信息、单位所属车辆和驾驶人信息;②可以查询系统内所有车辆的基本信息、保险、年检、报废及非现场处罚等信息;③可以查询系统内所有驾驶人的基本信息、交通违法、违法记分、交通事故等信息;④可以按检索条件进行分类筛选,并自动生成统计报表。

(2)抄告督办：①自动生成满足下列条件的重点车辆"黑名单"：一年内报废的；未参加机动车定期检验的；未参加第三者责任强制保险的。②自动生成满足下列条件的重点驾驶人"黑名单"：一个季度内有 3 次以上违法行为的；发生重特大事故负有责任的；发生一般事故负有主要以上责任的；交通违法记满 12 分的。③对列入重点监管对象的，督促所在单位落实相应的管理措施，并将落实情况反馈给交警部门。

(3)信息服务：①提醒你需要办理报废手续了；②提醒你需要对机动车进行定期检验了；③提醒你需要参加机动车保险了；④提醒你需要换证了；⑤提醒你需要提交身体条件证明了；⑥提醒你违法记分已经达到或超过 9 分了。车辆管理所应用该软件系统定期向所属单位发送告知书，以便加强实时监督管理的落实，有些地方在重点车辆和驾驶人集中的运输公司等物流企业，长期驻扎着一名交警，代表交通管理部门监督检查落实情况，同时起到沟通传递作用。

(4)信息转递：系统为交警部门与车辆单位、车辆单位与所属车辆/驾驶人间建立了双向稳固的信息互递平台。交警部门可以及时掌握车辆单位及所属车辆/驾驶人管理信息，实现了网络监管；车辆单位可以及时掌握所属车辆/驾驶人违法、肇事等信息，增强了管理教育的针对性。

（九）进口机动车核查系统

在公安交通管理信息系统中专门设置了进口机动车核查系统，该系统将所有核发进口的机动车建立电子档案，包括允许整车进口的口岸、车辆发动机号、VIN 识别码、颜色、彩色照片、车主等信息，通过核查能够有效防止走私车、套牌车等非法车辆的合法化，如图 6-19 所示。

图 6-19　全国进口机动车计算机核查系统

（十）机动车检测站安全性能检测系统

检测站是公安机动车辆管理所的一个工作场所，检测站登录大厅的登录人员通过登录系统中的视频看到车辆的牌照号后，输入车牌号码和号牌种类后，系统根据车辆唯一标识通过网络连接到车管所登记系统中读取车辆基本信息；当遇到新车检测时，那么登录人员将通过人工录入或者扫描枪扫描方式录入新车的 VIN 码，输入完车辆检测基本信息后，发送车辆上线检测，如图 6-20 所示。

在条件较好的检测站，自动检测车间内车辆检测信息可以实时在营业大厅大屏幕显示，当车辆检测完毕，该车牌号码将区别于其他大屏显示信息进行闪烁和流动显示，并可设定持续的时间，或持续到下辆车完毕再刷新，如图 6-21 所示。大厅的车主在大屏幕看到自己车辆检测完毕以及检测合格与否的通知后，去登录或者签章窗口获取系统自动打印的检测数据报告单，如图 6-22(a)和(b)所示。如果服务器空间足够，一般来说，要储存一年以上的所有车辆检测的数据，以便查询。

（十一）其他档案管理系统

机动车检测站档案管理系统。以往机动车检测站有三个网络系统，分别是政府、税务、公安，所有到检测站验车的车主都必须分别在三个窗口的不同系统办理相关事宜，显然太麻

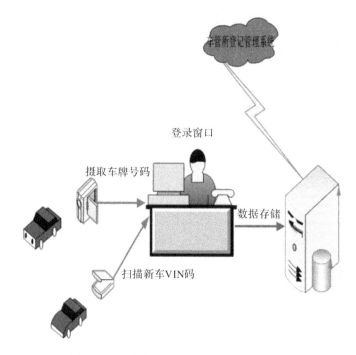

图 6-20　机动车安全性能检测系统工作过程

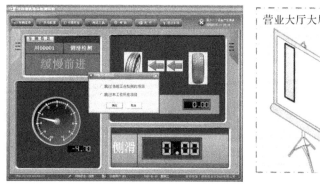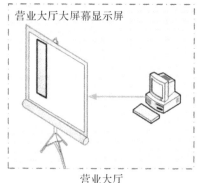

图 6-21　营业大厅显示屏显示情况

烦,现在经过改革和创新,已经将三个系统整合,可以在一定程度上共享信息,用户只要将办事清单交到一个窗口,就可以在计算机程序的控制之下,完成各系统的操作,实现了"一窗式"的服务,并且所有数据全部上传到支队、省总队,只有通过上级审核的机动车辆,才能通过计算机打印出检验合格标志,这实现了对检测站的实时监督。

除以上提到的主要查询系统之外,各地交通管理部门分别开发了指挥系统信息平台、ITS综合信息系统、SCATS流量统计、市区卡口监控、县市卡口监控系统、交警综合业务系统、网络视频监控系统、非现场执法管理系统、交通组织优化及设施维护、WEB GIS地理信息系统、重点车辆查控系统等,如图 6-23 所示。目前,这一套较完善的计算机管理系统,已经完成了和违法处理信息库以及事故处理信息库等的关联。

今后应加强深化信息系统的应用:制定《机动车登记信息采集和签注规范》和《驾驶证信

息采集和签注规范》，进一步规范数据录入，保证数据质量；全面推广应用机动车/驾驶人业务统计和监管系统软件，对异地办证、驾驶证转出转入等重点业务办理情况实施全面分析核查；开发驾驶人考试业务管理系统，严格驾驶人考试，实现对考试工作的统计分析和实时监管。

三、移动警务系统

"移动警务系统"（以下简称"警务通"）是交通管理现代化、科技化、信息化的重要执法装备。它借助于目前先进的无线通信技术，实现移动用户与全国公安网的安全接入，达到全国公安网信息资源共享的目的，从而为路面执法人员提供及时准确的交通管理等

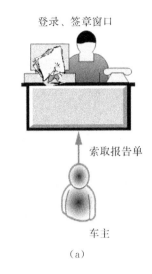

（a）

机动车安全检测站	（　　　　）量认（　　　）序（　　　）号	检测编号：	12345678 []-[基本信息.检测次数]			
号牌(自编)号	[车辆档案.车辆号码]	车主	[车辆档案.车主单位]			
号牌种类	[车辆档案.车辆颜色]	车辆类型	[车辆档案.车辆类型]	前照灯制	[车辆档案.前照灯制]	
厂牌型号	[车辆档案.厂牌型号]	燃料类别	[车辆档案.燃油种类]	检验类别	[基本信息.检测类别]	
发动机号	[车辆档案.发动机号]	驱动形式		检验项目	整车	
VIN(或车架)号	[车辆档案.底盘号码]	驻车轴	[车辆档案.手刹起始轴位]	登录员	[基本信息.报检员]	
出厂年月	[车辆档案.出厂日期]	初次登记日期	[车辆档案.登记日期]	检验日期	[基本信息.检测日期]	
台式检验数据			引车员			

代号	项目		轮(轴)重 (kg)		最大制动力 (daN)		过程差最大差值点(daN)		制动率 (%)	不平衡率 (%)	阻滞率(%)		单项判定	项目判定	单项次数
			左	右	左	右	左	右			左	右			
B	制动	一轴	[轴左重]	[轴右重]	[制动力]	[制动力]	[制动力]	[制动力]	[分比)]	[(百分比)]	[阻滞比]	[阻滞比]	[动总评]		[测次数]
		二轴	[轴左重]	[轴右重]	[制动力]	[制动力]	[制动力]	[制动力]	[分比)]	[(百分比)]	[阻滞比]	[阻滞比]	[动总评]		[测次数]
		三轴	[轴左重]	[轴右重]	[制动力]	[制动力]	[制动力]	[制动力]	[分比)]	[(百分比)]	[阻滞比]	[阻滞比]	[动总评]	[动总评]	[测次数]
		四轴	[轴左重]	[轴右重]	[制动力]	[制动力]	[制动力]	[制动力]	[分比)]	[(百分比)]	[阻滞比]	[阻滞比]	[动总评]		[测次数]
		驻车	[结果]	整车轴重	[制动力]	[制动力]			制动和)		和评)				[测次数]
		整车	[结果]	整车轴重	[结果]	整车制动力			制动和)		和评)				[测次数]

代号	项目		远光光强度(cd)	远光偏移		近光偏移		灯中心高 [光结果.右灯高)]cm		灯次数
				垂直(cm/dam)	水平(cm/dam)	垂直(cm/dam)	水平(cm/dam)			
H	前照灯	左外灯	[果 左远灯光强]	[远灯绝对偏差量]	[左远灯左右偏差]	[上下绝对偏差量]	[左近灯左右偏差]	[强评价]		[灯次数]
		左内灯	[左副远灯光强]	[上下绝对偏差量]	[副远灯左右偏差]			[强评价]	[光总评]	[灯次数]
		右内灯	[右副远灯光强]	[上下绝对偏差量]	[副远灯左右偏差]			[强评价]		[灯次数]
		右外灯	[果 右远灯光强]	[上下绝对偏差量]	[右远灯左右偏差]	[上下绝对偏差量]	[右近灯左右偏差]	[强评价]		[灯次数]

代号	项目	CO(%)	HC(10-6)	判定	总速	CO(%)	HC(10-6)	判定
X	排放	高总速	[放结果.CO值二]	[排放结果 HC值二]	[结果.HC值二评价]	总速	[排放结果.CO值一]	[放结果 HC值一]	[一评价]
	加速模拟工况	CO(%)	HC(10-6)	NO(10-6)				

（b）

图 6-22　车主索取报告单等

信息,并实现路面信息的实时上传,增强路面执法力度,提高警务效率,实现移动信息警务的目标。如图 6-24 所示。

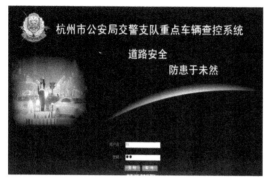

图 6-23　重点车辆查控系统

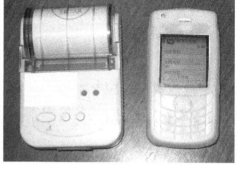

图 6-24　手持式警务通及无线便携式打印机

　　"警务通"目前在全国大多数省会城市都已应用,其具备以下三大功能:一是数据库综合利用:通过对车辆、驾驶员、交通违法、常住人口、被盗抢机动车、协查通缉等数据库的综合整理与应用,实现在现有装备及通信条件限制下多种业务数据的统一高效查询;二是实时移动无线查询:借助于 GPRS 网络、完备的安全保障及先进的数据处理手段,一线民警可在业务现场直接进行无线查询最新业务数据信息;三是实时无线业务处理:通过车载或手持无线终端,民警可在业务现场进行交通违法处理、拍摄取证等业务处理,处理结果实时无线上传后台服务器,并通过安全隔离在内网,进行数据更新及第三方应用的业务分发。

　　在移动警务系统中,首先开发了外籍车辆及驾驶人交通违法数据库,只要外籍车辆及驾驶人在某地有一次交通违法,系统就会留下他们的交通违法记录。民警只要使用"警务通"拍下并上传他们非法占道停车信息后,待到他们下次交通违法被查获时再一并处理即可。这样既做到了违法必究,同时又避免了面对面的执法冲突。"警务通"使路面民警能够及时掌握外地车辆在当地的交通违法情况和处理情况,督促他们及时处理交通违法,消除侥幸心理;同时也加强了对外籍驾驶员的管理工作,查处了一大批驾驶证已记满分停止使用却仍在使用的驾驶人,督促他们及时参加满分教育学习。

第四节　车驾管"互联网＋"服务

　　随着社会的发展、互联网的普及以及政府服务功能的完善,全国各地车管所纷纷推出了热线电话等远程服务,即"线上服务"。杭州车管所远程服务中心自 2001 年成立以来,其服务功能得到逐渐完善。目前,杭州车管所远程服务中心主要的工作分为三块:第一块主要是大量的车管所热线电话,解答民众的疑难问题;第二块就是互联网和公安网上的疑难问题解答与回复等,其中包括"杭州 19 楼"的疑难问题解答;第三块就是对各网络以及热线电话受理中有关车管各科室的交办单的办理与回复。

　　从 2016 年的统计结果来看,有关驾驶证补正的业务有 78 件,有关驾驶证信息变更的业务有 135 件,有关驾驶证延期的业务办理有 6 件,有关行驶证补证的业务有 65 件,有关行驶证信息变更的业务有 1682 件,有关补发检验合格标志的业务有 4 件,大量的是咨询业务量,其中热线电话有 114875 个,网络回复的帖子有 5734 个,网络业务量有 2798 个。

随着互联网服务的进一步推广,相信今后会得到进一步的完善、普及与应用。

杭州地区从 2017 年开始推出手机客户端交管 12123,该手机 APP 功能十分强大,随着进一步的发展,其功能将会越来越全面,在该手机客户端可以更方便地进行交通违法处罚自助交罚款,以及在取得汽车号牌指标之后,进行随机选号等。

思考题

1. 档案管理包括哪些业务?有哪些特点?
2. 机动车档案归档的材料包括哪些?档案销毁规定是什么?
3. 机动车和驾驶人计算机管理软件主要包括哪些?有哪些功能?
4. 在实践中如何利用车辆和驾驶人管理数据库,发挥源头管理的作用?

第七章　临时入境机动车和驾驶人管理

　　临时入境机动车和驾驶人管理制度是对临时入境的境外机动车和驾驶人的管理制度，适用的范围相对较小。对境外机动车和驾驶人，公安交通管理部门在依法管理的同时，还要遵循国家对等原则、国际协定、国际惯例和我国对外交往的政策。

　　习近平总书记指出："人类生活在同一个地球村里，生活在历史和现实交汇的同一时空里，越来越成为你中有我、我中有你的命运共同体。"[①]此处今天，经济全球化大潮滚滚向前，新科技革命和产业变革发展、全球治理体系深刻重塑，人类交往的世界比过去任何时候都更深入、更广泛，各国相互联系和彼此依存比过去任何时候都更频繁、更紧密，和平、发展、合作、共赢已成为时代潮流。党的十九大报告指出："没有哪个国家能够独立应对人类面临的各种挑战，也没有哪个国家能够退回到自我封闭的孤岛。"习总书记人类命运共同体的新时代特色理论同样体现在车驾管业务的根本制度和基本制度中，构建人类命运共同体这一倡议已被多次写进联合国文件，正在从理念转化为行动，成为中国引领时代潮流和人类文明进步方向的鲜明旗帜，也充分体现在这一章的教学内容中，我国对临时入境机动车和驾驶人管理的基本制度就是开放、发展、合作、共赢的具体细节体现。

第一节　临时入境机动车和驾驶人管理概述

一、背景

　　在经济全球化深入发展和对外开放不断深化的条件下，我国经济同世界经济的联系日益紧密，互动性和依存度不断增强。境外机动车临时进入我国境内道路行驶、境外人员临时在我国境内道路驾驶机动车的需求不断增加。

　　我国承办北京奥运会、上海世博会、G20杭州峰会等大型国际活动，以及政府部门、社会团体组织旅游、比赛以及其他交往活动，境外机动车和驾驶人需要临时入境参与活动；边境地区由于边贸活动、客货运输、边民往来或借道通行等，境外机动车和驾驶人在我国边境地区一定范围内频繁活动。临时入境机动车和驾驶人有其特殊性，涉及我国道路交通安全，必须依法进行管理。

　　目前，我国已经形成临时入境机动车和驾驶人的管理制度，由公安交通管理部门对临时入境的境外机动车和驾驶人的道路交通安全实施统一管理。公安交通管理部门对临时入境

---

① 王学俭.十八大以来党的治国理政思想研究[M].北京：人民出版社，2017.

机动车和驾驶人核发临时通行牌证、行驶证和临时机动车驾驶许可,面向所有境外的国家或地区,具有普遍意义,是临时入境机动车和驾驶人管理制度的主要内容。此外,国家政府间的多边或者双边道路运输协定,也涉及外国机动车及其驾驶人上我国道路行驶的问题,国家政府间签订的协定对缔约国具有效力。

二、法律依据

《道路交通安全法》第 122 条规定:"国家对入境的境外机动车的道路交通安全实施统一管理。"这是临时入境机动车和驾驶人管理制度的法律依据。临时入境的境外机动车和驾驶人参与我国的道路交通活动,必须纳入我国道路交通安全管理的范畴,这是维护我国道路交通安全的基本要求。《道路交通安全法实施条例》第 113 条规定:"境外机动车入境行驶,应当向入境地的公安机关交通管理部门申请临时通行号牌、行驶证。临时通行号牌、行驶证应当根据行驶需要,载明有效日期和允许行驶的区域。入境的境外机动车申请临时通行号牌、行驶证以及境外人员申请机动车驾驶许可的条件、考试办法由国务院公安部门规定。"《道路交通安全法实施条例》明确了临时入境机动车和驾驶人管理的实施机关,以及实行机动车临时通行号牌、行驶证、驾驶人临时驾驶许可管理。

临时入境机动车和驾驶人管理的实施机关是公安交通管理部门。在我国,公安交通管理部门是机动车登记、驾驶证许可的实施机关。赋予公安交通管理部门管理临时入境机动车和驾驶人的法定职责,是与我国境内机动车和驾驶人管理制度一脉相承的,是我国境内机动车和驾驶人管理制度的延伸。

临时通行号牌、行驶证是准予临时入境机动车上我国道路行驶的法定证件。在我国,上道路行驶的机动车应当悬挂机动车号牌、携带行驶证,这是一个基本原则。对临时入境机动车的管理延续了这一基本原则,临时入境机动车必须取得临时通行号牌、行驶证,才能获得上我国道路行驶的合法资格。

临时驾驶许可证件是临时入境驾驶人在我国境内驾驶机动车的法定证件,是临时入境驾驶人驾驶资格的证明。临时入境驾驶人应当按规定使用临时驾驶许可证件,遵守我国道路交通安全法律、法规和规章,依法承担义务。

三、作用

临时入境机动车和驾驶人管理制度主要有以下作用:

(1)促进我国对外经济和社会交流活动。允许境外机动车临时上我国道路行驶、允许境外驾驶人临时驾驶机动车,有利于促进我国的对外经济和社会交流活动。

(2)维护我国境内道路交通安全。公安交通管理部门核发临时通行号牌、行驶证时,要对境外机动车进行查验,确认其基本符合我国的道路运行条件;核发临时机动车驾驶许可证件时,要组织境外驾驶人学习我国道路交通安全法律、法规和规章,这样有利于维护我国境内道路交通安全。

(3)赋予境外机动车和驾驶人参与我国道路交通活动的主体资格。公安交通管理部门发放临时通行号牌、行驶证和机动车驾驶许可证件,通过这种形式赋予境外机动车和驾驶人参与我国道路交通活动的主体资格。

第二节　临时入境机动车管理制度

一、概念

临时入境机动车管理制度,是指公安交通管理部门根据当事人的申请,依法进行审查,对临时入境机动车核发临时入境机动车通行号牌、行驶证,准予其在我国境内一段时间或者一定范围内上道路行驶的制度。

临时入境机动车,是指在境外注册登记,需临时进入我国境内行驶的机动车。为了防止境外机动车通过申领临时入境机动车号牌、行驶证在我国境内长期行驶,《临时入境机动车和驾驶人管理规定》(公安部 90 号令)规定,临时入境的机动车在我国境内行驶不得超过 3 个月,并且规定临时入境机动车号牌、行驶证有效期应当与入境批准文件上签注的期限一致,但最长不得超过 3 个月。

临时入境机动车号牌、行驶证的发证机关是境外机动车入境地或者始发地所在的直辖市或者设区的市公安交通管理部门。发证机关一般未在口岸设有办事机构,为了方便申请临时入境机动车号牌、行驶证,允许临时入境的外国机动车凭入境凭证行驶至发证机关所在地,并于入境后 2 日内申请临时入境机动车号牌、行驶证。

二、申请与审查

(一)申请

自 2007 年 7 月 1 日中华人民共和国公安部 90 号令《临时入境机动车和驾驶人管理规定》开始实施,1989 年 5 月 1 日发布的《临时入境机动车辆与驾驶员管理办法》(公安部 4 号令)废止,申请临时入境机动车号牌、行驶证的机动车应当是临时进入我国境内不超过 3 个月的机动车,并满足如下条件:

(1)经国家主管部门批准,临时入境参加有组织的旅游、比赛以及其他交往活动的外国机动车。

(2)临时入境后仅在边境地区一定范围内行驶的外国机动车。申请临时入境机动车号牌、行驶证的,应当用中文填写《临时入境机动车号牌、行驶证申请表》,如表 7-1 所示,交验机动车,并提交规定的申请材料。

申请材料有以下要求:

①境外主管部门核发的机动车登记证明,属于非中文表述的,还应当出具中文翻译文本。

②中国海关等部门出具的准许机动车入境的凭证。

③属于有组织的旅游、比赛以及其他交往活动的,还应当提交中国相关主管部门出具的证明。

④机动车安全技术检验合格证明,属于境外主管部门核发的,还应当出具中文翻译文本。

⑤不少于临时入境期限的中国机动车交通事故责任强制保险凭证。

表 7-1　临时入境机动车号牌、行驶证申请

以下内容由申请人填写						
机动车 信息	机动车所有人					
	国籍及境外号牌号码					
		车辆类型			车身颜色	
	车辆品牌型号		转向位置		□左 □右	
	出厂年份	年　月	核定载客数/载质量			
	车辆识别代号/车架号		发动机号码			
	是否办理我国机动车交通事故责任强制保险		机动车交通事故责任强制保险有效期			
申请内容	申请事由	□旅游 □比赛 □其他交往活动 □公务 □探亲 □借道 □其他				
	申请行驶区域		申请行驶时间			
车辆入境 相关情况	入境口岸		入境日期	年　月　日		
	批准车辆入境的海关		批准文件编号			
	批准入境的时限、区域					
有中方组织或接待单位的，以下内容由中方组织或接待单位填写						
中方组织或 接待单位及 批准部门	活动名称			组织单位盖章		
	组织单位					
	地址					
	联系人		联系电话			
	批准部门		批准文件编号	年　月　日		
以下内容由公安机关交通管理部门填写						
审批 意见	临时入境机动车号牌					
	行驶区域	自　　　　途经　　　　至				
		限定在　　　　　　　　区域内行驶				
	有效期	年　月　日至　年　月　日				
	查验人员意见： 年　月　日		审核人意见：（发证机关盖章） 年　月　日			

（二）审查

公安交通管理部门应当在收到申请材料之日起3日内审查提交的证明、凭证，查验机动车。审查证明、凭证主要是审查是否符合法定的形式，查验机动车主要是进行唯一性确定，符合规定的，核发临时入境机动车号牌、行驶证。公安交通管理部门核发临时入境机动车号牌、行驶证时，还要对境外机动车以前的入境记录进行核查，发现有道路交通违法行为和交通事故未处理完毕的,告知其处理完毕后再核发牌证。

三、临时入境机动车号牌和行驶证及其法律效力

(一)临时入境机动车号牌和行驶证

临时入境机动车号牌为纸质号牌,签注有号牌号码、有效期等信息。背面为临时入境机动车行驶证,签注有车辆类型、号牌号码、厂牌型号、行驶区域或线路、有效期等信息。临时入境机动车号牌和行驶证有效期签注应当与入境批准文件上签注的期限一致,但最长不得超过 3 个月。

临时入境的机动车号牌和驾驶人机动车驾驶证件是由公安机关交通管理部门核发的、准予驾驶人在道路上驾驶机动车的法定许可证件,分为临时入境机动车行驶证、临时入境摩托车行驶证以及机动车驾驶证和临时驾驶许可证,如图 7-1 至图 7-4 所示。

正面　　　　　　　　　　　　　　　　反面

图 7-1　区域内行驶的临时入境汽车行驶证(220mm×140mm)

正面　　　　　　　　　　　　　　　　反面

图 7-2　跨区域行驶的临时入境汽车行驶证(220mm×140mm)

(二)法律效力

临时入境机动车号牌和行驶证是临时入境机动车上我国道路行驶的法定标志和证件。取得临时入境机动车号牌和行驶证,也就取得了上我国道路行驶的资格。临时入境的机动车在我国道路上行驶,应当遵守我国道路交通安全法律、法规及规章,按照临时入境号牌和行驶证载明的区域或线路行驶,并将临时入境汽车号牌和行驶证放置在前挡风玻璃内右侧,

正面　　　　　　　　　　　　　　　　反面

图 7-3　区域内行驶的临时入境摩托车行驶证（88mm×60mm）

正面　　　　　　　　　　　　　　　　反面

图 7-4　跨区域行驶的临时入境摩托车行驶证（88mm×60mm）

临时入境摩托车号牌应当随车携带，以备检查。

临时入境机动车号牌和行驶证有效范围仅限于临时入境机动车号牌和行驶证上载明的区域或线路，离开规定的区域或线路，临时入境机动车号牌和行驶证就失去法律效力。同时，超过有效期的临时入境机动车号牌和行驶证同样也不具有法律效力。

第三节　临时机动车驾驶许可制度

一、临时机动车驾驶许可的性质

临时机动车驾驶许可制度，是指公安交通管理部门根据临时入境的机动车驾驶人的申请，按照法定程序进行审查，对符合条件的申请人核发临时机动车驾驶许可证件，准予申请人在我国境内一段时间内驾驶自带的临时入境的机动车或者租赁的我国机动车，上道路行驶的制度。临时入境的机动车驾驶人，是指持有境外机动车驾驶证，需临时进入我国境内驾驶机动车的境外人员。

临时机动车驾驶许可制度是一种行政许可行为,适用于行政许可的一般原理和规定。临时入境驾驶人取得了临时入境驾驶许可证件,也就取得了准予驾驶机动车上我国道路行驶的资格。临时机动车驾驶许可准予驾驶的车辆范围受到一定的限制,仅限于自带的临时入境的机动车或者租赁的我国的小型汽车和小型自动挡汽车。临时驾驶许可的效力仅限于限定的车辆和期限,驾驶其他车辆或者超过规定的期限,临时驾驶许可失去效力。

二、申请与审查

（一）申请

临时入境的机动车驾驶人需要驾驶其自带的临时入境的机动车或者租赁的我国机动车上道路行驶,应当申请临时机动车驾驶许可。对驾驶自带的临时入境的机动车的,应当向入境地或者始发地所在的直辖市或者设区的市公安交通管理部门申领;对驾驶租赁的我国机动车的,应当向机动车租赁单位所在的直辖市或者设区的市公安交通管理部门申领。

申请临时机动车驾驶许可的机动车驾驶人应当是临时进入我国境内不超过 3 个月的机动车驾驶人,并满足以下条件:

（1）经国家主管部门批准,临时入境参加有组织的旅游、比赛以及其他交往活动的外国机动车驾驶人。

（2）临时入境后仅在边境地区一定范围内驾驶机动车的外国机动车驾驶人。

（3）临时入境后需驾驶租赁的中国机动车的外国机动车驾驶人。

（4）申请临时机动车驾驶许可的,应当用中文填写《临时机动车驾驶许可申请表》,如表 7-2 所示,并提交规定的申请材料。

（5）境外机动车驾驶证,属于非中文表述的,还应当出具中文翻译文本。

（6）年龄、身体条件符合中国驾驶许可条件的证明文件。

（7）两张一寸彩色照片（近期半身免冠正面白底）。

（8）参加有组织的旅游、比赛以及其他交往活动的,还应当提交中国相关主管部门出具的证明。

（二）审查

公安交通管理部门应当在收到申请材料之日起 3 日内审查提交的证明、凭证,符合规定的,组织道路交通安全法律、法规学习,核发临时机动车驾驶许可证件。公安交通管理部门核发临时机动车驾驶许可证件时,还应当对境外机动车驾驶人以前的入境记录进行核查,发现有道路交通违法行为和交通事故未处理完毕的,告知其处理完毕后再核发临时机动车驾驶许可证件;在我国境内有驾驶机动车交通肇事逃逸记录的,不予核发临时机动车驾驶许可证件。

三、临时机动车驾驶许可证件及其法律效力

（一）临时机动车驾驶许可证件

临时机动车驾驶许可证件签注有临时入境外国机动车驾驶人的姓名、性别、国籍、在中国许可驾驶的车型、有效期等信息。对驾驶自带临时入境机动车的,许可驾驶的车型按照

表 7-2　临时机动车驾驶许可申请

<table>
<tr><td colspan="8" align="center">以下内容由申请人填写</td></tr>
<tr><td rowspan="12">申请人信息</td><td>姓名</td><td></td><td>性别</td><td></td><td>出生日期</td><td></td><td>国籍</td><td></td></tr>
<tr><td>身份证件名称</td><td></td><td>号码</td><td colspan="5"></td></tr>
<tr><td>联系地址</td><td colspan="5"></td><td rowspan="5" align="center">照片</td></tr>
<tr><td>联系电话</td><td colspan="5"></td></tr>
<tr><td>入境地</td><td colspan="5"></td></tr>
<tr><td>签证或居留许可有效期限</td><td colspan="5"></td></tr>
<tr><td rowspan="2">所持境外驾驶证信息</td><td>发证国</td><td></td><td colspan="2">准驾车型</td><td></td></tr>
<tr><td>证件号码</td><td></td><td colspan="2"></td><td></td></tr>
</table>

<table>
<tr><td rowspan="4">申请内容</td><td>申请事由</td><td colspan="2">□旅游 □比赛 □其他交往活动 □公务 □探亲 □其他</td></tr>
<tr><td>申请准驾车型</td><td colspan="2"></td></tr>
<tr><td>申请驾驶期限</td><td colspan="2"></td></tr>
<tr><td>申请人签字</td><td></td><td>年　　月　　日</td></tr>
</table>

<table>
<tr><td colspan="4" align="center">有中方组织或接待单位的，以下内容由中方组织或接待单位填写</td></tr>
<tr><td rowspan="5">中方组织或接待单位及批准部门</td><td>活动名称</td><td></td><td rowspan="3" align="center">组织单位盖章</td></tr>
<tr><td>组织单位</td><td></td></tr>
<tr><td>地址</td><td></td></tr>
<tr><td>联系人</td><td>联系电话</td><td>年　　月　　日</td></tr>
<tr><td>批准部门</td><td>批准文件号</td><td></td></tr>
</table>

<table>
<tr><td colspan="4" align="center">以下内容由公安机关交通管理部门填写</td></tr>
<tr><td rowspan="4">审批意见</td><td>临时机动车驾驶许可证号</td><td></td><td>准驾车型</td></tr>
<tr><td>有效期</td><td colspan="2">年　　月　　日至　　年　　月　　日</td></tr>
<tr><td>参加交通安全法律、法规学习情况：
年　　月　　日</td><td>经办人意见：
年　　月　　日</td><td>审核人意见：（发证机关盖章）
年　　月　　日</td></tr>
</table>

自带机动车车型签注；对驾驶租赁我国机动车的，许可驾驶的车型签注为小型汽车或者小型自动挡汽车。临时机动车驾驶许可证件签注的有效期截止日期应当与机动车驾驶人入出境身份证件上签注的准许入境期限的截止日期一致，但有效期最长不超过 3 个月。临时机动车驾驶许可证件如图 7-5 所示。

(二)临时机动车驾驶许可证件的使用

临时入境的机动车驾驶人驾驶机动车上我国道路行驶，应当随身携带临时机动车驾驶许可证件，并与所持境外机动车驾驶证及其中文翻译文本同时使用，并按照下列规定驾驶机动车：

图 7-5　临时机动车驾驶许可

（1）遵守中国的道路交通安全法律、法规及规章。

（2）按照临时入境机动车号牌上签注的行驶区域或者线路行驶。

（3）遇有交通警察检查的，应当停车接受检查，出示入出境证件、临时机动车驾驶许可证件和所持境外机动车驾驶证及其中文翻译文本。

（4）违反中国道路交通安全法律、法规的，应当依法接受中国公安交通管理部门的处理。

（5）发生交通事故的，应当立即停车，保护现场，抢救受伤人员，并迅速报告执勤的中国交通警察或者公安交通管理部门，依法接受中国公安交通管理部门的处理。

（三）法律效力

外国机动车驾驶人取得临时机动车驾驶许可证件，也就取得了在我国道路驾驶机动车的资格。

第四节　国际道路运输协定

一、优先适用原则

为了适应我国对外经济、贸易、政治、文化交流和人员往来的需要，我国政府坚持"以邻为伴、与邻为善"的方针，十分重视发展与周边国家的国际道路运输，国际道路运输已经成为增强我国与周边国家友好关系、实现共同发展的重要领域，在我国对外开放中发挥着越来越重要的作用。我国已与俄罗斯、蒙古、哈萨克斯坦、吉尔吉斯斯坦、塔吉克斯坦、乌兹别克斯坦、巴基斯坦、尼泊尔、老挝、越南、朝鲜等 11 个国家签署了政府间双边汽车运输协定，并签订了中巴哈吉过境运输协定和大湄公河次区域跨境运输协定两个多边协定。

国家政府间签订的协定一般适用优先原则。优先适用，是指国家政府间对某一事项签订的多边或者双边协定，在执行时优先于国内法律、法规和规章。国家政府间的协定优先适用是国际上的通行做法。协定的优先适用一般需要国内具有相应效力的法律、法规或者规章进行确定。例如，《中华人民共和国海商法》第 268 条第 1 款规定："中华人民共和国缔结或者参加的国际条约同本法有不同规定的，适用国际条约的规定；但是，中华人民共和国声明保留的条款除外。"该规定体现了在解决涉外海事关系的法律适用时，对于我国已参加的国际条约采取优先适用的原则。条约必须信守已成为国际上的基本准则。

我国政府签订的多边或者双边国际道路运输协定适用优先原则。《临时入境机动车和驾驶人管理规定》(公安部 90 号令)第 2 条第 2 款规定:"与中国签订有双边或者多边过境运输协定的,按照协定办理。国家或者政府之间对机动车牌证和驾驶证有互相认可协议的,按照协议办理。"也就是说,对于临时进入我国道路行驶的外国机动车及其驾驶人,在国家政府间签订协定范围内的,按照协定进行管理,否则按照我国境内的法律、法规和规章进行管理。

据报道,中国公安部与法国内政部于 2017 年 2 月 21 日在北京签署驾驶证互认换领协议。中华人民共和国与法兰西共和国双方承认对方核发的有效驾驶证,一方准许持有对方国家驾驶证的人员在其境内直接驾车或者免试换领驾驶证。对于临时进入对方境内不超过一年的,双方驾驶证实现互认。临时进入法国的,可以凭中国驾驶证和翻译件直接驾车,无需换证;临时进入中国的,可以持法国驾驶证和翻译件直接换领临时驾驶许可,免予体检和考试。互认驾驶证准驾车型包括中型客车、大型货车、小型汽车和摩托车。对于在对方国家居留超过一年的,双方驾驶证实现免试互换。一方公民或常驻人员持本国驾驶证和翻译件以及护照、签证或者居留证件,可以直接免试换领对方国家驾驶证。

对于外交人员和留学生,双方给予对等优惠政策。中国外交人员和留学生在法工作、学习期间,凭中国驾驶证和翻译件可以直接驾驶相应准驾车型的机动车;法国外交人员和留学人员在中国工作、学习期间,可以持法国驾驶证免试换领相应准驾车型的中国驾驶证。互认协议将自双方签署并完成国内法律确认手续之日起 90 日后生效。

公安部有关负责人介绍,此前,中国已经实现与比利时、阿联酋、法国的驾驶证互认换领。目前,公安部正在积极推进与其他国家驾驶证互认换领,进一步扩大互认换领范围,提升我国驾驶证国际认知认可度,方便中国公民出境驾车。

二、国际道路运输协定的特点

我国政府签订的国际道路运输协定涉及多个国家,由于不同国家具有不同的国情,因此不同的国际道路运输协定具有不同的内容。国际道路运输协定主要包括过境运输便利化,人员跨境运输,货物跨境运输,车辆入境条件,危险货物运输,出入境检查和控制,单证和手续,商业运输交通权交换,基础设施设计和建设标准,各国的组织机构、适用法律、协商机制,未做规定的处理原则、争端的解决,交通安全、保安和环境保护等。

在交通安全管理方面,主要涉及过境运输机动车的登记、驾驶证的认可、通行管理、事故处理等方面。其分别有以下特点:

(1)道路运输车辆允许在其他缔约方入境。缔约各方允许其他缔约方登记的车辆进入其领土。

(2)车辆登记相互承认。①从事跨境运输的车辆应按照协定要求在本国登记。②车辆应有识别标志(制造商的商标、底盘及发动机序列号)、携带登记证书,在车辆看端和前端的号牌上显示其登记号码,并显示其登记国的识别标志。

(3)车辆技术条件区别对待。驶往其他缔约方领土的车辆和集装箱应满足在本国实施的设备安全和排放标准。涉及重量、轴重和尺寸的,驶往其他缔约方领土的车辆应符合东道国的技术标准。

(4)安全检验证书的互相承认。①驶往其他缔约方领土的车辆应处于良好的工作状态。

②本国负有责任对在其境内登记车辆的道路适应性进行监督,在此基础上核发技术检验证书。③其他缔约方承认这些检验证书。

(5)道路交通规则逐步统一。缔约各方承诺其道路交通规则和标志将逐步采用协定的规则和标准。协定的交通规则主要采用联合国1968年《道路交通公约》的规定。

(6)道路标志和信号逐步一致。缔约各方要逐步将其领土上的交通标志和信号与协定的标准一致。协定的交通标志和信号主要采用联合国1968年《道路标志和信号公约》的规定。

(7)强制性第三者车辆责任保险。驶往其他缔约方领土的车辆应符合东道国关于强制性第三者车辆责任保险的要求。

(8)驾驶证互相承认。缔约各方互相承认各国核发的符合协定要求的驾驶证。一般都规定了机动车驾驶证记载内容的最低要求,并要求配置翻译文本。

(9)国家法律法规的遵守与执行。①其他缔约方的人员、运输经营人和车辆应遵守东道国的现行的法律法规。②只有违法行为发生地的东道国主管部门才有行使当地法律法规的权利。③东道国可暂时或永久拒绝违反协定或国家法律法规的人员、驾驶人、运输经营人或车辆入境。

(10)发生交通事故时的协助。当发生涉及来自另一缔约方的人员、运输经营人、车辆或货物的交通事故时,东道国应提供所有可能的协助,并尽快通知本国主管部门。

三、过境运输交通安全管理

我国签订的多边或双边国际道路运输协定相继实施,过境运输涉及交通、公安、外交、保险和口岸地区政府等多个单位。公安交通管理部门除了法律赋予的交通安全管理职责外,一般还要依照协定承担以下管理任务:

(1)按照协定要求,与缔约方交换机动车号牌、行驶证、安全检验证书、驾驶证、国籍识别标志等样本,以及关于车辆总质量、轴荷和外廓尺寸等技术标准。

(2)建立交通领域的信息交流和通报制度,包括交通事故、交通违法、车辆和驾驶人等信息的通报机制、联系方法和网址;建立边界地区交通紧急事件的会晤机制。

(3)在参与跨境运输车辆通行的道路上,协调有关部门按照协定要求增设标志标线。

思考题

1. 临时入境机动车和驾驶人管理的法律依据有哪些?
2. 临时入境号牌与行驶证的管理制度是怎样的?
3. 临时入境驾驶许可制度是怎样的?
4. 优先原则的内容是什么?
5. 国际道路运输协定的特点是什么?
6. 目前我国过境运输交通安全管理现状是什么?